Immanuel Kant

Werke in sechs Bänden

Band 1

Könemann

© 1995 für diese Ausgabe
Könemann Verlagsgesellschaft mbH
Bonner Straße 126, D-50968 Köln

Herausgegeben von Rolf Toman
Herstellungsleiter: Detlev Schaper
Covergestaltung: Peter Feierabend
Satz: HEVO GmbH, Dortmund
Printed in Hungary
ISBN 3-89508-070-5

Inhalt

Allgemeine Naturgeschichte
und Theorie des Himmels
5

Beobachtungen über das Gefühl
des Schönen und Erhabenen
191

Untersuchung über die
Deutlichkeit der Grundsätze der
natürlichen Theologie und der Moral
257

Nachricht von der Einrichtung seiner Vorlesungen
in dem Winterhalbenjahre von 1765–1766
295

Träume eines Geistersehers,
erläutert durch Träume der Metaphysik
309

Allgemeine
Naturgeschichte und Theorie des Himmels

oder

Versuch

von der Verfassung und dem mechanischen Ursprunge
des ganzen Weltgebäudes,

nach

Newtonischen Grundsätzen

abgehandelt.

Dem

Allerdurchlauchtigsten, Großmächtigsten Könige
und Herrn,

Herrn
Friederich,

Könige von Preußen,
Markgrafen zu Brandenburg,

des H. R. Reichs Erzkämmerer und Kurfürsten,

Souverainen und obersten Herzoge von Schlesien u.u.u.

Meinem allergnädigsten Könige und Herrn.

Allerdurchlauchtigster,
Großmächtigster König,
Allergnädigster König und Herr!

Die Empfindung der eigenen Unwürdigkeit und der Glanz des Thrones können meine Blödigkeit nicht so kleinmüthig machen, als die Gnade, die der allerhuldreichste M o n a r c h über alle seine Unterthanen mit gleicher Großmuth verbreitet, mir Hoffnung einflößt: daß die Kühnheit, der ich mich unterwinde, nicht mit ungnädigen Augen werde angesehen werden. Ich lege hiermit in alleruntertänigster Ehrfurcht eine der geringsten Proben desjenigen Eifers zu den Füßen Ew. K ö n i g l. M a j e s t ä t, somit H ö c h s t D e r o Akademien durch die Aufmunterung und den Schutz ihres erleuchteten Souverains zur Nacheiferung anderer Nationen in den Wissenschaften angetrieben werden. Wie beglückt würde ich sein, wenn es gegenwärtigem Versuche gelingen möchte, den Bemühungen, womit der niedrigste und ehrfurchtsvollste Unterthan unausgesetzt bestrebt ist, sich dem Nutzen seines Vaterlandes einigermaßen brauchbar zu machen, das allerhöchste Wohlgefallen seines M o n a r c h e n zu erwerben. Ich ersterbe in tiefster Devotion,

Ew. Königl. Majestät

alleruntertänigster Knecht,

Königsberg
den 14., März 1755.

der Verfasser.

Vorrede.

Ich habe einen Vorwurf gewählt, welcher sowohl von Seiten seiner innern Schwierigkeit, als auch in Ansehung der Religion einen großen Theil der Leser gleich anfänglich mit einem nachtheiligen Vorurtheile einzunehmen vermögend ist. Das Systematische, welches die großen Glieder der Schöpfung in dem ganzen Umfange der Unendlichkeit verbindet, zu entdecken, die Bildung der Weltkörper selber und den Ursprung ihrer Bewegungen aus dem ersten Zustande der Natur durch mechanische Gesetze herzuleiten: solche Einsichten scheinen sehr weit die Kräfte der menschlichen Vernunft zu überschreiten. Von der andern Seite droht die Religion mit einer feierlichen Anklage über die Verwegenheit, da man der sich selbst überlassenen Natur solche Folgen beizumessen sich erkühnen darf, darin man mit Recht die unmittelbare Hand des höchsten Wesens gewahr wird, und besorgt in dem Vorwitz solcher Betrachtungen eine Schutzrede des Gottesleugners anzutreffen. Ich sehe alle diese Schwierigkeiten wohl und werde doch nicht kleinmüthig. Ich empfinde die ganze Stärke der Hindernisse, die sich entgegen setzen, und verzage doch nicht. Ich habe auf eine geringe Vermuthung eine gefährliche Reise gewagt und erblicke schon die Vorgebürge neuer Länder. Diejenigen, welche die Herzhaftigkeit haben die Untersuchung fortzusetzen, werden sie betreten und das Vergnügen haben, selbige mit ihrem Namen zu bezeichnen.

Ich habe nicht eher den Anschlag auf diese Unternehmung gefaßt, als bis ich mich in Ansehung der Pflichten der Religion in Sicherheit gesehen habe. Mein Eifer ist verdoppelt worden, als ich bei jedem Schritte die Nebel sich zerstreuen sah, welche hinter ihrer Dunkelheit Ungeheuer zu verbergen schienen und nach deren Zertheilung die Herrlichkeit des höchsten Wesens mit dem lebhaftesten Glanze hervorbrach. Da ich diese Bemühungen von aller Sträflichkeit frei weiß, so will ich getreulich anführen, was wohlgesinnte oder auch schwache Gemüther in meinem Plane anstößig finden können, und bin bereit es der Strenge des rechtgläubigen Areopagus mit einer Freimüthigkeit zu unterwerfen, die das Merkmaal einer redlichen Gesinnung ist. Der Sachwalter des Glaubens mag demnach zuerst seine Gründe hören lassen.

Wenn der Weltbau mit aller Ordnung und Schönheit nur eine Wirkung der ihren allgemeinen Bewegungsgesetzen überlassenen Materie ist, wenn die blinde Mechanik der Naturkräfte sich aus dem Chaos so herrlich zu entwickeln weiß und zu solcher Vollkommenheit von selber gelangt: so ist der Beweis des göttlichen Urhebers, den man aus dem Anblicke der Schönheit des Weltgebäudes zieht, völlig entkräftet, die Natur ist sich selbst genugsam, die göttliche Regierung ist unnöthig, Epikur lebt mitten im Christentume wieder auf, und eine unheilige Weltweisheit tritt den Glauben unter die Füße, welcher ihr ein helles Licht darreicht, sie zu erleuchten.

Wenn ich diesen Vorwurf gegründet fände, so ist die Überzeugung, die ich von der Unfehlbarkeit göttlicher Wahrheiten habe, bei mir so vermögend, daß ich alles, was ihnen widerspricht, durch sie für gnugsam widerlegt halten und verwerfen würde. Allein eben die Übereinstimmung, die ich zwischen meinem System und der Religion antreffe, erhebt meine Zuversicht in Ansehung aller Schwierigkeiten zu einer unerschrockenen Gelassenheit.

Ich erkenne den ganzen Werth derjenigen Beweise, die man aus der Schönheit und vollkommenen Anordnung des Weltbaues zur Bestätigung eines höchstweisen Urhebers zieht. Wenn man nicht aller Überzeugung muthwillig widerstrebt, so muß man so unwidersprechlichen Gründen gewonnen geben. Allein ich behaupte: daß die Vertheidiger der Religion dadurch, daß sie sich dieser Gründe auf eine schlechte Art bedienen, den

Streit mit den Naturalisten verewigen, indem sie ohne Noth denselben eine schwache Seite darbieten.

Man ist gewohnt die Übereinstimmungen, die Schönheit, die Zwecke und eine vollkommne Beziehung der Mittel auf dieselbe in der Natur zu bemerken und herauszustreichen. Allein indem man die Natur von dieser Seite erhebt, so sucht man sie andererseits wiederum zu verringern. Diese Wohlgereimtheit, sagt man, ist ihr fremd, sie würde, ihren allgemeinen Gesetzen überlassen, nichts als Unordnung zuwege bringen. Die Übereinstimmungen zeigen eine fremde Hand, die eine von aller Regelmäßigkeit verlassene Materie in einen weisen Plan zu zwingen gewußt hat. Allein ich antworte: wenn die allgemeinen Wirkungsgesetze der Materie gleichfalls eine Folge aus dem höchsten Entwurfe sind, so können sie vermuthlich keine andere Bestimmungen haben, als die den Plan von selber zu erfüllen trachten, den die höchste Weisheit sich vorgesetzt hat; oder wenn dieses nicht ist, sollte man nicht in Versuchung gerathen zu glauben, daß wenigstens die Materie und ihre allgemeine Gesetze unabhängig wären, und daß die höchstweise Gewalt, die sich ihrer so rühmlichst zu bedienen gewußt hat, zwar groß, aber doch nicht unendlich, zwar mächtig, aber doch nicht allgenugsam sei?

Der Vertheidiger der Religion besorgt: daß diejenigen Übereinstimmungen, die sich aus einem natürlichen Hang der Materie erklären lassen, die Unabhängigkeit der Natur von der göttlichen Vorsehung beweisen dürften. Er gesteht es nicht undeutlich: daß, wenn man zu aller Ordnung des Weltbaues natürliche Gründe entdecken kann, die dieselbe aus den allgemeinsten und wesentlichen Eigenschaften der Materie zu Stande bringen können, so sei es unnötig sich auf eine oberste Regierung zu berufen. Der Naturalist findet seine Rechnung dabei, diese Voraussetzung nicht zu bestreiten. Er treibt aber Beispiele auf, die die Fruchtbarkeit der allgemeinen Naturgesetze an vollkommen schönen Folgen beweisen, und bringt den Rechtgläubigen durch solche Gründe in Gefahr, welche in dessen Händen zu unüberwindlichen Waffen werden könnten. Ich will Beispiele anführen. Man hat schon mehrmals es als eine der deutlichsten Proben einer gütigen Vorsorge, die für die Menschen wacht, angeführt: daß in dem heißesten Erdstriche die Seewinde gerade zu einer solchen Zeit, da das erhitzte Erdreich am meisten ihrer Abkühlung bedarf, gleichsam gerufen über das Land streichen und es erquicken. Z. E. In der Insel Jamaica, so bald die Sonne so hoch gekommen ist, daß sie die empfindlichste Hitze auf das Erdreich wirft, gleich nach 9 Uhr Vormittags, fängt sich an aus dem Meer ein Wind zu erheben, der von allen Seiten über das Land weht; seine Stärke nimmt nach dem Maße zu, als die Höhe der Sonne zunimmt. Um 1 Uhr Nachmittages, da es natürlicher Weise am heißesten ist, ist er am heftigsten und läßt wieder mit der Erniedrigung der Sonne allmählig nach, so daß gegen Abend eben die Stille als beim Aufgange herrscht. Ohne diese erwünschte Einrichtung würde diese Insel unbewohnbar sein. Eben diese Wohlthat genießen alle Küsten der Länder, die im heißen Erdstriche liegen. Ihnen ist es auch am nöthigsten, weil sie, da sie die niedrigsten Gegenden des trockenen Landes sind, auch die größte Hitze erleiden; denn die höher im Lande befindlichen Gegenden, dahin dieser Seewind nicht reicht, sind seiner auch weniger benöthigt, weil ihre höhere Lage sie in eine kühlere Luftgegend versetzt. Ist dieses nicht alles schön, sind es sichtbare Zwecke, die durch klüglich angewandte Mittel bewirkt worden? Allein zum Widerspiel muß der Naturalist die natürlichen Ursachen davon in den allgemeinsten Eigenschaften der Luft antreffen, ohne besondere Veranstaltungen deswegen vermuthen zu dürfen. Er bemerkt mit Recht, daß diese Seewinde solche periodische Bewegungen anstellen müssen, wenn gleich kein Mensch auf solcher Insel lebte, und zwar durch keine andere Eigenschaft, als die der Luft auch ohne Absicht auf diesen Zweck bloß zum Wachsthum der Pflanzen unentbehrlich vonnöthen ist, nämlich durch ihre Elasticität und Schwere. Die Hitze der Sonne hebt das Gleichgewicht der Luft auf, indem sie diejenige verdünnt, die über dem Lande ist, und dadurch die kühlere Meeresluft veranlaßt, sie aus ihrer Stelle zu heben und ihren Platz einzunehmen.

Was für einen Nutzen haben nicht die Winde überhaupt zum Vortheile der Erdkugel, und was für einen Gebrauch macht nicht der Menschen Scharfsinnigkeit aus denselben! Indessen waren keine andere Einrichtungen nöthig, sie hervorzubringen, als dieselbe allgemeine Beschaffenheit der Luft und Wärme, welche auch unangesehen dieser Zwecke auf der Erde befindlich sein mußten.

Gebt ihr es, sagt allhier der Freigast, zu, daß, wenn man nützliche und auf Zwecke abzielende Verfassungen aus den allgemeinsten und einfachsten Naturgesetzen herleiten kann, man keine besondere Regierung einer obersten Weisheit nöthig habe: so sehet hier Beweise, die euch auf eurem eigenen Geständnisse ertappen werden. Die ganze Natur, vornehmlich die unorganisirte, ist voll von solchen Beweisen, die zu erkennen geben, daß die sich selbst durch die Mechanik ihrer Kräfte bestimmende Materie eine gewisse Richtigkeit in ihren Folgen habe und den Regeln der Wohlanständigkeit ungezwungen genug thue. Wenn ein Wohlgesinnter, die gute Sache der Religion zu retten, diese Fähigkeit der allgemeinen Naturgesetze bestreiten will, so wird er sich selbst in Verlegenheit setzen und dem Unglauben durch eine schlechte Vertheidigung Anlaß zu triumphiren geben.

Allein laßt uns sehen, wie diese Gründe, die man in den Händen der Gegner als schädlich befürchtet, vielmehr kräftige Waffen sind, sie zu bestreiten. Die nach ihren allgemeinsten Gesetzen sich bestimmende Materie bringt durch ihr natürliches Betragen, oder, wenn man es so nennen will, durch eine blinde Mechanik anständige Folgen hervor, die der Entwurf einer höchsten Weisheit zu sein scheinen. Luft, Wasser, Wärme erzeugen, wenn man sie sich selbst überlassen betrachtet, Winde und Wolken, Regen, Ströme, welche die Länder befeuchten, und alle die nützliche Folgen, ohne welche die Natur traurig, öde und unfruchtbar bleiben müßte. Sie bringen aber diese Folgen nicht durch ein bloßes Ungefähr, oder durch einen Zufall, der eben so leicht nachtheilig hätte ausfallen können, hervor, sondern man sieht: daß sie durch ihre natürliche Gesetze eingeschränkt sind auf keine andere als diese Weise zu wirken. Was soll man von dieser Übereinstimmung denn gedenken? Wie wäre es wohl möglich, daß Dinge von verschiedenen Naturen in Verbindung mit einander so vortreffliche Übereinstimmungen und Schönheiten zu bewirken trachten sollten, sogar zu Zwecken solcher Dinge, die sich gewissermaßen außer dem Umfange der todten Materie befinden, nämlich zum Nutzen der Menschen und Thiere, wenn sie nicht einen gemeinschaftlichen Ursprung erkennten, nämlich einen unendlichen Verstand, in welchem aller Dinge wesentliche Beschaffenheiten beziehend entworfen worden? Wenn ihre Naturen für sich und unabhängig nothwendig wären, was für ein erstaunliches Ungefähr, oder vielmehr was für eine Unmöglichkeit würde es nicht sein, daß sie mit ihren natürlichen Bestrebungen sich gerade so zusammen passen sollten, als eine überlegte kluge Wahl sie hätte vereinbaren können.

Nunmehr mache ich getrost die Anwendung auf mein gegenwärtiges Unterfangen. Ich nehme die Materie aller Welt in einer allgemeinen Zerstreuung an und mache aus derselben ein vollkommenes Chaos. Ich sehe nach den ausgemachten Gesetzen der Attraction den Stoff sich bilden und durch die Zurückstoßung ihre Bewegung modificiren. Ich genieße das Vergnügen ohne Beihülfe willkürlicher Erdichtungen unter der Veranlassung ausgemachter Bewegungsgesetze sich ein wohlgeordnetes Ganze erzeugen zu sehen, welches demjenigen Weltsystem so ähnlich sieht, das wir vor Augen haben, daß ich mich nicht entbrechen kann es für dasselbe zu halten. Diese unerwartete Auswickelung der Ordnung der Natur im Großen wird mir anfänglich verdächtig, da sie auf so schlechtem und einfachem Grunde eine so zusammengesetzte Richtigkeit gründet. Ich belehre mich endlich aus der vorher angezeigten Betrachtung: daß eine solche Auswickelung der Natur nicht etwas Unerhörtes an ihr ist, sondern daß ihre wesentliche Bestrebung solche nothwendig mit sich bringt, und daß dieses das herrlichste Zeugniß ihrer Abhängigkeit von demjenigen Urwesen ist, welches sogar die Quelle der Wesen selber und ihrer ersten Wirkungsgesetze in sich hat. Diese Einsicht verdoppelt mein Zutrauen auf den Entwurf, den ich gemacht habe. Die Zuversicht vermehrt sich bei jedem Schritte, den ich mit Fortgang weiter setze, und meine Kleinmüthigkeit hört völlig auf.

Aber die Vertheidigung deines Systems, wird man sagen, ist zugleich die Vertheidigung der Meinungen des Epikurs, welche damit die größte Ähnlichkeit haben. Ich will nicht völlig alle Übereinstimmung mit demselben ablehnen. Viele sind durch den Schein solcher Gründe zu Atheisten geworden, welche bei genauerer Erwägung sie von der Gewißheit des höchsten Wesens am kräftigsten hätten überzeugen können. Die Folgen, die ein verkehrter Verstand aus untadelhaften Grundsätzen zieht, sind öfters sehr tadelhaft, und so waren es auch die Schlüsse des Epikurs, unerachtet sein Entwurf der Scharfsinnigkeit eines großen Geistes gemäß war.

Ich werde es also nicht in Abrede sein, daß die Theorie des Lucrez oder dessen Vorgänger, des Epikurs, Leucipps und Demokritus, mit der meinigen viele Ähnlichkeit habe. Ich setze den ersten Zustand der Natur, so wie jene Weltweise in der allgemeinen Zerstreuung des Urstoffs aller Weltkörper, oder der Atomen, wie sie bei jenen genannt werden. Epikur setzte eine Schwere, die diese elementarische Theilchen zum Sinken trieb, und dieses scheint von der Newtonischen Anziehung, die ich annehme, nicht sehr verschieden zu sein; er gab ihnen auch eine gewisse Abweichung von der geradlinichten Bewegung des Falles, ob er gleich in Ansehung der Ursache derselben und ihrer Folgen ungereimte Einbildungen hatte: diese Abweichung kommt einigermaßen mit der Veränderung der geradlinichten Senkung, die wir aus der Zurückstoßungskraft der Theilchen herleiten, überein; endlich waren die Wirbel, die aus der verwirrten Bewegung der Atomen entstanden, ein Hauptstück in dem Lehrbegriffe des Leucipps und Demokritus, und man wird sie auch in dem unsrigen antreffen. So viel Verwandtschaft mit einer Lehrverfassung, die die wahre Theorie der Gottesleugnung im Alterthum war, zieht indessen die meinige dennoch nicht in die Gemeinschaft ihrer Irrthümer. Auch in den allerunsinnigsten Meinungen, welche sich bei den Menschen haben Beifall erwerben können, wird man jederzeit etwas Wahres bemerken. Ein falscher Grundsatz oder ein paar unüberlegte Verbindungssätze leiten den Menschen von dem Fußsteige der Wahrheit durch unmerkliche Abwege bis in den Abgrund. Es bleibt unerachtet der angeführten Ähnlichkeit dennoch ein wesentlicher Unterschied zwischen der alten Kosmogonie und der gegenwärtigen, um aus dieser ganz entgegengesetzte Folgen ziehen zu können.

Die angeführten Lehrer der mechanischen Erzeugung des Weltbaues leiteten alle Ordnung, die sich an demselben wahrnehmen läßt, aus dem ungefähren Zufalle her, der die Atomen so glücklich zusammentreffen ließ, daß sie ein wohlgeordnetes Ganze ausmachten. Epikur war gar so unverschämt, daß er verlangte, die Atomen wichen von ihrer geraden Bewegung ohne alle Ursache ab, um einander begegnen zu können. Alle insgesammt trieben diese Ungereimtheit so weit, daß sie den Ursprung aller belebten Geschöpfe eben diesem blinden Zusammenlauf beimaßen und die Vernunft wirklich aus der Unvernunft herleiteten. In meiner Lehrverfassung hingegen finde ich die Materie an gewisse nothwendige Gesetze gebunden. Ich sehe in ihrer gänzlichen Auflösung und Zerstreuung ein schönes und ordentliches Ganze sich ganz natürlich daraus entwickeln. Es geschieht dieses nicht durch einen Zufall und von ungefähr, sondern man bemerkt, daß natürliche Eigenschaften es nothwendig also mit sich bringen. Wird man hiedurch nicht bewogen zu fragen: warum mußte denn die Materie gerade solche Gesetze haben, die auf Ordnung und Wohlanständigkeit abzwecken? war es wohl möglich, daß viele Dinge, deren jedes seine von dem andern unabhängige Natur hat, einander von selber gerade so bestimmen sollten, daß ein wohlgeordnetes Ganze daraus entspringe, und wenn sie dieses thun, giebt es nicht einen unleugbaren Beweis von der Gemeinschaft ihres ersten Ursprungs ab, der ein allgenugsamer höchster Verstand sein muß, in welchem die Naturen der Dinge zu vereinbarten Absichten entworfen worden?

Die Materie, die der Urstoff aller Dinge ist, ist also an gewisse Gesetze gebunden, welchen sie frei überlassen nothwendig schöne Verbindungen hervorbringen muß. Sie hat keine Freiheit von diesem Plane der Vollkommenheit abzuweichen. Da sie also sich einer höchst weisen Absicht unterworfen befindet, so muß sie nothwendig in solche übereinstimmende Verhältnisse durch eine über sie herrschende erste Ursache versetzt worden sein, und **es ist ein Gott eben deswegen, weil die Natur auch selbst im Chaos nicht anders als regelmäßig und ordentlich verfahren kann.**

Ich habe so viel gute Meinung von der redlichen Gesinnung derjenigen, die diesem Entwurfe die Ehre thun, ihn zu prüfen, daß ich mich versichert halte, die angeführte Gründe werden, wo sie noch nicht alle Besorgniß schädlicher Folgen von meinem System aufheben können, dennoch wenigstens die Lauterkeit meiner Absicht außer Zweifel setzen. Wenn es dem ungeachtet boshafte Eiferer giebt, die es für eine würdige Pflicht ihres heiligen Berufs halten, den unschuldigsten Meinungen schädliche Auslegungen anzuheften, so bin ich versichert, daß ihr Urtheil bei allen Vernünftigen gerade die entgegengesetzte Wirkung ihrer Absicht hat. Man wird mich übrigens des

Rechts nicht berauben, das Cartesius, als er die Bildung der Weltkörper aus blos mechanischen Gesetzen zu erklären wagte, bei billigen Richtern jederzeit genossen hat. Ich will deswegen die Verfasser der allgemeinen Welthistorie* anführen: »Indessen können wir nicht anders als glauben: daß der Versuch dieses Weltweisen, der sich bemüht die Bildung der Welt in gewisser Zeit aus wüster Materie durch die bloße Fortsetzung einer einmal eingedrückten Bewegung zu erklären, und solches auf einige wenige leichte und allgemeine Bewegungsgesetze gebracht, so wenig als anderer, **die seit dem mit mehrerem Beifall eben das versucht haben aus den ursprünglichen und anerschaffenen Eigenschaften der Materie zu thun**, strafbar oder Gott verkleinerlich sei, wie sich manche eingebildet haben, **indem dadurch vielmehr ein höherer Begriff seiner unendlichen Weisheit verursacht wird.**«

229 Ich habe die Schwierigkeiten, die von Seiten der Religion meine Sätze zu bedrohen schienen, hinweg zu räumen gesucht. Es giebt einige nicht geringere in Ansehung der Sache selber. Wenn es gleich wahr ist, wird man sagen, daß Gott in die Kräfte der Natur eine geheime Kunst gelegt hat, sich aus dem Chaos von selber zu einer vollkommenen Weltverfassung auszubilden, wird der Verstand des Menschen, der bei den gemeinsten Gegenständen so blöd ist, in so großem Vorwurfe die verborgene Eigenschaften zu erforschen vermögend sein? Ein solches Unterfangen heißt eben so viel, als wenn man sagte: **Gebt mir nur Materie, ich will euch eine Welt daraus bauen.** Kann dich die Schwäche deiner Einsichten, die an den geringsten Dingen, welche deinen Sinnen täglich und in der Nähe vorkommen, zu schanden wird, nicht lehren: daß es vergeblich sei, das Unermeßliche und das, was in der Natur vorging, ehe noch eine Welt war, zu entdecken? Ich vernichte diese Schwierigkeit, indem ich deutlich zeige, daß eben diese Unter-

---

* I. Theil § 88.

suchung unter allen, die in der Naturlehre aufgeworfen werden können, diejenige sei, in welcher man am leichtesten und sichersten bis zum Ursprunge gelangen kann. Eben so wie unter allen Aufgaben der Naturforschung keine mit mehr Richtigkeit und Gewißheit aufgelöset worden, als die wahre Verfassung des Weltbaues im Großen, die Gesetze der Bewegungen und das innere Triebwerk der Umläufe aller Planeten, als worin die Newtonische Weltweisheit solche Einsichten gewähren kann, dergleichen man sonst in keinem Theile der Weltweisheit antrifft: eben also, behaupte ich, sei unter allen Naturdingen, deren erste Ursache man nachforscht, der Ursprung des Weltsystems und die Erzeugung der Himmelskörper sammt den Ursachen ihrer Bewegungen dasjenige, was man am ersten gründlich und zuverlässig einzusehen hoffen darf. Die Ursache hievon ist leicht zu ersehen. Die Himmelskörper sind runde Massen, also von der einfachsten Bildung, die ein Körper, dessen Ursprung man sucht, nur immer haben kann. Ihre Bewegungen sind gleichfalls unvermischt. Sie sind nichts als eine freie Fortsetzung eines einmal eingedrückten Schwunges, welcher, mit der Attraction des Körpers im Mittelpunkte verbunden, kreisförmicht wird. Überdem ist der Raum, darin sie sich bewegen, leer, die Zwischenweiten, die sie von einander absondern, ganz ungemein groß und also alles sowohl zur unverwirrten Bewegung, als auch deutlichen Bemerkung derselben auf das deutlichste aus einander gesetzt. Mich dünkt, man könne hier in gewissem Verstande ohne Vermessenheit sagen: Gebet mir Materie, ich will eine Welt daraus bauen! das ist, gebet mir Materie, ich will euch zeigen, wie eine Welt daraus entstehen soll. Denn wenn Materie vorhanden ist, welche mit einer wesentlichen Attractionskraft begabt ist, so ist es nicht schwer diejenigen Ursachen zu bestimmen, die zu der Einrichtung des Weltsystems, im Großen betrachtet, haben beitragen können. Man weiß, was dazu gehört, daß ein Körper eine kugelrunde Figur erlange, man begreift, was erfordert wird, daß frei schwebende Kugeln eine kreisförmige Bewegung um den Mittelpunkt anstellen, gegen den sie gezogen werden. Die Stellung der Kreise gegeneinander, die Übereinstimmung der Richtung, die Excentricität, alles kann auf die einfachsten mechanischen Ursachen gebracht werden, und man darf mit Zuversicht hoffen sie zu entdecken, weil sie auf die leichtesten und deutlichsten Gründe gesetzt werden können. Kann man aber wohl von den geringsten Pflanzen oder Insect sich solcher Vortheile rühmen? Ist man im Stande zu sagen: Gebt mir Materie, ich will euch zeigen, wie eine Raupe erzeugt werden könne? Bleibt man hier nicht bei dem ersten Schritte aus Unwissenheit der wahren innern Beschaffenheit des Objects und der Verwickelung der in demselben vorhandenen Mannigfaltigkeit stecken? Man darf es sich also nicht befremden lassen, wenn ich mich unterstehe zu sagen: daß eher die Bildung aller Himmelskörper, die Ursache ihrer Bewegungen, kurz, der Ursprung der ganzen gegenwärtigen Verfassung des Weltbaues werde können eingesehen werden, ehe die Erzeugung eines einzigen Krauts oder einer Raupe aus mechanischen Gründen deutlich und vollständig kund werden wird.

Dieses sind die Ursachen, worauf ich meine Zuversicht gründe, daß der physische Theil der Weltwissenschaft künftighin noch wohl eben die Vollkommenheit zu hoffen habe, zu der Newton die mathematische Hälfte derselben erhoben hat. Es sind nächst den Gesetzen, nach welchen der Weltbau in der Verfassung, darin er ist, besteht, vielleicht keine anderen in der ganzen Naturforschung solcher mathematischen Bestimmungen fähig, als diejenigen, nach welchen er entstanden ist, und ohne Zweifel würde die Hand eines versuchten Weltkünstlers hier nicht unfruchtbare Felder bearbeiten.

Nachdem ich den Vorwurf meiner Betrachtung einer günstigen Aufnahme zu empfehlen mir habe angelegen sein lassen: so wird man mir erlauben, mich wegen der Art, nach der ich ihn abgehandelt habe, kürzlich zu erklären. Der erste Theil geht mit einem neuen System des Weltgebäudes im Großen um. Herr Wright von Durham, dessen Abhandlung ich aus den Hamburgischen freien Urtheilen vom Jahr 1751 habe kennen lernen, hat mir zuerst Anlaß gegeben, die Fixsterne nicht als ein ohne sichtbare Ordnung zerstreutes Gewimmel, sondern als ein System anzusehen, welches mit einem planetischen die größte Ähnlichkeit hat, so daß, gleichwie in diesem die Planeten sich einer gemeinschaftlichen Fläche sehr nahe befinden, also auch die Fixsterne sich in ihren Lagen auf eine gewisse Fläche, die durch den ganzen Himmel muß gezogen gedacht werden, so nahe als möglich beziehen und durch ihre dichteste Häufung zu derselben denjenigen lichten Streif darstellten, welcher die Milchstraße genannt wird. Ich habe mich vergewissert, daß, weil diese von unzähligen Sonnen erleuchtete Zone sehr genau die Richtung eines größten Zirkels hat, unsere Sonne sich dieser großen Beziehungsfläche gleichfalls sehr nahe befinden müsse. Indem ich den Ursachen dieser Bestimmung nachgegangen bin, habe ich sehr wahrscheinlich zu sein befunden: daß die sogenannten Fixsterne oder feste Sterne wohl eigentlich langsam bewegte Wandelsterne einer höhern Ordnung sein könnten. Zur Bestätigung dessen, was man an seinem Orte von diesem Gedanken antreffen wird, will ich allhier nur eine Stelle aus einer Schrift des Herrn Bradley von der Bewegung der Fixsterne anführen. »Wenn man aus dem Erfolg der Vergleichung unserer besten jetzigen Beobachtungen mit denen, welche vor diesem mit einem erträglichen Grade der Richtigkeit angestellt worden, ein Urtheil fällen will, so erhellt: daß einige Fixsterne wirklich ihren Stand gegen einander verändert haben und zwar so, daß man sieht, daß dieses nicht irgend von einer Bewegung in unserm Planetengebäude herrührt, sondern, daß es bloß einer Bewegung der Sterne selber zugeschrieben werden kann. Der Arktur gibt einen starken Beweis hievon an die Hand. Denn wenn man desselben gegenwärtige Declination mit seinem Orte, wie derselbe sowohl von Tycho als auch von Flammsteed ist bestimmt worden, vergleicht, so wird man finden: daß der Unterschied größer ist, als man ihn von der Ungewißheit ihrer Beobachtungen herzurühren vermuthen kann. Man hat Ursache zu vermuthen: daß auch andere Exempel von gleicher Beschaffenheit unter der großen Anzahl der sichtbaren Sterne vorkommen müssen, weil ihre Lagen gegeneinander durch mancherlei Ursachen können verändert werden. Denn wenn man sich vorstellt, daß unser eigenes Sonnengebäude seinen Ort in Ansehung des Weltraums verändert: so wird dieses nach Verlauf einiger Zeit eine scheinbare Veränderung der Winkelentfernungen der Fixsterne verursachen. Und weil dieses in solchem Falle in die Örter der nächsten Sterne einen größeren Einfluß haben würde, als in die Örter derjenigen, welche weit entfernt sind, so würden ihre Lagen sich zu verändern scheinen, obgleich die Sterne selbst wirklich unbeweglich blieben. Und wenn im Gegentheil unser eigen Planetengebäude stille steht und einige Sterne wirklich eine Bewegung haben: so wird dieses gleichfalls ihre scheinbare Lage verändern und zwar um destomehr, je näher sie bei uns sind, oder je mehr die Richtung der Bewegung so beschaffen ist, daß sie von uns kann wahrgenommen werden. Da nun also die Lagen der Sterne von so mancherlei Ursachen können verändert werden, indem man die erstaunlichen Entfernungen, in welchen ganz gewiß einige gelegen sind, betrachtet: so werden wohl die Beobachtungen vieler Menschenalter nöthig sein, die Gesetze der scheinbaren Veränderungen auch eines einzigen Sternes zu bestimmen. Viel schwerer muß es also noch sein, die Gesetze für alle die merkwürdigsten Sterne festzusetzen.«

Ich kann die Grenzen nicht genau bestimmen, die zwischen dem System des Herrn Wright und dem meinigen anzutreffen sind, und in welchen Stücken ich seinen Entwurf bloß nachgeahmt, oder weiter ausgeführt habe. Indessen boten sich mir nach der Hand annehmungswürdige Gründe dar, es auf der einen Seite beträchtlich zu erweitern. Ich betrachtete die Art neblichter Sterne, deren Herr von Maupertuis in der Abhandlung von der Figur der Gestirne* gedenkt, und

---

* Weil ich den angeführten Tractat nicht bei der Hand habe, so will ich das dazu Gehörige aus der Anführung der Ouvrages diverses de Msr. de Maupertuis in den Actis Erud. 1745 hier einrücken. Das erste Phänomenon sind diejenige lichte Stellen am Himmel, welche neblichte Sterne genannt und für einen Haufen kleiner Fixsterne gehalten werden. Allein die Astronomen haben durch vortreffliche Ferngläser sie nur als große länglichtrunde Plätzchen, die etwas lichter als der übrige Theil des Himmels wären, befunden. Hugen hat dergleichen etwas zuerst im Orion angetroffen; Halley gedenkt in den *Anglical. Trans.* sechs solcher Plätzchen: 1. im Schwert des Orions, 2. im Schützen, 3. im Centaurus, 4. vor dem rechten Fuß des Antinous, 5. im Hercules, 6. im Gürtel der Andromeda. Wenn diese durch ein reflectirendes Seherohr von 8 Fuß betrachtet werden, so sieht man, daß nur der vierte Theil derselben für einen Haufen Sterne könne gehalten werden; die übrige haben nur weißlichte Plätzchen vorgestellt ohne erheblichen Unterschied, außer daß eines mehr der Zirkelrundung beikommt, ein anderes aber länglicher ist. Es scheint auch, daß bei dem ersten die durch das Seherohr sichtbaren kleinen Sternchen seinen weißlichten Schimmer nicht verursachen können. Halley glaubt: daß man aus diesen Erscheinungen dasjenige erklären könne, was man im Anfang der Mosaischen Schöpfungsgeschichte antrifft, nämlich daß das Licht eher als die Sonne erschaffen sei. Derham vergleicht sie Öffnungen, dadurch eine andere unermeßliche Gegend und vielleicht der Feuerhimmel durchscheine. Er meint, er habe bemerken können, daß die Sterne, die neben diesen Plätzchen gesehen werden, uns viel näher wären, als diese lichte Stellen. Diesen fügt der Verfasser ein Verzeichnis der neblichten Sterne aus dem Hevelius bei. Er hält diese Erscheinungen für große lichte Massen, die durch eine gewaltige Umwälzung abgeplattet worden wären. Die Materie, daraus sie bestehen, wenn sie eine gleichleuchtende Kraft mit den übrigen Sternen hätte, würde von ungeheurer Größe sein müssen, damit sie, aus einem viel größeren Abstande, als die Sterne ihrer ist, gesehen, dennoch dem Fernglase unter merklicher Gestalt und Größe erscheinen können. Wenn sie aber an Größe den übrigen Fixsternen ungefähr gleich kämen, müßten sie uns nicht allein ungleich viel näher sein, sondern zugleich ein viel schwächeres Licht haben: weil sie bei solcher Nähe und scheinbarer Größe doch einen so blassen Schimmer an sich zeigen. Es würde also der Mühe verlohnen, ihre Parallaxe, wofern sie eine haben, zu entdecken. Denn diejenigen, welche sie ihnen absprechen, schließen vielleicht von einigen auf alle. Die Sternchen, die man mitten auf diesen Plätzchen antrifft, wie in dem Orion (oder noch schöner in dem vor dem rechten Fuße des Antinous, welcher nicht anders aussieht als ein Fixstern, der mit einem Nebel umgeben ist), würden, wofern sie uns näher wären, entweder nach Art der Projection auf denselben gesehen, oder schienen durch jene Massen, gleich als durch die Schweife der Kometen durch.

die die Figur von mehr oder weniger offenen Ellipsen vorstellen, und versicherte mich leicht, daß sie nichts anders, als eine Häufung vieler Fixsterne sein können. Die jederzeit abgemessene Rundung dieser Figuren belehrte mich, daß hier ein unbegreiflich zahlreiches Sternenheer und zwar um einen gemeinschaftlichen Mittelpunkt müßte geordnet sein, weil sonst ihre freie Stellungen gegen einander wohl irreguläre Gestalten, aber nicht abgemessene Figuren vorstellen würden. Ich sah auch ein: daß sie in dem System, darin sie sich vereinigt finden, vornehmlich auf eine Fläche beschränkt sein müßten, weil sie nicht zirkelrunde, sondern elliptische Figuren abbilden, und daß sie wegen ihres blassen Lichts unbegreiflich weit von uns abstehen. Was ich aus diesen Analogien geschlossen habe, wird die Abhandlung selber der Untersuchung des vorurtheilfreien Lesers darlegen.

In dem zweiten Theile, der den eigentlichen Vorwurf dieser Abhandlung in sich enthält, suche ich die Verfassung des Weltbaues aus dem einfachsten Zustande der Natur bloß durch mechanische Gesetze zu entwickeln. Wenn ich mich unterstehen darf denjenigen, die sich über die Kühnheit dieses Unternehmens entrüsten, bei der Prüfung, womit sie meine Gedanken beehren, eine gewisse Ordnung vorzuschlagen, so wollte ich bitten das achte Hauptstück zuerst durchzulesen, welches, wie ich hoffe, ihre Verurtheilung zu einer richtigen Einsicht vorbereiten kann. Wenn ich indessen den geneigten Leser zur Prüfung meiner Meinungen einlade, so besorge ich mit Recht, da Hypothesen von dieser Art gemeiniglich nicht in viel besserem Ansehen, als philosophische Träume stehen, es eine saure Gefälligkeit für einen Leser ist, sich zu einer sorgfältigen Untersuchung von selbst erdachten Geschichten der Natur zu entschließen und dem Verfasser durch alle die Wendungen, dadurch er den Schwierigkeiten, die ihm aufstoßen, ausweicht, geduldig zu folgen, um vielleicht am Ende, wie die Zuschauer des londonschen Marktschreiers* seine eigne Leichtgläubigkeit zu belachen. Indessen getraue ich mir zu versprechen: daß, wenn der Leser durch das vorgeschlagene Vorbereitungs-Hauptstück hoffentlich wird überredet worden sein, auf so wahrscheinliche Vermuthungen doch ein solches physisches Abenteuer zu wagen, er auf dem Fortgange des Weges nicht so viel krumme Abwege und unwegsame Hindernisse, als er vielleicht anfänglich besorgt, antreffen werde.

Ich habe mich in der That mit größter Behutsamkeit aller willkürlichen Erdichtungen entschlagen. Ich habe, nachdem ich die Welt in das einfachste Chaos versetzt, keine andere Kräfte als die Anziehungs- und Zurückstoßungskraft zur Entwickelung der großen Ordnung der Natur angewandt, zwei Kräfte, welche beide gleich gewiß, gleich einfach und zugleich gleich ursprünglich und allgemein sind. Beide sind aus der Newtonischen Weltweisheit entlehnt. Die erste ist ein nunmehr außer Zweifel gesetztes Naturgesetz. Die zweite, welcher vielleicht die Naturwissenschaft des Newton nicht so viel Deutlichkeit als der ersteren gewähren kann, nehme ich hier nur in demjenigen Verstande an, da sie niemand in Abrede ist, nämlich bei der feinsten Auflösung der Materie, wie z. E. bei den Dünsten. Aus diesen so einfachen Gründen habe ich auf eine ungekünstelte Art, ohne andere Folgen zu ersinnen, als diejenigen, worauf die Aufmerksamkeit des Lesers ganz von selber verfallen muß, das folgende System hergeleitet.

Man erlaube mir schließlich wegen der Gültigkeit und des angeblichen Werthes derjenigen Sätze, die in der folgenden Theorie vorkommen werden und wornach ich sie vor billigen Richtern geprüft zu werden wünsche, eine kurze Erklärung zu thun. Man beurtheilt billig den Verfasser nach demjenigen Stempel, den er auf seine Waare drückt; daher hoffe ich, man werde in den verschiedenen Theilen dieser Abhandlung keine strengere Verantwortung meiner Meinungen fordern, als nach

---

* siehe Gellerts Fabel: Hans Nord.

Maßgebung des Werths, den ich von ihnen selber ausgebe. Überhaupt kann die größte geometrische Schärfe und mathematische Unfehlbarkeit niemals von einer Abhandlung dieser Art verlangt werden. Wenn das System auf Analogien und Übereinstimmungen nach den Regeln der Glaubwürdigkeit und einer richtigen Denkungsart gegründet ist: so hat es allen Forderungen seines Objects genug gethan. Diesen Grad der Tüchtigkeit meine ich in einigen Stücken dieser Abhandlung, als in der Theorie der Fixsternensystemen, in der Hypothese von der Beschaffenheit der neblichten Sterne, in dem allgemeinen Entwurfe von der mechanischen Erzeugungsart des Weltbaues, in der Theorie von dem Saturnusringe und einigen andern erreicht zu haben. Etwas minder Überzeugung werden einige besondere Theile der Ausführung gewähren, wie z. E. die Bestimmung der Verhältnisse der Exzentricität, die Vergleichung der Massen der Planeten, die mancherlei Abweichungen der Kometen und einige andere.

Wenn ich daher in dem siebenten Hauptstück, durch die Fruchtbarkeit des Systems und die Annehmlichkeit des größten und wunderwürdigsten Gegenstandes, den man sich nur denken kann, angelockt, zwar stets an dem Leitfaden der Analogie und einer vernünftigen Glaubwürdigkeit, doch mit einiger Kühnheit die Folgen des Lehrgebäudes so weit als möglich fortsetze; wenn ich das Unendliche der ganzen Schöpfung, die Bildung neuer Welten und den Untergang der alten, den unbeschränkten Raum des Chaos der Einbildungskraft darstelle: so hoffe ich, man werde der reizenden Annehmlichkeit des Objects und dem Vergnügen, welches man hat, die Übereinstimmung einer Theorie in ihrer größten Ausdehnung zu sehen, so viel Nachsicht vergönnen, sie nicht nach der größten geometrischen Strenge, die ohnedem bei dieser Art der Betrachtungen nicht statt hat, zu beurtheilen. Eben dieser Billigkeit versehe ich mich in Ansehung des dritten Theiles. Man wird indessen allemal etwas mehr wie bloß Willkürliches, obgleich jederzeit etwas weniger als Ungezweifeltes, in selbigen antreffen.

Inhalt
des ganzen Werks.

Erster Theil.

237 Abriß einer allgemeinen systematischen Verfassung unter den Fixsternen, aus den Phänomenis der Milchstraße hergeleitet.

Ähnlichkeit dieses Fixsternensystems mit dem Systeme der Planeten. Entdeckung vieler solcher Systeme, die sich in der Weite des Himmels in Gestalt elliptischer Figuren zeigen. Neuer Begriff von der systematischen Verfassung der ganzen Schöpfung.

Beschluß. Wahrscheinliche Vermuthung mehrerer Planeten über dem Saturn aus dem Gesetze, nach welchem die Excentricität der Planeten mit den Entfernungen zunimmt.

Zweiter Theil.

Erstes Hauptstück.

Gründe für die Lehrverfassung eines mechanischen Ursprungs der Welt. Gegengründe. Einziger Begriff unter allen möglichen, beiden genug zu thun. Erster Zustand der Natur. Zerstreuung der Elemente aller Materie durch den ganzen Weltraum. Erste Regung durch die Anziehung. Anfang der Bildung eines Körpers in dem Punkte der stärksten Attraction. Allgemeine Senkung der Elemente gegen diesen Centralkörper. Zurückstoßungskraft der feinsten Theile, darin die Materie aufgelöset worden. Veränderte Richtung der sinkenden Bewegung durch die Verbindung dieser Kraft mit der erstern. Einförmige Richtung aller dieser Bewegungen nach ebenderselben Gegend. Bestrebung aller Partikeln, sich zu einer gemeinschaftlichen Fläche zu dringen und daselbst zu häufen. Mäßigung der Geschwindigkeit ihrer Bewegung zu einem Gleichgewichte mit der Schwere des Abstandes ihres Orts. Freier Umlauf aller Theilchen um den Centralkörper in Zirkelkreisen. Bildung der Planeten aus diesen bewegten Elementen. Freie Bewegung der daraus zusammengesetzten Planeten in gleicher Richtung in gemeinschaftlichem Plane nahe beim Mittelpunkte, beinahe in Cirkelkreisen und weiter von demselben mit zunehmenden Graden der Excentricität. 238

Zweites Hauptstück.

Handelt von der verschiedenen Dichtigkeit der Planeten und dem Verhältnisse ihrer Massen. Ursache, woher die nahen Planeten dichterer Art sind, als die entfernten. Unzulänglichkeit der Erklärung des Newton. Woher der Centralkörper leichterer Art ist, als die nächst um ihn laufende Kugeln. Verhältniß der Massen der Planeten nach der Proportion der Entfernungen. Ursache aus der Art der Erzeugung, woher der Centralkörper die größte Masse hat. Ausrechnung der Dünnigkeit, in welcher alle Elemente der Weltmaterie zerstreut gewesen. Wahrscheinlichkeit und Nothwendigkeit dieser Verdünnung. Wichtiger Beweis der Art der Erzeugung der Himmelskörper aus einer merkwürdigen Analogie des Herrn de Buffon.

Drittes Hauptstück.

Von der Excentricität der Planetenkreise und dem Ursprunge der Kometen. Die Excentricität nimmt gradweise mit den Entfernungen von der Sonne zu. Ursache dieses Gesetzes aus der Kosmogonie. Woher die Kometenkreise von dem Plane der Ekliptik frei ausschweifen. Beweis, daß die Kometen aus der leichtesten Gattung des Stoffes gebildet seien. Beiläufige Anmerkung von dem Nordscheine.

Viertes Hauptstück.

Von dem Ursprunge der Monde und den Bewegungen der Planeten um die Achse. Der Stoff zu Erzeugung der Monde war in der Sphäre, daraus der Planet die Theile zu seiner eigenen Bildung sammlete, enthalten. Ursache der Bewegung dieser Monde mit allen Bestimmungen. Woher nur die großen Planeten Monde haben. Von der Achsendrehung der Planeten. Ob der Mond ehedem eine schnellere gehabt hat? Ob die Geschwindigkeit der Umwälzung der Erde sich vermindere? Von der Stellung der Achse der Planeten gegen den Plan ihrer Kreise. Verrückung ihrer Achse.

Fünftes Hauptstück.

Von dem Ursprunge des Saturnusringes und der Berechnung seiner täglichen Umdrehung aus den Verhältnissen desselben. Erster Zustand des Saturns mit der Beschaffenheit eines Kometen verglichen. Bildung eines Ringes aus den Theilchen seiner Atmosphäre vermittelst der von seinem Umschwunge eingedrückten Bewegungen. Bestimmung der Zeit seiner Achsendrehung nach dieser Hypothese. Betrachtung der Figur des Saturns. Von der sphäroidischen Abplattung der Himmelskörper überhaupt. Nähere Bestimmung der Beschaffenheit dieses Ringes. Wahrscheinliche Vermuthung neuer Entdeckungen. Ob die Erde vor der Sündfluth nicht einen Ring gehabt habe?

Sechstes Hauptstück.

Von dem Zodiakallichte.

Siebentes Hauptstück.

Von der Schöpfung im ganzen Umfange ihrer Unendlichkeit sowohl dem Raume als der Zeit nach. Ursprung eines großen Systems der Fixsterne. Centralkörper im Mittelpunkte des Sternensystems. Unendlichkeit der Schöpfung. Allgemeine systematische Beziehung in ihrem ganzen Inbegriffe. Centralkörper der ganzen Natur. Successive Fortsetzung der Schöpfung in aller Unendlichkeit der Zeiten und Räume durch unaufhörliche Bildung neuer Welten. Betrachtung über das Chaos der ungebildeten Natur. Allmählicher Verfall und Untergang des Weltbaues. Wohlanständigkeit eines solchen Begriffes. Wiedererneuerung der verfallenen Natur.

Zugabe zum siebenten Hauptstücke.

Allgemeine Theorie und Geschichte der Sonne überhaupt. Woher der Centralkörper eines Weltbaues ein feuriger Körper ist. Nähere Betrachtung seiner Natur. Gedanken von den Veränderungen der ihn umgebenden Luft. Erlöschung der Sonnen. Naher Anblick ihrer Gestalt. Meinung des Herrn Wrigth von dem Mittelpunkte der ganzen Natur. Verbesserung derselben.

Achtes Hauptstück.

Allgemeiner Beweis von der Richtigkeit einer mechanischen Lehrverfassung der Einrichtung des Weltbaues überhaupt, insonderheit von der Gewißheit der gegenwärtigen. Die wesentliche Fähigkeit der Naturen der Dinge, sich von selber zur Ordnung und Vollkommenheit zu erheben, ist der schönste Beweis des Daseins Gottes. Vertheidigung gegen den Vorwurf des Naturalismus.

Die Verfassung des Weltbaues ist einfach und nicht über die Kräfte der Natur gesetzt. Analogien, die den mechanischen Ursprung der Welt mit Gewißheit bewähren. Eben dasselbe aus den Abweichungen bewiesen. Die Anführung einer unmittelbaren göttlichen Anordnung thut diesen Fragen kein Gnüge. Schwierigkeit, die den Newton bewog, den mechanischen Lehrbegriff aufzugeben. Auflösung dieser Schwierigkeit. Das vorgetragene System ist das einzige Mittel unter allen möglichen, beiderseitigen Gründen ein Gnüge zu leisten. Wird ferner durch das Verhältniß der Dichtigkeit der Planeten, ihrer Massen, der Zwischenräume ihres Abstandes und den stufenartigen Zusammenhang ihrer Bestimmungen erwiesen. Die Bewegungsgründe der Wahl Gottes bestimmten diese Umstände nicht unmittelbar. Rechtfertigung in Ansehung der Religion. Schwierigkeiten, die sich bei einer Lehrverfassung von der unmittelbaren göttlichen Anordnung hervorthun.

Dritter Theil.

Enthält eine Vergleichung zwischen den Einwohnern der Gestirne. Ob alle Planeten bewohnt seien? Ursache daran zu zweifeln. Grund der physischen Verhältnisse zwischen den Bewohnern verschiedener Planeten. Betrachtung des Menschen. Ursachen der Unvollkommenheit seiner Natur. Natürliches Verhältnis der körperlichen Eigenschaften der belebten Creaturen nach ihrem verschiedenen Abstande von der Sonne. Folgen dieses Verhältnisses auf ihre geistigen Fähigkeiten. Vergleichung der denkenden Naturen auf verschiedenen Himmelskörpern. Bestätigung aus gewissen Umständen ihrer Wohnplätze. Fernerer Beweis aus den Anstalten der göttlichen Vorsehung, die zu ihrem Besten gemacht sind. Kurze Ausschweifung.

Beschluß.

Die Begebenheiten des Menschen in dem künftigen Leben.

Allgemeine Naturgeschichte und Theorie des Himmels.

Erster Theil.

Abriß einer systematischen Verfassung unter den Fixsternen

imgleichen

von der Vielheit solcher Fixsternsystemen.

Seht jene große Wunderkette, die alle Theile dieser Welt
Vereinet und zusammenzieht und die das große Ganz' erhält.
Pope.

Kurzer Abriß der nöthigsten Grundbegriffe der
Newtonischen Weltwissenschaft,*
die zu dem Verstande des nachfolgenden erfordert werden.

Sechs Planeten, davon drei Begleiter haben, Mercur, Venus, die Erde mit ihrem Monde, Mars, Jupiter mit vier und Saturn mit fünf Trabanten, die um die Sonne als den Mittelpunkt Kreise beschreiben, nebst den Kometen, die es von allen Seiten her und in sehr langen Kreisen thun, machen ein System aus, welches man das System der Sonnen oder auch den planetischen Weltbau nennt. Die Bewegung aller dieser Körper, weil sie kreisförmig und in sich selbst zurückkehrend ist, setzt zwei Kräfte voraus, welche bei einer jeglichen Art des Lehrbegriffs gleich nothwendig sind, nämlich eine schießende Kraft, dadurch sie in jedem Punkte ihres krummlinichten Laufes die gerade Richtung fortsetzen und sich ins Unendliche entfernen würden, wenn nicht eine andere Kraft, welche es auch immer sein mag, sie beständig nöthigte diese zu verlassen und in einem krummen Gleise zu laufen, der die Sonne als den Mittelpunkt umfaßt. Diese zweite Kraft, wie die Geometrie selber es

---

* Diese kurze Einleitung, welche vielleicht in Ansehung der meisten Leser überflüssig sein möchte, habe ich denen, die etwa der Newtonischen Grundsätze nicht genugsam kundig sind, zur Vorbereitung der Einsicht in die folgende Theorie vorher ertheilen wollen.

ungezweifelt ausmacht, zielt allenthalben zu der Sonne hin und wird daher die sinkende, die Centripetalkraft, oder auch die Gravität genannt.

Wenn die Kreise der Himmelskörper genaue Cirkel wären, so würde die allereinfachste Zergliederung der Zusammensetzung krummlinichter Bewegungen zeigen: daß ein anhaltender Trieb gegen den Mittelpunkt dazu erfordert werde; allein obgleich sie an allen Planeten sowohl als Kometen Ellipsen sind, in deren gemeinschaftlichem Brennpunkte sich die Sonne befindet, so thut doch die höhere Geometrie mit Hülfe der Keplerischen Analogie (nach welcher der radius vector, oder die von dem Planeten zur Sonne gezogene Linie stets solche Räume von der elliptischen Bahn abschneidet, die den Zeiten proportionirt sind) gleichfalls mit unerträglicher Gewißheit dar: daß eine Kraft den Planet in dem ganzen Kreislaufe gegen den Mittelpunkt der Sonne unablässig treiben müßte. Diese Senkungskraft, die durch den ganzen Raum des Planetensystems herrscht und zu der Sonne hinzielt, ist also ein ausgemachtes Phänomenon der Natur, und eben so zuverlässig ist auch das Gesetz erwiesen, nach welchem sich diese Kraft von dem Mittelpunkte in die ferne Weiten erstreckt. Sie nimmt immer umgekehrt ab, wie die Quadrate der Entfernungen von demselben zunehmen. Diese Regel fließt auf eine eben so untrügliche Art aus der Zeit, die die Planeten in verschiedenen Entfernungen zu ihren Umläufen gebrauchen. Diese Zeiten sind immer wie die Quadratwurzel aus den Cubis ihrer mittlern Entfernungen von der Sonne, woraus hergeleitet wird: daß die Kraft, die diese Himmelskörper zu dem Mittelpunkte ihrer Umwälzung treibt, in umgekehrtem Verhältnisse der Quadrate des Abstandes abnehmen müsse.

Eben dasselbe Gesetz, was unter den Planeten herrscht, in so fern sie um die Sonne laufen, findet sich auch bei den kleinen Systemen, nämlich denen, die die um ihre Hauptplaneten bewegte Monden ausmachen. Ihre Umlaufszeiten sind eben so gegen die Entfernungen proportionirt und setzen eben dasselbe Verhältniß der Senkungskraft gegen den Planeten fest, als dasjenige ist, dem dieser zu der Sonne hin unterworfen ist. Alles dieses ist aus der untrüglichsten Geometrie vermittelst unstrittiger Beobachtungen auf immer außer Widerspruch gesetzt. Hiezu kommt noch die Idee, daß diese Senkungskraft eben derselbe Antrieb sei, der auf der Oberfläche des Planeten die Schwere genannt wird, und der von diesem sich stufenweise nach dem angeführten Gesetze mit den Entfernungen vermindert. Dieses ersieht man aus der Vergleichung der Quantität der Schwere auf der Oberfläche der Erde mit der Kraft, die den Mond zum Mittelpunkte seines Kreises hintreibt, welche gegen einander eben so wie die Attraction in dem ganzen Weltgebäude, nämlich im umgekehrten Verhältniß des Quadrats der Entfernungen, ist. Dies ist die Ursache, warum man oftgemeldete Centralkraft auch die Gravität nennt.

Weil es überdem auch im höchsten Grade wahrscheinlich ist, daß, wenn eine Wirkung nur in Gegenwart und nach Proportion der Annäherung zu einem gewissen Körper geschieht, die Richtung derselben auch aufs genaueste auf diesen Körper beziehend ist, zu glauben sei, dieser Körper sei, auf was für Art es auch wolle, die Ursache derselben: so hat man um deswillen Grund genug zu haben vermeint, diese allgemeine Senkung der Planeten gegen die Sonne einer Anziehungskraft der letztern zuzuschreiben und dieses Vermögen der Anziehung allen Himmelskörpern überhaupt beizulegen.

Wenn ein Körper also diesem Antriebe, der ihn zum Sinken gegen die Sonne oder irgend einen Planeten treibt, frei überlassen wird: so wird er in stets beschleunigter Bewegung zu ihm niederfallen und in kurzem sich mit desselben Masse vereinigen. Wenn er aber einen Stoß nach der Seite hin bekommen hat, so wird er, wenn dieser nicht so kräftig ist, dem Druck des Sinkens genau das Gleichgewicht zu leisten, sich in einer gebogenen Bewegung zu dem Centralkörper hinein senken, und wenn der Schwung, der ihm eingedrückt worden, wenigstens so stark gewesen, ihn, ehe er die Oberfläche desselben berührt, von der senkrechten Linie um die halbe Dicke des Körpers im Mittelpunkte zu entfernen, so wird er nicht dessen Oberfläche berühren, sondern, nachdem er sich dichte um ihn geschwungen hat, durch die vom Falle erlangte Geschwindigkeit sich wieder so hoch erheben, als er gefallen war, um in beständiger Kreisbewegung um ihn seinen Umlauf fortzusetzen.

Der Unterschied zwischen den Laufkreisen der Kometen und Planeten besteht also in der Abwiegung der Seitenbewegung gegen den Druck, der sie zum Fallen treibt; welche zwei Kräfte je mehr sie der Gleichheit nahe kommen, desto ähnlicher wird der Kreis der Cirkelfigur, und je ungleicher sie sind, je schwächer die schießende Kraft in Ansehung der Centralkraft ist, desto länglichter ist der Kreis, oder wie man es nennt, desto excentrischer ist er, weil der Himmelskörper in einem Theile seiner Bahn sich der Sonne weit mehr nähert, als im andern.

Weil nichts in der ganzen Natur auf das genaueste abgewogen ist, so hat auch kein Planet eine ganz cirkelförmige Bewegung; aber die Kometen weichen am meisten davon ab, weil der Schwung, der ihnen zur Seite eingedrückt worden, am wenigsten zu der Centralkraft ihres ersten Abstandes proportionirt gewesen.

Ich werde mich in der Abhandlung sehr oft des Ausdrucks **einer systematischen Verfassung des Weltbaues** bedienen. Damit man keine Schwierigkeit finde, sich deutlich vorzustellen, was dadurch soll angedeutet werden, so will ich mich darüber mit wenigem erklären. Eigentlich machen alle Planeten und Kometen, die zu unserem Weltbau gehören, dadurch schon ein System aus, daß sie sich um einen gemeinschaftlichen Centralkörper drehen. Ich nehme aber diese Benennung noch in engerem Verstande, indem ich auf die genauere Beziehungen sehe, die ihre Verbindung mit einander regelmäßig und gleichförmig gemacht hat. Die Kreise der Planeten beziehen sich so nahe wie möglich auf eine gemeinschaftliche Fläche, nämlich auf die verlängerte Äquatorsfläche der Sonne; die Abweichung von dieser Regel findet nur bei der äußersten Grenze des Systems, da alle Bewegungen allmählich aufhören, statt. Wenn daher eine gewisse Anzahl Himmelskörper, die um einen gemeinschaftlichen Mittelpunkt geordnet sind und sich um selbigen bewegen, zugleich auf eine gewisse Fläche so beschränkt worden, daß sie von selbiger zu beiden Seiten nur so wenig als möglich abzuweichen die Freiheit haben; wenn die Abweichung nur bei denen, die von dem Mittelpunkte am weitesten entfernt sind und daher an den Beziehungen weniger Antheil als die andern haben, stufenweise statt findet: so sage ich, diese Körper befinden sich in einer systematischen Verfassung zusammen verbunden.

Allgemeine
Naturgeschichte und Theorie des Himmels.

Erster Theil.

Von der systematischen Verfassung unter den Fixsternen.

Der Lehrbegriff von der allgemeinen Verfassung des Weltbaues hat seit den Zeiten Huygens keinen merklichen Zuwachs gewonnen. Man weiß noch zur Zeit nichts mehr, als was man schon damals gewußt hat, nämlich daß sechs Planeten mit zehn Begleitern, welche alle beinahe auf einer Fläche die Cirkel ihres Umlaufs gerichtet haben, und die ewige kometische Kugeln, die nach allen Seiten ausschweifen, ein System ausmachen, dessen Mittelpunkt die Sonne ist, gegen welche sich alles senkt, um welche ihre Bewegungen gehen, und von welcher sie alle erleuchtet, erwärmt und belebt werden; daß endlich die Fixsterne als eben so viel Sonnen Mittelpunkte von ähnlichen Systemen seien, in welchen alles eben so groß und eben so ordentlich als in dem unsrigen eingerichtet sein mag, und daß der unendliche Weltraum von Weltgebäuden wimmele, deren Zahl und Vortrefflichkeit ein Verhältniß zur Unermeßlichkeit ihres Schöpfers hat.

Das Systematische, welches in der Verbindung der Planeten, die um ihre Sonnen laufen, statt fand, verschwand allhier in der Menge der Fixsterne, und es schien, als wenn die gesetzmäßige Beziehung, die im Kleinen angetroffen wird, nicht unter den Gliedern des Weltalls im Großen herrsche; die Fixsterne bekamen kein Gesetz, durch welches ihre Lagen gegen einander eingeschränkt wurden, und man sah sie alle Himmel und aller Himmel Himmel ohne Ordnung und ohne Absicht erfüllen. Seitdem die Wißbegierde des Menschen sich diese Schranken gesetzt hat, so hat man weiter nichts gethan, als die Größe desjenigen daraus abzunehmen und zu bewundern, der in so unbegreiflich großen Werken sich offenbart hat.

Dem Herrn Wright von Durham, einem Engländer, war es vorbehalten, einen glücklichen Schritt zu einer Bemerkung zu thun, welche von ihm selber zu keiner gar zu tüchtigen Absicht gebraucht zu sein scheint, und deren nützliche Anwendung er nicht genugsam beobachtet hat. Er betrachtete die Fixsterne nicht als ein untergeordnetes und ohne Absicht zerstreutes Gewimmel, sondern er fand eine systematische Verfassung im Ganzen und eine allgemeine Beziehung dieser Gestirne gegen einen Hauptplan der Räume, die sie einnehmen.

Wir wollen den Gedanken, den er vorgetragen, zu verbessern und ihm diejenige Wendung zu ertheilen suchen, dadurch er an wichtigen Folgen fruchtbar sein kann, deren völlige Bestätigung den künftigen Zeiten aufbehalten ist.

Jedermann, der den bestirnten Himmel in einer heitern Nacht ansieht, wird denjenigen lichten Streif gewahr, der durch die Menge der Sterne, die daselbst mehr als anderwärts gehäuft sind, und durch ihre sich in der großen Weite verlierende Kenntlichkeit ein einförmichtes Licht darstellt, welches man mit dem Namen der Milchstraße benannt hat. Es ist zu bewundern, daß die Beobachter des Himmels durch die Beschaffenheit dieser am Himmel kenntlich unterschiedenen Zone nicht längst bewogen worden, sonderbare Bestimmungen in der Lage der Fixsterne daraus abzunehmen. Denn man sieht ihn die Richtung eines größten Zirkels und zwar in ununterbrochenem Zusammenhange um den ganzen Himmel einnehmen, zwei Bedingungen, die eine so genaue Bestimmung und von dem Unbestimmten des Ungefährs so kenntlich unterschiedene Merkmale mit sich führen, daß aufmerksame Sternkundige natürlicher Weise dadurch hätten veranlaßt werden sollen, der Erklärung einer solchen Erscheinung mit Aufmerksamkeit nachzuspüren.

Weil die Sterne nicht auf die scheinbare hohe Himmelsphäre gesetzt sind, sondern, einer weiter als der andere von unserm Gesichtspunkte entfernt, sich in der Tiefe des Himmels verlieren: so folgt aus dieser Erscheinung, daß in den Entfernungen, darin sie einer hinter dem andern von uns abstehen, sie sich nicht in einer nach allen Seiten gleichgültigen Zerstreuung befinden, sondern sich auf eine gewisse Fläche vornehmlich beziehen müssen, die durch unsern Gesichtspunkt geht, und welcher sie sich so nahe als möglich zu befinden bestimmt sind.

Diese Beziehung ist ein so ungezweifeltes Phänomenon, daß auch selber die übrigen Sterne, die in dem weißlichten Streife der Milchstraße nicht begriffen sind, doch um desto gehäufter und dichter gesehen werden, je näher ihre Örter dem Cirkel der Milchstraße sind, so daß von den 2000 Sternen, die das bloße Auge am Himmel entdeckt, der größte Theil in einer nicht gar breiten Zone, deren Mitte die Milchstraße einnimmt, angetroffen wird.

Wenn wir nun eine Fläche durch den Sternenhimmel hindurch in unbeschränkte Weiten gezogen denken und annehmen, daß zu dieser Fläche alle Fixsterne und Systemata eine allgemeine Beziehung ihres Orts haben, um sich derselben näher als andern Gegenden zu befinden, so wird das Auge, welches sich in dieser Beziehungsfläche befindet, bei seiner Aussicht in das Feld der Gestirne an der hohlen Kugelfläche des Firmaments diese dichteste Häufung der Sterne in der Richtung solcher gezogenen unter der Gestalt einer von mehrerem Lichte erleuchteten Zone erblicken. Dieser lichte Streif wird nach der Richtung eines größten Cirkels fortgehen, weil der Stand des Zuschauers in der Fläche selber ist. In dieser Zone wird es von Sternen wimmeln, welche durch die nicht zu unterscheidende Kleinigkeit der hellen Punkte, die sich einzeln dem Gesichte entziehen, und durch ihre scheinbare Dichtigkeit einen einförmig weißlichten Schimmer, mit einem Worte eine Milchstraße, vorstellig machen. Das übrige Himmelsheer, dessen Beziehung gegen die gezogene Fläche sich nach und nach vermindert, oder welches sich auch dem Stande des Beobachters näher befindet, wird mehr zerstreuet, wiewohl doch ihrer Häufung nach auf eben diesen Plan beziehend, gesehen werden. Endlich folgt hieraus, daß unsere Sonnenwelt, weil von ihr aus dieses System der Fixsterne in der Richtung eines größten Zirkels gesehen wird, mit in eben derselben großen Fläche befindlich sei und mit den übrigen ein System ausmache.

Wir wollen, um in der Beschaffenheit der allgemeinen Verbindung, die in dem Weltbaue herrscht, desto besser zu dringen, die Ursache zu entdecken suchen, welche die Örter der Fixsterne auf eine gemeinschaftliche Fläche beziehend gemacht hat.

Die Sonne schränkt die Weite ihrer Anziehungskraft nicht in den engen Bezirk des Planetengebäudes ein. Allem Ansehen nach erstreckt sie selbige ins unendliche. Die Kometen, die sich sehr weit über den Kreis des Saturns erheben, werden durch die Anziehung der Sonne genöthigt, wieder zurück zu kehren und in Kreisen zu laufen. Ob es also gleich der Natur einer Kraft, die beim Wesen der Materie einverleibt zu sein scheint, gemäßer ist, unbeschränkt zu sein, und sie auch wirklich von denen, die Newtons Sätze annehmen, dafür erkannt wird: so wollen wir doch nur zugestanden wissen, daß diese Anziehung der Sonne ungefähr bis zum nächsten Fixsterne reiche, und daß die Fixsterne als eben so viel Sonnen in gleichem Umfange um sich wirken, folglich daß das ganze Heer derselben einander durch die Anziehung zu nähern bestrebt sei; so finden sich alle Weltsystemen in der Verfassung, durch die gegenseitige Annäherung, die unaufhörlich und durch nichts gehindert ist, über kurz oder lang in einen Klumpen zusammen zu fallen, wofern diesem Ruin nicht so wie bei den Kugeln unsers planetischen Systems durch die den Mittelpunkt fliehende Kräfte vorgebeugt worden, welche, indem sie die Himmelskörper von dem geraden Falle abbeugen, mit den Kräften der Anziehung in Verbindung die ewige Kreisumläufe zuwege bringen, dadurch das Gebäude der Schöpfung von der Zerstörung gesichert und zu einer unvergänglichen Dauer geschickt gemacht wird.

So haben denn alle Sonnen des Firmaments Umlaufsbewegungen entweder um einen allgemeinen Mittelpunkt oder um viele. Man kann sich aber allhier der Analogie bedienen dessen, was bei den Kreisläufen unserer Sonnenwelt bemerkt wird: daß nämlich, gleichwie eben dieselbe Ursache, die den Planeten die Centerfliehkraft, durch die sie ihre Umläufe verrichten, ertheilt hat, ihre Laufkreise auch so gerichtet, daß sie sich alle auf eine Fläche beziehen, also auch die Ursache, welche es auch immer sein mag, die den Sonnen der Oberwelt als so viel Wandelsternen höherer Weltordnungen die Kraft der Umwendung gegeben, ihre Kreise zugleich so viel möglich auf eine Fläche gebracht und die Abweichungen von derselben einzuschränken bestrebt gewesen.

Nach dieser Vorstellung kann man das System der Fixsterne einigermaßen durch das planetische abschildern, wenn man dieses unendlich vergrößert. Denn wenn wir an statt der 6 Planeten mit ihren 10 Begleitern so viele tausend derselben und an statt der 28 oder 30 Kometen, die beobachtet worden, ihrer hundert- oder tausendmal mehr annehmen, wenn wir eben diese Körper als selbstleuchtend gedenken, so würde dem Auge des Zuschauers, das sie von der Erde ansieht, eben der Schein als von den Fixsternen der Milchstraße entstehen. Denn die gedachte Planeten würden durch die Naheit zu dem gemeinen Plane ihrer Beziehung uns, die wir mit unserer Erde in eben demselben Plane befindlich sind, eine von unzählbaren Sternen dicht erleuchtete Zone darstellen, deren Richtung nach dem größten Zirkel ginge; dieser lichte Streifen würde allenthalben mit Sternen genugsam besetzt sein, obgleich gemäß der Hypothese es Wandelsterne, mithin nicht an einen Ort geheftet sind, denn es würden sich allezeit nach einer Seite Sterne genug durch ihre Versetzung befinden, obgleich andere diesen Ort geändert hätten.

Die Breite dieser erleuchteten Zone, welche eine Art eines Thierkreises vorstellt, wird durch die verschiedene Grade der Abweichung besagter Irrsterne von dem Plane ihrer Beziehung und durch die Neigung ihrer Kreise gegen dieselben Fläche veranlaßt werden; und weil die meisten diesem Plane nahe sind, so wird ihre Anzahl nach dem Maße der Entfernung von dieser Fläche zerstreuter erscheinen; die Kometen aber, die alle Gegenden ohne Unterschied einnehmen, werden das Feld des Himmels von beiden Seiten bedecken.

Die Gestalt des Himmels der Fixsterne hat also keine andere Ursache, als eben eine dergleichen systematische Verfassung im Großen, als der planetische Weltbau im Kleinen hat, indem alle Sonnen ein System ausmachen, dessen allgemeine Beziehungsfläche die Milchstraße ist; die sich am wenigsten auf diese Fläche beziehende werden zur Seite gesehen, sie sind aber eben deswegen weniger gehäuft, weit zerstreuter und seltener. Es sind so zu sagen die Kometen unter den Sonnen.

Dieser neue Lehrbegriff aber legt den Sonnen eine fortrückende Bewegung bei, und jedermann erkennt sie doch als unbewegt und von Anbeginn her an ihre Örter geheftet. Die Benennung, die die Fixsterne davon erhalten haben, scheint durch die Beobachtung aller Jahrhunderte bestätigt und ungezweifelt zu sein. Diese Schwierigkeit würde das vorgetragene Lehrgebäude vernichten, wenn sie gegründet wäre. Allein allem Ansehen nach ist dieser Mangel der Bewegung nur etwas Scheinbares. Es ist entweder nur eine ausnehmende Langsamkeit, die von der großen Entfernung von dem gemeinen Mittelpunkte ihres Umlaufs, oder eine Unmerklichkeit, die durch den Abstand von dem Orte der Beobachtung veranlaßt wird. Lasset uns die Wahrscheinlichkeit dieses Begriffes durch die Ausrechnung der Bewegung schätzen, die ein unserer Sonne naher Fixstern haben würde, wenn wir sehen, daß unsere Sonne der Mittelpunkt seines Kreises wäre. Wenn seine Weite nach dem Huygen über 21000 mal größer, als der Abstand der Sonne von der Erde angenommen wird: so ist nach dem ausgemachten Gesetze der Umlaufszeiten, die im Verhältniß der Quadratwurzel aus dem Würfel der Entfernungen vom Mittelpunkte stehen, die Zeit, die er anwenden müßte, seinen Zirkel um die Sonne einmal zu durchlaufen, von mehr als anderthalb Millionen Jahre, und dieses würde in 4000 Jahren eine Verrückung seines Orts nur um einen Grad setzen. Da nun nur vielleicht sehr wenige Fixsterne der Sonne so nahe sind, als Huygen den Sirius ihr zu sein gemuthmaßt hat, da die Entfernung des übrigen Himmelsheeres des letzteren seine vielleicht ungemein übertrifft, und also zu solcher periodischen Umwendung ungleich längere Zeiten erfordert würden, überdem auch wahrscheinlicher ist, daß die Bewegung der Sonnen des Sternenhimmels um einen gemeinschaftlichen Mittelpunkt gehe, dessen Abstand ungemein groß, und die Fortrückung der Sterne daher überaus langsam sein kann: so läßt sich hieraus mit Wahrscheinlichkeit abnehmen, daß alle Zeit, seit der man Beobachtungen am Himmel angestellt hat, vielleicht noch nicht hinlänglich sei, die Veränderung, die in ihren Stellungen vorgegangen, zu bemerken. Man darf indessen noch nicht die Hoffnung aufgeben, auch diese mit der Zeit zu entdecken. Es werden subtile und sorgfältige Aufmerker, imgleichen eine Vergleichung weit von einander abstehender Beobachtungen dazu erfordert. Man müßte diese Beobachtungen vornehmlich auf die Sterne der Milchstraße richten*, welche der Hauptplan aller Bewegung ist. Herr Bradley hat beinahe unmerkliche Fortrückungen der Sterne beobachtet. Die Alten haben Sterne an gewissen Stellen des Himmels gemerkt, und wir sehen neue an

---

* Imgleichen auf diejenige Haufen von Sternen, deren viele in einem kleinen Raume bei einander sind, als z. E. das Siebengestirn, welche vielleicht unter sich ein kleines System in dem größern ausmachen.

andern. Wer weiß, waren es nicht die vorigen, die nur den Ort verändert haben. Die Vortrefflichkeit der Werkzeuge und die Vollkommenheit der Sternwissenschaft machen uns gegründete Hoffnung zu Entdeckung so sonderbarer Merkwürdigkeiten.* Die Glaubwürdigkeit der Sache selber aus den Gründen der Natur und der Analogie unterstützen diese Hoffnung so gut, daß sie die Aufmerksamkeit der Naturforscher reizen können, sie in Erfüllung zu bringen.

Die Milchstraße ist, so zu sagen, auch der Thierkreis neuer Sterne, welche fast in keiner andern Himmelsgegend als in dieser wechselweise sich sehen lassen und verschwinden. Wenn diese Abwechselung ihrer Sichtbarkeit von ihrer periodischen Entfernung und Annäherung zu uns herrührt, so scheint wohl aus der angeführten systematischen Verfassung der Gestirne, daß ein solches Phänomenon mehrentheils nur in dem Bezirk der Milchstraße müsse gesehen werden. Denn da es Sterne sind, die in sehr ablangen Kreisen um andere Fixsterne als Trabanten um ihre Hauptplaneten laufen, so erfordert es die Analogie mit unserm planetischen Weltbau, in welchem nur die dem gemeinen Plane der Bewegungen nahe Himmelskörper um sich laufende Begleiter haben, daß auch nur die Sterne, die in der Milchstraße sind, um sich laufende Sonnen haben werden.

Ich komme zu demjenigen Theile des vorgetragenen Lehrbegriffs, der ihn durch die erhabene Vorstellung, welche er von dem Plane der Schöpfung darstellt, am meisten reizend macht. Die Reihe der Gedanken, die mich darauf geleitet haben, ist kurz und ungekünstelt; sie besteht in folgendem. Wenn ein System von Fixsternen, welche in ihren Lagen sich auf eine gemeinschaftliche Fläche beziehen, so wie wir die Milchstraße

---

* De la Hire bemerkt in den *Mémoires* der Akademie zu Paris vom Jahr 1693, er habe sowohl aus eigenen Beobachtungen, als auch aus Vergleichung derselben mit des Ricciolus seinen eine starke Änderung in den Stellungen der Sterne des Siebengestirns wahrgenommen.

entworfen haben, so weit von uns entfernt ist, daß alle Kenntlichkeit der einzelnen Sterne, daraus es besteht, sogar dem Sehrohre nicht mehr empfindlich ist; wenn seine Entfernung zu der Entfernung der Sterne der Milchstraße eben das Verhältniß, als diese zum Abstande der Sonne von uns hat; kurz, wenn eine solche Welt von Fixsternen in einem so unermeßlichen Abstande von dem Auge des Beobachters, das sich außerhalb derselben befindet, angeschauet wird: so wird dieselbe unter einem kleinen Winkel als ein mit schwachem Lichte erleuchtetes Räumchen erscheinen, dessen Figur zirkelrund sein wird, wenn seine Fläche sich dem Auge gerade zu darbietet, und elliptisch, wenn es von der Seite gesehen wird. Die Schwäche des Lichts, die Figur und die kennbare Größe des Durchmessers werden ein solches Phänomenon, wenn es vorhanden ist, von allen Sternen, die einzeln gesehen werden, gar deutlich unterscheiden.

Man darf sich unter den Beobachtungen der Sternkundigen nicht lange nach dieser Erscheinung umsehen. Sie ist von unterschiedlichen Beobachtern deutlich wahrgenommen worden. Man hat sich über ihre Seltsamkeit verwundert; man hat gemuthmaßt und bisweilen wunderlichen Einbildungen, bisweilen scheinbaren Begriffen, die aber doch eben so ungegründet, als die erstern waren, Platz gegeben. Die neblichten Sterne sind es, welche wir meinen, oder vielmehr eine Gattung derselben, die der Herr von Maupertuis so beschreibt:* **Daß es kleine, etwas mehr als das Finstere des leeren Himmelsraums erleuchtete Plätzchen seien, die alle darin überein kommen, daß sie mehr oder weniger offene Ellipsen vorstellen, aber deren Licht weit schwächer ist, als irgend ein anderes, das man am Himmel gewahr wird.** Der Verfasser der Astrotheologie bildete sich ein, daß es Öffnungen im Firmamente wären, durch welche er den Feuerhimmel zu sehen

---

* Abhandlung von der Figur der Sterne.

glaubte. Ein Philosoph von erleuchtetern Einsichten, der schon angeführte Herr von Maupertuis, hält sie in Betrachtung ihrer Figur und kennbaren Durchmessers für erstaunlich große Himmelskörper, die durch ihre von dem Drehungsschwunge verursachte große Abspaltung, von der Seite gesehen, elliptische Gestalten darstellen.

Man wird leicht überführt, daß diese letztere Erklärung gleichfalls nicht statt finden könne. Weil diese Art von neblichten Sternen außer Zweifel zum wenigsten eben so weit als die übrigen Fixsterne von uns entfernt sein muß: so wäre nicht allein ihre Größe erstaunlich, nach welcher sie auch die größten Sterne viele tausendmal übertreffen müßten, sondern das wäre am allerseltsamsten, daß sie bei dieser außerordentlichen Größe, da es selbstleuchtende Körper und Sonnen sind, das allerstumpfste und schwächste Licht an sich zeigen sollten.

Weit natürlicher und begreiflicher ist es, daß es nicht einzelne so große Sterne, sondern Systemata von vielen seien, deren Entfernung sie in einem so engen Raume darstellt, daß das Licht, welches von jedem derselben einzeln unmerklich ist, bei ihrer unermeßlichen Menge in einen einförmichten blassen Schimmer ausschlägt. Die Analogie mit dem Sternensystem, darin wir uns befinden, ihre Gestalt, welche gerade so ist, als sie es nach unserem Lehrbegriffe sein muß, die Schwäche des Lichts, die eine vorausgesetzte unendliche Entfernung erfordert: alles stimmt vollkommen überein, diese elliptische Figuren für eben dergleichen Weltordnungen und, so zu reden, Milchstraßen zu halten, deren Verfassung wir eben entwickelt haben; und wenn Muthmaßungen, in denen Analogie und Beobachtung vollkommen übereinstimmen, einander zu unterstützen, eben dieselbe Würdigkeit haben als förmliche Beweise, so wird man die Gewißheit dieser Systemen für ausgemacht halten müssen.

Nunmehr hat die Aufmerksamkeit der Beobachter des Himmels Bewegungsgründe genug, sich mit diesem Vorwurfe zu beschäftigen. Die Fixsterne, wie wir wissen, beziehen sich alle auf einen gemeinschaftlichen Plan und machen dadurch ein zusammengeordnetes Ganze, welches eine Welt von Welten ist. Man sieht, daß in unermeßlichen Entfernungen es mehr solcher Sternensystemen giebt, und daß die Schöpfung in dem ganzen unendlichen Umfange ihrer Größe allenthalben systematisch und auf einander beziehend ist.

Man könnte noch muthmaßen, daß eben diese höhere Weltordnungen nicht ohne Beziehung gegen einander seien und durch dieses gegenseitige Verhältniß wiederum ein noch unermeßlicheres System ausmachen. In der That sieht man, daß die elliptische Figuren dieser Arten neblichter Sterne, welche der Herr von Maupertuis anführt, eine sehr nahe Beziehung auf den Plan der Milchstraße haben. Es steht hier ein weites Feld zu Entdeckungen offen, wozu die Beobachtung den Schlüssel geben muß. Die eigentlich so genannten neblichten Sterne und die, über welche man strittig ist, sie so zu benennen, müßten nach Anleitung dieses Lehrbegriffs untersucht und geprüft werden. Wenn man die Theile der Natur nach Absichten und einem entdeckten Entwurfe betrachtet, so eröffnen sich gewisse Eigenschaften, die sonst übersehen werden und verborgen bleiben, wenn sich die Beobachtung ohne Anleitung auf alle Gegenstände zerstreuet.

Der Lehrbegriff, den wir vorgetragen haben, eröffnet uns eine Aussicht in das unendliche Feld der Schöpfung und bietet eine Vorstellung von dem Werke Gottes dar, die der Unendlichkeit des großen Werkmeisters gemäß ist. Wenn die Größe eines planetischen Weltbaues, darin die Erde als ein Sandkorn kaum bemerkt wird, den Verstand in Verwunderung setzt, mit welchem Erstaunen wird man entzückt, wenn man die unendliche Menge Welten und Systemen ansieht, die den Inbegriff der Milchstraße erfüllen; allein wie vermehrt sich dieses Erstaunen, wenn man gewahr wird, daß alle diese unvergeßliche Sternordnungen wiederum die Einheit von einer Zahl machen,

256

deren Ende wir nicht wissen, und die vielleicht eben so wie jene unbegreiflich groß und doch wiederum noch die Einheit einer neuen Zahlverbindung ist. Wir sehen die ersten Glieder eines fortschreitenden Verhältnisses von Welten und Systemen, und der erste Theil dieser unendlichen Progression giebt schon zu erkennen, was man von dem Ganzen vermuthen soll. Es ist hier kein Ende, sondern ein Abgrund einer wahren Unermeßlichkeit, worin alle Fähigkeit der menschlichen Begriffe sinkt, wenn sie gleich durch die Hülfe der Zahlwissenschaft erhoben wird. Die Weisheit, die Güte, die Macht, die sich offenbart hat, ist unendlich und in eben der Maße fruchtbar und geschäftig; der Plan ihrer Offenbarung muß daher eben wie sie unendlich und ohne Grenzen sein.

Es sind aber nicht allein im Großen wichtige Entdeckungen zu machen, die den Begriff zu erweitern dienen, den man sich von der Größe der Schöpfung machen kann. Im Kleinern ist nicht weniger unentdeckt, und wir sehen sogar in unserer Sonnenwelt die Glieder eines Systems, die unermeßlich weit von einander abstehen, und zwischen welchen man die Zwischentheile noch nicht entdeckt hat. Sollte zwischen dem Saturn, dem äußersten unter den Wandelsternen, die wir kennen, und dem am wenigsten excentrischen Kometen, der vielleicht von einer 10 und mehrmal entlegenern Entfernung zu uns herabsteigt, kein Planet mehr sein, dessen Bewegung der kometischen näher als jener käme? Und sollten nicht noch andere mehr durch eine Annäherung ihrer Bestimmungen vermittelst einer Reihe von Zwischengliedern die Planeten nach und nach in Kometen verwandeln und die letztere Gattung mit der erstern zusammenhängen?

Das Gesetz, nach welchem die Excentricität der Planetenkreise sich in die Gegenhaltung ihres Abstandes von der Sonne verhält, unterstützt diese Vermuthung. Die Excentricität in den Bewegungen der Planeten nimmt mit demselben Abstande von der Sonne zu, und die entfernten Planeten kommen dadurch der Bestimmung der Kometen näher. Es ist also zu vermuthen, daß es noch andere Planeten über dem Saturn geben wird, welche, noch excentrischer und dadurch also jenen noch näher verwandt, vermittelst einer beständigen Leiter die Planeten endlich zu Kometen machen. Die Excentricität ist bei der Venus $1/126$ von der halben Achse ihres elliptischen Kreises, bei der Erde $1/58$, beim Jupiter $1/20$ und beim Saturn $1/17$ derselben; sie nimmt also augenscheinlich mit den Entfernungen zu. Es ist wahr, Mercur und Mars nehmen sich durch ihre viel größere Excentricität, als das Maß ihres Abstandes von der Sonne es erlaubt, von diesem Gesetze aus; aber wir werden im folgenden belehrt werden, daß eben dieselbe Ursache, weswegen einigen Planeten bei ihrer Bildung eine kleinere Masse zu Theil geworden, auch die Ermangelung des zum Cirkellaufe erforderlichen Schwunges, folglich die Excentricität nach sich gezogen, folglich sie in beiden Stücken unvollständig gelassen hat.

Ist es diesem zu folge nicht wahrscheinlich: daß die Abnahme der Excentricität der über dem Saturn zunächst befindlichen Himmelskörper ungefähr eben so gemäßigt, als in den untern sei, und daß die Planeten durch minder plötzliche Abfälle mit dem Geschlechte der Kometen verwandt seien? Denn es ist gewiß, daß eben diese Excentricität den wesentlichen Unterschied zwischen den Kometen und Planeten macht, und die Schweife und Dunstkugeln derselben nur deren Folge sind; imgleichen, daß eben die Ursache, welche es auch immer sein mag, die den Himmelskörpern ihre Kreisbewegungen ertheilt hat, bei größern Entfernungen nicht allein schwächer gewesen, den Drehungsschwung der Senkungskraft gleich zu machen, und dadurch die Bewegungen excentrisch gelassen hat, sondern auch eben deswegen weniger vermögend gewesen, die Kreise dieser Kugeln auf eine gemeinschaftliche Fläche, auf welcher sich die untern bewegen, zu bringen, und dadurch die Ausschweifung der Kometen nach allen Gegenden veranlaßt hat.

Man würde nach dieser Vermuthung noch vielleicht die Entdeckung neuer Planeten über dem Saturn zu hoffen haben, die excentrischer als dieser und also der kometischen Eigenschaft näher sein würden; aber eben daher würde man sie nur eine kurze Zeit, nämlich in der Zeit ihrer Sonnennähe, erblicken können, welcher Umstand zusammt dem geringen Maße der Annäherung und der Schwäche des Lichts die Entdeckung derselben bisher verhindert haben und auch aufs künftige schwer machen müssen. Der letzte Planet und erste Komet würde, wenn es so beliebte, derjenige können genannt werden, dessen Excentricität so groß wäre, daß er in seiner Sonnennähe den Kreis des ihm nächsten Planeten, vielleicht also des Saturns, durchschnitte.

Allgemeine Naturgeschichte und Theorie des Himmels.

Zweiter Theil.

Von dem ersten Zustande der Natur, der Bildung der Himmelskörper, den Ursachen ihrer Bewegung und der systematischen Beziehung derselben sowohl in dem Planetengebäude insonderheit, als auch in Ansehung der ganzen Schöpfung.

Schau sich die bildende Natur zu ihrem großen Zweck bewegen,
Ein jedes Sonnenstäubchen sich zu einem andern Stäubchen regen,
Ein jedes, das gezogen wird, das andere wieder an sich ziehn,
Das nächste wieder zu umfassen, es zu formiren sich bemüh.
Beschaue die Materie auf tausend Art und Weise sich
Zum allgemeinen Centro drängen.

Pope.

Allgemeine Naturgeschichte und Theorie des Himmels.

Zweiter Theil.
Erstes Hauptstück.

Von dem Ursprunge des planetischen Weltbaues überhaupt und den Ursachen ihrer Bewegungen.

Die Betrachtung des Weltbaues zeigt in Ansehung der gewechselten Beziehungen, die seine Theile unter einander haben, und wodurch sie die Ursache bezeichnen, von der sie herstammen, zwei Seiten, welche beide gleich wahrscheinlich und annehmungswürdig sind. Wenn man einestheils erwägt, daß 6 Planeten mit 10 Begleitern, die um die Sonne, als ihren Mittelpunkt, Kreise beschreiben, alle nach einer Seite sich bewegen und zwar nach derjenigen, nach welcher sich die Sonne selber dreht, welche ihrer alle Umläufe durch die Kraft der Anziehung regiert, daß ihre Kreise nicht weit von einer gemeinen Fläche abweichen, nämlich von der verlängerten Äquatorsfläche der Sonnen, daß bei den entferntesten der zur Sonnenwelt gehörigen Himmelskörper, wo die gemeine Ursache der Bewegung dem Vermuthen nach nicht so kräftig gewesen, als in der Naheit zum Mittelpunkte, Abweichungen von der Genauheit dieser Bestimmungen Statt gefunden, die mit dem Mangel der eingedrückten Bewegung ein genugsames Verhältniß haben, wenn man, sage ich, allen diesen Zusammenhang erwägt: so wird man bewogen, zu glauben, daß eine Ursache, welche es auch sei, einen durchgängigen Einfluß in dem ganzen Raume des Systems gehabt hat, und daß die Einträchtigkeit in der Richtung und Stellung der planetischen Kreise eine Folge der Übereinstimmung sei, die sie alle mit derjenigen materialischen

Ursache gehabt haben müssen, dadurch sie in Bewegung gesetzt worden.

Wenn wir andern Theils den Raum erwägen, in dem die Planeten unsers Systems herum laufen, so ist er vollkommen leer* und aller Materie beraubt, die eine Gemeinschaft des Einflusses auf diese Himmelskörper verursachen und die Übereinstimmung unter ihren Bewegungen nach sich ziehen könnte. Dieser Umstand ist mit vollkommener Gewißheit ausgemacht und übertrifft noch wo möglich die vorige Wahrscheinlichkeit. Newton, durch diesen Grund bewogen, konnte keine materialische Ursache verstatten, die durch ihre Erstreckung in dem Raume des Planetengebäudes die Gemeinschaft der Bewegungen unterhalten sollte. Er behauptete, die unmittelbare Hand Gottes habe diese Anordnung ohne die Anwendung der Kräfte der Natur ausgerichtet.

Man sieht bei unparteiischer Bewegung: daß die Gründe hier von beiden Seiten gleich stark und beide einer völligen Gewißheit gleich zu schätzen sind. Es ist aber eben so klar, daß ein Begriff sein müsse, in welchem diese dem Scheine nach wider einander streitende Gründe vereinigt werden können und sollen, und daß in diesem Begriffe das wahre System zu suchen sei. Wir wollen ihn mit kurzen Worten anzeigen. In der jetzigen Verfassung des Raumes, darin die Kugeln der ganzen Planetenwelt umlaufen, ist keine materialische Ursache vorhanden, die ihre Bewegungen eindrücken oder richten könnte. Dieser Raum ist vollkommen leer, oder wenigstens so gut als leer; also muß er ehemals anders beschaffen und mit genugsam vermögender Materie erfüllt gewesen sein, die Bewegung auf alle darin befindliche Himmelskörper zu übertragen und sie mit der ihrigen, folglich alle unter einander einstimmig zu machen, und

---

* Ich untersuche hier nicht, ob dieser Raum in dem allereigentlichsten Verstande könne leer genannt werden. Denn allhier ist genug zu bemerken, daß alle Materie, die etwa in diesem Raum anzutreffen sein möchte, viel zu unvermögend sei, als daß sie in Ansehung der bewegten Massen, von denen die Frage ist, einige Wirkung verüben könnte.

nachdem die Anziehung besagte Räume gereinigt und alle ausgebreitete Materie in besondere Klumpen versammlet: so müssen die Planeten nunmehr mit der einmal eingedrückten Bewegung ihre Umläufe in einem nicht widerstehenden Raume frei und unverändert fortsetzen. Die Gründe der zuerst angeführten Wahrscheinlichkeit erfordern durchaus diesen Begriff, und weil zwischen beiden Fällen kein dritter möglich ist: so kann dieser mit einer vorzüglichen Art des Beifalles, welcher ihn über die Scheinbarkeit einer Hypothese erhebt, angesehen werden. Man könnte, wenn man weitläuftig sein wollte, durch eine Reihe aus einander gefolgerter Schlüsse nach der Art einer mathematischen Methode mit allem Gepränge, das diese mit sich führt, und noch mit größerm Schein, als ihr Aufzug in physischen Materien gemeinhin zu sein pflegt, endlich auf den Entwurf selber kommen, den ich von dem Ursprunge des Weltgebäudes darlegen werde; allein ich will meine Meinungen lieber in der Gestalt einer Hypothese vortragen und der Einsicht des Lesers es überlassen, ihre Würdigkeit zu prüfen, als durch den Schein einer erschlichenen Überführung ihre Gültigkeit verdächtig machen und, indem ich die Unwissenden einnehme, den Beifall der Kenner verlieren.

Ich nehme an: daß alle Materien, daraus die Kugeln, die zu unserer Sonnenwelt gehören, alle Planeten und Kometen, bestehen, im Anfange aller Dinge, in ihren elementarischen Grundstoff aufgelöset, den ganzen Raum des Weltgebäudes erfüllt haben, darin jetzt diese gebildete Körper herumlaufen. Dieser Zustand der Natur, wenn man ihn auch ohne Absicht auf ein System an und für sich selbst betrachtet, scheint nur der einfachste zu sein, der auf das Nichts folgen kann. Damals hatte sich noch nichts gebildet. Die Zusammensetzung von einander abstehender Himmelskörper, ihre nach den Anziehungen gemäßigte Entfernung, ihre Gestalt, die aus dem Gleichgewichte der versammleten Materie entspringt, sind ein späterer Zustand. Die Natur, die unmittelbar mit der Schöpfung gränzte, war so roh, so ungebildet als möglich. Allein auch in den wesentlichen Eigenschaften der Elemente, die das Chaos ausmachen, ist das Merkmal derjenigen Vollkommenheit zu spüren, die sie von ihrem Ursprunge her haben, indem ihr Wesen aus der ewigen Idee des göttlichen Verstandes eine Folge ist. Die einfachsten, die allgemeinsten Eigenschaften, die ohne Absicht scheinen entworfen zu sein, die Materie, die bloß leidend und der Formen und Anstalten bedürftig zu sein scheint, hat in ihrem einfachsten Zustande eine Bestrebung, sich durch eine natürliche Entwicklung zu einer vollkommenern Verfassung zu bilden. Allein die **Verschiedenheit in den Gattungen der Elemente** trägt zu der Regelung der Natur und zur Bildung des Chaos das Vornehmste bei, als wodurch die Ruhe, die bei einer allgemeinen Gleichheit unter den zerstreuten Elementen herrschen würde, gehoben wird und das Chaos in den Punkten der stärker anziehenden Partikeln sich zu bilden anfängt. Die Gattungen dieses Grundstoffes sind ohne Zweifel nach der Unermeßlichkeit, die die Natur an allen Seiten zeigt, unendlich verschieden. Die von größter specifischen Dichtigkeit und Anziehungskraft, welche an und für sich weniger Raum einnehmen und auch seltener sind, werden daher bei der gleichen Austheilung in dem Raume der Welt zerstreuter, als die leichtern Arten sein. Elemente von 1000mal größerer specifischen Schwere sind tausend-, vielleicht auch millionenmal zerstreuter, als die in diesem Maße leichtern. Und da diese Abfälle so unendlich als möglich müssen gedacht werden, so wird, gleichwie es körperliche Bestandtheile von einer Gattung geben kann, die eine andere in dem Maße an Dichtigkeit übertrifft, als eine Kugel, die mit dem Radius des Planetengebäudes beschrieben worden, eine andere, die den tausendsten Theil einer Linie im Durchmesser hat, also auch jene Art von zerstreuten Elementen um einen so viel größern Abstand von einander entfernt sein, als diese.

Bei einem auf solche Weise erfüllten Raume dauert die allgemeine Ruhe nur einen Augenblick. Die Elemente haben wesentliche Kräfte, einander in Bewegung zu setzen, und sind sich selber eine Quelle des Lebens. Die Materie ist sofort in Bestrebung, sich zu bilden. Die zerstreuten Elemente dichterer Art sammlen vermittelst der Anziehung aus einer Sphäre rund um sich alle Materie von minder specifischer Schwere; sie selber aber zusammt der Materie, die sie mit sich vereinigt haben, sammeln sich in den Punkten, da die Theilchen von noch dichterer Gattung befindlich sind, diese gleichergestalt zu noch dichteren und so fortan. Indem man also dieser sich bildenden Natur in Gedanken durch den ganzen Raum des Chaos nachgeht, so wird man leichtlich inne: daß alle Folgen dieser Wirkung zuletzt in der Zusammensetzung verschiedener Klumpen bestehen würden, die nach Verrichtung ihrer Bildungen durch die Gleichheit der Anziehung ruhig und auf immer unbewegt sein würden.

Allein die Natur hat noch andere Kräfte im Vorrath, welche sich vornehmlich äußern, wenn die Materie in seine Theilchen aufgelöset ist, als wodurch selbige einander zurück stoßen und durch ihren Streit mit der Anziehung diejenige Bewegung hervor bringen, die gleichsam ein dauerhaftes Leben der Natur ist. Durch diese Zurückstoßungskraft, die sich in der Elasticität der Dünste, dem Ausflusse starkriechender Körper und der Ausbreitung aller geistigen Materien offenbart, und die ein unstreitiges Phänomenon der Natur ist, werden die zu ihren Anziehungspunkten sinkende Elemente durcheinander von der geradlinichten Bewegung seitwärts gelenkt, und der senkrechte Fall schlägt in Kreisbewegungen aus, die den Mittelpunkt der Senkung umfassen. Wir wollen, um die Bildung des Weltbaues deutlich zu begreifen, unsere Betrachtung von dem unendlichen Inbegriffe der Natur auf ein besonderes System einschränken, so wie dieses zu unserer Sonne gehörige ist. Nachdem wir die Erzeugung desselben erwogen haben, so werden wir auf eine ähnliche Weise zu dem Ursprunge der höhern

Weltordnungen fortschreiten und die Unendlichkeit der ganzen Schöpfung in einem Lehrbegriffe zusammen fassen können.

Wenn demnach ein Punkt in einem sehr großen Raume befindlich ist, wo die Anziehung der daselbst befindlichen Elemente stärker als allenthalben um sich wirkt: so wird der in dem ganzen Umfange ausgebreitete Grundstoff elementarischer Partikeln sich zu diesem hinsenken. Die erste Wirkung dieser allgemeinen Senkung ist die Bildung eines Körpers in diesem Mittelpunkte der Attraction, welcher so zu sagen von einem unendlich kleinen Keime in schnellen Graden fortwächst, aber in eben der Maße, als diese Masse sich vermehrt, auch mit stärkerer Kraft die umgebenden Theile zu seiner Vereinigung bewegt. Wenn die Masse dieses Centralkörpers so weit angewachsen ist, daß die Geschwindigkeit, womit er die Theilchen von großen Entfernungen zu sich zieht, durch die schwachen Grade der Zurückstoßung, womit selbige einander hindern, seitwärts gebeugt, in Seitenbewegungen ausschlägt, die den Centralkörper vermittelst der Centerfliehkraft in einem Kreise zu umfassen im Stande sind: so erzeugen sich große Wirbel von Theilchen, deren jedes für sich krumme Linien durch die Zusammensetzung der anziehenden und der seitwärts gelenkten Umwendungskraft beschreibt; welche Arten von Kreisen alle einander durchschneiden, wozu ihnen ihre große Zerstreuung in diesem Raume Platz läßt. Indessen sind diese auf mancherlei Art unter einander streitende Bewegungen natürlicher Weise bestrebt, einander zur Gleichheit zu bringen, das ist, in einen Zustand, da eine Bewegung der andern so wenig als möglich hinderlich ist. Dieses geschieht erstlich, indem die Theilchen eines des andern Bewegung so lange einschränken, bis alle nach einer Richtung fortgehen; zweitens, daß die Partikeln ihre Verticalbewegung, vermittelst der sie sich dem Centro der Attraction nähern, so lange einschränken, bis sie, alle horizontal d. i. in parallel laufenden Zirkeln um die

Sonne als ihren Mittelpunkt bewegt, einander nicht mehr durchkreuzen und durch die Gleichheit der Schwungkraft mit der senkenden sich in freien Zirkelläufen in der Höhe, da sie schweben, immer erhalten: so daß endlich nur diejenige Theilchen in dem Umfange des Raumes schweben bleiben, die durch ihr Fallen eine Geschwindigkeit und durch die Widerstehung der andern eine Richtung bekommen haben, dadurch sie eine freie Zirkelbewegung fortsetzen können. In diesem Zustande, da alle Theilchen nach einer Richtung und in parallellaufenden Kreisen, nämlich in freien Zirkelbewegungen, durch die erlangte Schwungskräfte um den Centralkörper laufen, ist der Streit und der Zusammenlauf der Elemente gehoben, und alles ist in dem Zustande der kleinsten Wechselwirkung. Dieses ist die natürliche Folge, darein sich allemal eine Materie, die in streitenden Bewegungen begriffen ist, versetzt. Es ist also klar, daß von der zerstreuten Menge der Partikeln eine große Menge durch den Widerstand, dadurch sie einander auf diesen Zustand zu bringen suchen, zu solcher Genauheit der Bestimmungen gelangen muß, obgleich eine noch viel größere Menge dazu nicht gelangt und nur dazu dient, den Klumpen des Centralkörpers zu vermehren, in welchen sie sinken, indem sie sich nicht in der Höhe, darin sie schweben, frei erhalten können, sondern die Kreise der untern durchkreuzen und endlich durch deren Widerstand alle Bewegung verlieren. Dieser Körper in dem Mittelpunkte der Attraction, der diesem zufolge das Hauptstück des planetischen Gebäudes durch die Menge seiner versammleten Materie geworden ist, ist die Sonne, ob sie gleich diejenige flammende Gluth alsdann noch nicht hat, die nach völlig vollendeter Bildung auf ihrer Oberfläche hervor bricht.

Noch ist zu bemerken: daß, indem also alle Elemente der sich bildenden Natur, wie erwiesen, nach einer Richtung um den Mittelpunkt der Sonne sich bewegen, bei solchen nach einer einzigen Gegend gerichteten Umläufen, die gleichsam auf einer gemeinschaftlichen Achse geschehen, die Drehung der feinen Materie in dieser Art nicht bestehen kann, weil nach den Gesetzen der Centralbewegung alle Umläufe mit dem Plan ihrer Kreise den Mittelpunkt der Attraction durchschneiden müssen; unter allen diesen aber um eine gemeinschaftliche Achse nach einer Richtung laufenden Zirkeln nur ein einziger ist, der den Mittelpunkt der Sonne durchschneidet, daher alle Materie von beiden Seiten dieser in Gedanken gezogenen Achse nach demjenigen Cirkel hineilt, der durch die Achse der Drehung gerade in dem Mittelpunkte der gemeinschaftlichen Senkung geht. Welcher Zirkel der Plan der Beziehung aller herumschwebenden Elemente ist, um welchen sie sich so sehr als möglich häufen und dagegen die von dieser Fläche entfernten Gegenden leer lassen; denn diejenigen, welche dieser Fläche, zu welcher sich alles drängt, nicht so nahe kommen können, werden sich in den Örtern, wo sie schweben, nicht immer erhalten können, sondern, indem sie an die herumschwebenden Elemente stoßen, ihren endlichen Fall zu der Sonne veranlassen.

Wenn man also diesen herumschwebenden Grundstoff der Weltmaterie in solchem Zustande, darin er sich selbst durch die Anziehung und durch einen mechanischen Erfolg der allgemeinen Gesetze des Widerstandes versetzt, erwägt: so sehen wir einen Raum, der zwischen zwei nicht weit von einander abstehenden Flächen, in dessen Mitte der allgemeine Plan der Beziehung sich befindet, begriffen ist, von dem Mittelpunkte der Sonne an in unbekannte Weiten ausgebreitet, in welchem alle begriffene Theilchen, jegliche nach Maßgebung ihrer Höhe und der Attraction, die daselbst herrscht, abgemessene Zirkelbewegungen in freien Umläufen verrichten, und daher, indem sie bei solcher Verfassung einander so wenig als möglich mehr hindern, darin immer verbleiben würden, wenn die Anziehung dieser Theilchen des Grundstoffes unter einander nicht alsdann anfinge, seine Wirkung zu thun und neue Bildungen, die der

Same zu Planeten, welche entstehen sollen, sind, dadurch veranlaßte. Denn indem die um die Sonne in parallelen Zirkeln bewegte Elemente, in nicht gar zu großem Unterschiede des Abstandes von der Sonne genommen, durch die Gleichheit der parallelen Bewegung beinahe in respectiver Ruhe gegen einander sind, so thut die Anziehung der daselbst befindlichen Elemente von übertreffender specifischer Attraction sogleich hier eine beträchtliche Wirkung,* die Sammlung der nächsten Partikeln zur Bildung eines Körpers anzufangen, der nach dem Maße des Anwuchses seines Klumpens seine Anziehung weiter ausbreitet und die Elemente aus weitem Umfange zu seiner Zusammensetzung bewegt.

Die Bildung der Planeten in diesem System hat vor einem jeden möglichen Lehrbegriffe dieses voraus: daß der Ursprung der Massen zugleich den Ursprung der Bewegungen und die Stellung der Kreise in eben demselben Zeitpunkte darstellt; ja, daß sogar die Abweichungen von der größten Genauheit in diesen Bestimmungen eben sowohl, als die Übereinstimmungen selber in einem Anblicke erhellen. Die Planeten bilden sich aus den Theilchen, welche in der Höhe, da sie schweben, genaue Bewegungen zu Zirkelkreisen haben: **also werden die aus ihnen zusammengesetzte Massen eben dieselbe Bewegungen in eben dem Grade nach eben derselben Richtung fortsetzen.** Dieses ist genug, um einzusehen, woher die Bewegung der Planeten ungefähr cirkelförmig und ihre Kreise auf einer Fläche sind. Sie würden auch

---

* Der Anfang der sich bildenden Planeten ist nicht allein in der Newtonischen Anziehung zu suchen. Diese würde bei einem Partikelchen von so ausnehmender Feinigkeit gar zu langsam und schwach sein. Man würde vielmehr sagen, daß in diesem Raume die erste Bildung durch den Zusammenlauf einiger Elemente, die sich durch die gewöhnlichen Gesetze des Zusammenhanges vereinigen, geschehe, bis derjenige Klumpen, der daraus entstanden, nach und nach so weit angewachsen, daß die Newtonische Anziehungskraft an ihm vermögend geworden, ihn durch seine Wirkung in die Ferne immer mehr zu vergrößern.

ganz genaue Zirkel sein,* wenn die Weite, daraus sie die Elemente zu ihrer Bildung versammeln, sehr klein und also der Unterschied ihrer Bewegungen sehr gering wäre. Da aber dazu ein weiter Umfang gehört, aus dem feinen Grundstoffe, der in dem Himmelsraum so sehr zerstreuet ist, einen dichten Klumpen eines Planeten zu bilden: so ist der Unterschied der Entfernungen, die diese Elemente von der Sonne haben, und mithin auch der Unterschied ihrer Geschwindigkeiten nicht mehr geringschätzig, folglich würde nöthig sein, daß, um bei diesem Unterschiede der Bewegungen dem Planeten die Gleichheit der Centralkräfte und die Zirkelgeschwindigkeit zu erhalten, die Theilchen, die aus verschiedenen Höhen mit verschiedenen Bewegungen auf ihm zusammen kommen, eine den Mangel der andern genau ersetzten, welches, ob es gleich in der That ziemlich genau geschieht,** dennoch, da an dieser vollkommenen Ersetzung etwas fehlt, den Abgang an der Zirkelbewegung und die Excentricität nach sich zieht. Eben so leicht erhellt, daß, obgleich die Kreise aller Planeten billig auf einer Fläche sein sollten, dennoch auch in diesem Stücke eine kleine Abweichung anzutreffen ist, weil, wie schon erwähnt, die elementarischen Theilchen, da sie sich dem allgemeinen Bestehungsplane ihrer Bewegungen so nahe als möglich befinden, dennoch einigen Raum von beiden Seiten desselben einschließen; da es denn ein

---

* Diese abgemessene Cirkelbewegung betrifft eigentlich nur die der Sonne nahen Planeten: denn von den großen Entfernungen, da sich die entlegensten Planeten oder auch die Kometen gebildet haben, ist leicht zu vermuthen, daß, weil die sinkende Bewegung des Grundstoffs daselbst viel schwächer, die Weitläufigkeit der Räume, da sie zerstreuet sind, auch größer ist, die Elemente daselbst an und für sich schon von der zirkelgleichen Bewegung abweichen und dadurch die Ursache der daraus gebildeten Körper sein müssen.

** Denn die Theilchen von der zur Sonne nähern Gegend, welche eine größere Umlaufsgeschwindigkeit haben, als in dem Orte, da sie auf dem Planeten sich versammeln, zur Cirkelbewegung erfordert wird, ersetzen dasjenige, was den von der Sonne entfernteren Theilchen, die sich eben demselben Körper einverleiben, an Geschwindigkeit fehlt, um in dem Abstande des Planeten zirkelförmig zu laufen.

gar zu glückliches Ungefähr sein würde, wenn gerade alle Planeten ganz genau in der Mitte zwischen diesen zwei Seiten in der Fläche der Beziehung selber sich zu bilden anfangen sollten, welches denn schon einige Neigung ihrer Kreise gegen einander veranlaßt, obschon die Bestrebung der Partikeln, von beiden Seiten diese Ausweichung so sehr als möglich einzuschränken, ihr nur enge Grenzen zuläßt. Man darf sich also nicht wundern, auch hier die größte Genauheit der Bestimmungen so wenig, wie bei allen Dingen der Natur anzutreffen, weil überhaupt die Vielheit der Umstände, die an jeglicher Naturbeschaffenheit Antheil nehmen, eine abgemessene Regelmäßigkeit nicht verstattet.

Zweites Hauptstück.

Von den verschiedenen Dichtigkeiten der Planeten und dem Verhältnisse ihrer Massen.

Wir haben gezeigt, daß die Theilchen des elementarischen Grundstoffes, da sie an und für sich in dem Weltraume gleich ausgetheilt waren, durch ihr Niedersinken zur Sonne in den Orten schweben geblieben, wo ihre im Fallen erlangte Geschwindigkeit gerade die Gleichheit gegen die Anziehung leistete, und ihre Richtung so, wie sie bei der Zirkelbewegung sein soll, senkrecht gegen den Zirkelstrahl gebeugt worden. Wenn wir nun aber Partikeln von unterschiedlicher specifischer Dichtigkeit in gleichem Abstande von der Sonne gedenken, so dringen die von größerer specifischen Schwere tiefer durch den Widerstand der andern zur Sonne hindurch und werden nicht so bald von ihrem Wege abgebeugt, als die leichteren, daher ihre Bewegung nur in einer größeren Annäherung zur Sonne zirkelförmicht wird. Dagegen werden die Elemente leichterer

Art, eher von dem geradlinichten Falle abgebeugt, in Zirkelbewegungen ausschlagen, ehe sie so tief zu dem Centro hindurch gedrungen sind, und also in größeren Entfernungen schweben bleiben, auch durch den erfüllten Raum der Elemente nicht so tief hindurch dringen können, ohne daß ihre Bewegung durch dieser ihren Widerstand geschwächt wird, und sie die großen Grade der Geschwindigkeit, die zur Umwendung näher beim Mittelpunkte erfordert werden, nicht erlangen können; also werden nach erlangter Gleichheit der Bewegungen die specifisch leichtern Partikeln in weitern Entfernungen von der Sonne umlaufen, die schwereren aber in den näheren anzutreffen sein, und die Planeten, die sich aus ihnen bilden, werden daher dichterer Art sein, welche sich näher zur Sonne, als die sich weiter von ihr aus dem Zusammenlaufe dieser Atomen formiren.

Es ist also eine Art eines statischen Gesetzes, welches den Materien des Weltraumes ihre Höhen nach dem verkehrten Verhältnisse der Dichtigkeit bestimmt. Gleichwohl ist es eben so leicht zu begreifen: daß nicht eben eine jegliche Höhe nur Partikeln von gleicher specifischen Dichtigkeit einnehmen müsse. Von den Theilchen von gewisser specifischen Gattung bleiben diejenigen in größern Weiten von der Sonne schweben und erlangen die zur beständigen Zirkelbewegung erforderliche Mäßigung ihres Falles in weiterm Abstande, welche von größern Entfernungen zu ihr herab gesunken, dagegen die, deren ursprünglicher Ort bei der allgemeinen Austheilung der Materien im Chaos der Sonne näher war, ungeachtet ihrer nicht größern Dichtigkeit näher zu dieser zu ihrem Zirkel des Umlaufs kommen werden. Und da also die Örter der Materien in Ansehung des Mittelpunkts ihrer Senkung nicht allein durch die specifische Schwere derselben, sondern auch durch ihre ursprünglichen Plätze bei der ersten Ruhe der Natur bestimmt werden: so ist leicht zu erachten, daß ihrer sehr verschiedene Gattungen in jedem Abstande von der Sonne zusammen kommen werden, um daselbst hängen zu bleiben, daß überhaupt aber die dichtern Materien häufiger zu dem Mittelpunkte hin, als weiter von ihm ab werden angetroffen werden; und daß also, ungeachtet die Planeten eine Mischung sehr verschiedentlicher Materien sein werden, dennoch überhaupt ihre Massen dichter sein müssen nach dem Maße, als sie der Sonne näher sind, und minderer Dichtigkeit, nachdem ihr Abstand größer ist.

Unser System zeigt in Ansehung dieses unter den Planeten herrschenden Gesetzes ihrer Dichtigkeiten eine vorzügliche Vollkommenheit vor allen denjenigen Begriffen, die man sich von ihrer Ursache gemacht hat, oder noch machen könnte. Newton, der die Dichtigkeit einiger Planeten durch Rechnung bestimmt hatte, glaubte, die Ursache ihres nach dem Abstande eingerichteten Verhältnisses in der Anständigkeit der Wahl Gottes und in den Bewegungsgründen seines Endzwecks zu finden: weil die der Sonne näheren Planeten mehr Hitze von ihr aushalten müssen, und die entferntern mit wenigern Graden der Wärme sich behelfen sollen: welches nicht möglich zu sein scheint, wenn die der Sonne nahen Planeten nicht dichterer Art und die entfernteren von leichterer Materie zusammengesetzt wären. Allein die Unzulänglichkeit einer solchen Erklärung einzusehen, erfordert nicht eben viel Nachsinnen. Ein Planet, z. E. unsere Erde, ist aus sehr weit von einander unterschiedenen Gattungen Materie zusammen gesetzt; unter diesen war es nun nöthig, daß die leichteren, die durch die gleiche Wirkung der Sonne mehr durchdrungen und bewegt werden, deren Zusammensatz ein Verhältniß zu der Wärme hat, womit ihre Strahlen wirken, auf der Oberfläche ausgebreitet sein mußten; allein daß diese Mischung der übrigen Materien im Ganzen des Klumpens diese Beziehung haben müssen, erhellt hieraus gar nicht: weil die Sonne auf das Innere der Planeten gar keine Wirkung thut. Newton befürchtete, wenn die Erde bis zu der Nähe des Mercurs in den Strahlen der Sonne versenkt würde, so dürfte sie wie ein Komet brennen und ihre Materie nicht genugsame Feuerbeständigkeit haben, um durch diese Hitze nicht zerstreuet zu werden. Allein um wie vielmehr müßte der Sonnen eigene Materie selber, welche doch 4 mal leichter, als die ist, daraus die Erde ist, von dieser Gluth zerstört werden; oder warum ist der Mond zweimal dichter, als die Erde, da er doch mit dieser in eben demselben Abstande von der Sonne schwebt? Man kann also die proportionirten Dichtigkeiten nicht dem Verhältniß zu der Sonnenwärme zuschreiben, ohne sich in die größten Widersprüche zu verwickeln. Man sieht vielmehr, eine Ursache, die die Örter der Planeten nach der Dichtigkeit ihres Klumpens austheilt, müsse auf das Innere ihrer Materie und nicht auf ihre Oberfläche eine Beziehung gehabt haben; sie müsse unerachtet dieser Folge, die sie bestimmte, doch eine Verschiedenheit der Materie in eben demselben Himmelskörper verstatten und nur im Ganzen des Zusammensatzes dieses Verhältniß der Dichtigkeit fest setzen; welchem allem ob irgend ein anderes statisches Gesetz, als wie das, so in unserer Lehrverfassung vorgetragen wird, ein Gnüge leisten können, überlasse ich der Einsicht des Lesers, zu urtheilen.

Das Verhältniß unter den Dichtigkeiten der Planeten führt noch einen Umstand mit sich, der durch eine völlige Übereinstimmung mit der vorher entworfenen Erklärung die Richtigkeit unseres Lehrbegriffes bewährt. Der Himmelskörper, der in dem Mittelpunkte anderer um ihn laufenden Kugeln steht, ist gemeiniglich leichterer Art, als der Körper, der am nächsten um ihn herum läuft. Die Erde in Ansehung des Mondes und die Sonne in Ansehung der Erde zeigen ein solches Verhältniß ihrer Dichtigkeiten. Nach dem Entwurfe, den wir dargelegt haben, ist eine solche Beschaffenheit nothwendig. Denn da die untern Planeten vornehmlich von dem Ausschusse der elementarischen Materie gebildet worden, welche durch den Vorzug ihrer Dichtigkeit bis zu solcher Nähe zum Mittelpunkte mit dem erforderlichen Grade der Geschwindigkeit haben dringen können; dagegen der Körper in dem Mittelpunkte selber ohne Unterschied aus den Materien aller vorhandenen Gattungen, die ihre gesetzmäßige Bewegungen nicht erlangt haben, zusammen gehäuft worden, unter welchen, da die leichteren Materien den größten Theil ausmachen, es leicht einzusehen ist, daß, weil der nächste oder die nächsten zu dem Mittelpunkt umlaufenden Himmelskörper gleichsam eine Aussonderung dichterer Sorten, der Centralkörper aber eine Mischung von allen ohne Unterschied in sich faßt, jenes seine Substanz dichterer Art, als diese sein werde. In der That ist auch der Mond 2 mal dichter als die Erde und diese 4 mal dichter als die Sonne, welche allem Vermuthen nach von den noch tieferen, der Venus und dem Mercur, in noch höheren Graden an Dichtigkeit wird übertroffen werden.

Anjetzt wendet sich unser Augenmerk auf das Verhältniß, welches die Massen der Himmelskörper nach unserem Lehrbegriff in Vergleichung ihrer Entfernungen haben sollen, um das Resultat unseres Systems an den untrüglichen Rechnungen des Newton zu prüfen. Es bedarf nicht viel Worte, um begreiflich zu machen: daß der Centralkörper jederzeit das Hauptstück seines Systems, folglich die Sonne auf eine vorzügliche Art an Masse größer, als die gesammten Planeten sein müsse; wie denn dieses auch vom Jupiter in Ansehung seiner Nebenplaneten und vom Saturn in Betrachtung der seinigen gelten wird. Der Centralkörper bildet sich aus dem Niedersatze aller Partikeln aus dem ganzen Umfange seiner Anziehungssphäre, welche die genaueste Bestimmung der Zirkelbewegung und die nahe Beziehung auf die gemeinschaftliche Fläche nicht haben bekommen können, und deren ohne Zweifel eine ungemein größere Menge, als der letzteren sein muß. Um an der Sonne vornehmlich diese Betrachtung anzuwenden: wenn man die Breite des Raumes, um den die in Zirkeln umlaufende Partikeln, welche den Planeten zum Grundstoffe gedient haben, am weitesten von der gemeinschaftlichen Fläche abgewichen sind, schätzen will, so kann man sie ungefähr etwas größer, als die Breite der größten Abweichung der Planetenkreise von einander annehmen. Nun macht aber, indem sie von der gemeinschaftlichen Fläche nach beiden Seiten ausschweifen, ihre größte Neigung gegen einander kaum 7 $^1/_2$ Grade aus. Also kann man alle Materie, daraus die Planeten sich gebildet haben, sich als in denjenigen Raum ausgebreitet gewesen vorstellen, der zwischen zwei Flächen von dem Mittelpunkte der Sonne aus begriffen war, die einen Winkel von 7 $^1/_2$ Grade einschlossen. Nun ist aber eine nach der Richtung des größten Zirkels gehende Zone von 7 $^1/_2$ Grad Breite etwas mehr als der 17te Theil der Kugelfläche, also der körperliche Raum zwischen den zwei Flächen, die den sphärischen Raum in der Breite obgedachten Winkels ausschneiden, etwas mehr, als der 17te Theil des körperlichen Inhalts der ganzen Sphäre. Also würde dieser Hypothese gemäß alle Materie, die zur Bildung der Planeten angewandt worden, ungefähr den siebenzehnten Theil derjenigen Materie ausmachen, die die Sonne aus eben der Weite, als der äußerste Planet steht, von beiden Seiten zu ihrer Zusammensetzung gesammlet hat. Allein dieser Centralkörper hat einen Vorzug des Klumpens vor dem gesammten Inhalte aller Planeten, der nicht zu diesem wie 17 : 1, sondern wie 650 zu 1 ist, wie die Ausrechnung des Newton es bestimmt; aber es ist auch leicht einzusehen, daß in den obern Räumen über dem Saturn, wo die planetischen Bildungen entweder aufhören, oder doch selten sind, wo nur einige wenige kometische Körper sich gebildet haben, und wo vornehmlich die Bewegungen des Grundstoffes, indem sie daselbst nicht geschickt sind, zu der gesetzmäßigen Gleichheit der Centralkräfte zu gelangen, als in der nahen Gegend zum Centro, nur in eine fast allgemeine Senkung zum Mittelpunkte ausschlagen und die Sonne mit aller Materie aus so weit ausgedehnten Räumen vermehren, daß, sage ich, aus diesen Ursachen der Sonnenklumpen die so vorzügliche Größe der Masse erlangen müsse.

Um aber die Planeten in Ansehung ihrer Massen unter einander zu vergleichen, so bemerken wir erstlich, daß nach der angezeigten Bildungsart der Quantität der Materie, die in den Zusammensatz eines Planeten kommt, auf die Weite seiner Entfernung von der Sonne vornehmlich ankomme: 1) darum, weil die Sonne durch ihre Anziehung die Sphäre der Attraction eines Planeten einschränkt, aber bei gleichen Umständen der entfernteren ihre nicht so enge eingeschränkt, als der nahen; 2) weil die Zirkel, aus denen alle Theilchen zusammen gekommen sind, einen entfernteren Planeten auszumachen, mit größerem Radius beschrieben werden, also mehr Grundstoff, als die kleinern Zirkel in sich fassen; 3) weil aus eben dem letzten Grunde die Breite zwischen den zwei Flächen der größten Abweichung bei gleicher Anzahl Grade in großen Höhen größer, als in kleinen ist. Dagegen wird dieser Vorzug der entfernteren Planeten vor den niedrigern zwar dadurch eingeschränkt, daß die Partikeln näher zur Sonne dichterer Art und allem Ansehen nach auch weniger zerstreuet, als in größerem Abstande sein werden; allein man kann leicht ermessen, daß die ersteren Vortheile zu Bildung großer Massen die letztern Einschränkungen dennoch weit übertreffen, und überhaupt die Planeten, die sich in weitem Abstande von der Sonne bilden, größere Massen, als die nahen bekommen müssen. Dieses geschieht also, in so fern man sich die Bildung eines Planeten nur als in Gegenwart der Sonne vorstellt; allein wenn man mehrere Planeten in unterschiedlichem Abstande sich bilden läßt, so wird einer den Umfang der Attraction des andern durch seine Anziehungssphäre einschränken, und dieses bringt eine Ausnahme von dem vorigen Gesetze zuwege. Denn derjenige Planet, welcher einem andern von ausnehmender Masse nahe ist, wird sehr viel von der Sphäre seiner Bildung verlieren und dadurch ungleich kleiner werden, als das Verhältniß seines Abstandes von der Sonne allein es erheischt. Obgleich also im Ganzen die Planeten von größerer Masse sind, nachdem sie weiter von der Sonne entfernt sind, wie denn überhaupt Saturn und Jupiter, als die zwei Hauptstücke unseres Systems, darum die größten sind, weil sie von der Sonne am weitesten entfernt sind, so finden sich dennoch Abweichungen von dieser Analogie, in denen aber jederzeit das Merkmal der allgemeinen Bildung hervorleuchtet, die wir von den Himmelskörpern behaupten: daß nämlich ein Planet von ausnehmender Größe die nächsten von beiden Seiten der ihnen wegen ihrer Sonnenweite gebührenden Masse beraubt, indem der einen Theil der Materien sich zueignet, die zu jener ihrer Bildung kommen sollten. In der That hat Mars, der vermöge seines Ortes größer als die Erde sein sollte, durch die Anziehungskraft des ihm nahen so großen Jupiters an seiner Masse eingebüßt; und Saturn selber, ob er gleich durch seine Höhe einen Vorzug über den Mars hat, ist dennoch nicht gänzlich befreiet gewesen, durch Jupiters Anziehung eine beträchtliche Einbuße zu erleiden, und mich dünkt, Mercur habe die ausnehmende Kleinigkeit seiner Masse nicht allein der Anziehung der ihm so nahen mächtigen Sonne, sondern auch der Nachbarschaft der Venus zu verdanken, welche, wenn man ihre muthmaßliche Dichtigkeit mit ihrer Größe vergleicht, ein Planet von beträchtlicher Masse sein muß.

Indem nun alles so vortrefflich, als man es nur wünschen mag, zusammenstimmt, die Zulänglichkeit einer mechanischen Lehrverfassung bei dem Ursprunge des Weltbaues und der Himmelskörper zu bestätigen: so wollen wir, indem wir den Raum schätzen, darin der Grundstoff des Planeten vor ihrer Bildung ausgebreitet gewesen, erwägen, in welchem Grade der Dünnigkeit dieser Mittelraum damals erfüllt gewesen, und mit was für Freiheit, oder wie wenigen Hindernissen die herumschwebenden Partikeln ihre gesetzmäßige Bewegungen darin haben anstellen können. Wenn der Raum, der alle Materie der Planeten in sich begriff, in demjenigen Theile der Saturnischen

Sphäre enthalten war, der von dem Mittelpunkte der Sonne aus zwischen zwei um 7 Grade weit in allen Höhen von einander abstehenden Flächen begriffen und daher der siebenzehnte Theil der ganzen Sphäre war, die man mit dem Radius der Höhe des Saturns beschreiben kann: so wollen wir, um die Verdünnung des planetischen Grundstoffes, da er diesen Raum erfüllte, auszurechnen, nur die Höhe des Saturns 100000 Erddiameter ansetzen; so wird die ganze Sphäre des saturnischen Kreises den Raumesinhalt der Erdkugel 1000 Billionen mal übertreffen, davon, wenn wir an statt des siebenzehnten Theils auch nur den zwanzigsten nehmen, der Raum, darin der elementarische Grundstoff schwebte, den Raumesinhalt der Erdkugel dennoch 50 Billionen mal übertreffen muß. Wenn man nun die Masse aller Planeten mit ihren Begleitern $1/650$ des Sonnenklumpens mit dem Newton ansetzt: so wird die Erde, die nur $1/169282$ derselben ist, sich zu der gesammten Masse aller planetischen Materie wie 1 zu 276 $1/2$ verhalten; und wenn man daher alle diese Materie wie zu gleicher specifischen Dichtigkeit mit der Erde brächte, würde daraus ein Körper entstehen, der 277 $1/2$ mal größern Raum als die Erde einnähme. Wenn wir daher die Dichtigkeit der Erde in ihrem ganzen Klumpen nicht viel größer, als die Dichtigkeit der festen Materie, die man unter der obersten Fläche derselben antrifft, annehmen, wie es denn die Eigenschaften der Figur der Erde nicht anders erfordern, und diese obere Materien ungefähr 4- oder 5mal dichter als das Wasser, das Wasser aber 1000mal schwerer als die Luft ansetzen: so würde die Materie aller Planeten, wenn sie zu der Dünnigkeit der Luft ausgedehnt würden, einen fast 14mal hunderttausendmal größern Raum als die Erdkugel einnehmen. Dieser Raum, mit dem Raume, in welchem nach unserer Voraussetzung alle Materie der Planeten ausgebreitet war, verglichen, ist dreißig Millionen mal kleiner als derselbe: also macht auch die Zerstreuung der planetischen Materie in diesem Raume eine eben so vielmal größere Verdünnung aus, als die die unserer Atmosphäre haben. In der That, diese Größe der Zerstreuung, so unglaublich sie auch scheinen mag, war dennoch weder unnöthig, noch unnatürlich. Sie mußte so groß als möglich sein, um den schwebenden Partikeln alle Freiheit der Bewegung, fast so, als in einem leeren Raume, zu verstatten und den Widerstand unendlich zu verringern, den sie einander leisten können; sie konnten aber auch von selber einen solchen Zustand der Verdünnung annehmen, woran man nicht zweifeln darf, wenn man ein wenig die Ausbreitung kennt, die die Materie leidet, wenn sie in Dünste verwandelt ist; oder wenn man, um bei dem Himmel zu bleiben, die Verdünnung der Materie in den Schweifen der Kometen erwägt, die bei einer so unerhörten Dicke ihres Durchschnittes, der den Durchmesser der Erde wohl hundertmal übertrifft, dennoch so durchscheinend sind, daß die kleinen Sterne dadurch können gesehen werden; welches unsere Luft, wenn sie von der Sonne erleuchtet wird, in einer Höhe, die viel tausendmal kleiner ist, nicht verstattet.

Ich beschließe dieses Hauptstück, indem ich eine Analogie hinzufüge, die an und für sich allein gegenwärtige Theorie von der mechanischen Bildung der Himmelskörper über die Wahrscheinlichkeit der Hypothese zu einer förmlichen Gewißheit erheben kann. Wenn die Sonne aus den Partikeln desselben Grundstoffes, daraus die Planeten sich gebildet haben, zusammengesetzt ist; und wenn nur darin allein der Unterschied besteht, daß in der ersteren die Materien aller Gattungen ohne Unterschied gehäuft, bei diesen aber in verschiedenen Entfernungen nach Beschaffenheit der Dichtigkeit ihrer Sorten vertheilt worden; so wird, wenn man die Materie aller Planeten zusammen vereinigt betrachtet, in ihrer ganzen Vermischung eine Dichtigkeit herauskommen müssen, die der Dichtigkeit des Sonnenkörpers beinahe gleich ist. Nun findet diese nöthige Folgerung unseres Systems eine glückliche Bestätigung in der Vergleichung, die der Herr von Buffon, dieser so würdigberühmte Philosoph, zwischen den Dichtigkeiten der gesammten planetischen Materie und der Sonnen ihrer angestellt hat; er fand eine Ähnlichkeit zwischen beiden, wie zwischen 640 und 650. Wenn ungekünstelte und nothwendige Folgerungen aus einer Lehrverfassung in den wirklichen Verhältnissen der Natur so glückliche Bestätigungen antreffen: kann man denn wohl glauben, daß ein bloßes Ungefähr diese Übereinstimmung zwischen der Theorie und der Beobachtung veranlasse?

Drittes Hauptstück.

Von der Excentricität der Planetenkreise und dem Ursprunge der Kometen.

Man kann aus den Kometen nicht eine besondere Gattung von Himmelskörpern machen, die sich von dem Geschlechte der Planeten gänzlich unterschiede. Die Natur wirkt hier, wie anderwärts durch unmerkliche Abfälle, und indem sie alle Stufen der Veränderungen durchgeht, hängt sie vermittelst einer Kette von Zwischengliedern die entfernten Eigenschaften mit den nahen zusammen. Die Excentricität ist bei den Planeten eine Folge des Mangelhaften in derjenigen Bestrebung, dadurch die Natur trachtet, die planetischen Bewegungen gerade zirkelgleich zu machen, welches sie aber wegen Dazwischenkunft von mancherlei Umständen niemals völlig erlangen kann, aber doch in größeren Weiten mehr, als in nahen davon abweicht.

Diese Bestimmung führt durch eine beständige Leiter vermittelst aller möglichen Stufen der Excentricität von den Planeten endlich bis zu den Kometen, und ob zwar dieser Zusammenhang bei dem Saturn durch eine große Kluft scheint abgeschnitten zu sein, die das kometische Geschlecht von den Planeten völlig absondert: so haben wir doch in dem ersten Theile angemerkt, daß es vermuthlich über dem Saturn noch andere

Planeten geben mag, die durch eine größere Abweichung von der Zirkelrundung der Kreise dem Laufe der Kometen näher treten, und daß es nur an dem Mangel der Beobachtung, oder auch an der Schwierigkeit derselben liegt, daß diese Verwandtschaft dem Auge nicht eben so sichtbar, als dem Verstande vorlängst dargestellt worden.

Wir haben schon eine Ursache in dem ersten Hauptstücke dieses Theils angeführt, welche die Laufbahn eines Himmelskörpers excentrisch machen kann, der sich aus dem herumschwebenden Grundstoffe bildet, wenn man gleich annimmt, daß dieser in allen seinen Örtern gerade zur Zirkelbewegung abgewogene Kräfte besitze. Denn weil der Planet sie aus weit von einander abstehenden Höhen sammlet, wo die Geschwindigkeiten der Zirkelläufe unterschieden sind: so kommen sie mit verschiedenen ihnen beiwohnenden Graden der Umlaufsbewegung auf ihm zusammen, welche von dem Maße der Geschwindigkeit, die dem Abstande des Planeten gebührt, abweichen und diesem dadurch in so fern eine Excentricität zuziehen, als diese verschiedentliche Eindrücke der Partikeln ermangeln, eine der andern Abweichung völlig zu ersetzen.

Wenn die Excentricität keine andere Ursache hätte, so würde sie allenthalben gemäßigt sein: sie würde auch bei den kleinen und weit von der Sonne entfernten Planeten geringer, als bei den nahen und großen sein: wenn man nämlich voraussetzte, daß die Partikeln des Grundstoffes wirklich vorher genaue Zirkelbewegungen gehabt hätten. Da nun diese Bestimmungen mit der Beobachtung nicht übereinstimmen, indem, wie schon angemerkt, die Excentricität mit der Sonnenweite zunimmt, und die Kleinigkeit der Massen vielmehr eine Ausnahme zu Vermehrung der Excentricität zu machen scheint, wie wir am Mars sehen: so sind wir genöthigt, die Hypothese von der genauen Zirkelbewegung der Partikeln des Grundstoffes dahin einzuschränken, daß wir sie in den der Sonne nahen Gegenden zwar dieser Genauigkeit der Bestimmung sehr nahe beikommen, aber sie doch desto weiter davon abweichen lassen, je entfernter diese elementarische Theilchen von der Sonne geschwebt haben. Eine solche Mäßigung des Grundsatzes von der freien zirkelgleichen Bewegung des Grundstoffes ist der Natur gemäßer. Denn ungeachtet der Dünnigkeit des Raumes, die ihnen Freiheit zu lassen scheint, sich einander auf den Punkt der völlig abgewogenen Gleichheit der Centralkräfte einzuschränken, so sind die Ursachen dennoch nicht minder beträchtlich, diesen Zweck der Natur an seiner Vollführung zu verhindern. Je weiter die ausgebreiteten Theile des Urstoffs von der Sonne entfernt sind, desto schwächer ist die Kraft, die sie zum Sinken bringt: der Widerstand der untern Theile, der ihren Fall seitwärts beugen und ihn nöthigen soll, seine Richtung senkrecht von dem Zirkelstrahl anzustellen, vermindert sich nach dem Maße, als diese unter ihm wegsinken, um entweder der Sonne sich einzuverleiben, oder in näheren Gegenden Umläufe anzustellen. Die specifisch vorzügliche Leichtigkeit dieser höheren Materie verstattet ihnen nicht, die sinkende Bewegung, die der Grund von allem ist, mit dem Nachdrucke, welcher erfordert wird, um die widerstehende Partikeln zum Weichen zu bringen, anzustellen; und vielleicht daß diese entfernte Partikeln einander noch einschränken, um nach einer langen Periode diese Gleichförmigkeit endlich zu überkommen: so haben sich unter ihnen schon kleine Massen gebildet als Anfänge zu so viel Himmelskörpern, welche, indem sie sich aus schwach bewegtem Stoffe sammeln, eine nur excentrische Bewegung haben, womit sie zur Sonne sinken, und unter Wegen mehr und mehr durch die Einverleibung schneller bewegter Theile vom senkrechten Falle abgebeugt werden, endlich aber doch Kometen bleiben, wenn jene Räume, in denen sie sich gebildet haben, durch Niedersinken zur Sonne, oder durch Versammlung in besondern Klumpen gereinigt und leer geworden. Dieses ist die Ursache der mit den Entfernungen von der Sonne zunehmenden Excentricitäten der Planeten und

280 derjenigen Himmelskörper, die um deswillen Kometen genannt werden, weil sie in dieser Eigenschaft die erstere vorzüglich übertreffen. Es sind zwar noch zwei Ausnahmen, die das Gesetz von der mit dem Abstande von der Sonne zunehmenden Excentricität unterbrechen, die man an den beiden kleinsten Planeten unseres Systems, am Mars und Mercur, wahrnimmt; allein an dem ersteren ist vermuthlich die Nachbarschaft des so großen Jupiters Ursache, der, indem er durch seine Anziehung auf seiner Seite den Mars der Partikeln zur Bildung beraubt, ihm vornehmlich nur Platz läßt, gegen die Sonne sich auszubreiten, dadurch eine Überwucht der Centralkraft und Excentricität zuzieht. Was aber den Mercur, den untersten, aber auch am meisten excentrischen unter den Planeten, betrifft, so ist leicht zu erachten, daß, weil die Sonne in ihrer Achsendrehung der Geschwindigkeit des Mercurs noch lange nicht gleich kommt, der Widerstand, den sie der Materie des sie umgehenden Raumes thut, nicht allein die nächsten Theilchen ihrer Centralbewegung berauben werde; sondern auch leichtlich diese Widerstrebung bis zum Mercur ausbreiten könne und dessen Umschwungsgeschwindigkeit dadurch beträchtlich werde vermindert haben.

Die Excentricität ist das vornehmste Unterscheidungszeichen der Kometen. Ihre Atmosphären und Schweife, welche bei ihrer großen Annäherung zur Sonne durch die Hitze sich verbreiten, sind nur Folgen von dem erstern, ob sie gleich zu den Zeiten der Unwissenheit gedient haben, als ungewohnte Schreckbilder dem Pöbel eingebildete Schicksale zu verkündigen. Die Astronomen, welche mehr Aufmerksamkeit auf die Bewegungsgesetze, als auf die Seltsamkeit der Gestalt bezeigen, bemerken eine zweite Eigenschaft, die das Geschlecht der Kometen von den Planeten unterscheidet, nämlich, daß sie sich nicht, wie diese an die Zone des Thierkreises binden, sondern frei in allen Gegenden des Himmels ihre Umläufe anstellen. Diese Besonderheit hat einerlei Ursache mit der Excentricität.

Wenn die Planeten darum ihre Kreise in dem engen Bezirke des Zodiakus eingeschlossen haben, weil die elementarische Materie nahe um die Sonne Cirkelbewegungen bekommt, die bei jedem Umschwunge den Plan der Beziehung zu durchkreuzen bemüht sind und den einmal gebildeten Körper von dieser Fläche, dahin sich alle Materie von beiden Seiten drängt, nicht abweichen lassen: so muß der Grundstoff der weit von dem Mittelpunkte entlegenen Räume, welcher, durch die Attraction schwach bewegt, zu dem freien Cirkelumschwunge nicht gelangen kann, eben aus dieser Ursache, die die Excentricität hervorbringt, nicht vermögend sein, sich in dieser Höhe zu dem Plane der Beziehung aller planetischen Bewegungen zu häufen, um die daselbst gebildete Körper vornehmlich in diesem Gleise zu erhalten; vielmehr wird der zerstreute Grundstoff, da er keine Einschränkung auf eine besondere Gegend, so wie bei den untern Planeten hat, sich gleich leicht auf einer Seite sowohl, als auf der andern und weit von dem Beziehungsplane eben so häufig, als nahe bei demselben zu Himmelskörpern bilden. Daher werden die Kometen mit aller Ungebundenheit aus allen Gegenden zu uns herab kommen; aber doch diejenige, deren erster Bildungsplatz nicht weit über der Planeten Kreise erhaben ist, werden weniger Abweichung von den Schranken ihrer Laufbahne eben sowohl, als weniger Excentricität beweisen. Mit den Entfernungen von dem Mittelpunkte des Systems nimmt diese gesetzlose Freiheit der Kometen in Ansehung ihrer Abweichungen zu und verliert sich in der Tiefe des Himmels in einen gänzlichen Mangel der Umwendung, der die äußeren sich bildenden Körper ihrem Falle zur Sonne frei überläßt und der systematischen Verfassung die letzten Grenzen setzt.

Ich setze bei diesem Entwurfe der kometischen Bewegungen voraus: daß in Ansehung ihrer Richtung sie selbige größten Theils mit der Planeten ihrer gemein haben werden. Bei den nahen Kometen scheint mir dieses ungezweifelt zu sein, und diese Gleichförmigkeit kann sich auch nicht eher in der Tiefe des Himmels verlieren, als da, wo der elementarische Grundstoff in der größten Mattigkeit der Bewegung die etwa durch das Niedersinken entstehende Drehung nach allerlei Gegenden anstellt, weil die Zeit, die erfordert wird, durch die Gemeinschaft der untern Bewegungen, sie in der Richtung einstimmig zu machen, wegen der Weite der Entfernung zu lang ist, als daß sie indessen, daß die Bildung der Natur in der niedern Gegend verrichtet wird, sich bis dahin erstrecken könne. Es werden also vielleicht Kometen sein, die ihren Umlauf nach der entgegen gesetzten Seite, nämlich von Morgen gegen Abend, anstellen werden, ob ich gleich aus Ursachen, die ich allhier anzuführen Bedenken trage, mich beinahe überreden möchte, daß von den 19 Kometen, an denen man diese Besonderheit bemerkt hat, bei einigen vielleicht ein optischer Schein Anlaß dazu gegeben haben möchte.

282 Ich muß von der Masse der Kometen und von der Dichtigkeit ihres Stoffes noch etwas anmerken. Von Rechtswegen sollten in den obern Gegenden der Bildung dieser Himmelskörper aus den im vorigen Hauptstücke angeführten Gründen sich immer nach dem Maße, als die Entfernung zunimmt, desto größere Massen bilden. Und es ist auch zu glauben, daß einige Kometen größer sind, als Saturn und Jupiter; allein es ist eben nicht zu glauben, daß diese Größe der Massen so immer zunimmt. Die Zerstreuung des Grundstoffes, die specifische Leichtigkeit ihrer Partikeln machen die Bildung in der abgelegensten Gegend des Weltraums langsam; die unbestimmte Verbreitung desselben in dem ganzen unermeßlichen Umfange dieser Weite ohne eine Bestimmung, sich gegen eine gewisse Fläche zu häufen, verstatten an statt einer einzigen beträchtlichen Bildung viele kleinere, und der Mangel der Centralkraft zieht den größten Theil der Partikeln zu der Sonne herab, ohne sich in Massen versammlet zu haben.

Die specifische Dichtigkeit des Stoffes, woraus die Kometen

entstehen, ist von mehrerer Merkwürdigkeit, als die Größe ihrer Massen. Vermuthlich, da sie in der obersten Gegend des Weltgebäudes sich bilden, sind die Theilchen ihres Zusammensatzes von der leichtesten Gattung; und man darf nicht zweifeln, daß dieses die vornehmste Ursache der Dunstkugeln und der Schweife sei, womit sie sich vor andern Himmelskörpern kenntlich machen. Man kann der Wirkung der Sonnenhitze diese Zerstreuung der kometischen Materie in einen Dunst nicht hauptsächlich beimessen; einige Kometen erreichen in ihrer Sonnennähe kaum die Tiefe des Erdcirkels; viele bleiben zwischen dem Kreise der Erde und der Venus und kehren sodann zurück. Wenn ein so gemäßigter Grad Hitze die Materien auf der Oberfläche dieser Körper dermaßen auflöset und verdünnt: so müssen sie aus dem leichtesten Stoffe bestehen, der durch die Wärme mehr Verdünnung, als irgend eine Materie in der ganzen Natur leidet.

Man kann auch diese von dem Kometen so häufig aufsteigende Dünste der Hitze nicht beimessen, die sein Körper von der etwa ehemaligen Sonnennähe übrig behalten hat: denn es ist zwar zu vermuthen, daß ein Komet zur Zeit seiner Bildung etliche Umläufe mit größerer Excentricität zurück gelegt hat, und diese nur nach und nach vermindert worden; allein die andern Planeten, von denen man eben dasselbe vermuthen könnte, zeigen dieses Phänomenon nicht. Indessen würden sie es an sich zeigen, wenn die Sorten der leichtesten Materie, die in dem Zusammensatze des Planeten begriffen sind, eben so häufig, als bei den Kometen vorhanden wären.

Die Erde hat etwas an sich, was man mit der Ausbreitung der kometischen Dünste und ihren Schweifen vergleichen kann.* Die kleinsten Partikeln, die die Sonnenwirkung aus ihrer Oberfläche zieht, häufen sich um einen von den Polen, wenn die Sonne den halben Cirkel ihres Laufes auf der entge-

---

* Dieses sind die Nordlichter.

gen gesetzten Halbkugel verrichtet. Die feinsten und wirksamsten Theilchen, die in dem brennenden Erdgürtel aufsteigen, nachdem sie eine gewisse Höhe der Atmosphäre erreicht haben, werden durch die Wirkung der Sonnenstrahlen genöthigt, in diejenige Gegenden zu weichen und sich zu häufen, die alsdann von der Sonne abgewandt und in einer langen Nacht begraben sind, und vergüten den Bewohnern der Eiszone die Abwesenheit des großen Lichtes, welches ihnen auch in dieser Entfernung die Wirkungen seiner Wärme zuschickt. Eben dieselbe Kraft der Sonnenstrahlen, welche die Nordlichter macht, würde einen Dunstkreis mit einem Schweife hervor bringen, wenn die feinsten und flüchtigen Partikeln auf der Erde eben so häufig, als auf den Kometen anzutreffen wären.

Viertes Hauptstück.

Von dem Ursprunge der Monde und den Bewegungen der Planeten um ihre Achse.

Die Bestrebung eines Planeten, aus dem Umfange der elementarischen Materie sich zu bilden, ist zugleich die Ursache seiner Achsendrehung und erzeugt die Monde, die um ihn laufen sollen. Was die Sonne mit ihren Planeten im Großen ist, das stellt ein Planet, der eine weit ausgedehnte Anziehungssphäre hat, im Kleinern vor, nämlich das Hauptstück eines Systems, dessen Theile durch die Attraction des Centralkörpers in Bewegung gesetzt worden. Der sich bildende Planet, indem er die Partikeln des Grundstoffs aus dem ganzen Umfange zu seiner Bildung bewegt, wird aus allen diesen sinkenden Bewegungen vermittelst ihrer Wechselwirkung Kreisbewegungen und zwar endlich solche erzeugen, die in eine gemeinschaftliche Richtung ausschlagen, und deren ein Theil die gehörige Mäßigung des freien Zirkellaufes bekommen und in dieser Einschränkung sich einer gemeinschaftlichen Fläche nahe befinden werden. In diesem Raume werden, so wie um die Sonne die Hauptplaneten, also auch um diese sich die Monde bilden, wenn die Weite der Attraction solcher Himmelskörper günstige Umstände zu ihrer Erzeugung darreicht. Was übrigens in Ansehung des Ursprungs des Sonnensystems gesagt worden, dasselbe läßt sich auf das System des Jupiters und des Saturns mit genugsamer Gleichheit anwenden. Die Monde werden alle nach einer Seite und beinahe auf einer Fläche die Kreise ihres Umschwunges gerichtet haben und dieses zwar aus den gleichen Ursachen, die diese Analogie im großen bestimmen. Aber warum bewegen sich diese Begleiter in ihrer gemeinschaftlichen Richtung vielmehr nach der Seite, nach der die Planeten laufen, als nach einer jeden andern? Ihre Umläufe werden ja durch die Kreisbewegungen nicht erzeugt: sie erkennen lediglich die Attraction des Hauptplaneten zur Ursache, und in Ansehung dieser sind alle Richtungen gleichgültig; ein bloßes Ungefähr wird diejenige unter allen möglichen entscheiden, nach der die sinkende Bewegung des Stoffes in Kreise ausschlägt. In der That thut der Zirkellauf des Hauptplaneten nichts dazu, dem Stoffe, aus dem sich um ihn die Monde bilden sollen, Umwälzungen um diesen einzudrücken; alle Partikeln um den Planeten bewegen sich in gleicher Bewegung mit ihm um die Sonne und sind also in respectiver Ruhe gegen denselben. Die Attraction des Planeten thut alles allein. Allein die Kreisbewegung, die aus ihr entstehen soll, weil sie in Ansehung aller Richtungen an und für sich gleichgültig ist, bedarf nur einer kleinen äußerlichen Bestimmung, um nach einer Seite vielmehr, als nach der andern auszuschlagen; und diesen kleinen Grad der Lenkung bekommt sie von der Vorrückung der elementarischen Partikeln, welche zugleich mit um die Sonne, aber mit mehr Geschwindigkeit laufen und in die Sphäre der Attraction des Planeten kommen. Denn diese nöthigt die zur Sonne nähere Theilchen, die mit schnellerem Schwunge umlaufen, schon von weitem die Richtung ihres Gleises zu verlassen und in einer ablangen Ausschweifung sich über den Planeten zu erheben. Diese, weil sie einen größern Grad der Geschwindigkeit, als der Planet selber haben, wenn sie durch dessen Anziehung zum Sinken gebracht werden, geben ihrem geradlinichten Falle und auch dem Falle der übrigen eine Abbeugung von Abend gegen Morgen, und es bedarf nur dieser geringen Lenkung, um zu verursachen, daß die Kreisbewegung, dahin der Fall, den die Attraction erregt, ausschlägt, vielmehr diese, als eine jede andere Richtung nehme. Aus diesem Grunde werden alle Monde in ihrer Richtung mit der Richtung des Umlaufs der Hauptplaneten übereinstimmen. Aber auch die Fläche ihrer Bahn kann nicht weit von dem Plane der Planetenkreise abweichen, weil die Materie, daraus sie sich bilden, aus eben dem Grunde, den wir von der Richtung überhaupt angeführt haben, auch auf diese genaueste Bestimmung derselben, nämlich die Übereintreffung mit der Fläche der Hauptkreise, gelenkt wird.

Man sieht aus allem diesem klärlich, welches die Umstände seien, unter welchen ein Planet Trabanten bekommen könne. Die Anziehungskraft desselben muß groß und folglich die Weite seiner Wirkungssphäre weit ausgedehnt sein, damit sowohl die Theilchen, durch einen hohen Fall zum Planeten bewegt, unerachtet dessen, was der Widerstand aufhebt, dennoch hinlängliche Geschwindigkeit zum freien Umschwunge erlangen können, als auch genugsamer Stoff zu Bildung der Monde in diesem Bezirke vorhanden sei, welches bei einer geringen Attraction nicht geschehen kann. Daher sind nur die Planeten von großen Massen und weiter Entfernung mit Begleitern begabt. Jupiter und Saturn, die 2 größten und auch entferntesten unter den Planeten, haben die meisten Monde. Der Erde, die viel kleiner als jene ist, ist nur einer zu Theil geworden; und Mars, welchem wegen seines Abstandes auch einiger Antheil an diesem Vorzuge gebührte, geht leer aus, weil seine Masse so gering ist.

Man nimmt mit Vergnügen wahr, wie dieselbe Anziehung des Planeten, die den Stoff zur Bildung der Monde herbeischaffte und zugleich derselben Bewegung bestimmte, sich bis auf seinen eigenen Körper erstreckt, und dieser sich selber durch eben dieselbe Handlung, durch welche er sich bildet, eine Drehung um die Achse nach der allgemeinen Richtung von Abend gegen Morgen ertheilt. Die Partikeln des niedersinkenden Grundstoffes, welche, wie gesagt, eine allgemeine drehende Bewegung von Abend gegen Morgen hin bekommen, fallen größten Theils auf die Fläche des Planeten und vermischen sich mit seinem Klumpen, weil sie die abgemessene Grade nicht haben, sich frei schwebend in Zirkelbewegungen zu erhalten. Indem sie nun in den Zusammensatz des Planeten kommen, so müssen sie, als Theile desselben, eben dieselbe Umwendung nach eben derselben Richtung fortsetzen, die sie hatten, ehe sie mit ihm vereinigt worden. Und weil überhaupt aus dem vorigen zu ersehen, daß die Menge der Theilchen, welche der Mangel an der erforderlichen Bewegung auf den Centralkörper niederstürzt, sehr weit die Anzahl der andern übertreffen müsse, welche die gehörige Grade der Geschwindigkeit haben erlangen können: so begreift man auch leicht, woher dieser in seiner Achsendrehung zwar bei weitem die Geschwindigkeit nicht haben werde, der Schwere auf seiner Oberfläche mit der fliehenden Kraft das Gleichgewicht zu leisten, aber dennoch bei Planeten von großer Masse und weitem Abstande weit schneller, als bei nahen und kleinen sein werde. In der That hat Jupiter die schnellste Achsendrehung, die wir kennen, und ich weiß nicht, nach welchem System man dieses mit einem Körper, dessen Klumpen alle andern übertrifft, zusammen reimen könnte, wenn man nicht seine Bewegungen selber als die Wirkung derjenigen Anziehung ansehen könnte, die dieser Himmelskörper nach dem Maße eben dieses Klumpens ausübt. Wenn die Achsendrehung eine Wirkung einer äußerlichen Ursache wäre, so müßte Mars eine schnellere, als Jupiter haben; denn eben dieselbe bewegende Kraft bewegt einen kleinen Körper mehr, als einen größern, und über dieses würde man sich mit Recht wundern, wie da alle Bewegungen weiter von dem Mittelpunkte hin abnehmen, die Geschwindigkeiten der Umwälzungen mit denselben Entfernungen zunehmen und beim Jupiter sogar drittehalbmal schneller, als seine jährliche Bewegung selber sein könne.

Indem man also genöthigt ist, in den täglichen Umwendungen der Planeten eben dieselbe Ursache, welche überhaupt die allgemeine Bewegungsquelle der Natur ist, nämlich die Anziehung, zu erkennen: so wird diese Erklärungsart durch das natürliche Vorrecht seines Grundbegriffes und durch eine ungezwungene Folge aus demselben ihre Rechtmäßigkeit bewähren.

Allein wenn die Bildung eines Körpers selber die Achsendrehung hervorbringt, so müssen sie billig alle Kugeln des Weltbaues haben; aber warum hat sie der Mond nicht, welcher, wiewohl fälschlich, diejenige Art einer Umwendung, dadurch er der Erde immer dieselbe Seite zuwendet, einigen vielmehr von einer Art einer Überwucht der einen Halbkugel, als von einem wirklichen Schwunge der Revolution herzuhaben scheint? Sollte derselbe sich wohl ehedem schneller um seine Achse gewälzt haben und durch ich weiß nicht was für Ursachen, die diese Bewegung nach und nach verminderten, bis zu diesem geringen und abgemessenen Überrest gebracht worden sein? Man darf diese Frage nur in Ansehung eines von den Planeten auflösen, so ergiebt sich daraus die Anwendung auf alle von selber. Ich verspare diese Auflösung zu einer andern Gelegenheit, weil sie eine nothwendige Verbindung mit derjenigen Aufgabe hat, die die königliche Akademie der Wissenschaften zu Berlin auf das 1754ste Jahr zum Preise aufgestellt hatte.

Die Theorie, welche den Ursprung der Achsendrehungen erklären soll, muß auch die Stellung ihrer Achsen gegen den Plan ihrer Kreise aus eben denselben Ursachen herleiten können. Man hat Ursache, sich zu verwundern, woher der Äquator der täglichen Umwälzung mit der Fläche der Mondenkreise, die um denselben Planeten laufen, nicht in demselben Plane ist; denn dieselbe Bewegung, die den Umlauf eines Trabanten gerichtet, hat durch ihre Erstreckung bis zum Körper des Planeten dessen Drehung um die Achse hervorgebracht und dieser eben dieselbe Bestimmung in der Richtung und Lage ertheilen sollen. Himmelskörper, die keine um sich laufende Nebenplaneten haben, setzten sich dennoch durch eben dieselbe Bewegung der Partikeln, die zu ihrem Stoffe dienten, und durch dasselbe Gesetz, welches jene auf die Fläche ihrer periodischen Laufbahn einschränkte, in eine Achsendrehung, welche aus den gleichen Gründen mit ihrer Umlaufsfläche in der Richtung übereintreffen mußte. Diesen Ursachen zu Folge müßten billig die Achsen aller Himmelskörper gegen die allgemeine Beziehungsfläche des planetischen Systems, welche nicht weit von der Ekliptik abweicht, senkrecht stehen. Allein sie sind nur bei den zwei wichtigsten Stücken dieses Weltbaues senkrecht, beim Jupiter und bei der Sonne; die andern, deren Umdrehung man kennt, neigen ihre Achsen gegen den Plan ihrer Kreise, der Saturn mehr als die andern, die Erde aber mehr als Mars, dessen Achse auch beinahe senkrecht gegen die Ekliptik gerichtet ist. Der Äquator des Saturns (wofern man denselben durch die Richtung seines Ringes bezeichnet halten kann) neigt sich mit einem Winkel von 31 Graden zur Fläche seiner Bahn, der Erden ihrer aber nur mit 23 $^1/_2$ Man kann die Ursache dieser Abweichungen vielleicht der Ungleichheit in den Bewegungen des Stoffes beimessen, die den Planeten zu bilden zusammen gekommen sind. In der Richtung der Fläche seines Laufkreises war die vornehmste Bewegung der Partikeln um den Mittelpunkt desselben, und daselbst war der Plan der Beziehung, um welchen die elementarische Theilchen sich häuften, um daselbst die Bewegung wo möglich zirkelgleich zu machen und zur Bildung der Nebenplaneten Materie zu häufen, welche um deswillen niemals von der Umlaufsbahn weit abweichen. Wenn der Planet sich größtentheils nur aus diesen Theilchen bildete, so würde seine Achsendrehung so wenig, wie die Nebenplaneten, die um ihn laufen, bei seiner ersten Bildung davon abgewichen sein; aber er bildete sich, wie die Theorie es dargethan hat, mehr aus den Partikeln, die auf beiden Seiten niedersanken, und deren Menge oder Geschwindigkeit nicht so völlig abgewogen gewesen zu sein scheint, daß die eine Halbkugel nicht eine kleine Überwucht der Bewegung über die andere und daher einige Abweichung der Achse hätte bekommen können.

Dieser Gründe ungeachtet trage ich diese Erklärung nur als eine Muthmaßung vor, die ich mir nicht auszumachen getraue. Meine wahre Meinung geht dahin: daß die Umdrehung der Planeten um die Achse in dem ursprünglichen Zustande der ersten Bildung mit der Fläche ihrer jährlichen Bahn ziemlich genau übereingetroffen habe, und daß Ursachen vorhanden gewesen, diese Achse aus ihrer ersten Stellung zu verschieben. Ein Himmelskörper, welcher aus seinem ersten flüssigen Zustande in den Stand der Festigkeit übergeht, erleidet, wenn er sich auf solche Art völlig ausbildet, eine große Veränderung in der Regelmäßigkeit seiner Oberfläche. Dieselbe wird feste und gehärtet, indessen daß die tiefern Materien sich noch nicht nach Maßgebung ihrer specifischen Schwere genugsam gesenkt haben; die leichteren Sorten, die mit in ihrem Klumpen untermengt waren, begeben sich endlich, nachdem sie sich von den andern geschieden, unter die oberste fest gewordene Rinde und erzeugen die großen Höhlen, deren aus Ursachen, welche allhier anzuführen zu weitläufig ist, die größte und weiteste unter oder nahe zu dem Äquator befindlich sind, in welche die gedachte Rinde endlich hineinsinkt, mannigfaltige Ungleichheiten, Berge und Höhlen, erzeugt. Wenn nun auf solche Art, wie es mit der Erde, dem Monde, der Venus augenscheinlich vorgegangen sein muß, die Oberfläche uneben geworden, so hat sie nicht das Gleichgewicht des Umschwunges in ihrer Achsendrehung mehr auf allen Seiten leisten können. Einige hervorragende Theile von beträchtlicher Masse, welche auf der entgegengesetzten Seite keine andere fanden, die ihnen die Gegenwirkung des Schwunges leisten konnten, mußten alsbald die Achse der Umdrehung verrücken und sie in solchen Stand zu setzen suchen, um welchen die Materien sich im Gleichgewichte aufhielten. Eben dieselbe Ursache also, die bei der völligen Ausbildung eines Himmelskörpers seine Oberfläche aus dem wagerechten Zustande in abgebrochene Ungleichheiten versetzte, diese allgemeine Ursache, die bei allen Himmelskörpern, welche das Fernglas deutlich genug entdecken kann, wahrgenommen wird, hat sie in die Nothwendigkeit versetzt, die ursprüngliche Stellung ihrer Achse etwas zu verändern. Allein diese Veränderung hat ihre Grenzen, um nicht gar zu weit auszuschweifen. Die Ungleichheiten erzeugen sich, wie schon erwähnt, mehr neben dem Äquator einer umdrehenden Himmelskugel, als weit von demselben; zu den Polen hin verlieren sie sich fast gar, wovon die Ursachen anzuführen, ich andere Gelegenheit vorbehalte. Daher werden die am meisten über die gleiche Fläche hervorragende Massen nahe bei dem Äquinoctialzirkel anzutreffen sein, und indem dieselbe durch den Vorzug des Schwunges diesem sich zu nähern streben, werden sie höchstens nur um einige Grade die Achse des Himmelskörpers aus der senkrechten Stellung von der Fläche seiner Bahn erheben können. Diesem zu Folge wird ein Himmelskörper, der sich noch nicht völlig ausgebildet hat, diese rechtwinklichte Lage der Achse zu seinem Laufkreise noch an sich haben, die er vielleicht nur in der Folge langer Jahrhunderte ändern wird. Jupiter scheint noch in diesem Zustande zu sein. Der Vorzug seiner Masse und Größe, die Leichtigkeit seines Stoffes haben ihn genöthigt, den festen Ruhestand seiner Materien einige Jahrhunderte später als andere Himmelskörper zu überkommen. Vielleicht ist das Innere seines Klumpens noch in der Bewegung, die Theile seines Zusammensatzes zu dem Mittelpunkte nach Beschaffenheit ihrer Schwere zu senken und durch die Scheidung der dünnern Gattungen von den schweren den Stand der Festigkeit zu überkommen. Bei solcher Bewandtniß kann es auf der Oberfläche noch nicht ruhig aussehen. Die Umstürzungen und Ruine herrschen auf derselben. Selbst das Fernglas hat uns davon versichert. Die Gestalt dieses Planeten ändert sich beständig, da indessen der Mond, die Venus, die Erde dieselbe unverändert erhalten. Man kann auch wohl mit Recht die Vollendung der Periode der Ausbildung bei einem Himmelskörper einige Jahrhunderte später gedenken, der unsere Erde an Größe mehr wie zwanzigtausendmal übertrifft und an Dichtigkeit 4 mal nachsteht. Wenn seine Oberfläche eine ruhige Beschaffenheit wird erreicht haben: so werden ohne Zweifel weit größere Ungleichheiten, als die, so die Erdfläche bedecken, mit der Schnelligkeit seines Schwunges verbunden, seiner Umwendung in nicht gar langem Zeitlaufe diejenige beständige Stellung ertheilen, die das Gleichgewicht der Kräfte auf ihm erheischen wird.

Saturn, der 3 mal kleiner als Jupiter ist, kann vielleicht durch seinen weitern Abstand einen Vorzug einer geschwindern Ausbildung vor diesem erhalten haben: zum wenigsten macht die viel schnellere Achsendrehung desselben und das große Verhältniß seiner Centerfliehkraft zu der Schwere auf seiner Oberfläche (welches in dem folgenden Hauptstücke soll dargetahn werden), daß die vermuthlich auf derselben dadurch erzeugte Ungleichheiten gar bald den Ausschlag auf die Seite der Überwucht durch eine Verrückung der Achse gegeben haben. Ich gestehe freimütig, daß dieser Theil meines Systems, welcher die Stellung der planetischen Achsen betrifft, noch unvollkommen und ziemlich weit entfernt sei, der geometrischen Rechnung unterworfen zu werden. Ich habe dieses lieber aufrichtig entdecken wollen, als durch allerhand erborgte Scheingründe der Tüchtigkeit der übrigen Lehrverfassung Abbruch zu thun und ihr eine schwache Seite zu geben. Nachfolgendes Hauptstück kann eine Bestätigung von der Glaubwürdigkeit der ganzen Hypothese abgeben, wodurch wir die Bewegungen des Weltbaues haben erklären wollen.

Fünftes Hauptstück.

Von dem Ursprunge des Ringes des Saturns und Berechnung der täglichen Umdrehung dieses Planeten aus den Verhältnissen desselben.

Vermöge der systematischen Verfassung im Weltgebäude hängen die Theile derselben durch eine stufenartige Abänderung ihrer Eigenschaften zusammen, und man kann vermuthen, daß ein in der entlegensten Gegend der Welt befindlicher Planet ungefähr solche Bestimmungen haben werde, als der nächste Komet überkommen möchte, wenn er durch die Verminderung der Excentricität in das planetische Geschlecht erhoben würde. Wir wollen demnach den Saturn so ansehen, als wenn er auf eine der kometischen Bewegung ähnliche Art etliche Umläufe mit größerer Excentricität zurück gelegt habe und nach und nach zu einem dem Zirkel ähnlichern Gleise gebracht worden.* Die Hitze, die sich ihm in seiner Sonnennähe einverleibte, erhob den leichten Stoff von seiner Oberfläche, der, wie wir aus den vorigen Hauptstücken wissen, bei den obersten Himmelskörpern von überschwenglicher Dünnigkeit ist, sich von geringen Graden Wärme ausbreiten zu lassen. Indessen nachdem der Planet in etlichen Umschwüngen zu dem Abstande, da er jetzt schwebt, gebracht worden, verlor er in einem so ge-

---

* Oder, welches wahrscheinlicher ist, daß er in seiner kometenähnlichen Natur, die er auch noch jetzt vermöge seiner Excentricität an sich hat, bevor der leichteste Stoff seiner Oberfläche völlig zerstreuet worden, eine kometische Atmosphäre ausgebreitet habe.

mäßigten Klima nach und nach die empfangene Wärme, und die Dünste, welche von seiner Oberfläche sich noch immer um ihn verbreiteten, ließen nach und nach ab, sich bis in Schweifen zu erheben. Es stiegen auch nicht mehr neue so häufig auf, um die alten zu vermehren: kurz, die schon ihn umgebenden Dünste blieben durch Ursachen, welche wir gleich anführen wollen, um ihn schweben und erhielten ihm das Merkmal seiner ehemaligen kometenähnlichen Natur in einem beständigen Ringe, indessen daß sein Körper die Hitze verhauchte und zuletzt ein ruhiger und gereinigter Planet wurde. Nun wollen wir das Geheimniß anzeigen, das dem Himmelskörper seine aufgestiegene Dünste frei schwebend hat erhalten können, ja, sie aus einer rund um ihn ausgebreiteten Atmosphäre in die Form eines allenthalben abstehenden Ringes verändert hat. Ich nehme an: Saturn habe eine Umdrehung um die Achse gehabt; und nichts mehr, als dieses ist nöthig, um das ganze Geheimniß aufzudecken. Kein anderes Triebwerk, als dieses einzige hat durch einen unmittelbaren mechanischen Erfolg gedachtes Phänomenon dem Planeten zuwege gebracht; und ich getraue mir es zu behaupten, daß in der ganzen Natur nur wenige Dinge auf einen so begreiflichen Ursprung können gebracht werden, als diese Besonderheit des Himmels aus dem rohen Zustande der ersten Bildung sich entwickeln läßt.

Die von dem Saturn aufsteigende Dünste hatten die Bewegung an sich und setzten sie in der Höhe, dahin sie aufgestiegen waren, frei fort, die sie als dessen Theile bei seiner Umdrehung um die Achse gehabt hatten. Die Theilchen, die nahe beim Äquator des Planeten aufstiegen, müssen die schnellste und weiter davon ab zu den Polen um so viel schwächere Bewegungen gehabt haben, je größer die Breite des Orts war, von dem sie aufstiegen. Das Verhältnis der specifischen Schwere ordnete den Partikeln die verschiedentliche Höhen, zu denen sie aufstiegen; aber nur diejenige Partikeln konnten die Örter ihres Abstandes in einem beständig freien Zirkelumschwunge behaupten, deren Entfernungen, in die sie versetzt waren, eine solche Centralkraft erheischten, als diese mit der Geschwindigkeit, welche ihnen von der Achsendrehung eigen war, leisten konnten; die übrigen, wofern sie durch die Wechselwirkung der andern nicht zu dieser Genauheit gebracht werden können, müssen entweder mit dem Übermaße der Bewegung aus der Sphäre des Planeten sich entfernen, oder durch den Mangel derselben auf ihn zurück zu sinken genöthigt werden. Die durch den ganzen Umfang der Dunstkugel zerstreute Theilchen werden vermöge eben derselben Centralgesetze in der Bewegung ihres Umschwunges die fortgesetzte Äquatorsfläche des Planeten von beiden Seiten zu durchschneiden trachten, und indem sie, einander in diesem Plane von beiden Hemisphärien begegnend, einander aufhalten, werden sie sich daselbst häufen; und weil ich setze, daß gedachte Dünste diejenige sind, die der Planet zu seiner Verkühlung zuletzt herauf schickt, wird alle zerstreute Dunstmaterie sich neben diesem Plane in einem nicht gar breiten Raume sammeln und die Räume zu beiden Seiten leer lassen. In dieser neuen und veränderten Richtung aber werden sie dennoch eben dieselbe Bewegung fortsetzen, welche sie in freien concentrischen Zirkelumläufen schwebend erhält. Auf solche Weise nun ändert der Dunstkreis seine Gestalt, welche eine erfüllte Sphäre war, in eine Form einer ausgebreiteten Fläche, welche gerade mit dem Äquator des Saturns zusammen trifft; aber auch diese Fläche muß aus eben denselben mechanischen Gründen zuletzt die Form eines Ringes annehmen, dessen äußerer Rand durch die Wirkung der Sonnenstrahlen bestimmt wird, welche diejenige Theilchen, die sich bis zu gewisser Weite von dem Mittelpunkte des Planeten entfernt haben, durch ihre Kraft zerstreuet und entfernt, so wie sie es bei den Kometen thut, und dadurch die auswendige Grenze ihres Dunstkreises abzeichnet. Der inwendige Rand dieses entspringenden Ringes wird durch das Verhältniß der Geschwindigkeit des Planeten unter seinem Äquator bestimmt. Denn in demjenigen Abstande von seinem Mittelpunkte, da diese Geschwindigkeit mit der Attraction des Orts das Gleichgewicht leistet, da ist die größte Nähe, in welcher die von seinem Körper aufgestiegene Theilchen durch die von der Achsendrehung eigene Bewegung Zirkelkreise beschreiben können. Die nähern Theilchen, weil sie einer größern Geschwindigkeit zu solchem Umlaufe bedürfen, die sie doch nicht haben können, weil selbst auf dem Äquator des Planeten die Bewegung nicht schneller ist, werden dadurch excentrische Läufe erhalten, die einander durchkreuzen, eines der andern Bewegung schwächen und endlich insgesammt auf den Planeten niederstürzen, von dem sie sich erhoben hatten. Da sehen wir nun das wunderseltsame Phänomenon, dessen Anblick seit seiner Entdeckung die Astronomen jederzeit in Bewunderung gesetzt hat, und dessen Ursache zu entdecken man niemals auch nur eine wahrscheinliche Hoffnung hat fassen können, auf eine leichte, von aller Hypothese befreiete mechanische Art entstehen. Was dem Saturn widerfahren ist, das würde, wie hieraus leicht ersehen werden kann, einem jeden Kometen, der genugsame Achsendrehung hätte, wenn er in eine beständige Höhe versetzt würde, in der sein Körper nach und nach verkühlen könnte, eben so regelmäßig widerfahren. Die Natur ist an vortrefflichen Auswickelungen in dem sich selbst gelassenen Zustande ihrer Kräfte sogar im Chaos fruchtbar, und die darauf folgende Ausbildung bringt so herrliche Beziehungen und Übereinstimmungen zum gemeinsamen Nutzen der Creatur mit sich, daß sie sogar in den ewigen und unwandelbaren Gesetzen ihrer wesentlichen Eigenschaften dasjenige große Wesen mit einstimmiger Gewißheit zu erkennen geben, in welchem sie vermittelst ihrer gemeinschaftlichen Abhängigkeit sich zu einer gesammten Harmonie vereinbaren. Saturn hat von seinem Ringe große Vortheile; er vermehrt seinen Tag und erleuchtet unter so viel Monden dessen Nacht dermaßen, daß man daselbst leichtlich die Abwesenheit der Sonne vergißt.

Aber muß man denn deswegen leugnen, daß die allgemeine Entwicklung der Materie durch mechanische Gesetze, ohne andere, als ihre allgemeine Bestimmungen zu bedürfen, habe Beziehungen hervorbringen können, die der vernünftigen Creatur Nutzen schaffen? Alle Wesen hängen aus einer Ursache zusammen, welche der Verstand Gottes ist; sie können daher keine andere Folgen nach sich ziehen, als solche, die eine Vorstellung der Vollkommenheit in eben derselben göttlichen Idee mit sich führen.

Wir wollen nunmehr die Zeit der Achsendrehung dieses Himmelskörpers aus den Verhältnissen seines Ringes nach der angeführten Hypothese seiner Erzeugung berechnen. Weil alle Bewegung der Theilchen des Ringes eine einverleibte Bewegung von der Achsendrehung des Saturns ist, auf dessen Oberfläche sie sich befanden: so trifft die schnellste Bewegung unter denen, die diese Theilchen haben, mit der schnellsten Umwendung, die auf der Oberfläche des Saturns angetroffen wird, überein, das ist: die Geschwindigkeit, womit die Partikeln des Ringes in seinem inwendigen Rande umlaufen, ist derjenigen, die der Planet auf seinem Äquator hat, gleich. Man kann aber jene leicht finden, indem man sie aus der Geschwindigkeit eines von den Saturnustrabanten sucht, dadurch daß man selbige in dem Verhältnisse der Quadratwurzel der Entfernungen von dem Mittelpunkte des Planeten nimmt. Aus der gefundenen Geschwindigkeit ergiebt sich unmittelbar die Zeit der Umdrehung des Saturns um seine Achse; sie ist von sechs Stunden, drei und zwanzig Minuten und drei und funfzig Secunden. Diese mathematische Berechnung einer unbekannten Bewegung eines Himmelskörpers, die vielleicht die einzige Vorherverkündigung ihrer Art in der eigentlichen Naturlehre ist, erwartet von den Beobachtungen künftiger Zeiten die Bestätigung. Die noch zur Zeit bekannte Ferngläser vergrößern den Saturn nicht so sehr, daß man die Flecken, die man auf seiner Oberfläche vermuthen kann, dadurch entdecken könnte, um durch deren Verrückung seine Umwendung um die Achse zu ersehen. Allein die Sehröhre haben vielleicht noch nicht alle diejenige Vollkommenheit erlangt, die man von ihnen hoffen kann, und welche der Fleiß und die Geschicklichkeit der Künstler uns zu versprechen scheint. Wenn man dereinst dahin gelangte, unsern Muthmaßungen den Ausschlag durch den Augenschein zu geben, welche Gewißheit würde die Theorie des Saturns und was für eine vorzügliche Glaubwürdigkeit würde das ganze System dadurch nicht erlangen, das auf den gleichen Gründen errichtet ist. Die Zeit der täglichen Umdrehung des Saturns führt auch das Verhältniß der den Mittelpunkt fliehenden Kraft seines Äquators zur Schwere auf seiner Oberfläche mit sich; sie ist zu dieser, wie 20: 32. Die Schwere ist also nur um $^3/_5$ größer, als die Centerfliehkraft. Dieses so große Verhältnis verursacht nothwendig einen sehr beträchtlichen Unterschied der Durchmesser dieses Planeten, und man könnte besorgen, daß er so groß entspringen müßte, daß die Beobachtung bei diesem obzwar wenig durch das Fernglas vergrößerten Planeten dennoch gar zu deutlich in die Augen fallen müßte, welches wirklich nicht geschieht, und die Theorie dadurch einen nachtheiligen Anstoß erleiden könnte. Eine gründliche Prüfung hebt diese Schwierigkeit völlig. Nach der Huygenianischen Hypothese, welche annimmt, daß die Schwere in dem Innern eines Planeten durch und durch gleich sei, ist der Unterschied der Durchmesser in einem zweifach kleinern Verhältniß zu dem Durchmesser des Äquators, als die Centerfliehkraft zur Schwere unter den Polen hat. Z. E. da bei der Erde die den Mittelpunkt fliehende Kraft des Äquators $^1/_{289}$ der Schwere unter den Polen ist: so muß in der Huygenianischen Hypothese der Durchmesser der Äquatorsfläche $^1/_{578}$ größer, als die Erdachse sein. Die Ursache ist diese: weil, da die Schwere der Voraussetzung gemäß in dem Innern des Erdklumpens in allen Nähen zum Mittelpunkte so groß, wie auf der Oberfläche ist, die Centrifugalkraft aber mit den Annäherungen zum Mittelpunkte abnimmt, selbige nicht allenthalben $1/289$ der Schwere ist, sondern vielmehr die ganze Verminderung des Gewichtes der flüssigen Säule in der Äquatorsfläche aus diesem Grunde nicht $1/289$, sondern die Hälfte davon, d. i. $1/578$ desselben, beträgt. Dagegen hat in der Hypothese des Newton die Centerfliehkraft, welche die Achsendrehung erregt, in der ganzen Fläche des Äquators bis zum Mittelpunkte ein gleiches Verhältniß zur Schwere des Orts: weil diese in dem Innern des Planeten (wenn er durch und durch von gleichförmiger Dichtigkeit angenommen wird) mit dem Abstande vom Mittelpunkte in derselben Proportion, als die Centerfliehkraft abnimmt, mithin diese jederzeit $1/289$ der erstern ist. Dieses verursacht eine Erleichterung der flüssigen Säule in der Äquatorsfläche und auch die Erhebung derselben um $1/289$, welcher Unterschied der Durchmesser in diesem Lehrbegriffe noch dadurch vermehrt wird, daß die Verkürzung der Achse eine Annäherung der Theile zum Mittelpunkte, mithin eine Vermehrung der Schwere, die Verlängerung des Äquatordurchmessers aber eine Entfernung der Theile von eben demselben Mittelpunkte und daher eine Verringerung ihrer Gravität mit sich führt und aus diesem Grunde die Abplattung des Newtonischen Sphäroids so vermehrt, daß der Unterschied der Durchmesser von $1/289$ bis $1/250$ erhoben wird.

Nach diesen Grundsätzen müßten die Durchmesser des Saturns noch in größerem Verhältnisse, als das von 20 zu 32 ist, gegen einander sein; sie müßten der Proportion von 1 zu 2 beinahe gleich kommen: ein Unterschied, der so groß ist, daß die geringste Aufmerksamkeit ihn nicht fehlen würde, so klein auch Saturn durch die Ferngläser erscheinen mag. Allein hieraus ist nur zu ersehen, daß die Voraussetzung der gleichförmigen Dichtigkeit, welche bei dem Erdkörper ziemlich richtig angebracht zu sein scheint, beim Saturn gar zu weit von der Wahrheit abweiche; welches schon an sich selber bei einem Planeten wahrscheinlich ist, dessen Klumpen dem größten Theile seines Inhaltes nach aus den leichtesten Materien besteht und denen von schwererer Art in seinem Zusammensatze, bevor er den Zustand der Festigkeit bekommt, die Niedersinkung zum Mittelpunkte nach Beschaffenheit ihrer Schwere weit freier verstattet, als diejenige Himmelskörper, deren viel dichterer Stoff den Niedersatz der Materien verzögert und sie, ehe diese Niedersinkung geschehen kann, fest werden läßt. Indem wir also beim Saturn voraussetzen, daß die Dichtigkeit seiner Materien in seinem Innern mit der Annäherung zum Mittelpunkte zunehme, so nimmt die Schwere nicht mehr in diesem Verhältnisse ab; sondern die wachsende Dichtigkeit ersetzt den Mangel der Theile, die über die Höhe des in dem Planeten befindlichen Punkts gesetzt sind und durch ihre Anziehung zu dessen Gravität nichts beitragen.* Wenn diese vorzügliche Dichtigkeit der tiefsten Materien sehr groß ist, so verwandelt sie vermöge der Gesetze der Anziehung die zum Mittelpunkte hin in dem Innern abnehmende Schwere in eine fast gleichförmige und setzt das Verhältnis der Durchmesser dem Huygenischen nahe, welches immer die Hälfte von dem Verhältniß zwischen der Centrifugalkraft und der Schwere ist; folglich da diese gegen einander wie 2 : 3 waren, so wird, der Unterschied des Durchmessers dieses Planeten nicht $^1/_8$, sondern $^1/_6$ des Äquatordurchmessers sein; welcher Unterschied schließlich noch dadurch verborgen wird, weil Saturn, dessen Achse mit der Fläche seiner Bahn jederzeit einen Winkel von 31 Graden macht, die Stellung desselben gegen seinen Äquator niemals, wie beim Jupiter gerade zu darbietet, welches den vorigen Unterschied fast um den dritten Theil dem Scheine nach vermindert. Man

---

* Denn nach den Newtonischen Gesetzen der Attraction wird ein Körper, der sich in dem Inwendigen einer Kugel befindet, nur von demjenigen Theile derselben angezogen, der in der Weite, welche jener vom Mittelpunkte hat, um diesen sphärisch beschrieben worden. Der außer diesem Abstande befindliche concentrische Theil thut wegen des Gleichgewichts seiner Anziehungen, die einander aufheben, nichts dazu, weder den Körper zum Mittelpunkte hin, noch von ihm weg zu bewegen.

kann bei solchen Umständen und vornehmlich bei der so großen Weite dieses Planeten leicht erachten: daß die abgeplattete Gestalt seines Körpers nicht so leicht, als man wohl denken sollte, in die Augen fallen werde; dennoch wird die Sternwissenschaft, deren Aufnehmen vornehmlich auf die Vollkommenheit der Werkzeuge ankommt, die Entdeckung einer so merkwürdigen Eigenschaft, wo ich mir nicht zu sehr schmeichle, durch derselben Hülfe vielleicht zu erreichen in den Stand gesetzt werden.

Was ich von der Figur des Saturns sage, kann gewissermaßen der Naturlehre des Himmels zu einer allgemeinen Bemerkung dienen. Jupiter, der nach einer genauen Ausrechnung ein Verhältniß der Schwere zur Centrifugalkraft auf seinem Äquator wenigstens wie $9\ 1/4 : 1$ hat, sollte, wenn sein Klumpen durch und durch von gleichförmiger Dichtigkeit wäre, nach den Lehrsätzen des Newton einen noch größern Unterschied, als $1/9$ zwischen seiner Achse und dem Äquatorsdurchmesser an sich zeigen. Allein Cassini hat ihn nur $1/16$, Pound $1/12$, bisweilen $1/14$ befunden; wenigstens stimmen alle diese verschiedene Beobachtungen, welche durch ihren Unterschied die Schwierigkeit dieser Abmessung bestätigen, darin überein, sie viel kleiner zu setzen, als sie es nach dem System des Newton, oder vielmehr nach seiner Hypothese von der gleichförmigen Dichtigkeit sein sollte. Und wenn man daher die Voraussetzung der gleichförmigen Dichtigkeit, welche die so große Abweichung der Theorie von der Beobachtung veranlaßt, in die viel wahrscheinlichere verändert, da die Dichtigkeit des planetischen Klumpens zu seinem Mittelpunkte hin zunehmend gesetzt wird: so wird man nicht allein an dem Jupiter die Beobachtung rechtfertigen, sondern auch bei dem Saturn, einem viel schwerer abzumessenden Planeten, die Ursache einer mindern Abplattung seines sphäroidischen Körpers deutlich einsehen können.

Wir haben aus der Erzeugung des saturnischen Ringes Anlaß genommen, den kühnen Schritt zu wagen, die Zeit der

Achsendrehung, welche die Ferngläser zu entdecken nicht vermögen, ihm durch Rechnung zu bestimmen. Lasset uns diese Probe einer physischen Vorhersagung noch mit einer andern an eben diesem Planeten vermehren, welche von vollkommeneren Werkzeugen künftiger Zeiten das Zeugniß ihrer Richtigkeit zu erwarten hat.

Der Voraussetzung gemäß, daß der Ring des Saturns eine Häufung der Theilchen sei, die, nachdem sie von der Oberfläche dieses Himmelskörpers als Dünste aufgestiegen, sich vermöge des Schwunges, den sie von der Achsendrehung desselben an sich haben und fortsetzten, in der Höhe ihres Abstandes frei in Zirkeln laufend erhalten, haben dieselbe nicht in allen ihren Entfernungen vom Mittelpunkte gleiche periodische Umlaufszeiten; sondern diese verhalten sich vielmehr, wie die Quadratwurzeln aus den Würfeln ihres Abstandes, wenn sie sich durch die Gesetze der Centralkräfte schwebend erhalten sollen. Nun ist die Zeit, darin nach dieser Hypothese die Theilchen des inwendigen Randes ihren Umlauf verrichten, ungefähr von 10 Stunden, und die Zeit des Zirkellaufs der Partikeln im auswendigen Rande ist nach gehöriger Ausrechnung 15 Stunden; also, wenn die niedrigsten Theile des Ringes ihren Umlauf 3 mal verrichtet haben, haben es die entferntesten nur 2 mal gethan. Es ist aber wahrscheinlich, man mag die Hinderniß, die die Partikeln bei ihrer großen Zerstreuung in der Ebene des Ringes einander leisten, so gering schätzen, als man will, daß das Nachbleiben der entfernteren Theilchen bei jeglichem ihrer Umläufe die schneller bewegte niedrige Theile nach und nach verzögert und aufhält, dagegen diese den obern einen Theil ihrer Bewegung zu einer geschwindern Umwendung eindrücken müssen, welches, wenn diese Wechselwirkung nicht endlich unterbrochen würde, so lange dauern würde, bis die Theilchen des Ringes alle dahin gebracht wären, sowohl die niedrigen, als die weitern, in gleicher Zeit sich herumzuwenden, als in welchem Zustande sie in respectiver Ruhe gegen einander sein und durch die Wegrückung keine Wirkung in einander thun würden. Nun würde aber ein solcher Zustand, wenn die Bewegung des Ringes dahin ausschlüge, denselben gänzlich zerstören, weil, wenn man die Mitte von der Ebene des Ringes nimmt und setzt, daß daselbst die Bewegung in dem Zustande verbleibe, darin sie vorher war und sein muß, um einen freien Zirkellauf leisten zu können, die untern Theilchen, weil sie sehr zurück gehalten worden, sich nicht in ihrer Höhe schwebend erhalten, sondern in schiefen und excentrischen Bewegungen einander durchkreuzen, die entferntern aber, durch den Eindruck einer größern Bewegung, als sie für die Centralkraft ihres Abstandes sein soll, weiter von dem Saturn abgewandt, als die Sonnenwirkung die äußere Grenze des Ringes bestimmt, durch dieselbe hinter dem Planeten zerstreuet und fortgeführt werden müßten.

Allein man darf alle diese Unordnung nicht befürchten. Der Mechanismus der erzeugenden Bewegung des Ringes führt auf eine Bestimmung, die denselben vermittelst eben der Ursachen, die ihn zerstören sollen, in einen sichern Zustand versetzt, dadurch daß er in etliche concentrische Zirkelstreifen getheilt wird, welche wegen der Zwischenräume, die sie absondern, keine Gemeinschaft mehr unter einander haben. Denn indem die Partikeln, die in dem inwendigen Rande des Ringes umlaufen, die obere durch ihre schnellere Bewegung etwas fortführen und ihren Umlauf beschleunigen, so verursachen die vermehrten Grade der Geschwindigkeit in diesen ein Übermaß der Centrifugalkraft und eine Entfernung von dem Orte, da sie schwebten. Wenn man aber voraussetzt, daß, indem dieselbe sich von den niedrigen zu trennen bestreben, sie einen gewissen Zusammenhang zu überwinden haben, der, ob es zwar zerstreute Dünste sind, dennoch bei diesen nicht ganz nichts bedeutend zu sein scheint: so wird dieser vermehrte Grad des Schwunges gedachten Zusammenhang zu überwinden trachten, aber selbigen nicht überwinden, so lange der Überschuß der Centerfliehkraft, die er in gleicher Umlaufszeit mit den niedrigsten anwendet, über die Centralkraft ihres Orts dieses Anhängen nicht übertrifft. Und aus diesem Grunde muß in einer gewissen Breite eines Streifens von diesem Ringe, obgleich, weil dessen Theile in gleicher Zeit ihren Umlauf verrichten, die obere eine Bestrebung anwenden, sich von den untern abzureißen, dennoch der Zusammenhang bestehen, aber nicht in größerer Breite, weil, indem die Geschwindigkeit dieser in gleichen Zeiten unbewegten Theilchen mit den Entfernungen, also mehr, als sie es nach den Centralgesetzen thun sollte, zunimmt, wenn sie den Grad überschritten hat, den der Zusammenhang der Dunsttheilchen leisten kann, von diesen sich abreißen und einen Abstand annehmen müssen, welcher dem Überschusse der Umwendungskraft über die Centralkraft des Orts gemäß ist. Auf diese Weise wird der Zwischenraum bestimmt, der den ersten Streifen des Ringes von den übrigen absondert; und auf gleiche Weise macht die beschleunigte Bewegung der obern Theilchen durch den schnellen Umlauf der untern und der Zusammenhang derselben, welcher die Trennung zu hindern trachtet, den zweiten concentrischen Ring, von welchem der dritte um eine mäßige Zwischenweite absteht. Man könnte die Zahl dieser Zirkelstreifen und die Breite ihrer Zwischenräume ausrechnen, wenn der Grad des Zusammenhanges bekannt wäre, welcher die Theilchen an einander hängt; allein wir können uns begnügen, überhaupt die Zusammensetzung des saturnischen Ringes, die dessen Zerstörung vorbeugt und ihn durch freie Bewegungen schwebend erhält, mit gutem Grunde der Wahrscheinlichkeit errathen zu haben.

Diese Muthmaßung vergnügt mich nicht wenig vermittelst der Hoffnung, selbige noch wohl dereinst durch wirkliche Beobachtungen bestätigt zu sehen. Vor einigen Jahren verlautete aus London, daß, indem man mit einem neuen, vom Herrn Bradley verbesserten Newtonischen Sehrohre den Saturn beobachtete, es geschienen habe, sein Ring sei eigentlich eine

Zusammensetzung von vielen conzentrischen Ringen, welche durch Zwischenräume abgesondert wären. Diese Nachricht ist seitdem nicht fortgesetzt worden.* Die Werkzeuge des Gesichts haben die Kenntnisse der äußersten Gegenden des Weltgebäudes dem Verstande eröffnet. Wenn es nun vornehmlich auf sie ankommt, neue Schritte darin zu thun, so kann man von der Aufmerksamkeit des Jahrhunderts auf alle dasjenige, was die Einsichten der Menschen erweitern kann, wohl mit Wahrscheinlichkeit hoffen, daß sie sich vornehmlich auf eine Seite wenden werde, welche ihr die größte Hoffnung zu wichtigen Entdeckungen darbietet.

Wenn aber Saturn so glücklich gewesen, sich einen Ring zu verschaffen, warum ist denn kein anderer Planet mehr dieses Vortheils theilhaftig geworden? Die Ursache ist deutlich. Weil ein Ring aus den Ausdünstungen eines Planeten, der sie bei seinem rohen Zustande aushaucht, entstehen soll, und die Achsendrehung diesen den Schwung geben muß, den sie nur fort-

---

* Nachdem ich dieses aufgesetzt, finde ich in den Mémoires der königl. Akademie der Wissenschaften zu Paris vom Jahre 1705 in einer Abhandlung des Herrn Cassini von den Trabanten und dem Ringe des Saturns auf der 571sten Seite des zweiten Theils der v. Steinwehrschen Übersetzung eine Bestätigung dieser Vermuthung, die fast keinen Zweifel ihrer Richtigkeit mehr übrig läßt. Nachdem Herr Cassini einen Gedanken vorgetragen, der gewissermaßen eine kleine Annäherung zu derjenigen Wahrheit hätte sein können, die wir herausgebracht haben, ob er gleich an sich unwahrscheinlich ist, nämlich daß vielleicht dieser Ring ein Schwarm kleiner Trabanten sein möchte, die vom Saturn aus eben so anzusehen wären, als die Milchstraße von der Erde aus erscheint (welcher Gedanke Platz finden kann, wenn man für diese kleine Trabanten die Dunsttheilchen nimmt, die mit eben dergleichen Bewegung sich um ihn schwingen), so sagt er ferner: Diesen Gedanken bestätigten die Observationen, die man in den Jahren gemacht, da der Ring des Saturns breiter und offener schien. Denn man sah die Breite des Ringes durch eine dunkle elliptische Linie, deren nächster Theil nach der Kugel zu heller war, als der entfernteste, in zwei Theile getheilt. Diese Linie bemerkte gleichsam einen kleinen Zwischenraum zwischen den zwei Theilen, so wie die Weite der Kugel vom Ringe durch die größte Dunkelheit zwischen beiden angezeigt wird.

zusetzen haben, wenn sie in die Höhe gelangt sind, da sie mit dieser eingepflanzten Bewegung der Gravitation gegen den Planeten gerade das Gleichgewicht leisten können: so kann man leicht durch Rechnung bestimmen, zu welcher Höhe die Dünste von einem Planeten aufsteigen müssen, wenn sie durch die Bewegungen, die sie unter dem Äquator desselben hatten, sich in freier Zirkelbewegung erhalten sollen, wenn man den Durchmesser des Planeten, die Zeit seiner Umdrehung und die Schwere auf seiner Oberfläche kennt. Nach dem Gesetze der Centralbewegung wird die Entfernung eines Körpers, der um einen Planeten mit einer dessen Achsendrehung gleichen Geschwindigkeit frei im Zirkel laufen kann, in eben solchem Verhältnisse zum halben Durchmesser des Planeten sein, als die den Mittelpunkt fliehende Kraft unter dem Äquator desselben zur Schwere ist. Aus diesen Gründen war die Entfernung des innern Randes des Saturnringes wie 8, wenn der halbe Diameter desselben wie 5 angenommen wird, welche zwei Zahlen in demselben Verhältnisse wie 32: 20 sind, die, so wie wir vorher bemerkt haben, die Proportionen zwischen der Schwere und der Centerfliehkraft unter dem Äquator ausdrücken. Aus den gleichen Gründen, wenn man setzte, daß Jupiter einen auf diese Art erzeugten Ring haben sollte, würde dessen kleinster halber Durchmesser die halbe Dicke des Jupiter 10 mal übertreffen, welches gerade dahin treffen würde, wo sein äußerster Trabant um ihn läuft, und daher sowohl aus diesen Gründen, als auch, weil die Ausdünstung eines Planeten sich so weit von ihm nicht ausbreiten kann, unmöglich ist. Wenn man verlangte zu wissen, warum die Erde keinen Ring bekommen hat, so wird man die Beantwortung in der Größe des halben Durchmessers finden, den nur sein innerer Rand hätte haben müssen, welcher 289 halbe Erddiameter müßte groß geworden sein. Bei den langsamer bewegten Planeten entfernt sich die Erzeugung eines Ringes noch weiter von der Möglichkeit; also bleibt kein Fall übrig, da ein Planet auf die Weise, wie wir es erklärt haben, einen Ring hätte bekommen können, als derjenige, darin der Planet ist, welcher ihn wirklich hat, welches eine nicht geringe Bestärkung der Glaubwürdigkeit unserer Erklärungsart ist.

Was mich aber fast versichert macht, daß der Ring, welcher den Saturn umgiebt, ihm nicht auf diejenige allgemeine Art entstanden und durch die allgemeine Bildungsgesetze erzeugt worden, die durch das ganze System der Planeten geherrscht und dem Saturn auch seine Trabanten verschafft hat, daß, sage ich, diese äußerliche Materie nicht ihren Stoff dazu hergegeben, sondern er ein Geschöpf des Planeten selber sei, der seine flüchtigsten Theile durch die Wärme erhoben und ihnen durch seine eigene Achsendrehung den Schwung zur Umwendung ertheilt hat, ist dieses, daß der Ring nicht so wie die andern Trabanten desselben und wie überhaupt alle umlaufende Körper, die in der Begleitung der Hauptplaneten befindlich sind, in der allgemeinen Beziehungsfläche der planetischen Bewegungen gerichtet ist, sondern von ihr sehr abweicht: welches ein sicherer Beweis ist, daß er nicht aus dem allgemeinen Grundstoffe gebildet und seine Bewegung aus dessen Herabsinken bekommen, sondern von dem Planeten nach längst vollendeter Bildung aufgestiegen und durch dessen eingepflanzte Umschwungskräfte, als sein abgeschiedener Theil, eine sich auf desselben Achsendrehung beziehende Bewegung und Richtung bekommen habe.

Das Vergnügen, eine von den seltensten Besonderheiten des Himmels in dem ganzen Umfange ihres Wesens und Erzeugung begriffen zu haben, hat uns in eine so weitläufige Abhandlung verwickelt. Lasset uns mit der Begünstigung unserer gefälligen Leser dieselbe, wo es beliebig, bis zur Ausschweifung treiben, um, nachdem wir uns auf eine angenehme Art willkürlichen Meinungen mit einer Art von Ungebundenheit überlassen haben, mit desto mehrerer Behutsamkeit und Sorgfalt wiederum zu der Wahrheit zurück zu kehren.

Könnte man sich nicht einbilden, daß die Erde eben sowohl,

wie Saturn ehemals einen Ring gehabt habe? Er möchte nun von ihrer Oberfläche eben so, wie Saturns seiner aufgestiegen sein und habe sich lange Zeit erhalten, indessen daß die Erde von einer viel schnelleren Umdrehung, als die gegenwärtige ist, durch wer weiß was für Ursachen bis zu gegenwärtigem Grade aufgehalten worden, oder daß man dem abwärts sinkenden allgemeinen Grundstoffe es zutrauet, denselben nach den Regeln, die wir oben erklärt, gebildet zu haben, welches man so genau nicht nehmen muß, wenn man seine Neigung zum Sonderbaren vergnügen will. Allein was für einen Vorrath von schönen Erläuterungen und Folgen bietet uns eine solche Idee dar! Ein Ring um die Erde! Welche Schönheit eines Anblicks für diejenige, die erschaffen waren, die Erde als ein Paradies zu bewohnen; wie viel Bequemlichkeit für diese, welche die Natur von allen Seiten anlachen sollte! Allein dieses ist noch nichts gegen die Bestätigung, die eine solche Hypothese aus der Urkunde der Schöpfungsgeschichte entlehnen kann, und die für diejenige keine geringe Empfehlung zum Beifalle ist, welche die Ehre der Offenbarung nicht zu entweihen, sondern zu bestätigen glauben, wenn sie sich ihrer bedienen, den Ausschweifungen ihres Witzes dadurch ein Ansehen zu geben. Das Wasser der Feste, deren die Mosaische Beschreibung erwähnt, hat den Auslegern schon nicht wenig Mühe verursacht. Könnte man sich dieses Ringes nicht bedienen, sich aus dieser Schwierigkeit heraus zu helfen? Dieser Ring bestand ohne Zweifel aus wässrichten Dünsten; und man hat außer dem Vortheile, den er den ersten Bewohnern der Erde verschaffen konnte, noch diesen, ihn im benöthigten Falle zerbrechen zu lassen, um die Welt, die solcher Schönheit sich unwürdig gemacht hatte, mit Überschwemmungen zu züchtigen. Entweder ein Komet, dessen Anziehung die regelmäßige Bewegungen seiner Theile in Verwirrung brachte, oder die Verkühlung der Gegend seines Aufenthalts vereinigte dessen zerstreute Dunsttheile und stürzte sie in einem der allergrausamsten Wolkenbrüche auf den Erdboden nieder. Man weiß leichtlich, was die Folge hievon war. Alle Welt ging im Wasser unter und sog noch über dieses in den fremden und flüchtigen Dünsten dieses unnatürlichen Regens denjenigen langsamen Gift ein, der alle Geschöpfe dem Tode und der Zerstörung näher brachte. Nunmehr war die Figur eines blassen und lichten Bogens von dem Horizonte verschwunden, und die neue Welt, welche sich dieses Anblicks niemals erinnern konnte, ohne ein Schrecken vor diesem fürchterlichen Werkzeug der göttlichen Rache zu empfinden, sah vielleicht mit nicht geringer Bestürzung in dem ersten Regen denjenigen farbichten Bogen, der seiner Figur nach den erstern abzubilden schien, aber durch die Versicherung des versöhnten Himmels ein Gnadenzeichen und Denkmaal einer fortwährenden Erhaltung des nunmehr veränderten Erdbodens sein sollte. Die Ähnlichkeit der Gestalt dieses Erinnerungszeichens mit der bezeichneten Begebenheit könnte eine solche Hypothese denjenigen anpreisen, die der herrschenden Neigung ergeben sind, die Wunder der Offenbarung mit den ordentlichen Naturgesetzen in ein System zu bringen. Ich finde es für rathsamer, den flüchtigen Beifall, den solche Übereinstimmungen erwecken können, dem wahren Vergnügen völlig aufzuopfern, welches aus der Wahrnehmung des regelmäßigen Zusammenhanges entspricht, wenn physische Analogien einander zur Bezeichnung physischer Wahrheiten unterstützen.

Sechstes Hauptstück.

Von dem Zodiakallichte.

Die Sonne ist mit einem subtilen und dunstigen Wesen umgeben, welches in der Fläche ihres Äquators mit einer nur geringen Ausbreitung auf beiden Seiten bis zu einer großen Höhe sie umgiebt, wovon man nicht versichert sein kann, ob es, wie

Herr von Mairan es abbildet, in der Figur eines erhaben geschliffenen Glases *(figura lenticulari)* mit der Oberfläche der Sonne zusammen stößt, oder wie der Ring des Saturns allenthalben von ihm absteht. Es sei nun das eine oder das andere, so bleibt Ähnlichkeit genug übrig, um dieses Phänomenon mit dem Ringe des Saturns in Vergleichung zu stellen und es aus einem übereinkommenden Ursprunge herzuleiten. Wenn diese ausgebreitete Materie ein Ausfluß aus der Sonne ist, wie es denn am wahrscheinlichsten ist, sie dafür zu halten, so wird man die Ursache nicht verfehlen können, die sie auf die dem Sonnenäquator gemeine Fläche gebracht hat. Der leichteste und flüchtigste Stoff, den das Sonnenfeuer von dessen Oberfläche erhebt und schon lange erhoben hat, wird durch derselben Wirkung weit über sie fortgetrieben und bleibt nach Maßgebung seiner Leichtigkeit in einer Entfernung schweben, wo die forttreibende Wirkung der Strahlen der Schwere dieser Dunsttheilchen das Gleichgewicht leistet, oder sie werden von dem Zuflusse neuer Partikeln unterstützt, welche beständig zu ihnen hinzu kommen. Nun weil die Sonne, indem sie sich um die Achse dreht, diesen von ihrer Oberfläche abgerissenen Dünsten ihre Bewegung gleichmäßig eindrückt: so behalten dieselbe einen gewissen Schwung zum Umlaufe, wodurch sie von beiden Seiten den Centralgesetzen gemäß in dem Zirkel ihrer Bewegung die fortgesetzte Äquatorsfläche der Sonne zu durchschneiden bestrebt sind; und daher, weil sie in gleicher Quantität von beiden Hemisphärien sich zu derselben hindringen, daselbst sich mit gleichen Kräften häufen und eine ausgebreitete Ebene in diesem auf den Sonnenäquator beziehenden Plan formiren.

Allein unerachtet dieser Ähnlichkeit mit dem Saturnusringe bleibt ein wesentlicher Unterschied übrig, welcher das Phänomenon des Zodiakallichtes von jenem sehr abweichend macht. Die Partikeln des erstern erhalten sich durch die eingepflanzte Umdrehungsbewegung in frei schwebendem Zirkellaufe; allein die Theilchen des letztern werden durch die Kraft der Sonnenstrahlen in ihrer Höhe erhalten, ohne welche die ihnen von der Sonnenumwendung beiwohnende Bewegung gar weit fehlen würde, sie im freien Umschwunge vom Falle abzuhalten. Denn da die den Mittelpunkt fliehende Kraft der Achsendrehung auf der Oberfläche der Sonne noch nicht $1/40000$ der Attraction ist: so würden diese aufgestiegene Dünste 40000 halbe Sonnendiameter von ihr entfernt werden müssen, um in solcher Weite allererst eine Gravitation anzutreffen, die ihrer mitgetheilten Bewegung das Gleichgewicht leisten könnte. Man ist also sicher, dieses Phänomenon der Sonne ihr nicht auf die dem Saturnusringe gleiche Art zuzumessen.

Gleichwohl bleibt eine nicht geringe Wahrscheinlichkeit übrig, daß dieser Halsschmuck der Sonne vielleicht denselben Ursprung erkenne, den die gesammte Natur erkennt, nämlich die Bildung aus dem allgemeinen Grundstoff, dessen Theile, da sie in den höchsten Gegenden der Sonnenwelt herum geschwebt, nur allererst nach völlig vollendeter Bildung des ganzen Systems zu der Sonne in einem späten Falle mit geschwächter, aber doch von Abend gegen Morgen gekrümmter Bewegung herab gesunken und vermittelst dieser Art des Kreislaufes die fortgesetzte Äquatorsfläche derselben durchschnitten, daselbst durch ihre Häufung von beiden Seiten, indem sie sich aufhielten, eine in dieser Stellung ausgebreitete Ebene eingenommen haben, worin sie sich zum Theil durch der Sonnenstrahlen Zurücktreibung, zum Theil durch ihre wirklich erlangte Kreisbewegung jetzt in beständig gleicher Höhe erhalten. Die gegenwärtige Erklärung hat keine andere Würdigkeit, als diejenige, welche Muthmaßungen zukommt, und keinen Anspruch, als nur auf einen willkürlichen Beifall; das Urtheil des Lesers mag sich auf diejenige Seite wenden, welche ihm die annehmungswürdigste zu sein dünkt.

Siebentes Hauptstück.

Von der Schöpfung im ganzen Umfange ihrer Unendlichkeit sowohl dem Raume, als der Zeit nach.

Das Weltgebäude setzt durch seine unermeßliche Größe und durch die unendliche Mannigfaltigkeit und Schönheit, welche aus ihm von allen Seiten hervorleuchtet, in ein stilles Erstaunen. Wenn die Vorstellung aller dieser Vollkommenheit nun die Einbildungskraft rührt, so nimmt den Verstand andererseits eine andere Art der Entzückung ein, wenn er betrachtet, wie so viel Pracht, so viel Größe aus einer einzigen allgemeinen Regel mit einer ewigen und richtigen Ordnung abfließt. Der planetische Weltbau, in dem die Sonne aus dem Mittelpunkte aller Kreise mit ihrer mächtigen Anziehung die bewohnte Kugeln ihres Systems in ewigen Kreisen umlaufend macht, ist gänzlich, wie wir gesehen haben, aus dem ursprünglich ausgebreiteten Grundstoff aller Weltmaterie gebildet worden. Alle Fixsterne, die das Auge an der hohlen Tiefe des Himmels entdeckt, und die eine Art von Verschwendung anzuzeigen scheinen, sind Sonnen und Mittelpunkte von ähnlichen Systemen. Die Analogie erlaubt es also hier nicht, zu zweifeln, daß diese auf die gleiche Art, wie das, darin wir uns befinden, aus den kleinsten Theilen der elementarischen Materie, die den leeren Raum, diesen unendlichen Umfang der göttlichen Gegenwart, erfüllte, gebildet und erzeugt worden.

Wenn nun alle Welten und Weltordnungen dieselbe Art ihres Ursprungs erkennen, wenn die Anziehung unbeschränkt und allgemein, die Zurückstoßung der Elemente aber ebenfalls durchgehends wirksam, wenn bei dem Unendlichen das Große und Kleine beiderseits klein ist: sollten nicht alle die Weltgebäude gleichermaßen eine beziehende Verfassung und systematische Verbindung unter einander angenommen haben, als die Himmelskörper unserer Sonnenwelt im kleinen, wie Saturn,

Jupiter und die Erde, die für sich insonderheit Systeme sind und dennoch unter einander als Glieder in einem noch größern zusammen hängen? Wenn man in dem unermeßlichen Raume, darin alle Sonnen der Milchstraße sich gebildet haben, einen Punkt annimmt, um welchen durch ich weiß nicht was für eine Ursache die erste Bildung der Natur aus dem Chaos angefangen hat: so wird daselbst die größte Masse und ein Körper von der ungemeinsten Attraction entstanden sein, der dadurch fähig geworden, in einer ungeheuren Sphäre um sich alle in der Bildung begriffene Systeme zu nöthigen, sich gegen ihn, als ihren Mittelpunkt, zu senken und um ihn ein gleiches System im Ganzen zu errichten, als derselbe elementarische Grundstoff, der die Planeten bildete, um die Sonne im Kleinen gemacht hat. Die Beobachtung macht diese Muthmaßung beinahe ungezweifelt. Das Heer der Gestirne macht durch seine beziehende Stellung gegen einen gemeinschaftlichen Plan eben sowohl ein System aus, als die Planeten unseres Sonnenbaues um die Sonne. Die Milchstraße ist der Zodiakus dieser höheren Weltordnungen, die von seiner Zone so wenig als möglich abweichen, und deren Streif immer von ihrem Lichte erleuchtet ist, so wie der Thierkreis der Planeten von dem Scheine dieser Kugeln, obzwar nur in sehr wenig Punkten, hin und wieder schimmert. Eine jede dieser Sonnen macht mit ihren umlaufenden Planeten für sich ein besonderes System aus; allein dieses hindert nicht, Theile eines noch größeren Systems zu sein, so wie Jupiter oder Saturn ungeachtet ihrer eigenen Begleitung in der systematischen Verfassung eines noch größeren Weltbaues beschränkt sind. Kann man an einer so genauen Übereinstimmung in der Verfassung nicht die gleiche Ursache und Art der Erzeugung erkennen?

Wenn nun die Fixsterne ein System ausmachen, dessen Umfang durch die Anziehungssphäre desjenigen Körpers, der im Mittelpunkte befindlich ist, bestimmt wird, werden nicht mehr Sonnensystemata und, so zu reden, mehr Milchstraßen entstanden sein, die in dem grenzenlosen Felde des Weltraums erzeugt worden? Wir haben mit Erstaunen Figuren am Himmel erblickt, welche nichts anders, als solche auf einen gemeinschaftlichen Plan beschränkte Fixsternensystemata, solche Milchstraßen, wenn ich mich so ausdrücken darf, sind, die in verschiedenen Stellungen gegen das Auge mit einem ihrem unendlichen Abstande gemäß geschwächten Schimmer elliptische Gestalten darstellen; es sind Systemata von, so zu sagen, unendliche mal unendlich größerm Durchmesser, als der Diameter unseres Sonnenbaues ist, aber ohne Zweifel auf gleiche Art entstanden, aus gleichen Ursachen geordnet und eingerichtet und erhalten sich durch ein gleiches Triebwerk, als dieses in ihrer Verfassung.

Wenn man diese Sternensystemata wiederum als Glieder an der großen Kette der gesammten Natur ansieht, so hat man eben so viel Ursache, wie vorher, sie in einer gegenseitigen Beziehung zu gedenken und in Verbindungen, welche kraft des durch die ganze Natur herrschenden Gesetzes der ersten Bildung ein neues, noch größeres System ausmachen, das durch die Anziehung eines Körpers von ungleich mächtigerer Attraction, als alle die vorige waren, aus dem Mittelpunkte ihrer regelmäßigen Stellungen regiert wird. Die Anziehung, welche die Ursache der systematischen Verfassung unter den Fixsternen der Milchstraße ist, wirkt auch noch in der Entfernung eben dieser Weltordnungen, um sie aus ihren Stellungen zu bringen und die Welt in einem unvermeidlich bevorstehenden Chaos zu begraben, wenn nicht regelmäßig ausgetheilte Schwungskräfte der Attraction das Gegengewicht leisten und beiderseits in Verbindung diejenige Beziehung hervorbringen, die der Grund der systematischen Verfassung ist. Die Anziehung ist ohne Zweifel eine eben so weit ausgedehnte Eigenschaft der Materie, als die Coexistenz, welche den Raum macht, indem sie die Substanzen durch gegenseitige Abhängigkeiten verbindet, oder, eigentlicher zu reden, die Anziehung ist eben diese allgemeine Beziehung, welche die Theile der Natur in einem Raume vereinigt: sie erstreckt sich also auf die ganze Ausdehnung desselben bis in alle Weiten ihrer Unendlichkeit. Wenn das Licht von diesen entfernten Systemen zu uns gelangt, das Licht, welches nur eine eingedrückte Bewegung ist, muß nicht vielmehr die Anziehung, diese ursprüngliche Bewegungsquelle, welche eher, wie alle Bewegung ist, die keiner fremden Ursachen bedarf, auch durch keine Hinderniß kann aufgehalten werden, weil sie in das Innerste der Materie ohne einigen Stoß selbst bei der allgemeinen Ruhe der Natur wirkt, muß, sage ich, die Anziehung nicht diese Fixsternen-Systemata ihrer unermeßlichen Entfernungen ungeachtet bei der ungebildeten Zerstreuung ihres Stoffes im Anfange der Regung der Natur in Bewegung versetzt haben, die eben so, wie wir im Kleinen gesehen haben, die Quelle der systematischen Verbindung und der dauerhaften Beständigkeit ihrer Glieder ist, die sie vor dem Verfall sichert?

Aber welches wird denn endlich das Ende der systematischen Einrichtungen sein? wo wird die Schöpfung selber aufhören? Man merkt wohl, daß, um sie in einem Verhältnisse mit der Macht des unendlichen Wesens zu gedenken, sie gar keine Grenzen haben müsse. Man kommt der Unendlichkeit der Schöpfungskraft Gottes nicht näher, wenn man den Raum ihrer Offenbarung in einer Sphäre, mit dem Radius der Milchstraße beschrieben, einschließt, als wenn man ihn in eine Kugel beschränken will, die einen Zoll im Durchmesser hat. Alles, was endlich, was seine Schranken und ein bestimmtes Verhältniß zur Einheit hat, ist von dem Unendlichen gleich weit entfernt. Nun wäre es ungereimt, die Gottheit mit einem unendlich kleinen Theile ihres schöpferischen Vermögens in Wirksamkeit zu setzen und ihre unendliche Kraft, den Schatz einer wahren Unermeßlichkeit von Naturen und Welten, unthätig und in einem ewigen Mangel der Ausübung verschlossen zu gedenken. Ist es nicht vielmehr anständiger, oder, besser zu sagen, ist es nicht nothwendig, den Inbegriff der Schöpfung also anzustellen, als er sein muß, um ein Zeugniß von derjenigen Macht zu sein, die durch keinen Maßstab kann abgemessen werden? Aus diesem Grunde ist das Feld der Offenbarung göttlicher Eigenschaften eben so unendlich, als diese selber sind.* Die Ewigkeit ist nicht hinlänglich, die Zeugnisse des höchsten Wesens zu fassen, wo sie nicht mit der Unendlichkeit des Raumes verbunden wird. Es ist wahr, die Ausbildung, die Form, die Schönheit und Vollkommenheit sind Beziehungen der Grundstücke und der Substanzen, die den Stoff des Weltbaues ausmachen; und man bemerkt es an den Anstalten, die die Weisheit Gottes noch zu aller Zeit trifft; es ist ihr auch am gemäßesten, daß sie sich aus dieser ihren eingepflanzten allgemeinen Gesetzen durch eine ungezwungene Folge herauswickeln. Und daher kann man mit gutem Grunde setzen, daß die Anordnung und Einrichtung der Weltgebäude aus dem Vorrathe des erschaffenen Naturstoffes in einer Folge der Zeit nach und nach geschehe; allein die Grundmaterie selber, deren

---

* Der Begriff einer unendlichen Ausdehnung der Welt findet unter den Metaphysikkündigern Gegner und hat nur neulich an dem Herrn M. Weitenkampf einen gefunden. Wenn diese Herren wegen der angeblichen Unmöglichkeit einer Menge ohne Zahl und Grenzen sich zu dieser Idee nicht bequemen können, so wollte ich nur vorläufig fragen: ob die künftige Folge der Ewigkeit nicht eine wahre Unendlichkeit von Mannigfaltigkeiten und Veränderungen in sich fassen wird, und ob diese unendliche Reihe nicht auf einmal schon jetzt dem göttlichen Verstande gänzlich gegenwärtig sei. Wenn es nun möglich war, daß Gott den Begriff der Unendlichkeit, der seinem Verstande auf einmal darsteht, in einer auf einander folgenden Reihe wirklich machen kann: warum sollte derselbe nicht den Begriff einer andern Unendlichkeit in einem dem Raume nach verbundenen Zusammenhange darstellen und dadurch den Umfang der Welt ohne Grenzen machen können? Indessen daß man diese Frage wird zu beantworten suchen, so werde ich mich der Gelegenheit, die sich darbieten wird, bedienen, durch eine aus der Natur der Zahlen gezogene Erläuterung die vermeinte Schwierigkeit zu heben, wofern man bei genauer Erwägung es noch als eine einer Erörterung bedürftige Frage ansehen kann: ob dasjenige, was eine durch die höchste Weisheit begleitete Macht hervorgebracht hat, sich zu offenbaren, zu demjenigen, was sie hat hervorbringen können, sich wie eine Differentialgröße verhalte.

Eigenschaften und Kräfte allen Veränderungen zum Grunde liegen, ist eine unmittelbare Folge des göttlichen Daseins: selbige muß also auf einmal so reich, so vollständig sein, daß die Entwickelung ihrer Zusammensetzungen in dem Abflusse der Ewigkeit sich über einen Plan ausbreiten könne, der alles in sich schließt, was sein kann, der kein Maß annimmt, kurz, der unendlich ist.

Wenn nun also die Schöpfung der Räume nach unendlich ist, oder es wenigstens der Materie nach wirklich von Anbeginn her schon gewesen ist, der Form, oder der Ausbildung nach aber es bereit ist, zu werden, so wird der Weltraum mit Welten ohne Zahl und ohne Ende belebt werden. Wird denn nun jene systematische Verbindung, die wir vorher bei allen Theilen insonderheit erwogen haben, auch aufs Ganze gehen und das gesammte Universum, das All der Natur, in einem einigen System durch die Verbindung der Anziehung und der fliehenden Kraft zusammen fassen? Ich sage ja; wenn nur lauter abgesonderte Weltgebäude, die unter einander keine vereinte Beziehung zu einem Ganzen hätten, vorhanden wären, so könnte man wohl, wenn man diese Kette von Gliedern als wirklich unendlich annähme, gedenken, daß eine genaue Gleichheit der Anziehung ihrer Theile von allen Seiten diese Systemata vor dem Verfall, den ihnen die innere Wechselanziehung droht, sicher halten könne. Allein hiezu gehört eine so genaue abgemessene Bestimmung in den nach der Attraction abgewogenen Entfernungen, daß auch die geringste Verrückung dem Universo den Untergang zuziehen und sie in langen Perioden, die aber doch endlich zu Ende laufen müssen, dem Umsturze überliefern würde. Eine Weltverfassung, die sich ohne ein Wunder nicht erhielt, hat nicht den Charakter der Beständigkeit, die das Merkmal der Wahl Gottes ist; man trifft es also dieser weit anständiger, wenn man aus der gesammten Schöpfung ein einziges System macht, welches alle Welten und Weltordnungen, die den ganzen unendlichen Raum ausfüllen, auf einen einigen Mittelpunkt beziehend macht. Ein zerstreutes Gewimmel von Weltgebäuden, sie möchten auch durch noch so weite Entfernungen von einander getrennt sein, würde mit einem unverhinderten Hang zum Verderben und zur Zerstörung eilen, wenn nicht eine gewisse beziehende Einrichtung gegen einen allgemeinen Mittelpunkt, das Centrum der Attraction des Universi und den Unterstützungspunkt der gesammten Natur, durch systematische Bewegungen getroffen wäre.

Um diesen allgemeinen Mittelpunkt der Senkung der ganzen Natur, sowohl der gebildeten, als der rohen, in welchem sich ohne Zweifel der Klumpen von der ausnehmendsten Attraction befindet, der in seine Anziehungssphäre alle Welten und Ordnungen, die die Zeit hervorgebracht hat und die Ewigkeit hervorbringen wird, begreift, kann man mit Wahrscheinlichkeit annehmen, daß die Natur den Anfang ihrer Bildung gemacht, und daselbst auch die Systemen am dichtesten gehäuft seien, weiter von demselben aber in der Unendlichkeit des Raumes sich mit immer größeren Graden der Zerstreuung verlieren. Man könnte diese Regel aus der Analogie unseres Sonnenbaues abnehmen, und diese Verfassung kann ohnedem dazu dienen, daß in großen Entfernungen nicht allein der allgemeine Centralkörper, sondern auch alle um ihn zunächst laufende Systemata ihre Anziehung zusammen vereinigen und sie gleichsam aus einem Klumpen gegen die Systemata des noch weiteren Abstandes ausüben. Dieses wird alsdann mit dazu behülflich sein, die ganze Natur in der ganzen Unendlichkeit ihrer Erstreckung in einem einzigen Systema zu begreifen.

Um nun der Errichtung dieses allgemeinen Systems der Natur aus den mechanischen Gesetzen der zur Bildung strebenden Materie nachzuspüren: so muß in dem unendlichen Raume des ausgebreiteten elementarischen Grundstoffes an irgend einem Orte dieser Grundstoff die dichteste Häufung gehabt haben, um durch die daselbst geschehende vorzügliche Bildung dem gesammten Universo eine Masse verschafft zu haben, die ihm zum Unterstützungspunkt diente. Es ist zwar an dem, daß in einem unendlichen Raume kein Punkt eigentlich das Vorrecht haben kann, der Mittelpunkt zu heißen; aber vermittelst eines gewissen Verhältnisses, das sich auf die wesentliche Grade der Dichtigkeit des Urstoffes gründet, nach welchem dieser zugleich mit seiner Schöpfung an einem gewissen Orte vorzüglich dichter gehäuft und mit den Weiten von demselben in der Zerstreuung zunimmt, kann ein solcher Punkt das Vorrecht haben, der Mittelpunkt zu heißen, und er wird es auch wirklich durch die Bildung der Centralmasse von der kräftigsten Anziehung in demselben, zu dem sich alle übrige in Particularbildungen begriffene elementarische Materie senkt und dadurch, so weit sich auch die Auswickelung der Natur erstrecken mag, in der unendlichen Sphäre der Schöpfung aus dem ganzen All nur ein einziges System macht.

Das ist aber was Wichtiges, und welches, wofern es Beifall erlangt, der größten Aufmerksamkeit würdig ist, daß der Ordnung der Natur in diesem unserm System zu Folge die Schöpfung, oder vielmehr die Ausbildung der Natur bei diesem Mittelpunkte zuerst anfängt und mit stetiger Fortschreitung nach und nach in alle fernere Weiten ausgebreitet wird, um den unendlichen Raum in dem Fortgange der Ewigkeit mit Welten und Ordnungen zu erfüllen. Lasset uns dieser Vorstellung einen Augenblick mit stillem Vergnügen nachhängen. Ich finde nichts, das den Geist des Menschen zu einem edleren Erstaunen erheben kann, indem es ihm eine Aussicht in das unendliche Feld der Allmacht eröffnet, als diesen Theil der Theorie, der die successive Vollendung der Schöpfung betrifft. Wenn man mir zugiebt, daß die Materie, die der Stoff zur Bildung aller Welten ist, in dem ganzen unendlichen Raume der göttlichen Gegenwart nicht gleichförmig, sondern nach einem gewissen Gesetze ausgebreitet gewesen, das sich vielleicht auf die Dichtigkeit der Partikeln bezog, und nach welchem von einem gewissen Punkte, als dem Orte der dichtesten Häufung, mit den Weiten von diesem Mittelpunkte die Zerstreuung des Urstoffes zunahm: so wird in der ursprünglichen Regung der Natur die Bildung zunächst diesem Centro angefangen und dann in fortschreitender Zeitfolge der weitere Raum nach und nach Welten und Weltordnungen mit einer gegen dieses sich beziehenden systematischen Verfassung gebildet haben. Ein jeder endliche Periodus, dessen Länge zu der Größe des zu vollbringenden Werks ein Verhältniß hat, wird immer nur eine endliche Sphäre von diesem Mittelpunkte an zur Ausbildung bringen; der übrige unendliche Theil wird indessen noch mit der Verwirrung und dem Chaos streiten und um so viel weiter von dem Zustande der vollendeten Bildung entfernt sein, je weiter dessen Abstand von der Sphäre der schon ausgebildeten Natur entfernt ist. Diesem zu Folge ob wir gleich von dem Orte unseres Aufenthalts in dem Universo eine Aussicht in eine, wie es scheint, völlig vollendete Welt und, so zu reden, in ein unendliches Heer von Weltordnungen, die systematisch verbunden sind, haben: so befinden wir uns doch eigentlich nur in einer Naheit zum Mittelpunkte der ganzen Natur, wo diese sich schon aus dem Chaos ausgewickelt und ihre gehörige Vollkommenheit erlangt hat. Wenn wir eine gewisse Sphäre überschreiten könnten, würden wir daselbst das Chaos und die Zerstreuung der Elemente erblicken, die nach dem Maße, als sie sich diesem Mittelpunkte näher befinden, den rohen Zustand zum Theil verlassen und der Vollkommenheit der Ausbildung näher sind, mit den Graden der Entfernung aber sich nach und nach in einer völligen Zerstreuung verlieren. Wir würden sehen, wie der unendliche Raum der göttlichen Gegenwart, darin der Vorrath zu allen möglichen Naturbildungen anzutreffen ist, in einer stillen Nacht begraben liegt voll von Materie, den künftig zu erzeugenden Welten zum Stoffe zu dienen, und von Triebfedern sie in Bewegung zu bringen, die mit einer schwachen Regung diejenige Bewegungen anfangen, womit die Unermeßlichkeit dieser öden Räume dereinst noch soll belebt werden. Es ist vielleicht eine Reihe von Millionen Jahren und Jahrhunderten verflossen, ehe die Sphäre der gebildeten Natur, darin wir uns befinden, zu der Vollkommenheit gediehen ist, die ihr jetzt beiwohnt; und es wird vielleicht ein eben so langer Periodus vergehen, bis die Natur einen eben so weiten Schritt in dem Chaos thut: allein die Sphäre der ausgebildeten Natur ist unaufhörlich beschäftigt, sich auszubreiten. Die Schöpfung ist nicht das Werk von einem Augenblicke. Nachdem sie mit der Hervorbringung einer Unendlichkeit von Substanzen und Materie den Anfang gemacht hat, so ist sie mit immer zunehmenden Graden der Fruchtbarkeit die ganze Folge der Ewigkeit hindurch wirksam. Es werden Millionen und ganze Gebürge von Millionen Jahrhunderten verfließen, binnen welchen immer neue Welten und Weltordnungen nach einander in den entfernten Weiten von dem Mittelpunkte der Natur sich bilden und zur Vollkommenheit gelangen werden; sie werden unerachtet der systematischen Verfassung, die unter ihren Theilen ist, eine allgemeine Beziehung auf den Mittelpunkt erlangen, welcher der erste Bildungspunkt und das Centrum der Schöpfung durch das Anziehungsvermögen seiner vorzüglichen Masse geworden ist. Die Unendlichkeit der künftigen Zeitfolge, womit die Ewigkeit unerschöpflich ist, wird alle Räume der Gegenwart Gottes ganz und gar beleben und in die Regelmäßigkeit, die der Trefflichkeit seines Entwurfes gemäß ist, nach und nach versetzen; und wenn man mit einer kühnen Vorstellung die ganze Ewigkeit, so zu sagen, in einem Begriffe zusammen fassen könnte, so würde man auch den ganzen unendlichen Raum mit Weltordnungen angefüllt und die Schöpfung vollendet ansehen können. Weil aber in der That von der Zeitfolge der Ewigkeit der rückständige Theil allemal unendlich und der abgeflossene endlich ist, so ist die Sphäre der ausgebildeten Natur allemal nur ein unendlich kleiner Theil desjenigen Inbegriffs, der den Samen zukünftiger Welten in sich hat und sich aus dem rohen Zustande des Chaos in längern oder kürzern Perioden auszuwickeln trachtet. Die Schöpfung ist niemals vollendet. Sie hat zwar einmal angefangen, aber sie wird niemals aufhören. Sie ist immer geschäftig, mehr Auftritte der Natur, neue Dinge und neue Welten hervor zu bringen. Das Werk, welches sie zu Stande bringt, hat ein Verhältniß zu der Zeit, die sie darauf anwendet. Sie braucht nichts weniger, als eine Ewigkeit, um die ganze grenzenlose Weite der unendlichen Räume mit Welten ohne Zahl und ohne Ende zu beleben. Man kann von ihr dasjenige sagen, was das erhabenste unter den deutschen Dichtern von der Ewigkeit schreibt:

315 Unendlichkeit! wer misset dich?
    Vor dir sind Welten Tag und Menschen Augenblicke;
    Vielleicht die tausendste der Sonnen wälzt jetzt sich,
    Und tausend bleiben noch zurücke.
    Wie eine Uhr, beseelt durch ein Gewicht,
    Eilt eine Sonn', aus Gottes Kraft bewegt:
    Ihr Trieb läuft ab, und eine andre schlägt,
    Du aber bleibst und zählst sie nicht.

v. Haller.

Es ist ein nicht geringes Vergnügen, mit seiner Einbildungskraft über die Grenze der vollendeten Schöpfung in den Raum des Chaos auszuschweifen und die halb rohe Natur in der Naheit zur Sphäre der ausgebildeten Welt sich nach und nach durch alle Stufen und Schattirungen der Unvollkommenheit in dem ganzen ungebildeten Raume verlieren zu sehen. Aber ist es nicht eine tadelnswürdige Kühnheit, wird man sagen, eine Hypothese aufzuwerfen und sie als einen Vorwurf der Ergötzung des Verstandes anzupreisen, welche vielleicht nur gar zu willkürlich ist, wenn man behauptet, daß die Natur nur einem unendlich kleinen Theile nach ausgebildet sei, und unendliche Räume noch mit dem Chaos streiten, um in der Folge künftiger Zeiten ganze Heere von Welten und Weltordnungen in aller gehörigen Ordnung und Schönheit darzustellen? Ich bin den

Folgen, die meine Theorie darbietet, nicht so sehr ergeben, daß ich nicht erkennen sollte, wie die Muthmaßung von der successiven Ausbreitung der Schöpfung durch die unendliche Räume, die den Stoff dazu in sich fassen, den Einwurf der Unerweislichkeit nicht völlig ablehnen könne. Indessen verspreche ich mir doch von denjenigen, welche die Grade der Wahrscheinlichkeit zu schätzen im Stande sind, daß eine solche Karte der Unendlichkeit, ob sie gleich einen Vorwurf begreift, der bestimmt zu sein scheint, dem menschlichen Verstande auf ewig verborgen zu sein, nicht um deswillen sofort als ein Hirngespinst werde angesehen werden, vornehmlich wenn man die Analogie zu Hülfe nimmt, welche uns allemal in solchen Fällen leiten muß, wo dem Verstande der Faden der untrüglichen Beweise mangelt.

Man kann aber auch die Analogie noch durch annehmungswürdige Gründe unterstützen, und die Einsicht des Lesers, wofern ich mich solches Beifalls schmeicheln darf, wird sie vielleicht mit noch wichtigern vermehren können. Denn wenn man erwägt, daß die Schöpfung den Charakter der Beständigkeit nicht mit sich führt, wofern sie der allgemeinen Bestrebung der Anziehung, die durch alle ihre Theile wirkt, nicht eine eben so durchgängige Bestimmung entgegen setzt, die dem Hange der ersten zum Verderben und zur Unordnung genugsam widerstehen kann, wenn sie nicht Schwungskräfte ausgetheilt hat, die in der Verbindung mit der Centralneigung eine allgemeine systematische Verfassung festsetzen: so wird man genöthigt, einen allgemeinen Mittelpunkt des ganzen Weltalls anzunehmen, der alle Theile desselben in verbundener Beziehung zusammen hält und aus dem ganzen Inbegriff der Natur nur ein System macht. Wenn man hiezu den Begriff von der Bildung der Weltkörper aus der zerstreuten elementarischen Materie fügt, wie wir ihn in dem vorhergehenden entworfen haben, jedoch ihn allhier nicht auf ein absonderliches System einschränkt, sondern über die ganze Natur ausdehnt: so wird man genöthigt, eine solche Austheilung des Grundstoffes in dem Raume des ursprünglichen Chaos zu gedenken, die natürlicher Weise einen Mittelpunkt der ganzen Schöpfung mit sich bringt, damit in diesen die wirksame Masse, die in ihrer Sphäre die gesammte Natur begreift, zusammengebracht und die durchgängige Beziehung bewirkt werden könne, wodurch alle Welten nur ein einziges Gebäude ausmachen. Es kann aber in dem unendlichen Raume kaum eine Art der Austheilung des ursprünglichen Grundstoffes gedacht werden, die einen wahren Mittel- und Senkungspunkt der gesammten Natur setzen sollte, als wenn sie nach einem Gesetze der zunehmenden Zerstreuung von diesem Punkte an in alle ferne Weiten eingerichtet ist. Dieses Gesetz aber setzt zugleich einen Unterschied in der Zeit, die ein System in den verschiedenen Gegenden des unendlichen Raumes gebraucht, zur Reife seiner Ausbildung zu kommen, so daß diese Periode desto kürzer ist, je näher der Bildungsplatz eines Weltbaues sich dem Centro der Schöpfung befindet, weil daselbst die Elemente des Stoffes dichter gehäuft sind, und dagegen um desto längere Zeit erfordert, je weiter der Abstand ist, weil die Partikeln daselbst zerstreueter sind und später zur Bildung zusammen kommen.

Wenn man die ganze Hypothese, die ich entwerfe, in dem ganzen Umfange sowohl dessen, was ich gesagt habe, als was ich noch eigentlich darlegen werde, erwägt, so wird man die Kühnheit ihrer Forderungen wenigstens nicht für unfähig halten, eine Entschuldigung anzunehmen. Man kann den unvermeidlichen Hang, den ein jegliches zur Vollkommenheit gebrachte Weltgebäude nach und nach zu seinem Untergange hat, unter die Gründe rechnen, die es bewähren können, daß das Universum dagegen in andern Gegenden an Welten fruchtbar sein werde, um den Mangel zu ersetzen, den es an einem Orte erlitten hat. Das ganze Stück der Natur, das wir kennen, ob es gleich nur ein Atomus in Ansehung dessen ist, was über oder unter unserem Gesichtskreise verborgen bleibt, bestätigt doch diese Fruchtbarkeit der Natur, die ohne Schranken ist, weil sie nichts anders, als die Ausübung der göttlichen Allmacht selber ist. Unzählige Thiere und Pflanzen werden täglich zerstört und sind ein Opfer der Vergänglichkeit; aber nicht weniger bringt die Natur durch ein unerschöpftes Zeugungsvermögen an andern Orten wiederum hervor und füllt das Leere aus. Beträchtliche Stücke des Erdbodens, den wir bewohnen, werden wiederum in dem Meere begraben, aus dem sie ein günstiger Periodus hervorgezogen hatte; aber an anderen Orten ergänzt die Natur den Mangel und bringt andere Gegenden hervor, die in der Tiefe des Wassers verborgen waren, um neue Reichthümer ihrer Fruchtbarkeit über dieselbe auszubreiten. Auf die gleiche Art vergehen Welten und Weltordnungen und werden von dem Abgrunde der Ewigkeiten verschlungen; dagegen ist die Schöpfung immerfort geschäftig, in andern Himmelsgegenden neue Bildungen zu verrichten und den Abgang mit Vortheile zu ergänzen.

Man darf nicht erstaunen, selbst in dem Großen der Werke Gottes eine Vergänglichkeit zu verstatten. Alles, was endlich ist, was einen Anfang und Ursprung hat, hat das Merkmaal seiner eingeschränkten Natur in sich; es muß vergehen und ein Ende haben. Die Dauer eines Weltbaues hat durch die Vortrefflichkeit ihrer Errichtung eine Beständigkeit in sich, die unsern Begriffen nach einer unendlichen Dauer nahe kommt. Vielleicht werden tausend, vielleicht Millionen Jahrhunderte sie nicht vernichten; allein weil die Eitelkeit, die an den endlichen Naturen haftet, beständig an ihrer Zerstörung arbeitet, so wird die Ewigkeit alle mögliche Perioden in sich halten, um durch einen allmählichen Verfall den Zeitpunkt ihres Unterganges doch endlich herbei zu führen. Newton, dieser große Bewunderer der Eigenschaften Gottes aus der Vollkommenheit seiner Werke, der mit der tiefsten Einsicht in die Trefflichkeit der Natur die größte Ehrfurcht gegen die Offenbarung der göttlichen Allmacht verband, sah sich genöthigt, der Natur ihren Verfall durch den natürlichen Hang, den die Mechanik der Bewegungen dazu hat, vorher zu verkündigen. Wenn eine systematische Verfassung durch die wesentliche Folge der Hinfälligkeit in großen Zeitläuften auch den allerkleinsten Theil, den man sich nur gedenken mag, dem Zustande ihrer Verwirrung nähert: so muß in dem unendlichen Ablaufe der Ewigkeit doch ein Zeitpunkt sein, da diese allmähliche Verminderung alle Bewegung erschöpft hat.

Wir dürfen aber den Untergang eines Weltgebäudes nicht als einen wahren Verlust der Natur bedauren. Sie beweiset ihren Reichtum in einer Art von Verschwendung, welche, indem einige Theile der Vergänglichkeit den Tribut bezahlen, sich durch unzählige neue Zeugungen in dem ganzen Umfange ihrer Vollkommenheit unbeschadet erhält. Welch eine unzählige Menge Blumen und Insecten zerstört ein einziger kalter Tag; aber wie wenig vermißt man sie, unerachtet es herrliche Kunstwerke der Natur und Beweisthümer der göttlichen Allmacht sind! An einem andern Orte wird dieser Abgang mit Überfluß wiederum ersetzt. Der Mensch, der das Meisterstück der Schöpfung zu sein scheint, ist selbst von diesem Gesetze nicht ausgenommen. Die Natur beweiset, daß sie eben so reich, eben so unerschöpft in Hervorbringung des Trefflichsten unter den Creaturen, als des Geringschätzigsten ist, und daß selbst deren Untergang eine nothwendige Schattirung in der Mannigfaltigkeit ihrer Sonnen ist, weil die Erzeugung derselben ihr nichts kostet. Die schädlichen Wirkungen der angesteckten Luft, die Erdbeben, die Überschwemmungen vertilgen ganze Völker von dem Erdboden; allein es scheint nicht, daß die Natur dadurch einigen Nachtheil erlitten habe. Auf gleiche Weise verlassen ganze Welten und Systemen den Schauplatz, nachdem sie ihre Rolle ausgespielt haben. Die Unendlichkeit der Schöpfung ist groß genug, um eine Welt, oder eine Milchstraße von Welten gegen sie anzusehen, wie man eine Blume, oder ein Insect in Vergleichung gegen die Erde ansieht. Indessen, daß die Natur mit veränderlichen Auftritten die Ewigkeit ausziert, bleibt Gott in einer unaufhörlichen Schöpfung geschäftig, den Zeug zur Bildung noch größerer Welten zu formen.

> Der stets mit einem gleichen Auge, weil er der Schöpfer ja von allen,
> Sieht einen Helden untergehn und einen kleinen Sperling fallen,
> Sieht eine Wasserblase springen und eine ganze Welt vergehn.
> Pope nach Brockes' Übersetzung.

Laßt uns also unser Auge an diese erschreckliche Umstürzungen als an die gewöhnlichen Wege der Vorsehung gewöhnen und sie sogar mit einer Art von Wohlgefallen ansehen. Und in der That ist dem Reichthume der Natur nichts anständiger als dieses. Denn wenn ein Weltsystem in der langen Folge seiner Dauer alle Mannigfaltigkeit erschöpft, die seine Einrichtung fassen kann, wenn es nun ein überflüssiges Glied in der Kette der Wesen geworden: so ist nichts geziemender, als daß es in dem Schauspiele der ablaufenden Veränderungen des Universi die letzte Rolle spielt, die jedem endlichen Dinge gebührt, nämlich der Vergänglichkeit ihr Gebühr abtrage. Die Natur zeigt, wie gedacht, schon in dem kleinen Theile ihres Inbegriffes diese Regel ihres Verfahrens, die das ewige Schicksal ihr im Ganzen vorgeschrieben hat, und ich sage es nochmals, die Größe desjenigen, was untergehen soll, ist hierin nicht im geringsten hinderlich, denn alles, was groß ist, wird klein, ja es wird gleichsam nur ein Punkt, wenn man es mit dem Unendlichen vergleicht, welches die Schöpfung in dem unbeschränkten Raume die Folge der Ewigkeit hindurch darstellen wird.

Es scheint, daß dieses den Welten, so wie allen Naturdingen verhängte Ende einem gewissen Gesetze unterworfen sei, dessen Erwägung der Theorie einen neuen Zug der Anständigkeit giebt. Nach demselben hebt es bei den Weltkörpern an, die sich dem Mittelpunkte des Weltalls am nächsten befinden, so wie die Erzeugung und Bildung neben diesem Centro zuerst angefangen: von da breitet sich das Verderben und die Zerstörung nach und nach in die weiteren Entfernungen aus, um alle Welt, welche ihre Periode zurück gelegt hat, durch einen allmählichen Verfall der Bewegungen zuletzt in einem einzigen Chaos zu begraben. Andererseits ist die Natur auf der entgegengesetzten Grenze der ausgebildeten Welt unablässig beschäftigt, aus dem rohen Zeuge der zerstreuten Elemente Welten zu bilden, und indem sie an der einen Seite neben dem Mittelpunkte veraltet, so ist sie auf der andern jung und an neuen Zeugungen fruchtbar. Die ausgebildete Welt befindet sich diesemnach zwischen den Ruinen der zerstörten und zwischen dem Chaos der ungebildeten Natur mitten inne beschränkt, und wenn man, wie es wahrscheinlich ist, sich vorstellt, daß eine schon zur Vollkommenheit gediehene Welt eine längere Zeit dauren könne, als sie bedurft hat, gebildet zu werden: so wird ungeachtet aller der Verheerungen, die die Vergänglichkeit unaufhörlich anrichtet, der Umfang des U n i v e r s i dennoch überhaupt zunehmen.

Will man aber noch zuletzt einer Idee Platz lassen, die eben so wahrscheinlich, als der Verfassung der göttlichen Werke wohlanständig ist, so wird die Zufriedenheit, welche eine solche Abschilderung der Veränderungen der Natur erregt, bis zum höchsten Grade des Wohlgefallens erhoben. Kann man nicht glauben, die Natur, welche vermögend war sich aus dem Chaos in eine regelmäßige Ordnung und in ein geschicktes System zu setzen, sei ebenfalls im Stande, aus dem neuen Chaos, darin sie die Verminderung ihrer Bewegungen versenkt hat, sich wiederum eben so leicht herzustellen und die erste Verbindung zu erneuern? Können die Federn, welche den Stoff der zerstreuten Materie in Bewegung und Ordnung brachten, nachdem sie der Stillstand der Maschine zur Ruhe gebracht hat, durch erweiterte Kräfte nicht wiederum in Wirksamkeit gesetzt werden und sich nach eben denselben allgemeinen Regeln zur Übereinstimmung einschränken, wodurch die ursprüngliche Bildung zuwege gebracht worden ist? Man wird nicht lange Bedenken tragen, dieses zuzugeben, wenn man erwägt, daß, nachdem die endliche Mattigkeit der Umlaufs-Bewegungen in dem Weltgebäude die Planeten und Kometen insgesammt auf die Sonne niedergestürzt hat, dieser ihre Gluth einen unermeßlichen Zuwachs durch die Vermischung so vieler und großer Klumpen bekommen muß, vornehmlich da die entfernte Kugeln des Sonnensystems unserer vorher erwiesenen Theorie zufolge den leichtesten und im Feuer wirksamsten Stoff der ganzen Natur in sich enthalten. Dieses durch neue Nahrung und die flüchtigste Materie in die größte Heftigkeit versetzte Feuer wird ohne Zweifel nicht allein alles wiederum in die kleinsten Elemente auflösen, sondern auch dieselbe in dieser Art mit einer der Hitze gemäßen Ausdehnungskraft und mit einer Schnelligkeit, welche durch keinen Widerstand des Mittelraums geschwächt wird, in dieselben weiten Räume wiederum ausbreiten und zerstreuen, welche sie vor der ersten Bildung der Natur eingenommen hatten, um, nachdem die Heftigkeit des Centralfeuers durch eine beinahe gänzliche Zerstreuung ihrer Masse gedämpft worden, durch Verbindung der Attractions- und Zurückstoßungskräfte die alten Zeugungen und systematisch beziehende Bewegungen mit nicht minderer Regelmäßigkeit zu wiederholen und ein neues Weltgebäude darzustellen. Wenn dann ein besonderes Planetensystem auf diese Weise in Verfall gerathen und durch wesentliche Kräfte sich daraus wiederum hergestellt hat, wenn es wohl gar dieses Spiel mehr wie einmal wiederholt: so wird endlich die Periode herannahen, die auf gleiche Weise das große System, darin die Fixsterne Glieder sind, durch den Verfall ihrer Bewegungen in einem Chaos versammlen wird. Man wird hier noch weniger zweifeln, daß die Vereinigung einer so unendlichen Menge Feuerschätze, als diese brennenden Sonnen sind, zusammt dem Gefolge ihrer Planeten den Stoff ihrer Massen, durch die unnennbare Gluth aufgelöset, in den alten Raum ihrer Bildungssphäre zerstreuen und daselbst die Materialien zu neuen

Bildungen durch dieselbe mechanische Gesetze hergeben werden, woraus wiederum der öde Raum mit Welten und Systemen kann belebt werden. Wenn wir denn diesem Phönix der Natur, der sich nur darum verbrennt, um aus seiner Asche wiederum verjüngt aufzuleben, durch alle Unendlichkeit der Zeiten und Räume hindurch folgen; wenn man sieht, wie sie sogar in der Gegend, da sie verfällt und veraltet, an neuen Auftritten unerschöpft und auf der anderen Grenze der Schöpfung in dem Raum der ungebildeten rohen Materie mit stetigen Schritten zur Ausdehnung des Plans der göttlichen Offenbarung fortschreitet, um die Ewigkeit sowohl, als alle Räume mit ihren Wundern zu füllen: so versenkt sich der Geist, der alles dieses überdenkt, in ein tiefes Erstaunen; aber annoch mit diesem so großen Gegenstande unzufrieden, dessen Vergänglichkeit die Seele nicht gnugsam zufrieden stellen kann, wünscht er dasjenige Wesen von nahem kennen zu lernen, dessen Verstand, dessen Größe die Quelle desjenigen Lichtes ist, das sich über die gesammte Natur gleichsam als aus einem Mittelpunkte ausbreitet. Mit welcher Art der Ehrfurcht muß nicht die Seele sogar ihr eigen Wesen ansehen, wenn sie betrachtet, daß sie noch alle diese Veränderungen überleben soll, sie kann zu sich selber sagen, was der philosophische Dichter von der Ewigkeit sagt:

> Wenn dann ein zweites Nichts wird diese Welt begraben,
> Wenn von dem Alles selbst nichts bleibet als die Stelle,
> Wenn mancher Himmel noch, von andern Sternen helle,
> Wird seinen Lauf vollendet haben:
> Wirst du so jung als jetzt, von deinem Tod gleich weit,
> Gleich ewig künftig sein, wie heut.
>
> v. Haller.

322 O glücklich, wenn sie unter dem Tumult der Elemente und den Trümmern der Natur jederzeit auf eine Höhe gesetzt ist, von da sie die Verheerungen, die die Hinfälligkeit den Dingen der Welt verursacht, gleichsam unter ihren Füßen kann vorbei rau-

schen sehen! Eine Glückseligkeit, welche die Vernunft nicht einmal zu erwünschen sich erkühnen darf, lehrt uns die Offenbarung mit Überzeugung hoffen. Wenn dann die Fesseln, welche uns an die Eitelkeit der Creaturen geknüpft halten, in dem Augenblicke, welcher zu der Verwandlung unsers Wesens bestimmt worden, abgefallen sind, so wird der unsterbliche Geist, von der Abhängigkeit der endlichen Dinge befreit, in der Gemeinschaft mit dem unendlichen Wesen den Genuß der wahren Glückseligkeit finden. Die ganze Natur, welche eine allgemeine harmonische Beziehung zu dem Wohlgefallen der Gottheit hat, kann diejenige vernünftige Creatur nicht anders als mit immerwährender Zufriedenheit erfüllen, die sich mit dieser Urquelle aller Vollkommenheit vereint befindet. Die Natur, von diesem Mittelpunkte aus gesehen, wird von allen Seiten lauter Sicherheit, lauter Wohlanständigkeit zeigen. Die veränderlichen Scenen der Natur vermögen nicht, den Ruhestand der Glückseligkeit eines Geistes zu verrücken, der einmal zu solcher Höhe erhoben ist. Indem er diesen Zustand mit einer süßen Hoffnung schon zum voraus kostet, kann er seinen Mund in denjenigen Lobgesängen üben, davon dereinst alle Ewigkeiten erschallen sollen.

Wenn dereinst der Bau der Welt in sein Nichts zurück geeilet
Und sich deiner Hände Werk nicht durch Tag und Nacht mehr theilet:
Dann soll mein gerührt Gemüthe sich, durch dich gestärkt, bemühn,
In Verehrung deiner Allmacht stets vor deinen Thron zu ziehn;
Mein von Dank erfüllter Mund soll durch alle Ewigkeiten
Dir und deiner Majestät ein unendlich Lob bereiten;
Ist dabei gleich kein vollkommnes: denn o Herr! so groß bist du,
Dich nach Würdigkeit zu loben, reicht die Ewigkeit nicht zu.

Addisson
nach Gottscheds Übersetzung.

Zugabe
zum siebenten Hauptstücke.

Allgemeine Theorie und Geschichte der Sonne überhaupt.

323 Es ist noch eine Hauptfrage, deren Auflösung in der Naturlehre des Himmels und in einer vollständigen Kosmogonie unentbehrlich ist. Woher wird nämlich der Mittelpunkt eines jeden Systems von einem flammenden Körper eingenommen? Unser planetischer Weltbau hat die Sonne zum Centralkörper, und die Fixsterne, die wir sehen, sind allem Ansehen nach Mittelpunkte ähnlicher Systematum.

Um zu begreifen, woher in der Bildung eines Weltgebäudes der Körper, der zum Mittelpunkte der Attraction dient, ein feuriger Körper hat werden müssen, indessen daß die übrige Kugeln seiner Anziehungssphäre dunkele und kalte Weltkörper blieben, darf man nur die Art der Erzeugung eines Weltbaues sich zurück erinnern, die wir in dem vorhergehenden umständlich entworfen haben. In dem weit ausgedehnten Raume, darin der ausgebreitete elementarische Grundstoff sich zu Bildungen und systematischen Bewegungen anschickt, bilden sich die Planeten und Kometen nur allein aus demjenigen Theile des zum Mittelpunkte der Attraction sinkenden elementarischen Grundstoffes, welcher durch den Fall und die Wechselwirkung der gesammten Partikeln zu der genauen Einschränkung der Richtung und Geschwindigkeit, die zum Umschwunge erfordert wird, bestimmt worden. Dieser Theil ist, wie oben dargethan worden, der mindeste von der ganzen Menge der abwärts sinkenden Materie und zwar nur der Ausschuß dichterer Sorten, welche durch den Widerstand der andern zu diesem Grade der Genauigkeit haben gelangen können. Es befinden sich in diesem Gemenge heranschwebende Sorten vorzüglicher Leichtigkeit, die, durch die Widerstrebung des

Raumes gehindert, durch ihren Fall zu der gehörigen Schnelligkeit der periodischen Umwendungen nicht durchdringen, und die folglich in der Mattigkeit ihres Schwunges insgesammt zum Centralkörper hinabgestürzt werden. Weil nun eben diese leichteren und flüchtigen Theile auch die wirksamsten sind, das Feuer zu unterhalten, so sehen wir, daß durch ihren Zusatz der Körper und Mittelpunkt des Systems den Vorzug erhält, eine flammende Kugel, mit einem Worte eine Sonne, zu werden. Dagegen wird der schwerere und unkräftige Stoff und der Mangel dieser feuernährenden Theilchen aus den Planeten nur kalte und todte Klumpen machen, die solcher Eigenschaft beraubt sind.

Dieser Zusatz so leichter Materien ist es auch, wodurch die Sonne die specifisch mindere Dichtigkeit überkommen hat, dadurch sie auch sogar unserer Erde, dem dritten Planeten in dem Abstande von ihr, 4 mal an Dichtigkeit nachsteht; obgleich es natürlich ist, zu glauben, daß in diesem Mittelpunkte des Weltbaues, als in dessen niedrigstem Orte, die schwersten und dichtesten Gattungen der Materie sich befinden sollten, wodurch sie ohne den Zusatz einer so großen Menge des leichtesten Stoffes die Dichtigkeit aller Planeten übertreffen würde.

Die Vermengung dichterer und schwerer Sorten der Elementen zu diesen leichtesten und flüchtigsten dient gleichfalls, den Centralkörper zu der heftigsten Gluth, die auf seiner Oberfläche brennen und unterhalten werden soll, geschickt zu machen. Denn wir wissen, daß das Feuer, in dessen nährendem Stoffe dichte Materien unter den flüchtigen sich vermengt befinden, einen großen Vorzug der Heftigkeit vor denjenigen Flammen hat, die nur von den leichten Gattungen unterhalten werden. Diese Untermischung aber einiger schweren Sorten unter die leichteren ist eine notwendige Folge unsers Lehrbegriffes von der Bildung der Weltkörper und hat noch diesen Nutzen, daß die Gewalt der Gluth die brennbare Materie der Oberfläche nicht plötzlich zerstreue, und daß selbige durch den Zufluß der Nahrung aus dem Innern allmählich und beständig genähret wird.

Nachdem die Frage nun aufgelöset ist, woher der Centralkörper eines großen Sternsystems eine flammende Kugel, d. i. eine Sonne, sei: so scheint es nicht überflüssig zu sein, sich mit diesem Vorwurfe noch einige Zeit zu beschäftigen und den Zustand eines solchen Himmelskörpers mit einer sorgfältigen Prüfung zu erforschen, vornehmlich da die Muthmaßungen allhier aus tüchtigeren Gründen sich herleiten lassen, als sie es gemeiniglich bei den Untersuchungen der Beschaffenheit entfernter Himmelskörper zu sein pflegen.

Zuvörderst setze ich fest, daß man nicht zweifeln könne, die Sonne sei wirklich ein flammender Körper und nicht eine bis zum höchsten Grade erhitzte Masse geschmolzener und glühender Materie, wie einige aus gewissen Schwierigkeiten, welche sie bei der ersteren Meinung zu finden vermeint, haben schließen wollen. Denn wenn man erwägt, daß ein flammendes Feuer vor einer jeden andern Art der Hitze diesen wesentlichen Vorzug hat, daß es, so zu sagen, aus sich selbst wirksam, anstatt sich durch die Mittheilung zu verringern, oder zu erschöpfen, vielmehr eben dadurch mehr Stärke und Heftigkeit überkommt und also nur Stoff und Nahrung zum Unterhalte erfordert, um immer fort zu währen; dahingegen die Gluth einer auf den höchsten Grad erhitzten Masse ein blos leidender Zustand ist, der sich durch die Gemeinschaft der berührenden Materie unaufhörlich vermindert und keine eigene Kräfte hat, sich aus einem kleinen Anfange auszubreiten, oder bei der Verminderung wiederum aufzuleben, wenn man, sage ich, dieses erwägt, so wird man, ich geschweige der anderen Gründe, schon hieraus sattsam ersehen können, daß der Sonne, der Quelle des Lichtes und der Wärme in jeglichem Weltbau, jene Eigenschaft wahrscheinlicher Weise müsse beigelegt werden.

Wenn die Sonne nun, oder die Sonnen überhaupt flammende Kugeln sind, so ist die erste Beschaffenheit ihrer Oberfläche, die sich hieraus abnehmen läßt, daß auf ihnen Luft befindlich sein müsse, weil ohne Luft kein Feuer brennt. Dieser Umstand giebt Anlaß zu merkwürdigen Folgerungen. Denn wenn man erstlich die Atmosphäre der Sonne und ihr Gewicht in Verhältniß des Sonnenklumpens setzt: in welchem Stande der Zusammendrückung wird diese Luft nicht sein, und wie vermögend wird sie nicht eben dadurch werden, die heftigsten Grade des Feuers durch ihre Federkraft zu unterhalten? In dieser Atmosphäre erheben sich allem Vermuthen nach auch die Rauchwolken von den durch die Flamme aufgelöseten Materien, die, wie man nicht zweifeln darf, eine Mischung von groben und leichteren Theilchen in sich haben, welche, nachdem sie sich zu einer Höhe, die für sie eine kühlere Luft hegt, erhoben haben, in schweren Pech- und Schwefelregen hinabstürzen und der Flamme neue Nahrung zuführen. Eben diese Atmosphäre ist auch aus den gleichen Ursachen, wie auf unserer Erde von den Bewegungen der Wege nicht befreiet, welche aber dem Ansehen nach alles, was die Einbildungskraft nur sich vorzustellen vermag, an Heftigkeit weit übertreffen müssen. Wenn irgend eine Gegend auf der Oberfläche der Sonne entweder durch die erstickende Gewalt der ausbrechenden Dämpfe, oder durch den sparsamen Zufluß brennbarer Materien in dem Ausbruche der Flamme nachläßt, so erkühlt die darüber befindliche Luft einigermaßen, und indem sie sich zusammenzieht, giebt sie der daneben befindlichen Platz, mit einer dem Überschusse ihrer Ausspannung gemäßen Gewalt in ihren Raum zu dringen, um die erloschene Flamme anzufachen.

Gleichwohl verschlingt alle Flamme immer viele Luft, und es ist kein Zweifel, daß die Federkraft des flüssigen Luftelements, das die Sonne umgiebt, dadurch in einiger Zeit nicht geringen Nachtheil erleiden müsse. Wenn man dasjenige, was Herr Hales hievon bei der Wirkung der Flamme in unserer Atmosphäre durch sorgfältige Versuche bewährt hat, hier im Großen anwendet: so kann man die immerwährende Bestrebung der aus der Flamme gehenden Rauchtheilchen, die Elasticität der Sonnen-Atmosphäre zu zernichten, als einen Hauptknoten ansehen, dessen Auflösung mit Schwierigkeiten verbunden ist. Denn dadurch daß die Flamme, die über der ganzen Fläche der Sonne brennt, sich selber die Luft benimmt, die ihr zum Brennen unentbehrlich ist, so ist die Sonne in Gefahr gar zu verlöschen, wenn der größte Theil ihrer Atmosphäre verschlungen worden. Es ist wahr, das Feuer erzeugt auch durch Auflösung gewisser Materien Luft; aber die Versuche beweisen, daß allezeit mehr verschlungen, als erzeugt wird. Zwar wenn ein Theil des Sonnenfeuers unter erstickenden Dämpfen der Luft, die zu ihrer Erhaltung dient, beraubt wird, so werden, wie wir schon angemerkt haben, heftige Stürme sie zerstreuen und wegzuführen bemüht sein. Allein im Ganzen wird man die Ersetzung dieses nöthigen Elements auf folgende Art sich begreiflich machen können, wenn man in Betrachtung zieht, daß, da bei einem flammenden Feuer die Hitze fast nur über sich und nur wenig unter sich wirkt, wenn sie durch die angeführte Ursache erstickt worden, ihre Heftigkeit gegen das Innere des Sonnenkörpers kehrt und dessen tiefe Schlünde nöthigt, die in ihren Höhlen verschlossene Luft hervorbrechen zu lassen und das Feuer aufs neue anzufachen; wenn man in diesem ihrem Eingeweide durch eine Freiheit, die bei einem so unbekannten Gegenstande nicht verboten ist, vornehmlich Materien setzt, die, wie der Salpeter an elastischer Luft unerschöpflich ergiebig sind, so wird das Sonnenfeuer überaus lange Perioden hindurch an dem Zuflusse immer erneueter Luft nicht leichtlich Mangel leiden können.

Gleichwohl sieht man die deutlichen Merkmaale der Vergänglichkeit auch an diesem unschätzbaren Feuer, das die Natur zur Fackel der Welt aufgesteckt. Es kommt eine Zeit, darin sie wird erloschen sein. Die Entziehung der flüchtigsten und feinsten Materien, die, durch die Heftigkeit der Hitze zerstreuet, niemals wieder zurück kehren und den Stoff des Zodiakallichts vermehren, die Häufung unverbrennlicher und ausgebrannter Materien, z. E. der Asche auf der Oberfläche, endlich auch der Mangel der Luft werden der Sonne ein Ziel setzen, da ihre Flamme dereinst erlöschen und ihren Ort, der anjetzt der Mittelpunkt des Lichtes und des Lebens dem ganzen Weltgebäude ist, ewige Finsternisse einnehmen werden. Die abwechselnde Bestrebung ihres Feuers, durch die Eröffnung neuer Grüfte wiederum aufzuleben, wodurch sie sich vielleicht vor ihrem Untergange etlichemal herstellt, könnte eine Erklärung des Verschwindens und der Wiedererscheinung einiger Fixsterne abgeben. Es würden Sonnen sein, welche ihrem Erlöschen nahe sind, und die noch etlichemal aus ihrem Schutte aufzuleben trachten. Es mag diese Erklärung Beifall verdienen, oder nicht, so wird man sich doch gewiß diese Betrachtung dazu dienen lassen, einzusehen, daß, da der Vollkommenheit aller Weltordnungen, es sei auf die eine oder andere Art, ein unvermeidlicher Verfall droht, man keine Schwierigkeit in dem oben angeführten Gesetze ihres Unterganges durch den Hang der mechanischen Einrichtung finden werde, welche dadurch aber vornehmlich annehmungswürdig wird, weil sie den Samen der Wiedererneuerung selbst in der Vermengung mit dem Chaos bei sich führt.

Zuletzt lasset uns der Einbildungskraft ein so wunderseltsames Object, als eine brennende Sonne ist, gleichsam von nahen vorstellen. Man sieht in einem Anblicke weite Feuerseen, die ihre Flammen gen Himmel erheben, rasende Stürme, deren Wuth die Heftigkeit der ersten verdoppelt, welche, indem sie selbige über ihre Ufer aufschwellend machen, bald die erhabene Gegenden dieses Weltkörpers bedecken, bald sie in ihre Grenzen zurücksinken lassen; ausgebrannte Felsen, die aus den flammenden Schlünden ihre fürchterliche Spitzen herausstrecken, und deren Überschwemmung oder Entblößung von dem wallenden Feuerelemente das abwechselnde Erscheinen und Verschwinden der Sonnenflecken verursacht; dicke

Dämpfe, die das Feuer ersticken, und die, durch die Gewalt der Winde erhoben, finstre Wolken ausmachen, welche in feurigen Regengüssen wiederum herabstürzen und als brennende Ströme von den Höhen des festen Sonnenlandes* sich in die flammende Thäler ergießen, das Krachen der Elemente, den Schutt ausgebrannter Materien und die mit der Zerstörung ringende Natur, welche selbst mit dem abscheulichsten Zustande ihrer Zerrüttungen die Schönheit der Welt und den Nutzen der Creaturen bewirkt.

Wenn denn die Mittelpunkte aller großen Weltsystemen flammende Körper sind, so ist dieses am meisten von dem Centralkörper desjenigen unermeßlichen Systems zu vermuthen, welches die Fixsterne ausmachen. Wird nun aber dieser Körper, dessen Masse zu der Größe seines Systems ein Verhältnis haben muß, wenn er ein selbstleuchtender Körper oder eine Sonne wäre, nicht mit vorzüglichem Glanze und Größe in die Augen fallen? Gleichwohl sehen wir keinen dergleichen sich ausnehmend unterscheidenden Fixstern unter dem Himmelsheere hervorschimmern. In der That, man darf es sich nicht befremden lassen, wenn dieses nicht geschieht. Wenn er gleich 10000mal unsere Sonne an Größe überträfe, so könnte er doch, wenn man seine Entfernung 100mal größer, als des Sirius seine annimmt, nicht größer und heller, als dieser erscheinen.

---

* Ich schreibe nicht ohne Ursache der Sonnen alle Unebenheiten des festen Landes, der Gebirge und der Thäler zu, die wir auf unserer Erde und anderen Weltkörpern antreffen. Die Bildung einer Weltkugel, die sich aus einem flüssigen Zustande in einen festen verändert, bringt nothwendig solche Ungleichheiten auf der Oberfläche zuwege. Wenn die Oberfläche sich härtet, indessen daß in dem flüssigen inwendigen Theile solcher Masse die Materien sich noch nach Maßgebung ihrer Schwere zum Mittelpunkte hinsenken: so werden die Partikeln des elastischen Luft- oder Feuerelements, das sich in diesen Materien mit untergemengt befindet, herausgejagt und häufen sich unter der indessen festgewordenen Rinde, unter welcher sie große und nach Proportion des Sonnenklumpens ungeheure Höhlen erzeugen, in die gedachte oberste Rinde zuletzt mit mannigfaltigen Einbeugungen hereinsinkt und sowohl erhöhte Gegenden und Gebirge, als auch Thäler und Fluthbette weiter Feuerseen dadurch zubereitet.

ZWEITER THEIL. ZUGABE ZUM 7. HAUPTSTÜCK

Vielleicht aber ist es den künftigen Zeiten aufgehoben, wenigstens noch dereinst die Gegend zu entdecken, wo der Mittelpunkt* des Fixsternensystems, darein unsere Sonne gehört, befindlich ist, oder vielleicht wohl gar zu bestimmen, wohin man den Centralkörper des Universi, nach welchem alle Theile desselben mit einstimmiger Senkung zielen, setzen müsse. Von was für einer Beschaffenheit dieses Fundamentalstück der ganzen Schöpfung sei, und was auf ihm befindlich, wollen wir dem Herrn Wright von Durham zu bestimmen über-

---

* Ich habe eine Muthmaßung, nach welcher es mir sehr wahrscheinlich zu sein dünkt, daß der Sirius oder Hundsstern in dem System der Sterne, die die Milchstraße ausmachen, der Centralkörper sei und den Mittelpunkt einnehme, zu welchem sie sich alle beziehen. Wenn man dieses System nach dem Entwurfe des ersten Theils dieser Abhandlung, wie ein Gewimmel von Sonnen, die zu einer gemeinschaftlichen Fläche gehäuft sind, ansieht, welches nach allen Seiten von dem Mittelpunkte derselben ausgestreuet ist und doch einen gewissen, so zu sagen, zirkelförmichten Raum, der durch die geringe Abweichungen derselben vom Beziehungsplane sich auch in die Breite von beiden Seiten etwas ausdehnt, ausmacht: so wird die Sonne, die sich gleichfalls diesem Plane nahe befindet, die Erscheinung dieser zirkelförmichten, weißlich schimmernden Zone nach derjenigen Seite hin am breitesten sehen, nach welcher sie sich der äußersten Grenze des Systems am nächsten befindet, denn es ist leicht zu vermuthen, daß sie sich nicht eben gerade im Mittelpunkte aufhalten werde. Nun ist der Streif der Milchstraße in dem Theile zwischen den Zeichen des Schwans und des Schützen am breitesten, folglich wird dieses die Seite sein, da der Platz unserer Sonne der äußersten Peripherie des zirkelförmichten Systems am nächsten ist; und in diesem Theile werden wir den Ort, wo die Sternbilder des Adlers und Fuchses mit der Gans stehen, insonderheit für den allernächsten halten, weil daselbst aus dem Zwischenraume, da die Milchstraße sich theilt, die größte scheinbare Zerstreuung der Sterne erhellt. Wenn man daher ungefähr von dem Orte neben dem Schwanze des Adlers eine Linie mitten durch die Fläche der Milchstraße bis zu dem gegenüberstehenden Punkte zieht, so muß diese auf den Mittelpunkt des Systems zutreffen, und sie trifft in der That sehr genau auf den Sirius, den hellsten Stern am ganzen Himmel, der wegen dieser glücklichen, mit seiner vorzüglichen Gestalt so wohl harmonirenden Zusammentreffung es zu verdienen scheint, daß man ihn für den Centralkörper selber halte. Er würde nach diesem Begriffe auch gerade in dem Streife der Milchstraße gesehen werden, wenn nicht der Stand unserer Sonne, der beim Schwanze des Adlers von dem Plane derselben etwas abweicht, den optischen Abstand des Mittelpunktes gegen die andere Seite solcher Zone verursachte.

lassen, der mit einer fanatischen Begeisterung ein kräftiges Wesen von der Götterart mit geistlichen Anziehungs- und Zurückstoßungskräften, das, in einer unendlichen Sphäre um sich wirksam, alle Tugend an sich zöge, die Laster aber zurücktriebe, in diesem glücklichen Orte gleichsam auf einen Thron der gesammten Natur erhöhte. Wir wollen der Kühnheit unserer Muthmaßungen, welchen wir vielleicht nur gar zu viel erlaubt haben, nicht bis zu willkürlichen Erdichtungen den Zügel schießen lassen. Die Gottheit ist in der Unendlichkeit des ganzen Weltenraumes allenthalben gleich gegenwärtig: allenthalben, wo Naturen sind, welche fähig sind, sich über die Abhängigkeit der Geschöpfe zu der Gemeinschaft des höchsten Wesens empor zu schwingen, befindet es sich gleich nahe. Die ganze Schöpfung ist von ihren Kräften durchdrungen, aber nur derjenige, der sich von dem Geschöpfe zu befreien weiß, welcher so edel ist, einzusehen, daß in dem Genusse dieser Urquelle der Vollkommenheit die höchste Staffel der Glückseligkeit einzig und allein zu suchen, der allein ist fähig, diesem wahren Beziehungspunkte aller Trefflichkeit sich näher, als irgend etwas anders in der ganzen Natur zu befinden. Indessen wenn ich, ohne an der enthusiastischen Vorstellung des Engländers Theil zu nehmen, von den verschiedenen Graden der Geisterwelt aus der physischen Beziehung ihrer Wohnplätze gegen den Mittelpunkt der Schöpfung muthmaßen soll, so wollte ich mit mehrer Wahrscheinlichkeit die vollkommensten Classen vernünftiger Wesen weiter von diesem Mittelpunkte, als nahe bei demselben suchen. Die Vollkommenheit mit Vernunft begabter Geschöpfe, in so weit sie von der Beschaffenheit der Materie abhängt, in deren Verbindung sie beschränkt sind, kommt gar sehr auf die Feinigkeit des Stoffes an, dessen Einfluß dieselbe zur Vorstellung der Welt und zur Gegenwirkung in dieselbe bestimmt. Die Trägheit und der Widerstand der Materie schränkt die Freiheit der geistigen Wesen zum Wirken und die Deutlichkeit ihrer Empfindung von äußern Dingen gar zu sehr ein, sie macht ihre Fähigkeiten stumpf, indem sie deren Bewegungen nicht mit gehöriger Leichtigkeit gehorcht. Daher wenn man, wie es wahrscheinlich ist, nahe zum Mittelpunkte der Natur die dichtesten und schwersten Sorten der Materie und dagegen in der größeren Entfernung die zunehmenden Grade der Feinigkeit und Leichtigkeit derselben der Analogie gemäß, die in unserm Weltbau herrscht, annimmt, so ist die Folge begreiflich. Die vernünftigen Wesen, deren Erzeugungsplatz und Aufenthalt näher zu dem Mittelpunkte der Schöpfung sich befindet, sind in eine steife und unbewegliche Materie versenkt, die ihre Kräfte in einer unüberwindlichen Trägheit verschlossen enthält und auch eben so unfähig ist, die Eindrücke des Universi mit der nöthigen Deutlichkeit und Leichtigkeit zu übertragen und mitzutheilen. Man wird diese denkende Wesen also in die niedrige Classe zu zählen haben; dagegen wird mit den Entfernungen vom allgemeinen Centro diese Vollkommenheit der Geisterwelt, welche auf der gewechselten Abhängigkeit derselben von der Materie beruht, wie eine beständige Leiter wachsen. In der tiefsten Erniedrigung zu diesem Senkungspunkte hat man diesem zufolge die schlechtesten und unvollkommensten Gattungen denkender Naturen zu setzen, und hiewärtshin ist, wo diese Trefflichkeit der Wesen sich mit allen Schattirungen der Verminderung endlich in den gänzlichen Mangel der Überlegung und des Denkens verliert. In der That, wenn man erwägt, daß der Mittelpunkt der Natur zugleich der Anfang ihrer Bildung aus dem rohen Zeuge und ihre Grenze mit dem Chaos ausmacht; wenn man dazu setzt, daß die Vollkommenheit geistiger Wesen, welche wohl eine äußerste Grenze ihres Anfanges hat, wo ihre Fähigkeiten mit der Unvernunft zusammenstoßen, aber keine Grenzen der Fortsetzung, über welche sie nicht könnte erhoben werden, sondern nach der Seite hin eine völlige Unendlichkeit vor sich findet; so wird man, wenn ja ein Gesetz statt finden soll, nach welchem der vernünftigen Creaturen Wohnplätze nach der

Ordnung ihrer Beziehung zum gemeinschaftlichen Mittelpunkte vertheilt sind, die niedrigste und unvollkommenste Gattung, die gleichsam den Anfang des Geschlechtes der Geisterwelt ausmacht, an demjenigen Orte zu setzen haben, der der Anfang des gesamten Universi zu nennen ist, um zugleich mit diesem in gleicher Fortschreitung alle Unendlichkeit der Zeit und der Räume mit ins unendliche wachsenden Graden der Vollkommenheit des Denkungsvermögens zu erfüllen und sich gleichsam nach und nach dem Ziele der höchsten Trefflichkeit, nämlich der Gottheit zu nähern, ohne es doch jemals erreichen zu können.

Achtes Hauptstück.

Allgemeiner Beweis von der Richtigkeit einer mechanischen Lehrverfassung, der Einrichtung des Weltbaues überhaupt, insonderheit von der Gewißheit der gegenwärtigen.

Man kann das Weltgebäude nicht ansehen, ohne die trefflichste Anordnung in seiner Einrichtung und die sicheren Merkmaale der Hand Gottes in der Vollkommenheit seiner Beziehungen zu kennen. Die Vernunft, nachdem sie so viel Schönheit, so viel Trefflichkeit erwogen und bewundert hat, entrüstet sich mit Recht über die kühne Thorheit, welche sich unterstehen darf, alles dieses dem Zufalle und einem glücklichen Ungefähr zuzuschreiben. Es muß die höchste Weisheit den Entwurf gemacht und eine unendliche Macht selbigen ausgeführt haben, sonst wäre es unmöglich, so viele in einem Zweck zusammen kommende Absichten in der Verfassung des Weltgebäudes anzutreffen. Es kommt nur noch darauf an, zu entscheiden, ob der Entwurf der Einrichtung des Universi von dem höchsten Verstande schon in die wesentlichen Bestimmungen der ewigen Naturen gelegt und in die allgemeine Bewegungsgesetze gepflanzt sei, um sich aus ihnen auf eine der vollkommensten Ordnung anständige Art ungezwungen zu entwickeln; oder ob die allgemeine Eigenschaften der Bestandtheile der Welt die völlige Unfähigkeit zur Übereinstimmung und nicht die geringste Beziehung zur Verbindung haben und durchaus einer fremden Hand bedurft haben, um diejenige Einschränkung und Zusammenfügung zu überkommen, welche Vollkommenheit und Schönheit an sich blicken läßt. Ein fast allgemeines Vorurtheil hat die meisten Weltweisen gegen die Fähigkeit der Natur, etwas Ordentliches durch ihre allgemeine Gesetze hervorzubringen, eingenommen, gleich als wenn es Gott die Regierung der Welt streitig machen hieße, wenn man die ursprüngliche Bildungen in den Naturkräften sucht, und als wenn diese ein von der Gottheit unabhängiges Principium und ein ewiges blindes Schicksal wären.

Wenn man aber erwägt, daß die Natur und die ewigen Gesetze, welche den Substanzen zu ihrer Wechselwirkung vorgeschrieben sind, kein selbständiges und ohne Gott nothwendiges Principium sei, daß eben dadurch, weil sie so viel Übereinstimmung und Ordnung in demjenigen zeigt, was sie durch allgemeine Gesetze hervorbringt, zu ersehen ist, daß die Wesen aller Dinge in einem gewissen Grundwesen ihren gemeinschaftlichen Ursprung haben müssen, und daß sie darum lauter gewechselte Beziehungen und lauter Harmonie zeigen, weil ihre Eigenschaften in einem einzigen höchsten Verstande ihre Quelle haben, dessen weise Idee sie in durchgängigen Beziehungen entworfen und ihnen diejenige Fähigkeit eingepflanzt hat, dadurch sie lauter Schönheit, lauter Ordnung in dem ihnen selbst gelassenen Zustande ihrer Wirksamkeit hervorbringen, wenn man, sage ich, dieses erwägt, so wird die Natur uns würdiger, als sie gemeiniglich angesehen wird, erscheinen, und man wird von ihren Auswickelungen nichts, als Übereinstimmung, nichts als Ordnung erwarten. Wenn man hingegen einem ungegründeten Vorurtheile Platz läßt, daß die allgemeine Naturgesetze an und für sich selber nichts als Unordnung zuwege bringen, und aller Übereinstimmung zum Nutzen, welche bei der Verfassung der Natur hervor leuchtet, die unmittelbare Hand Gottes anzeigt: so wird man genöthigt, die ganze Natur in Wunder zu verkehren. Man wird den schönen farbichten Bogen, der in den Regentropfen erscheint, wenn dieselben die Farben des Sonnenlichts absondern, wegen seiner Schönheit, den Regen wegen seines Nutzens, die Winde wegen der unentbehrlichen Vortheile, die sie in unendlichen Arten der menschlichen Bedürfnisse leisten, kurz, alle Veränderungen der Welt, welche Wohlanständigkeit und Ordnung mit sich führen, nicht aus den eingepflanzten Kräften der Materie herleiten sollen. Das Beginnen der Naturforscher, die sich mit einer solchen Weltweisheit abgegeben haben, wird vor dem Richterstuhle der Religion eine feierliche Abbitte thun müssen. Es wird in der That alsdann keine Natur mehr sein; es wird nur ein Gott in der Maschine die Veränderungen der Welt hervor bringen. Aber was wird denn dieses seltsame Mittel, die Gewißheit des höchsten Wesens aus der wesentlichen Unfähigkeit der Natur zu beweisen, für eine Wirkung zur Überführung des Epikurers thun? Wenn die Naturen der Dinge durch die ewigen Gesetze ihrer Wesen nichts als Unordnung und Ungereimtheit zuwege bringen, so werden sie eben dadurch den Charakter ihrer Unabhängigkeit von Gott beweisen; und was für einen Begriff wird man sich von einer Gottheit machen können, welcher die allgemeinen Naturgesetze nur durch eine Art von Zwange gehorchen und an und für sich dessen weisesten Entwürfen widerstreiten? Wird der Feind der Vorsehung nicht eben so viel Siege über diese falschen Grundsätze davon tragen, als er Übereinstimmungen aufweisen kann, welche die allgemeinen Wirkungsgesetze der Natur ohne alle besondere Einschränkungen hervorbringen? und wird es ihm wohl an solchen Beispielen fehlen können? Dagegen lasset uns mit größerer Anständigkeit und Richtigkeit also schließen: Die Natur, ihren allgemeinen Eigenschaften überlassen, ist an lauter schönen und vollkommenen Früchten fruchtbar, welche nicht allein an sich Übereinstimmung und Trefflichkeit zeigen, sondern auch mit dem ganzen Umfange ihrer Wesen mit dem Nutzen der Menschen und der Verherrlichung der göttlichen Eigenschaften wohl harmonieren. Hieraus folgt, daß ihre wesentlichen Eigenschaften keine unabhängige Nothwendigkeit haben können, sondern daß sie ihren Ursprung in einem einzigen Verstande, als dem Grunde und der Quelle aller Wesen, haben müssen, in welchem sie unter gemeinschaftlichen Beziehungen entworfen sind. Alles, was sich auf einander zu einer gewechselten Harmonie bezieht, muß in einem einzigen Wesen, von welchem es insgesammt abhängt, unter einander verbunden werden. Also ist ein Wesen aller Wesen, ein unendlicher Verstand und selbständige Weisheit, vorhanden, daraus die Natur auch sogar ihrer Möglichkeit nach in dem ganzen Inbegriffe der Bestimmungen ihren Ursprung zieht. Nunmehr darf man die Fähigkeit der Natur, als dem Dasein eines höchsten Wesens nachtheilig, nicht bestreiten; je vollkommener sie in ihren Entwickelungen ist, je besser ihre allgemeinen Gesetze zur Ordnung und Übereinstimmung führen: ein desto sicherer Beweisthum der Gottheit ist sie, von welcher sie diese Verhältnisse entlehnt. Ihre Hervorbringungen sind nicht mehr Wirkungen des Ungefährs und Folgen des Zufalls: es fließt alles nach unwandelbaren Gesetzen von ihr ab, welche darum lauter Geschicktes darstellen müssen, weil sie lauter Züge aus dem allerweisesten Entwurfe sind, aus dem die Unordnung verbannt ist. Nicht der ungefähre Zusammenlauf der Atomen des Lucrez hat die Welt gebildet; eingepflanzte Kräfte und Gesetze, die den weisesten Verstand zur Quelle haben, sind ein unwandelbarer Ursprung derjenigen Ordnung gewesen, die aus ihnen nicht von ungefähr, sondern nothwendig abfließen mußte.

Wenn man sich also eines alten und ungegründeten Vorurtheils und der faulen Weltweisheit entschlagen kann, die unter einer andächtigen Miene eine träge Unwissenheit zu verbergen trachtet, so hoffe ich, auf unwidersprechliche Gründe eine sichere Überzeugung zu gründen: **daß die Welt eine mechanische Entwicklung aus den allgemeinen Naturgesetzen zum Ursprunge ihrer Verfassung erkenne; und daß zweitens die Art der mechanischen Erzeugung, die wir vorgestellt haben, die wahre sei.** Wenn man beurtheilen will, ob die Natur genugsame Fähigkeiten habe, durch eine mechanische Folge ihrer Bewegungsgesetze die Anordnung des Weltbaues zuwege zu bringen, so muß man vorher erwägen, wie einfach die Bewegungen sind, welche die Weltkörper beobachten, und daß sie nichts an sich haben, was eine genauere Bestimmung erforderte, als es die allgemeinen Regeln der Naturkräfte mit sich führen. Die Umlaufsbewegungen bestehen aus der Verbindung der sinkenden Kraft, die eine gewisse Folge aus den Eigenschaften der Materie ist, und aus der schießenden Bewegung, die als die Wirkung der ersteren, als eine durch das Herabsinken erlangte Geschwindigkeit kann angesehen werden, in der nur eine gewisse Ursache nöthig gewesen, den senkrechten Fall seitwärts abzubeugen. Nach einmal erlangter Bestimmung dieser Bewegungen ist nichts ferner nöthig, sie auf immer zu erhalten. Sie bestehen in dem leeren Raume durch die Verbindung der einmal eingedrückten schießenden Kraft mit der aus den wesentlichen Naturkräften fließenden Attraction und leiden weiterhin keine Veränderung. Allein die Analogien in der Übereinstimmung dieser Bewegungen bezeigen die Wirklichkeit eines mechanischen Ursprunges so deutlich, daß man daran keinen Zweifel tragen kann. Denn

1. haben diese Bewegungen eine durchgehends übereinstimmende Richtung, daß von sechs Hauptplaneten, von 10 Trabanten sowohl in ihrer fortrückenden Bewegung, als in ihren

Umdrehungen um die Achse nicht ein einziger ist, der nach einer andern Seite, als von Abend gegen Morgen sich bewegte. Diese Richtungen sind überdem so genau zusammentreffend, daß sie nur wenig von einer gemeinschaftlichen Fläche abweichen, und diese Fläche, auf welche sich alles bezieht, ist die Äquatorsfläche des Körpers, der in dem Mittelpunkte des ganzen Systems sich nach eben derselben Gegend um die Achse dreht, und der durch seine vorzügliche Attraction der Beziehungspunkt aller Bewegungen geworden und folglich an denselben so genau, als möglich hat Theil nehmen müssen. Ein Beweis, daß die gesammte Bewegungen auf eine den allgemeinen Naturgesetzen gemäße mechanische Art entstanden und bestimmt worden, und daß die Ursache, welche entweder die Seitenbewegungen eindrückte, oder richtete, den ganzen Raum des Planetengebäudes beherrscht hat und darin den Gesetzen gehorcht, welche die in einem gemeinschaftlich bewegten Raume befindliche Materie beobachtet, daß alle verschiedene Bewegungen zuletzt eine einzige Richtung annehmen und sich insgesammt so genau, als möglich auf eine einzige Fläche beziehend machen.

2. sind die Geschwindigkeiten so beschaffen, als sie es in einem Raume sein müssen, da die bewegende Kraft in dem Mittelpunkte ist, nämlich sie nehmen in beständigen Graden mit den Entfernungen von diesem ab und verlieren sich in der größten Weite in eine gänzliche Mattigkeit der Bewegung, welche den senkrechten Fall nur sehr wenig seitwärts beugt. Vom Mercur an, welcher die größte Schwungskraft hat, sieht man diese stufenweise sich vermindern und in dem äußersten Kometen so gering sein, als sie es sein kann, um nicht gerade in die Sonne zu fallen. Man kann nicht einwenden, daß die Regeln der Centralbewegungen in Zirkelkreisen es so erheischen, daß, je näher zum Mittelpunkte der allgemeinen Senkung, desto größer die Umschwungsgeschwindigkeit sein müsse; denn woher müssen eben die diesem Centro nahen Himmelskörper

zirkelförmichte Kreise haben? woher sind nicht die nächsten sehr excentrisch und die entfernteren in Zirkeln umlaufend? oder vielmehr, da sie alle von dieser abgemessenen geometrischen Genauheit abweichen: warum nimmt diese Abweichung mit den Entfernungen zu? Bezeichnen diese Verhältnisse nicht den Punkt, zu dem alle Bewegung ursprünglich sich gedrängt und nach dem Maße der Naheit auch größere Grade erlangt hat, bevor andere Bestimmungen ihre Richtungen in die gegenwärtige verändert haben?

Will man nun aber die Verfassung des Weltbaues und den Ursprung der Bewegungen von den allgemeinen Naturgesetzen ausnehmen, um sie der unmittelbaren Hand Gottes zuzuschreiben, so wird man alsbald inne, daß die angeführte Analogien einen solchen Begriff offenbar widerlegen. Denn was erstlich die durchgängige Übereinstimmung in der Richtung betrifft, so ist offenbar, daß hier kein Grund sei, woher die Weltkörper gerade nach einer einzigen Gegend ihre Umläufe anstellen müßten, wenn der Mechanismus ihrer Erzeugung sie nicht dahin bestimmt hätte. Denn der Raum, in dem sie laufen, ist unendlich wenig widerstehend und schränkt ihre Bewegungen so wenig nach der einen Seite, als nach der andern ein; also würde die Wahl Gottes ohne den geringsten Bewegungsgrund sich nicht an eine einzige Bestimmung binden, sondern sich mit mehrerer Freiheit in allerlei Abwechselungen und Verschiedenheit zeigen. Noch mehr: warum sind die Kreise der Planeten so genau auf eine gemeinschaftliche Fläche beziehend, nämlich auf die Äquatorsfläche desjenigen großen Körpers, der in dem Mittelpunkte aller Bewegung ihre Umläufe regiert? Diese Analogie, an statt einen Bewegungsgrund der Wohlanständigkeit an sich zu zeigen, ist vielmehr die Ursache einer gewissen Verwirrung, welche durch eine freie Abweichung der Planetenkreise würde gehoben werden: denn die Anziehungen der Planeten stören anjetzt gewissermaßen die Gleichförmigkeit ihrer Bewegungen und würden einander gar nicht hinderlich sein, wenn sie sich nicht so genau auf eine gemeinschaftliche Fläche bezögen.

Noch mehr, als alle diese Analogien zeigt sich das deutlichste Merkmaal von der Hand der Natur an dem Mangel der genauesten Bestimmung in denjenigen Verhältnissen, die sie zu erreichen bestrebt gewesen. Wenn es am besten wäre, daß die Planetenkreise beinahe auf eine gemeinschaftliche Fläche gestellt wären, warum sind sie es nicht ganz genau? und warum ist ein Theil derjenigen Abweichung übrig geblieben, welche hat vermieden werden sollen? Wenn darum die der Laufbahne der Sonne nahen Planeten die der Attraction das Gleichgewicht haltende Größe der Schwungskraft empfangen haben, warum fehlt noch etwas an dieser völligen Gleichheit? und woher sind ihre Umläufe nicht vollkommen zirkelrund, wenn bloß die weiseste Absicht, durch das größte Vermögen unterstützt, diese Bestimmung hervorzubringen getrachtet hat? Ist es nicht klar einzusehen, daß diejenige Ursache, welche die Laufbahnen der Himmelskörper gestellt hat, indem sie selbige auf eine gemeinschaftliche Fläche zu bringen bestrebt gewesen, es nicht völlig hat ausrichten können; ingleichen, daß die Kraft, welche den Himmelsraum beherrschte, als alle Materie, die nunmehr in Kugeln gebildet ist, ihre Umschwungsgeschwindigkeiten erhielt, sie zwar nahe beim Mittelpunkte in ein Gleichgewicht mit der senkenden Gewalt zu bringen getrachtet hat, aber die völlige Genauheit nicht hat erreichen können? Ist nicht das gewöhnliche Verfahren der Natur hieran zu erkennen, welches durch die Dazwischenkunft der verschiedenen Mitwirkungen allemal von der ganz abgemessenen Bestimmung abweichend gemacht wird? und wird man wohl lediglich in den Endzwecken des unmittelbar so gebietenden höchsten Willens die Gründe dieser Beschaffenheit finden? Man kann, ohne eine Hartnäckigkeit zu bezeigen, nicht in Abrede sein, daß die gepriesene Erklärungsart von den Natureigenschaften durch Anführung ihres Nutzens Grund anzugeben hier nicht die verhoffte Probe halte. Es war gewiß in Ansehung des Nutzens der Welt ganz gleichgültig, ob die Planetenkreise völlig zirkelrund, oder ob sie ein wenig excentrisch wären; ob sie mit der Fläche ihrer allgemeinen Beziehung völlig zusammen treffen, oder noch etwas davon abweichen sollten; vielmehr wenn es ja nöthig war, in dieser Art von Übereinstimmungen beschränkt zu sein, so war es am besten, sie völlig an sich zu haben. Wenn es wahr ist, was der Philosoph sagte, daß Gott beständig die Geometrie ausübt; wenn dieses auch in den Wegen der allgemeinen Naturgesetze hervor leuchtet: so würde gewiß diese Regel bei den unmittelbaren Werken des allmächtigen Willens vollkommen zu spüren sein, und diese würden alle Vollkommenheit der geometrischen Genauheit an sich zeigen. Die Kometen gehören mit unter diese Mängel der Natur. Man kann nicht leugnen, daß in Ansehung ihres Laufes und der Veränderungen, die sie dadurch erleiden, sie als unvollkommene Glieder der Schöpfung anzusehen seien, welche weder dienen können, vernünftigen Wesen bequeme Wohnplätze abzugeben, noch dem Besten des ganzen Systems dadurch nützlich zu werden, daß sie, wie man vermuthet hat, der Sonne dereinst zur Nahrung dienten; denn es ist gewiß, daß die meisten derselben diesen Zweck nicht eher, als bei dem Umsturze des ganzen planetischen Gebäudes erreichen würden. In dem Lehrbegriffe von der unmittelbaren höchsten Anordnung der Welt ohne eine natürliche Entwickelung aus allgemeinen Naturgesetzen würde eine solche Anmerkung anstößig sein, ob sie gleich gewiß ist. Allein in einer mechanischen Erklärungsart verherrlicht sich dadurch die Schönheit der Welt und die Offenbarung der Allmacht nicht wenig. Die Natur, indem sie alle mögliche Stufen der Mannigfaltigkeit in sich faßt, erstreckt ihren Umfang über alle Gattungen von der Vollkommenheit bis zum Nichts, und die Mängel selber sind ein Zeichen des Überflusses, an welchem ihr Inbegriff unerschöpft ist.

Es ist zu glauben, daß die angeführten Analogien so viel über das Vorurtheil vermögen würden, den mechanischen Ursprung des Weltgebäudes annehmungswürdig zu machen, wenn nicht noch gewisse Gründe, die aus der Natur der Sache selber hergenommen sind, dieser Lehrverfassung gänzlich zu widersprechen schienen. Der Himmelsraum ist, wie schon mehrmals gedacht, leer, oder wenigstens mit unendlich dünner Materie angefüllt, welche folglich kein Mittel hat abgeben können, den Himmelskörpern gemeinschaftliche Bewegungen einzudrücken. Diese Schwierigkeit ist so bedeutend und gültig, daß Newton, welcher Ursache hatte, den Einsichten seiner Weltweisheit so viel als irgend ein Sterblicher zu vertrauen, sich genöthigt sah, allhier die Hoffnung aufzugeben, die Eindrückung der den Planeten beiwohnenden Schwungkräfte unerachtet aller Übereinstimmung, welche auf einen mechanischen Ursprung zeigte, durch die Gesetze der Natur und die Kräfte der Materie auszulösen. Ob es gleich für einen Philosophen eine betrübte Entschließung ist, bei einer zusammengesetzten und noch weit von den einfachen Grundgesetzen entfernten Beschaffenheit die Bemühung der Untersuchung aufzugeben und sich mit der Anführung des unmittelbaren Willens Gottes zu begnügen: so erkannte doch Newton hier die Grenzscheidung, welche die Natur und den Finger Gottes, den Lauf der eingeführten Gesetze der ersteren und den Wink des letzteren von einander scheidet. Nach eines so großen Weltweisen Verzweifelung scheint es eine Vermessenheit zu sein, noch einen glücklichen Fortgang in einer Sache von solcher Schwierigkeit zu hoffen.

Allein eben dieselbe Schwierigkeit, welche dem Newton die Hoffnung benahm, die den Himmelskörpern ertheilte Schwungkräfte, deren Richtung und Bestimmungen das Systematische des Weltbaues ausmacht, aus den Kräften der Natur zu begreifen, ist die Quelle der Lehrverfassung gewesen, die wir in den vorigen Hauptstücken vorgetragen haben. Sie gründet einen mechanischen Lehrbegriff, aber einen solchen, der weit von demjenigen entfernt ist, welchen Newton unzulänglich befand, und um dessen willen er alle Unterursachen verwarf, weil er (wenn ich es mir unterstehen darf, zu sagen) darin irrte, daß er ihn für den einzigen unter allen möglichen seiner Art hielt. Es ist ganz leicht und natürlich selbst vermittelst der Schwierigkeit des Newton durch eine kurze und gründliche Schlußfolge auf die Gewißheit derjenigen mechanischen Erklärungsart zu kommen, die wir in dieser Abhandlung entworfen haben. Wenn man voraussetzt (wie man denn nicht umhin kann, es zu bekennen), daß die obigen Analogien es mit größter Gewißheit festsetzen, daß die harmonirenden und sich auf einander ordentlich beziehenden Bewegungen und Kreise der Himmelskörper eine natürliche Ursache als ihren Ursprung anzeigen: so kann diese doch nicht dieselbe Materie sein, welche anjetzt den Himmelsraum erfüllt. Also muß diejenige, welche ehedem diese Räume erfüllte, und deren Bewegung der Grund von den gegenwärtigen Umläufen der Himmelskörper gewesen ist, nachdem sie sich auf diese Kugeln versammlet und dadurch die Räume gereinigt hat, die man anjetzt leer sieht, oder, welches unmittelbar hieraus herfließt, die Materien selber, daraus die Planeten, die Kometen, ja die Sonne bestehen, müssen anfänglich in dem Raume des planetischen Systems ausgebreitet gewesen sein und in diesem Zustande sich in Bewegungen versetzt haben, welche sie behalten haben, als sie sich in besondere Klumpen vereinigten und die Himmelskörper bildeten, welche alle den ehemals zerstreuten Stoff der Weltmaterie in sich fassen. Man ist hiebei nicht lange in Verlegenheit, das Triebwerk zu entdecken, welches diesen Stoff der sich bildenden Natur in Bewegung gesetzt haben möge. Der Antrieb selber, der die Vereinigung der Massen zuwege brachte, die Kraft der Anziehung, welche der Materie wesentlich beiwohnt und sich daher bei der ersten Regung der Natur zur ersten Ursache der Bewegung so wohl schickt, war die Quelle derselben. Die Richtung, welche bei dieser Kraft immer gerade zum Mittelpunkte hin zielt, macht allhier kein Bedenken; denn es ist gewiß, daß der feine Stoff zerstreueter Elemente in der senkrechten Bewegung sowohl durch die Mannigfaltigkeit der Attractionspunkte, als durch die Hinderniß, die einander ihre durchkreuzende Richtungslinien leisten, hat in verschiedene Seitenbewegungen ausschlagen müssen, bei denen das gewisse Naturgesetz, welches macht, daß alle einander durch gewechselte Wirkung einschränkende Materie sich zuletzt auf einen solchen Zustand bringt, da eine der andern so wenig Veränderung, als möglich mehr zuzieht, sowohl die Einförmigkeit der Richtung, als auch die gehörigen Grade der Geschwindigkeiten hervorgebracht hat, die in jedem Abstande nach der Centralkraft abgewogen sind, und durch deren Verbindung die Elemente weder über noch unter sich auszuschweifen trachten: da alle Elemente also nicht allein nach einer Seite, sondern auch beinahe in parallelen und freien Zirkeln um den gemeinschaftlichen Senkungspunkt in dem dünnen Himmelsraume umlaufend gemacht worden. Diese Bewegungen der Theile mußten hernach fortdauren, als sich planetische Kugeln daraus gebildet hatten, und bestehen anjetzt durch die Verbindung des einmal eingepflanzten Schwunges mit der Centralkraft in unbeschränkte künftige Zeiten. Auf diesem so begreiflichen Grunde beruhen die Einförmigkeit der Richtungen in den Planetenkreisen, die genaue Beziehung auf eine gemeinschaftliche Fläche, die Mäßigung der Schwungskräfte nach der Attraction des Ortes, die mit den Entfernungen abnehmende Genauheit dieser Analogien und die freie Abweichung der äußersten Himmelskörper nach beiden Seiten sowohl, als nach entgegengesetzter Richtung. Wenn diese Zeichen der gewechselten Abhängigkeit in den Bestimmungen der Erzeugung auf eine durch den ganzen Raum verbreitete ursprünglich bewegte Materie mit offenbarer Gewißheit zeigen, so beweiset der gänzliche Mangel aller Materien in diesem nunmehr leeren Himmelsraume außer denjenigen, woraus die Körper der Planeten, der Sonne und der

Kometen zusammengesetzt sind, daß diese selber im Anfange in diesem Zustande der Ausbreitung müsse gewesen sein. Die Leichtigkeit und Richtigkeit, mit welcher aus diesem angenommenen Grundsatze alle Phänomena des Weltbaues in den vorigen Hauptstücken hergeleitet worden, ist eine Vollendung solcher Muthmaßung und giebt ihr einen Werth, der nicht mehr willkürlich ist.

Die Gewißheit einer mechanischen Lehrverfassung von dem Ursprunge des Weltgebäudes, vornehmlich des unsrigen, wird auf den höchsten Gipfel der Überzeugung erhoben, wenn man die Bildung der Himmelskörper selber, die Wichtigkeit und Größe ihrer Massen nach den Verhältnissen erwägt, die sie in Ansehung ihres Abstandes von dem Mittelpunkte der Gravitation haben. Denn erstlich ist die Dichtigkeit ihres Stoffes, wenn man sie im Ganzen ihres Klumpens erwägt, in beständigen Graden mit den Entfernungen von der Sonne abnehmend: eine Bestimmung, die so deutlich auf die mechanische Bestimmungen der ersten Bildung zielt, daß man nichts mehr verlangen kann. Sie sind aus solchen Materien zusammengesetzt, deren die von schwererer Art einen tiefern Ort zu dem gemeinschaftlichen Senkungspunkte, die von leichterer Art aber einen entfernteren Abstand bekommen haben: welche Bedingung in aller Art der natürlichen Erzeugung nothwendig ist. Aber bei einer unmittelbar aus dem göttlichen Willen fließenden Einrichtung ist nicht der mindeste Grund zu gedachtem Verhältnisse anzutreffen. Denn ob es gleich scheinen möchte, daß die entfernteren Kugeln aus leichterem Stoffe bestehen müßten, damit sie von der geringern Kraft der Sonnenstrahlen die nöthige Wirkung verspüren könnten: so ist dieses doch nur ein Zweck, der auf die Beschaffenheit der auf der Oberfläche befindlichen Materien und nicht auf die tieferen Sorten ihres inwendigen Klumpens zielt, als in welche die Sonnenwärme niemals einige Wirkung thut, die auch nur dienen die Attraction des Planeten, welche die ihn umgebenden Körper zu ihm sinkend machen soll, zu bewirken, und daher nicht die mindeste Beziehung auf die Stärke oder Schwäche der Sonnenstrahlen haben dürfen. Wenn man daher fragt, woher die aus den richtigen Rechnungen des Newton gezogene Dichtigkeit der Erde, des Jupiters, des Saturns sich gegeneinander wie 400, 94 1/2 und 64 verhalten: so wäre es ungereimt die Ursache der Absicht Gottes, welcher sie nach den Graden der Sonnenwärme gemäßigt hat, beizumessen; denn da kann unsere Erde uns zum Gegenbeweise dienen, bei der die Sonne nur in eine so geringe Tiefe unter der Oberfläche durch ihre Strahlen wirkt, daß derjenige Theil ihres Klumpens, der dazu einige Beziehung haben muß, bei weitem nicht den millionsten Theil des Ganzen beträgt, wovon das übrige in Ansehung dieser Absicht völlig gleichgültig ist. Wenn also der Stoff, daraus die Himmelskörper bestehen, ein ordentliches mit den Entfernungen harmonierendes Verhältniß gegen einander hat, und die Planeten einander anjetzt nicht einschränken können, da sie nun in leerem Raume von einander abstehen: so muß ihre Materie vordem in einem Zustande gewesen sein, da sie in einander gemeinschaftliche Wirkung thun können, um sich in die ihrer specifischen Schwere proportionirte Örter einzuschränken, welches nicht anders hat geschehen können, als daß ihre Theile vor der Bildung in dem ganzen Raume des Systems ausgebreitet gewesen und dem allgemeinen Gesetze der Bewegung gemäß Örter gewonnen haben, welche ihrer Dichtigkeit gebühren.

Das Verhältniß unter der Größe der planetischen Massen, welches mit den Entfernungen zunimmt, ist der zweite Grund, der die mechanische Bildung der Himmelskörper und vornehmlich unsere Theorie von derselben klärlich beweiset. Warum nehmen die Massen der Himmelskörper ungefähr mit den Entfernungen zu? Wenn man einer der Wahl Gottes alles zuschreibenden Lehrart nachgeht, so könnte keine andere Absicht gedacht werden, warum die entfernten Planeten größere Massen haben müssen, als damit sie durch die vorzügliche

Stärke ihrer Anziehung in ihrer Sphäre einen oder etliche Monde begreifen könnten, welche dienen sollen den Bewohnern, welche für sie bestimmt sind, den Aufenthalt bequemlich zu machen. Allein dieser Zweck konnte eben sowohl durch eine vorzügliche Dichtigkeit in dem Inwendigen ihres Klumpens erhalten werden, und warum mußte denn die aus besonderen Gründen fließende Leichtigkeit des Stoffes, welche diesem Verhältniß entgegen ist, bleiben und durch den Vorzug des Volumens so weit übertroffen werden, daß dennoch die Masse der obern wichtiger als der untern ihre würde? Wenn man nicht auf die Art der natürlichen Erzeugung dieser Körper Acht hat, so wird man schwerlich von diesem Verhältnisse Grund geben können; aber in Betrachtung derselben ist nichts leichter, als diese Bestimmung zu begreifen. Als der Stoff aller Weltkörper in dem Raum des planetischen Systems noch ausgebreitet war, so bildete die Anziehung aus diesen Theilchen Kugeln, welche ohne Zweifel um desto größer werden mußten, je weiter der Ort ihrer Bildungssphäre von demjenigen allgemeinen Centralkörper entfernt war, der aus dem Mittelpunkte des ganzen Raumes durch eine vorzüglich mächtige Attraction diese Vereinigung, so viel an ihm ist, einschränkte und hinderte.

Man wird die Merkmaale dieser Bildung der Himmelskörper aus dem im Anfange ausgebreitet gewesenen Grundstoffe mit Vergnügen an der Weite der Zwischenräume gewahr, die ihre Kreise von einander scheiden, und die nach diesem Begriffe als die leeren Fächer müssen angesehen werden, aus denen die Planeten die Materie zu ihrer Bildung hergenommen haben. Man sieht, wie diese Zwischenräume zwischen den Kreisen ein Verhältniß zu der Größe der Massen haben, die daraus gebildet sind. Die Weite zwischen dem Kreise des Jupiters und des Mars ist so groß, daß der darin beschlossene Raum die Fläche aller unteren Planetenkreise zusammengenommen übertrifft: allein er ist des größten unter allen Planeten würdig, desjenigen, der mehr Masse hat, als alle übrigen zusammen. Man kann diese Entfernung des Jupiters von dem Mars nicht der Absicht beimessen, daß ihre Attractionen einander so wenig als möglich hindern sollten. Denn nach solchem Grunde würde sich der Planet zwischen zwei Kreisen allemal demjenigen Planeten am nächsten befinden, dessen mit der seinigen vereinigte Attraction die beiderseitigen Umläufe um die Sonne am wenigsten stören kann: folglich demjenigen, der die kleinste Masse hat. Weil nun nach den richtigen Rechnungen Newtons die Gewalt, womit Jupiter in den Lauf des Mars wirken kann, sich zu derjenigen, die er in den Saturn durch die vereinigte Anziehung ausübt, wie $1/12512$ zu $1/200$ verhält: so kann man leicht die Rechnung machen, um wie viel Jupiter sich dem Kreise des Mars näher befinden müßte, als des Saturns seinem, wenn ihr Abstand durch die Absicht ihrer äußerlichen Beziehung und nicht durch den Mechanismus ihrer Erzeugung bestimmt worden wäre. Da dieses sich nun aber ganz anders befindet, da ein planetischer Kreis in Ansehung der zwei Kreise, die über und unter ihm sind, sich oft von demjenigen abstehender befindet, in welchem ein kleinerer Planet läuft, als von der Bahn dessen von größerer Masse, die Weite des Raumes aber um den Kreis eines jeden Planeten allemal ein richtiges Verhältniß zu seiner Masse hat: so ist klar, daß die Art der Erzeugung diese Verhältnisse müsse bestimmt haben, und daß, weil diese Bestimmungen so, wie die Ursache und die Folgen derselben scheinen verbunden zu sein, man es wohl am richtigsten treffen wird, wenn man die zwischen den Kreisen begriffene Räume als die Behältnisse desjenigen Stoffes ansieht, daraus sich die Planeten gebildet haben: woraus unmittelbar folgt, daß deren Größe dieser ihren Massen proportionirt sein muß, welches Verhältniß aber bei den entferntern Planeten durch die in dem ersten Zustande größere Zerstreuung der elementarischen Materie in diesen Gegenden vermehrt wird. Daher von zwei Planeten, die an Masse einander ziemlich gleich kommen, der entferntere einen größern Bildungsraum, d. i. einen größern Abstand von den beiden nächsten Kreisen, haben muß, sowohl weil der Stoff daselbst an sich specifisch leichterer Art, als auch weil er zerstreuter war, als bei dem, so sich näher zu der Sonne bildete. Daher obgleich die Erde zusammt dem Monde der Venus noch nicht an körperlichem Inhalte gleich zu sein scheint, so hat sie dennoch um sich einen größern Bildungsraum erfordert: weil sie sich aus einem mehr zerstreuten Stoffe zu bilden hatte, als dieser untere Planet. Vom Saturn ist aus diesen Gründen zu vermuthen, daß seine Bildungssphäre sich auf der abgelegenen Seite viel weiter wird ausgebreitet haben, als auf der Seite gegen den Mittelpunkt hin (wie denn dieses fast von allen Planeten gilt); und daher wird der Zwischenraum zwischen dem Saturnuskreise und der Bahn des diesem Planeten zunächst obern Himmelskörpers, den man über ihm vermuthen kann, viel weiter, als zwischen eben demselben und dem Jupiter sein.

Also geht alles in dem planetischen Weltbaue stufenweise mit richtigen Beziehungen zu der ersten erzeugenden Kraft, die neben dem Mittelpunkte wirksamer als in der Ferne gewesen, in alle unbeschränkte Weiten fort. Die Verminderung der eingedrückten schießenden Kraft, die Abweichung von der genauesten Übereinstimmung in der Richtung und der Stellung der Kreise, die Dichtigkeiten der Himmelskörper, die Sparsamkeit der Natur in Absehen auf den Raum ihrer Bildung: alles vermindert sich stufenartig von dem Centro in die weiten Entfernungen; alles zeigt, daß die erste Ursache an die mechanischen Regeln der Bewegung gebunden gewesen und nicht durch eine freie Wahl gehandelt hat.

Allein was so deutlich, als irgend sonst etwas die natürliche Bildung der Himmelskugeln aus dem ursprünglich in dem Raume des Himmels, der nunmehr leer ist, ausgebreitet gewesenen Grundstoffe anzeigt, ist diejenige Übereinstimmung, die ich von dem Herrn von Buffon entlehne, die aber in seiner Theorie bei weitem den Nutzen, als in der unsrigen nicht hat.

Denn nach seiner Bemerkung, wenn man die Planeten, deren Massen man durch Rechnung bestimmen kann, zusammen summirt, nämlich den Saturn, den Jupiter, die Erde und den Mond: so geben sie einen Klumpen, dessen Dichtigkeit der Dichtigkeit des Sonnenkörpers wie 640 zu 650 beikommt, gegen welche, da es die Hauptstücke in dem planetischen System sind, die übrigen Planeten Mars, Venus und Mercur, kaum verdienen gerechnet zu werden; so wird man billig über die merkwürdige Gleichheit erstaunen, die zwischen der Materie des gesammten planetischen Gebäudes, wenn es als in einem Klumpen vereinigt betrachtet wird, und zwischen der Masse der Sonnen herrscht. Es wäre ein unverantwortlicher Leichtsinn, diese Analogie einem Ungefähr zuzuschreiben, welcher unter einer Mannigfaltigkeit so unendlich verschiedener Materien, deren nur allein auf unserer Erde einige anzutreffen sind, die 15tausendmal an Dichtigkeit von einander übertroffen werden, dennoch im Ganzen dem Verhältniß von 1 zu 1 so nahe kommen; und man muß zugeben, daß, wenn man die Sonne als ein Mengsel von allen Sorten Materie, die in dem planetischen Gebäude von einander geschieden sind, betrachtet, alle insgesammt sich in einem Raume scheinen gebildet zu haben, der ursprünglich mit gleichförmig ausgebreitetem Stoffe erfüllt war, und auf dem Centralkörper sich ohne Unterschied versammlet, zur Bildung der Planeten aber nach Maßgebung der Höhen eingetheilt worden. Ich überlasse es denen, die die mechanische Erzeugung der Weltkörper nicht zugeben können, aus den Bewegungsgründen der Wahl Gottes diese so besondere Übereinstimmung, wo sie können, zu erklären. Ich will endlich aufhören, eine Sache von so überzeugender Deutlichkeit, als die Entwickelung des Weltgebäudes aus den Kräften der Natur ist, auf mehr Beweisthümer zu gründen. Wenn man im Stande ist, bei so vieler Überführung unbeweglich zu bleiben, so muß man entweder gar zu tief in den Fesseln des Vorurtheils liegen, oder gänzlich unfähig sein, sich über den Wust hergebrachter Meinungen zu der Betrachtung der allerreinsten Wahrheit empor zu schwingen. Indessen ist zu glauben, daß niemand als die Blödsinnigen, auf deren Beifall man nicht rechnen darf, die Richtigkeit dieser Theorie verkennen könnte, wenn die Übereinstimmungen, die der Weltbau in allen seinen Verbindungen zu dem Nutzen der vernünftigen Creatur hat, nicht etwas mehr, als bloße allgemeine Naturgesetze zum Grunde zu haben schienen. Man glaubt auch mit Recht, daß geschickte Anordnungen, welche auf einen würdigen Zweck abzielen, einen weisen Verstand zum Urheber haben müssen, und man wird völlig befriedigt werden, wenn man bedenkt, daß, da die Naturen der Dinge keine andere, als eben diese Urquelle erkennen, ihre wesentliche und allgemeine Beschaffenheiten eine natürliche Neigung zu anständigen und unter einander wohl übereinstimmenden Folgen haben müssen. Man wird sich also nicht befremden dürfen, wenn man zum gewechselten Vortheile der Creaturen gereichende Einrichtungen der Weltverfassung gewahr wird, selbige einer natürlichen Folge aus den allgemeinen Gesetzen der Natur beizumessen, denn was aus diesen herfließt, ist nicht die Wirkung des blinden Zufalles oder der unvernünftigen Nothwendigkeit: es gründet sich zuletzt doch in der höchsten Weisheit, von der die allgemeinen Beschaffenheiten ihre Übereinstimmung entlehnen. Der eine Schluß ist ganz richtig: Wenn in der Verfassung der Welt Ordnung und Schönheit hervorleuchten, so ist ein Gott. Allein der andere ist nicht weniger gegründet: Wenn diese Ordnung aus allgemeinen Naturgesetzen hat herfließen können, so ist die ganze Natur nothwendig eine Wirkung der höchsten Weisheit.

Wenn man es sich aber durchaus belieben läßt, die unmittelbare Anwendung der göttlichen Weisheit an allen Anordnungen der Natur, die unter sich Harmonie und nützliche Zwecke begreifen, zu erkennen, indem man der Entwickelung aus allgemeinen Bewegungsgesetzen keine übereinstimmende Folgen zutrauet: so wollte ich rathen, in der Beschauung des Weltbaues seine Augen nicht auf einen einzigen unter den Himmelskörpern, sondern auf das Ganze zu richten, um sich aus diesem Wahne auf einmal heraus zu reißen. Wenn die schiefe Lage der Erdachse gegen die Fläche ihres jährlichen Laufes durch die beliebte Abwechselung der Jahreszeiten ein Beweisthum der unmittelbaren Hand Gottes sein soll, so darf man nur diese Beschaffenheit bei den andern Himmelskörpern dagegen halten; so wird man gewahr werden, daß sie bei jedem derselben abwechselt, und daß in dieser Verschiedenheit es auch einige giebt, die sie gar nicht haben: wie z. E. Jupiter, dessen Achse senkrecht zu dem Plane seines Kreises ist, und Mars, dessen seine es beinahe ist, welche beide keine Verschiedenheit der Jahreszeiten genießen und doch eben sowohl Werke der höchsten Weisheit, als die andern sind. Die Begleitung der Monde beim Saturn, dem Jupiter und der Erde würden scheinen, besondere Anordnungen des höchsten Wesens zu sein, wenn die freie Abweichung von diesem Zwecke durch das ganze System des Weltbaues nicht anzeigte, daß die Natur, ohne durch einen außerordentlichen Zwang in ihrem freien Betragen gestört zu sein, diese Bestimmungen hervorgebracht habe. Jupiter hat vier Monde, Saturn fünf, die Erde einen, die übrigen Planeten gar keinen, ob es gleich scheint, daß diese wegen ihrer längeren Nächte derselben bedürftiger wären, als jene. Wenn man die proportionirte Gleichheit der den Planeten eingedrückten Schwungkräfte mit den Centralneigungen ihres Abstandes als die Ursache, woher sie beinahe in Zirkeln um die Sonne laufen und durch die Gleichmäßigkeit der von dieser ertheilten Wärme zu Wohnplätzen vernünftiger Creaturen geschickt werden, bewundert und sie als den unmittelbaren Finger der Allmacht ansieht: so wird man auf einmal auf die allgemeinen Gesetze der Natur zurück geführt, wenn man erwägt, daß diese planetische Beschaffenheit sich nach und nach mit allen Stufen der Verminderung in der Tiefe des Himmels verliert, und daß eben die höchste Weisheit, welche an der gemäßigten Bewegung der Planeten ein Wohlgefallen gehabt hat, auch die Mängel nicht ausgeschlossen, mit welchen sich das System endigt, indem es in der völligen Unregelmäßigkeit und Unordnung aufhört. Die Natur, unerachtet sie eine wesentliche Bestimmung zur Vollkommenheit und Ordnung hat, faßt in dem Umfange ihrer Mannigfaltigkeit alle mögliche Abwechselungen sogar bis auf die Mängel und Abweichungen in sich. Eben dieselbe unbeschränkte Fruchtbarkeit derselben hat die bewohnten Himmelskugeln sowohl, als die Kometen, die nützlichen Berge und die schädlichen Klippen, die bewohnbaren Landschaften und öden Wüsteneien, die Tugenden und Laster hervorgebracht.

Allgemeine Naturgeschichte und Theorie des Himmels.

Dritter Theil,

welcher einen Versuch einer auf die Analogien der Natur gegründeten Vergleichung zwischen den Einwohnern verschiedener Planeten in sich enthält.

Wer das Verhältniß aller Welten von einem Theil zum andern weiß,
Wer aller Sonnen Menge kennet und jeglichen Planetenkreis,
Wer die verschiedenen Bewohner von einem jeden Stern erkennet,
Dem ist allein, warum die Dinge so sind, als wie sie sind, vergönnet,
Zu fassen und uns zu erklären.

Pope

Allgemeine Naturgeschichte und Theorie des Himmels.

Dritter Theil.

Anhang.

Von den Bewohnern der Gestirne.

Weil ich dafür halte, daß es den Charakter der Weltweisheit entehren heiße, wenn man sich ihrer gebraucht, mit einer Art von Leichtsinn freie Ausschweifungen des Witzes mit einiger Scheinbarkeit zu behaupten, wenn man sich gleich erklären wollte, daß es nur geschähe, um zu belustigen: so werde ich in gegenwärtigem Versuche keine anderen Sätze anführen, als solche, die zur Erweiterung unseres Erkenntnisses wirklich beitragen können, und deren Wahrscheinlichkeit zugleich so wohl gegründet ist, daß man sich kaum entbrechen kann, sie gelten zu lassen.

Obgleich es scheinen möchte, daß in dieser Art des Vorwurfes die Freiheit zu erdichten keine eigentliche Schranken habe, und daß man in dem Urtheil von der Beschaffenheit der Einwohner entlegener Welten mit weit größerer Ungebundenheit der Phantasie könne den Zügel schießen lassen, als ein Maler in der Abbildung der Gewächse oder Thiere unentdeckter Länder, und daß dergleichen Gedanken weder recht erwiesen, noch widerlegt werden könnten: so muß man doch gestehen, daß die Entfernungen der Himmelskörper von der Sonne gewisse Verhältnisse mit sich führen, welche einen wesentlichen Einfluß in die verschiedenen Eigenschaften der denkenden Naturen nach sich ziehen, die auf denselben befindlich sind, als deren Art zu wirken und zu leiden an die Beschaffenheit der

Materie, mit der sie verknüpft sind, gebunden ist und von dem Maß der Eindrücke abhängt, die die Welt nach den Eigenschaften der Beziehung ihres Wohnplatzes zu dem Mittelpunkte der Attraction und der Wärme in ihnen erweckt.

Ich bin der Meinung, daß es eben nicht nothwendig sei, zu behaupten, alle Planeten müßten bewohnt sein, ob es gleich eine Ungereimtheit wäre, dieses in Ansehung aller, oder auch nur der meisten zu leugnen. Bei dem Reichthume der Natur, da Welten und Systeme in Ansehung des Ganzen der Schöpfung nur Sonnenstäubchen sind, könnte es auch wohl öde und unbewohnte Gegenden geben, die nicht auf das genaueste zu dem Zwecke der Natur, nämlich der Betrachtung vernünftiger Wesen, genutzt würden. Es wäre, als wenn man sich aus dem Grunde der Weisheit Gottes ein Bedenken machen wollte, zuzugeben, daß sandichte und unbewohnte Wüsteneien große Strecken des Erdbodens einnehmen, und daß es verlassene Inseln im Weltmeere gebe, darauf kein Mensch befindlich ist. Indessen ist ein Planet viel weniger in Ansehung des Ganzen der Schöpfung, als eine Wüste oder Insel in Ansehung des Erdbodens.

Vielleicht daß sich noch nicht alle Himmelskörper völlig ausgebildet haben; es gehören Jahrhunderte und vielleicht tausende von Jahren dazu, bis ein großer Himmelskörper einen festen Stand seiner Materien erlangt hat. Jupiter scheint noch in diesem Streite zu sein. Die merkliche Abwechselung seiner Gestalt zu verschiedenen Zeiten hat die Astronomen schon vorlängst muthmaßen lassen, daß er große Umstürzungen erleiden müsse und bei weiten so ruhig auf seiner Oberfläche nicht sei, als es ein bewohnbarer Planet sein muß. Wenn er keine Bewohner hat und auch keine jemals haben sollte, was für ein unendlich kleiner Aufwand der Natur wäre dieses in Ansehung der Unermeßlichkeit der ganzen Schöpfung? Und wäre es nicht vielmehr ein Zeichen der Armuth, als des Überflusses derselben, wenn sie in jedem Punkte des Raumes so sorgfältig sein sollte, alle ihre Reichthümer aufzuzeigen?

Allein man kann noch mit mehr Befriedigung vermuthen, daß, wenn er gleich jetzt unbewohnt ist, er dennoch es dereinst werden wird, wenn die Periode seiner Bildung wird vollendet sein. Vielleicht ist unsere Erde tausend oder mehr Jahre vorhanden gewesen, ehe sie sich in Verfassung befunden hat, Menschen, Thiere und Gewächse unterhalten zu können. Daß ein Planet nun einige tausend Jahre später zu dieser Vollkommenheit kommt, das thut dem Zwecke seines Daseins keinen Abbruch. Er wird eben um deswillen auch ins zukünftige länger in der Vollkommenheit seiner Verfassung, wenn er sie einmal erreicht hat, verbleiben; denn es ist einmal ein gewisses Naturgesetz: alles, was einen Anfang hat, nähert sich beständig seinem Untergange und ist demselben um so viel näher, je mehr es sich von dem Punkte seines Anfanges entfernt hat.

Die satirische Vorstellung jenes witzigen Kopfes aus dem Haag, welcher nach der Anführung der allgemeinen Nachrichten aus dem Reiche der Wissenschaften die Einbildung von der nothwendigen Bevölkerung aller Weltkörper auf der lächerlichen Seite vorzustellen wußte, kann nicht anders, als gebilligt werden. »Diejenigen Creaturen,« spricht er, »welche die Wälder auf dem Kopfe eines Bettlers bewohnen, hatten schon lange ihren Aufenthalt für eine unermeßliche Kugel und sich selber als das Meisterstück der Schöpfung angesehen, als einer unter ihnen, den der Himmel mit einer feinern Seele begabt hatte, ein kleiner Fontenelle seines Geschlechts, den Kopf eines Edelmanns unvermuthet gewahr ward. Alsbald rief er alle witzige Köpfe seines Quartiers zusammen und sagte ihnen mit Entzückung: Wir sind nicht die einzigen belebten Wesen der ganzen Natur; sehet hier ein neues Land, hier wohnen mehr Läuse.« Wenn der Ausgang dieses Schlusses ein Lachen erweckt: so geschieht es nicht um deswillen, weil er von der Menschen Art, zu urtheilen, weit abgeht; sondern weil eben derselbe Irrthum, der bei dem Menschen eine gleiche Ursache zum Grunde hat, bei diesen mehr Entschuldigung zu verdienen scheint.

Laßt uns ohne Vorurtheil urtheilen. Dieses Insect, welches sowohl seiner Art zu leben, als auch seiner Nichtswürdigkeit nach die Beschaffenheit der meisten Menschen sehr wohl ausdrückt, kann mit gutem Fuge zu einer solchen Vergleichung gebraucht werden. Weil seiner Einbildung nach der Natur an seinem Dasein unendlich viel gelegen ist: so hält es die ganze übrige Schöpfung für vergeblich, die nicht eine genaue Abzielung auf sein Geschlecht, als den Mittelpunkt ihrer Zwecke, mit sich führt. Der Mensch, welcher gleich unendlich weit von der obersten Stufe der Wesen absteht, ist so verwegen, von der Nothwendigkeit seines Daseins sich mit gleicher Einbildung zu schmeicheln. Die Unendlichkeit der Schöpfung faßt alle Naturen, die ihr überschwenglicher Reichthum hervorbringt, mit gleicher Nothwendigkeit in sich. Von der erhabensten Classe unter den denkenden Wesen bis zu dem verachtetesten Insect ist ihr kein Glied gleichgültig; und es kann keins fehlen, ohne daß die Schönheit des Ganzen, welche in dem Zusammenhange besteht, dadurch unterbrochen würde. Indessen wird alles durch allgemeine Gesetze bestimmt, welche die Natur durch die Verbindung ihrer ursprünglich eingepflanzten Kräfte bewirkt. Weil sie in ihrem Verfahren lauter Wohlanständigkeit und Ordnung hervorbringt: so darf keine einzelne Absicht ihre Folgen stören und unterbrechen. Bei ihrer ersten Bildung war die Erzeugung eines Planeten nur eine unendlich kleine Folge ihrer Fruchtbarkeit; und nun wäre es etwas Ungereimtes, daß ihre so wohlgegründete Gesetze den besondern Zwecken dieses Atomus nachgeben sollten. Wenn die Beschaffenheit eines Himmelskörpers der Bevölkerung natürliche Hindernisse entgegen setzt: so wird er unbewohnt sein, obgleich es an und für sich schöner wäre, daß er Einwohner hätte. Die Trefflichkeit der Schöpfung verliert dadurch nichts: denn das Unendliche ist unter allen Größen diejenige, welche durch Entziehung eines endlichen Theiles nicht vermindert wird. Es wäre, als wenn man klagen wollte, daß der Raum zwischen dem Jupiter und dem Mars so unnöthig leer steht, und daß es Kometen giebt, welche nicht bevölkert sind. In der That, jenes Insect mag uns so nichtswürdig scheinen, als es wolle, es ist der Natur gewiß an der Erhaltung seiner ganzen Classe mehr gelegen, als an einer kleinen Zahl vortrefflicherer Geschöpfe, deren es dennoch unendlich viel giebt, wenn ihnen gleich eine Gegend, oder Ort beraubt sein sollte. Weil sie in Hervorbringung beider unerschöpflich ist, so sieht man ja gleich unbekümmert beide in ihrer Erhaltung und Zerstörung den allgemeinen Gesetzen überlassen. Hat wohl jemals der Besitzer jener bewohnten Wälder auf dem Kopfe des Bettlers größere Verheerungen unter dem Geschlechte dieser Colonie gemacht, als der Sohn Philipps in dem Geschlechte seiner Mitbürger anrichtete, als es ihm sein böser Genius in den Kopf gesetzt hatte, daß die Welt nur um seinetwillen hervorgebracht sei?

Indessen sind doch die meisten unter den Planeten gewiß bewohnt, und die es nicht sind, werden es dereinst werden. Was für Verhältnisse werden nun unter den verschiedenen Arten dieser Einwohner durch die Beziehung ihres Ortes in dem Weltgebäude zu dem Mittelpunkte, daraus sich die Wärme verbreitet, die alles belebt, verursacht werden? Denn es ist gewiß, daß diese unter den Materien dieser Himmelskörper nach Proportion ihres Abstandes gewisse Verhältnisse in ihren Bestimmungen mit sich führt. Der Mensch, welcher unter allen vernünftigen Wesen dasjenige ist, welches wir am deutlichsten kennen, ob uns gleich seine innere Beschaffenheit annoch ein unerforschtes Problema ist, muß in dieser Vergleichung zum Grunde und zum allgemeinen Beziehungspunkte dienen. Wir wollen ihn allhier nicht nach seinen moralischen Eigenschaften, auch nicht nach der physischen Einrichtung seines Baues betrachten: wir wollen nur untersuchen, was das Vermögen, vernünftig zu denken, und die Bewegung seines Leibes, die diesem gehorcht, durch die dem Abstande von der Sonne proportionirte Beschaffenheit der Materie, an die er geknüpft ist, für Einschränkungen leide. Des unendlichen Abstandes ungeachtet, welcher zwischen der Kraft, zu denken, und der Bewegung der Materie, zwischen dem vernünftigen Geiste und dem Körper anzutreffen ist, so ist es doch gewiß, daß der Mensch, der alle seine Begriffe und Vorstellungen von den Eindrücken her hat, die das Universum vermittelst des Körpers in seiner Seele erregt, sowohl in Ansehung der Deutlichkeit derselben, als auch der Fertigkeit, dieselbe zu verbinden und zu vergleichen, welche man das Vermögen zu denken nennt, von der Beschaffenheit dieser Materie völlig abhängt, an die der Schöpfer ihn gebunden hat.

Der Mensch ist erschaffen, die Eindrücke und Rührungen, die die Welt in ihm erregen soll, durch denjenigen Körper anzunehmen, der der sichtbare Theil seines Wesens ist, und dessen Materie nicht allein dem unsichtbaren Geiste, welcher ihn bewohnt, dient, die ersten Begriffe der äußeren Gegenstände einzudrücken, sondern auch in der innern Handlung diese zu wiederholen, zu verbinden, kurz, zu denken, unentbehrlich ist*. Nach dem Maße, als sein Körper sich ausbildet, bekommen die Fähigkeiten seiner denkenden Natur auch die gehörigen Grade der Vollkommenheit und erlangen allererst ein gesetztes und männliches Vermögen, wenn die Fasern seiner Werkzeuge die Festigkeit und Dauerhaftigkeit überkommen haben, welche die Vollendung ihrer Ausbildung ist. Diejenigen Fähigkeiten entwickeln sich bei ihm früh genug, durch welche er der Nothdurft, die die Abhängigkeit von den äußerlichen

---

* Es ist aus den Gründen der Psychologie ausgemacht, daß vermöge der jetzigen Verfassung, darin die Schöpfung Seele und Leib von einander abhängig gemacht hat, die erstere nicht allein alle Begriffe des Universi durch des letztern Gemeinschaft und Einfluß überkommen muß, sondern auch die Ausübung seiner Denkungskraft selber auf dessen Verfassung ankommt und von dessen Beihülfe die nöthige Fähigkeit dazu entlehnt.

Dingen ihm zuzieht, genug thun kann. Bei einigen Menschen bleibt es bei diesem Grade der Auswickelung. Das Vermögen, abgezogene Begriffe zu verbinden und durch eine freie Anwendung der Einsichten über den Hang der Leidenschaften zu herrschen, finden sich spät ein, bei einigen niemals in ihrem ganzen Leben; bei allen aber ist es schwach: es dient den unteren Kräften, über die es doch herrschen sollte, und in deren Regierung der Vorzug seiner Natur besteht. Wenn man das Leben der meisten Menschen ansieht: so scheint diese Creatur geschaffen zu sein, um wie eine Pflanze Saft in sich zu ziehen und zu wachsen, sein Geschlecht fortzusetzen, endlich alt zu werden und zu sterben. Er erreicht unter allen Geschöpfen am wenigsten den Zweck seines Daseins, weil er seine vorzügliche Fähigkeiten zu solchen Absichten verbraucht, die die übrigen Creaturen mit weit minderen und doch weit sicherer und anständiger erreichen. Er würde auch das verachtungswürdigste unter allen zum wenigsten in den Augen der wahren Weisheit sein, wenn die Hoffnung des Künftigen ihn nicht erhübe, und den in ihm verschlossenen Kräften nicht die Periode einer völligen Auswickelung bevorstände.

Wenn man die Ursache der Hindernisse untersucht, welche die menschliche Natur in einer so tiefen Erniedrigung erhalten: so findet sie sich in der Grobheit der Materie, darin sein geistiger Theil versenkt ist, in der Unbiegsamkeit der Fasern und der Trägheit und Unbeweglichkeit der Säfte, welche dessen Regungen gehorchen sollen. Die Nerven und Flüssigkeiten seines Gehirnes liefern ihm nur grobe und undeutliche Begriffe, und weil er der Reizung der sinnlichen Empfindungen in dem Inwendigen seines Denkungsvermögens nicht genugsam kräftige Vorstellungen zum Gleichgewichte entgegen stellen kann: so wird er von seinen Leidenschaften hingerissen, von dem Getümmel der Elemente, die seine Maschine unterhalten, übertäubt und gestört. Die Bemühungen der Vernunft, sich dagegen zu erheben und diese Verwirrung durch das Licht der Urtheilskraft zu vertreiben, sind wie die Sonnenblicke, wenn dicke Wolken ihre Heiterkeit unablässig unterbrechen und verdunkeln.

Diese Grobheit des Stoffes und des Gewebes in dem Baue der menschlichen Natur ist die Ursache derjenigen Trägheit, welche die Fähigkeiten der Seele in einer beständigen Mattigkeit und Kraftlosigkeit erhält. Die Handlung des Nachdenkens und der durch die Vernunft aufgeklärten Vorstellungen ist ein mühsamer Zustand, darein die Seele sich nicht ohne Widerstand setzen kann, und aus welchem sie durch einen natürlichen Hang der körperlichen Maschine alsbald in den leidenden Zustand zurückfällt, da die sinnlichen Reizungen alle ihre Handlungen bestimmen und regieren.

Diese Trägheit seiner Denkungskraft, welche eine Folge der Abhängigkeit von einer groben und ungelenksamen Materie ist, ist nicht allein die Quelle des Lasters, sondern auch des Irrthums. Durch die Schwierigkeit, welche mit der Bemühung verbunden ist, den Nebel der verwirrten Begriffe zu zerstreuen und das durch verglichene Ideen entspringende allgemeine Erkenntniß von den sinnlichen Eindrücken abzusondern, abgehalten, giebt sie lieber einem übereilten Beifalle Platz und beruhigt sich in dem Besitze einer Einsicht, welche ihr die Trägheit ihrer Natur und der Widerstand der Materie kaum von der Seite erblicken lassen.

In dieser Abhängigkeit schwinden die geistigen Fähigkeiten zugleich mit der Lebhaftigkeit des Leibes: wenn das hohe Alter durch den geschwächten Umlauf der Säfte nur dicke Säfte in dem Körper kocht, wenn die Beugsamkeit der Fasern und die Behendigkeit in allen Bewegungen abnimmt, so erstarren die Kräfte des Geistes in einer gleichen Ermattung. Die Hurtigkeit der Gedanken, die Klarheit der Vorstellungen, die Lebhaftigkeit des Witzes und das Erinnerungsvermögen werden kraftlos und erkalten. Die durch lange Erfahrung eingepfropften Begriffe ersetzen noch einigermaßen den Abgang dieser Kräfte, und der Verstand würde sein Unvermögen noch deutlicher verrathen, wenn die Heftigkeit der Leidenschaften, die dessen Zügel nöthig haben, nicht zugleich und noch eher als er abnehmen möchten.

Es erhellt demnach hieraus deutlich, daß die Kräfte der menschlichen Seele von den Hindernissen einer groben Materie, an die sie innigst verbunden werden, eingeschränkt und gehemmt werden; aber es ist etwas noch Merkwürdigeres, daß diese specifische Beschaffenheit des Stoffes eine wesentliche Beziehung zu dem Grade des Hinflusses hat, womit die Sonne nach dem Maße ihres Abstandes sie belebt und zu den Verrichtungen der animalischen Ökonomie tüchtig macht. Diese nothwendige Beziehung zu dem Feuer, welches sich aus dem Mittelpunkte des Weltsystems verbreitet, um die Materie in der nöthigen Regung zu erhalten, ist der Grund einer Analogie, die eben hieraus zwischen den verschiedenen Bewohnern der Planeten fest gesetzt wird; und eine jede Classe derselben ist vermöge dieses Verhältnisses an den Ort durch die Nothwendigkeit ihrer Natur gebunden, der ihr in dem Universo angewiesen worden.

Die Einwohner der Erde und der Venus können ohne ihr beiderseitiges Verderben ihre Wohnplätze gegeneinander nicht vertauschen. Der erstere, dessen Bildungsstoff für den Grad der Wärme seines Abstandes proportionirt und daher für einen noch größern zu leicht und flüchtig ist, würde in einer erhitzteren Sphäre gewaltsame Bewegungen und eine Zerrüttung seiner Natur erleiden, die von der Zerstreuung und Austrocknung der Säfte und einer gewaltsamen Spannung seiner elastischen Fasern entstehen würde; der letztere, dessen gröberer Bau und Trägheit der Elemente seiner Bildung eines großen Einflusses der Sonne bedarf, würde in einer kühleren Himmelsgegend erstarren und in einer Leblosigkeit verderben. Eben so müssen es weit leichtere und flüchtigere Materien sein, daraus der Körper des Jupiter-Bewohners besteht, damit die geringe Regung, womit die Sonne in diesem Abstande wirken kann, diese Maschinen eben so kräftig bewegen könne, als sie es in den unteren Gegenden verrichtet, und damit ich alles in einem allgemeinen Begriffe zusammenfasse: Der Stoff, woraus die Einwohner verschiedener Planeten, ja sogar die Thiere und Gewächse auf denselben gebildet sind, muß überhaupt um desto leichterer und feinerer Art und die Elasticität der Fasern sammt der vortheilhaften Anlage ihres Baues um desto vollkommener sein nach dem Maße, als sie weiter von der Sonne abstehen.

Dieses Verhältniß ist so natürlich und wohl gegründet, daß nicht allein die Bewegungsgründe des Endzwecks darauf führen, welche in der Naturlehre gemeiniglich nur als schwache Gründe angesehen werden, sondern zugleich die Proportionen der specifischen Beschaffenheit der Materien, woraus die Planeten bestehen, welche sowohl durch die Rechnungen des Newton, als auch durch die Gründe der Kosmogonie ausgemacht sind, dasselbe bestätigen, nach welchem der Stoff, woraus die Himmelskörper gebildet sind, bei den entferntern allemal leichterer Art, als bei den nahen ist, welches nothwendig an den Geschöpfen, die sich auf ihnen erzeugen und unterhalten, ein gleiches Verhältniß nach sich ziehen muß.

Wir haben eine Vergleichung zwischen der Beschaffenheit der Materie, damit die vernünftigen Geschöpfe auf den Planeten wesentlich vereinigt sind, ausgemacht; und es läßt sich auch nach der Einleitung dieser Betrachtung leichtlich erachten, daß diese Verhältnisse eine Folge auch in Ansehung ihrer geistigen Fähigkeit nach sich ziehen werden. Wenn demnach diese geistige Fähigkeiten eine nothwendige Abhängigkeit von dem Stoffe der Maschine haben, welche sie bewohnen, so werden wir mit mehr als wahrscheinlicher Vermuthung schließen können: daß die Trefflichkeit der denkenden Naturen, die Hurtigkeit in ihren Vorstellungen, die Deutlichkeit und Lebhaftigkeit der Begriffe, die sie durch äußerlichen Eindruck bekommen, sammt dem Vermögen sie zusammen zu setzen, endlich auch die Behendigkeit in der wirklichen Ausübung, kurz, der ganze Umfang ihrer Vollkommenheit, unter einer gewissen Regel stehen, nach welcher dieselben nach dem Verhältniß des Abstandes ihrer Wohnplätze von der Sonne immer trefflicher und vollkommener werden.

Da dieses Verhältniß einen Grad der Glaubwürdigkeit hat, der nicht weit von einer ausgemachten Gewißheit entfernt ist, so finden wir ein offenes Feld zu angenehmen Muthmaßungen, die aus der Vergleichung der Eigenschaften dieser verschiedenen Bewohner entspringen. Die menschliche Natur, welche in der Leiter der Wesen gleichsam die mittelste Sprosse inne hat, sieht sich zwischen den zwei äußersten Grenzen der Vollkommenheit mitten inne, von deren beiden Enden sie gleich weit entfernt ist. Wenn die Vorstellung der erhabensten Classen vernünftiger Creaturen, die den Jupiter oder den Saturn bewohnen, ihre Eifersucht reizt und sie durch die Erkenntniß ihrer eigenen Niedrigkeit demüthigt: so kann der Anblick der niedrigen Stufen sie wiederum zufrieden sprechen und beruhigen, die in den Planeten Venus und Mercur weit unter der Vollkommenheit der menschlichen Natur erniedrigt sind. Welch ein verwunderungswürdiger Anblick! Von der einen Seite sahen wir denkende Geschöpfe, bei denen ein Grönländer oder Hottentotte ein Newton sein würde: und auf der andern Seite andere, die diesen als einen Affen bewundern.

> Da jüngst die obern Wesen sahn,
> Was unlängst recht verwunderlich
> Ein Sterblicher bei uns gethan,
> Und wie er der Natur Gesetz entfaltet: wunderten sie sich,
> Daß durch ein irdisches Geschöpf dergleichen möglich zu geschehn,
> und sahen unsern Newton an, so wie wir einen Affen sehn.
>
> Pope.

Zu welch einem Fortgange in der Erkenntniß wird die Einsicht jener glückseligen Wesen der obersten Himmelssphären nicht gelangen! Welch schöne Folgen wird diese Erleuchtung der Einsichten nicht in ihre sittliche Beschaffenheit haben! Die Einsichten des Verstandes, wenn sie die gehörigen Grade der Vollständigkeit und Deutlichkeit besitzen, haben weit lebhaftere Reizungen als die sinnlichen Anlockungen an sich und sind vermögend, diese siegreich zu beherrschen und unter den Fuß zu treten. Wie herrlich wird sich die Gottheit selbst, die sich in allen Geschöpfen malt, in diesen denkenden Naturen nicht malen, welche als ein von den Stürmen der Leidenschaften unbewegtes Meer ihr Bild ruhig aufnehmen und zurückstrahlen! Wir wollen diese Muthmaßungen nicht über die einer physischen Abhandlung vorgezeichnete Grenzen erstrecken, wir bemerken nur nochmals die oben angeführte Analogie: **daß die Vollkommenheit der Geisterwelt sowohl, als der materialischen in den Planeten von dem Mercur an bis zum Saturn, oder vielleicht noch über ihm (wofern noch andere Planeten sind) in einer richtigen Gradenfolge nach der Proportion ihrer Entfernungen von der Sonne wachse und fortschreite.**

Indessen daß dieses aus den Folgen der physischen Beziehung ihrer Wohnplätze zu dem Mittelpunkte der Welt zum Theil natürlich herfließt, zum Theil geziemend veranlaßt wird: so bestätigt andererseits der wirkliche Anblick der vortrefflichsten und sich für die vorzügliche Vollkommenheit dieser Naturen in den obern Gegenden anschickenden Anstalten diese Regel so deutlich, daß sie beinahe einen Anspruch auf eine völlige Überzeugung machen sollte. Die Hurtigkeit der Handlungen, die mit den Vorzügen einer erhabenen Natur verbunden ist, schickt sich besser zu den schnell abwechselnden Zeitperioden jener Sphären, als die Langsamkeit träger und unvollkommener Geschöpfe.

Die Sehröhre lehren uns, daß die Abwechselung des Tages und der Nacht im Jupiter in 10 Stunden geschehe. Was würde der Bewohner der Erde, wenn er in diesen Planeten gesetzt würde, bei dieser Eintheilung wohl anfangen? Die 10 Stunden würden kaum zu derjenigen Ruhe zureichen, die diese grobe Maschine zu ihrer Erholung durch den Schlaf gebraucht. Was würden die Vorbereitung zu den Verrichtungen des Wachens, das Kleiden, die Zeit, die zum Essen angewandt wird, nicht für einen Antheil an der folgenden Zeit abfordern, und wie würde eine Creatur, deren Handlungen mit solcher Langsamkeit geschehen, nicht zerstreuet und zu etwas Tüchtigem unvermögend gemacht werden, deren 5 Stunden Geschäfte plötzlich durch die Dazwischenkunft einer eben so langen Finsterniß unterbrochen würden? Dagegen wenn Jupiter von vollkommneren Creaturen bewohnt ist, die mit einer feinern Bildung mehr elastische Kräfte und eine größere Behendigkeit in der Ausübung verbinden: so kann man glauben, daß diese 5 Stunden ihnen eben dasselbe und mehr sind, als was die 12 Stunden des Tages für die niedrige Classe der Menschen betragen. Wir wissen, daß das Bedürfniß der Zeit etwas Relatives ist, welches nicht anders, als aus der Größe desjenigen, was verrichtet werden soll, mit der Geschwindigkeit der Ausübung verglichen, kann erkannt und verstanden werden. Daher eben dieselbe Zeit, die für eine Art der Geschöpfe gleichsam nur ein Augenblick ist, für eine andere eine lange Periode sein kann, in der sich eine große Folge der Veränderungen durch eine schnelle Wirksamkeit auswickelt. Saturn hat nach der wahrscheinlichen Berechnung seiner Umwälzung, die wir oben dargelegt haben, eine noch weit kürzere Abtheilung des Tages und der Nacht und läßt daher an der Natur seiner Bewohner noch vorzüglichere Fähigkeiten vermuthen.

Endlich stimmt alles überein das angeführte Gesetz zu bestätigen. Die Natur hat ihren Vorrath augenscheinlich auf der entlegenen Seite der Welt am reichlichsten ausgebreitet. Die Monde, die den geschäftigen Wesen dieser glückseligen Gegenden durch eine hinlängliche Ersetzung die Entziehung des Tageslichts vergüten, sind in größter Menge daselbst angebracht, und die Natur scheint sorgfältig gewesen zu sein, ihrer Wirksamkeit alle Beihülfe zu leisten, damit ihnen fast keine Zeit hinderlich sei, solche anzuwenden. Jupiter hat in Ansehung der Monde einen augenscheinlichen Vorzug vor allen unteren Planeten und Saturn wiederum vor ihm, dessen Anstalten an dem schönen und nützlichen Ringe, der ihn umgiebt, noch größere Vorzüge von seiner Beschaffenheit wahrscheinlich machen: dahingegen die untern Planeten, bei denen dieser Vorrath unnützlich würde verschwendet sein, deren Classe weit näher an die Unvernunft grenzt, solcher Vortheile entweder gar nicht, oder doch sehr wenig theilhaftig geworden sind.

Man kann aber (damit ich einem Einwurfe zuvor komme, der alle diese angeführte Übereinstimmung vereiteln könnte) den größeren Abstand von der Sonne, dieser Quelle des Lichts und des Lebens, nicht als ein Übel ansehen, wogegen die Weitläufigkeit solcher Anstalten bei den entferntern Planeten nur vorgekehrt werde, um ihm einigermaßen abzuhelfen, und einwenden, daß in der That die obern Planeten eine weniger vortheilhafte Lage im Weltgebäude und eine Stellung hätten, die der Vollkommenheit ihrer Anstalten nachtheilig wäre, weil sie von der Sonne einen schwächern Einfluß erhalten. Denn wir wissen, daß die Wirkung des Lichts und der Wärme nicht durch deren absolute Intensität, sondern durch die Fähigkeit der Materie, womit sie solche annimmt und ihrem Antriebe weniger oder mehr widersteht, bestimmt werde, und daß daher eben derselbe Abstand, der für eine Art grober Materie ein gemäßigtes Klima kann genannt werden, subtilere Flüssigkeiten zerstreuen und für sie von schädlicher Heftigkeit sein würde; mithin nur ein feiner und aus beweglicheren Elementen bestehender Stoff dazu gehört, um die Entfernungen des Jupiters oder Saturns von der Sonne beiden zu einer glücklichen Stellung zu machen.

Endlich scheint noch die Trefflichkeit der Naturen in diesen oberen Himmelsgegenden durch einen physischen Zusammenhang mit einer Dauerhaftigkeit, deren sie würdig ist, verbunden zu sein. Das Verderben und der Tod können diesen trefflichen Geschöpfen nicht so viel, als uns niedrigen Naturen anhaben. Eben dieselbe Trägheit der Materie und Grobheit des Stoffes, die bei den unteren Stufen das specifische Principium ihrer Erniedrigung ist, ist auch die Ursache desjenigen Hanges, den sie zum Verderben haben. Wenn die Säfte, die das Thier oder den Menschen nähren und wachsen machen, indem sie sich zwischen seine Fäserchen einverleiben und an seine Masse ansetzen, nicht mehr zugleich dessen Gefäße und Canäle in der Raumesausdehnung vergrößern können, wenn das Wachstum schon vollendet ist: so müssen diese sich ansetzende Nahrungssäfte durch eben den mechanischen Trieb, der, das Thier zu nähren, angewandt wird, die Höhle seiner Gefäße verengen und verstopfen und den Bau der ganzen Maschine in einer nach und nach zunehmenden Erstarrung zu Grunde richten. Es ist zu glauben, daß, obgleich die Vergänglichkeit auch an den vollkommensten Naturen nagt, dennoch der Vorzug in der Feinigkeit des Stoffes, in der Elasticität der Gefäße und der Leichtigkeit und Wirksamkeit der Säfte, woraus jene vollkommnere Wesen, welche in den entfernten Planeten wohnen, gebildet sind, diese Hinfälligkeit, welche eine Folge aus der Trägheit einer groben Materie ist, weit länger aufhalten und diesen Creaturen eine Dauer, deren Länge ihrer Vollkommenheit proportionirt ist, verschaffen werde, so wie die Hinfälligkeit des Lebens der Menschen ein richtiges Verhältniß zu ihrer Nichtswürdigkeit hat.

Ich kann diese Betrachtung nicht verlassen, ohne einem Zweifel zuvor zu kommen, welcher natürlicher Weise aus der Vergleichung dieser Meinungen mit unseren vorigen Sätzen entspringen könnte. Wir haben in den Anstalten des Weltbaues an der Menge der Trabanten, welche die Planeten der entferntesten Kreise erleuchten, an der Schnelligkeit der Achsendrehungen und dem gegen die Sonnenwirkung proportionirten Stoffe ihres Zusammensatzes die Weisheit Gottes erkannt, welche alles dem Vortheile der vernünftigen Wesen, die sie bewohnen, so zuträglich angeordnet hat. Aber wie wollte man anjetzt mit der Lehrverfassung der Absichten einen mechanischen Lehrbegriff zusammen reimen, so daß, was die höchste Weisheit selbst entwarf, der rohen Materie und das Regiment der Vorsehung der sich selbst überlassenen Natur zur Ausführung aufgetragen worden? Ist das erstere nicht vielmehr ein Geständniß, daß die Anordnung des Weltbaues nicht durch die allgemeinen Gesetze der letzteren entwickelt worden?

Man wird diese Zweifel bald zerstreuen, wenn man auf dasjenige nur zurück denkt, was in gleicher Absicht in dem vorigen angeführt worden. Muß nicht die Mechanik aller natürlichen Bewegungen einen wesentlichen Hang zu lauter solchen Folgen haben, die mit dem Project der höchsten Vernunft in dem ganzen Umfange der Verbindungen wohl zusammenstimmt? Wie kann sie abirrende Bestrebungen und eine ungebundene Zerstreuung in ihrem Beginnen haben, da alle ihre Eigenschaften, aus welchen sich diese Folgen entwickeln, selbst ihre Bestimmung aus der ewigen Idee des göttlichen Verstandes haben, in welchem sich alles nothwendig auf einander beziehen und zusammenschicken muß? Wenn man sich recht besinnt, wie kann man die Art zu urtheilen rechtfertigen, daß man die Natur als ein widerwärtiges Subject ansieht, welches nur durch eine Art von Zwange, der ihrem freien Betragen Schranken setzt, in dem Gleise der Ordnung und der gemeinschaftlichen Harmonie kann erhalten werden, wofern man nicht etwa dafür hält, daß sie ein sich selbst genugsames Principium sei, dessen Eigenschaften keine Ursache erkennen, und welche Gott, so gut als es sich thun läßt, in den Plan seiner Absichten zu zwingen trachtet? Je näher man die Natur wird kennen lernen, desto mehr wird man einsehen, daß die allgemeinen Beschaffenheiten der Dinge einander nicht fremd und getrennt sind. Man wird hinlänglich überführt werden, daß sie wesentliche Verwandtschaften haben, durch die sie sich von selber anschicken, einander in Errichtung vollkommener Verfassungen zu unterstützen, die Wechselwirkung der Elemente zur Schönheit der materialischen und doch auch zugleich zu den Vortheilen der Geisterwelt, und daß überhaupt die einzelnen Naturen der Dinge in dem Felde der ewigen Wahrheiten schon untereinander, so zu sagen, ein System ausmachen, in welchem eine auf die andere beziehend ist; man wird auch alsbald inne werden, daß die Verwandtschaft ihnen von der Gemeinschaft des Ursprungs eigen ist, aus dem sie insgesammt ihre wesentlichen Bestimmungen geschöpft haben.

Und um daher diese wiederholte Betrachtung zu dem vorhabenden Zwecke anzuwenden: Eben dieselbe allgemeine Bewegungsgesetze, die den obersten Planeten einen entfernten Platz von dem Mittelpunkte der Anziehung und der Trägheit in dem Weltsystem angewiesen haben, haben sie dadurch zugleich in die vortheilhafteste Verfassung gesetzt, ihre Bildungen am weitesten von dem Beziehungspunkte der groben Materie und zwar mit größerer Freiheit anzustellen; sie haben sie aber auch zugleich in ein regelmäßiges Verhältniß zu dem Einflusse der Wärme versetzt, welche sich nach gleichem Gesetze aus eben dem Mittelpunkte ausbreitet. Da nun eben diese Bestimmungen es sind, welche die Bildung der Weltkörper in diesen entfernten Gegenden ungehinderter, die Erzeugung der davon abhängenden Bewegungen schneller und, kurz zu sagen, das System wohlanständiger gemacht haben, da endlich die geistigen Wesen eine nothwendige Abhängigkeit von der Materie haben, an die sie persönlich verbunden sind: so ist kein Wunder, daß die Vollkommenheit der Natur von beiderlei Orten in einem einzigen Zusammenhange der Ursachen und aus gleichen Gründen bewirkt worden. Diese Übereinstimmung ist also bei genauer Erwägung nichts Plötzliches oder Unerwartetes, und weil die letzteren Wesen durch ein gleiches Principium in die allgemeine Verfassung der materialischen Natur eingeflochten worden: so wird die Geisterwelt aus eben den Ursachen in den entfernten Sphären vollkommener sein, weswegen es die körperliche ist.

So hängt denn alles in dem ganzen Umfange der Natur in einer ununterbrochenen Gradfolge zusammen durch die ewige Harmonie, die alle Glieder auf einander beziehend macht. Die Vollkommenheiten Gottes haben sich in unsern Stufen deutlich offenbart und sind nicht weniger herrlich in den niedrigsten Classen, als in den erhabnern.

> Welch eine Kette, die von Gott den Anfang nimmt, was für Naturen
> Von himmlischen und irdischen, von Engeln, Menschen bis zum Vieh,
> Vom Seraphim bis zum Gewürm! O Weite, die das Auge nie
> Erreichen und betrachten kann,
> Von dem Unendlichen zu dir, von dir zum Nichts!
>
> Pope.

Wir haben die bisherige Muthmaßungen treulich an dem Leitfaden der physischen Verhältnisse fortgeführt, welcher sie auf dem Pfade einer vernünftigen Glaubwürdigkeit erhalten hat. Wollen wir uns noch eine Ausschweifung aus diesem Gleise in das Feld der Phantasie erlauben? Wer zeigt uns die Grenze, wo die gegründete Wahrscheinlichkeit aufhört und die willkürlichen Erdichtungen anheben? Wer ist so kühn, eine Beantwortung der Frage zu wagen: ob die Sünde ihre Herrschaft auch in den andern Kugeln des Weltbaues ausübe, oder ob die Tugend allein ihr Regiment daselbst aufgeschlagen?

> Die Sterne sind vielleicht ein Sitz verklärter Geister,
> Wie hier das Laster herrscht, ist dort die Tugend Meister.
>
> v. Haller.

Gehört nicht ein gewisser Mittelstand zwischen der Weisheit und Unvernunft zu der unglücklichen Fähigkeit sündigen zu können? Wer weiß, sind also die Bewohner jener entfernten Weltkörper nicht zu erhaben und zu weise, um sich bis zu der Thorheit, die in der Sünde steckt, herabzulassen, diejenigen aber, die in den unteren Planeten wohnen, zu fest an die Materie geheftet und mit gar zu geringen Fähigkeiten des Geistes versehen, um die Verantwortung ihrer Handlungen vor dem Richterstuhle der Gerechtigkeit tragen zu dürfen? Auf diese Weise wäre die Erde und vielleicht noch der Mars (damit der elende Trost uns ja nicht genommen werde, Gefährten des Unglücks zu haben) allein in der gefährlichen Mittelstraße, wo die Versuchung der sinnlichen Reizungen gegen die Oberherrschaft des Geistes ein starkes Vermögen zur Verleitung haben, dieser aber dennoch diejenige Fähigkeit nicht verleugnen kann, wodurch er im Stande ist, ihnen Widerstand zu leisten, wenn es seiner Trägheit nicht vielmehr gefiele, sich durch dieselbe hinreißen zu lassen, wo also der gefährliche Zwischenpunkt zwischen der Schwachheit und dem Vermögen ist, da eben dieselben Vorzüge, die ihn über die niederen Classen erheben, ihn auf eine Höhe stellen, von welcher er wiederum unendlich tiefer unter diese herabsinken kann. In der That sind die beiden Planeten, die Erde und der Mars, die mittelsten Glieder des planetischen Systems, und es läßt sich von ihren Bewohnern vielleicht nicht mit Unwahrscheinlichkeit ein mittlerer Stand der physischen sowohl, als moralischen Beschaffenheit zwischen den zwei Endpunkten vermuthen; allein ich will diese Betrachtung lieber denjenigen überlassen, die mehr Beruhigung bei einem unerweislichen Erkenntnisse und mehr Neigung dessen Verantwortung zu übernehmen bei sich finden.

Beschluß.

Es ist uns nicht einmal recht bekannt, was der Mensch anjetzt wirklich ist, ob uns gleich das Bewußtsein und die Sinne hievon belehren sollten; wie viel weniger werden wir errathen können, was er dereinst werden soll! Dennoch schnappt die Wißbegierde der menschlichen Seele sehr begierig nach diesem von ihr so entfernten Gegenstande und strebt, in solchem dunkeln Erkenntnisse einiges Licht zu bekommen.

Sollte die unsterbliche Seele wohl in der ganzen Unendlichkeit ihrer künftigen Dauer, die das Grab selber nicht unterbricht, sondern nur verändert, an diesen Punkt des Weltraumes, an unsere Erde, jederzeit geheftet bleiben? Sollte sie niemals von den übrigen Wundern der Schöpfung eines nähern Anschauens theilhaftig werden? Wer weiß, ist es ihr nicht zugedacht, daß sie dereinst jene entfernte Kugeln des Weltgebäudes und die Trefflichkeit ihrer Anstalten, die schon von weitem ihre Neugierde so reizen, von nahem soll kennen lernen? Vielleicht bilden sich darum noch einige Kugeln des Planetensystems aus, um nach vollendetem Ablaufe der Zeit, die unserem Aufenthalte allhier vorgeschrieben ist, uns in andern Himmeln neue Wohnplätze zu bereiten. Wer weiß, laufen nicht jene Trabanten um den Jupiter, um uns dereinst zu leuchten?

Es ist erlaubt, es ist anständig, sich mit dergleichen Vorstellungen zu belustigen; allein niemand wird die Hoffnung des Künftigen auf so unsichern Bildern der Einbildungskraft gründen. Nachdem die Eitelkeit ihren Antheil an der menschlichen Natur wird abgefordert haben: so wird der unsterbliche Geist mit einem schnellen Schwunge sich über alles, was endlich ist, empor schwingen und in einem neuen Verhältnisse gegen die ganze Natur, welche aus einer nähern Verbindung mit dem höchsten Wesen entspringt, sein Dasein fortsetzen. Forthin wird diese erhöhte Natur, welche die Quelle der Glückseligkeit in sich selber hat, sich nicht mehr unter den äußeren Gegenständen zerstreuen, um eine Beruhigung bei ihnen zu suchen. Der gesammte Inbegriff der Geschöpfe, welcher eine nothwendige Übereinstimmung zum Wohlgefallen des höchsten Urwesens hat, muß sie auch zu dem seinigen haben und wird sie nicht anders, als mit immerwährender Zufriedenheit rühren.

In der That wenn man mit solchen Betrachtungen und mit den vorhergehenden sein Gemüth erfüllt hat: so giebt der Anblick eines bestirnten Himmels bei einer heitern Nacht eine Art des Vergnügens, welches nur edle Seelen empfinden. Bei der allgemeinen Stille der Natur und der Ruhe der Sinne redet das verborgene Erkenntnißvermögen des unsterblichen Geistes eine unnennbare Sprache und giebt unausgewickelte Begriffe, die sich wohl empfinden, aber nicht beschreiben lassen. Wenn es unter den denkenden Geschöpfen dieses Planeten niederträchtige Wesen giebt, die ungeachtet aller Reizungen, womit ein so großer Gegenstand sie anlocken kann, dennoch im Stande sind, sich fest an die Dienstbarkeit der Eitelkeit zu heften: wie unglücklich ist diese Kugel, daß sie so elende Geschöpfe hat erziehen können! Wie glücklich aber ist sie andererseits, da ihr unter den allerannehmungswürdigsten Bedingungen ein Weg eröffnet ist, zu einer Glückseligkeit und Hoheit zu gelangen, welche unendlich weit über die Vorzüge erhaben ist, die die allervortheilhafteste Einrichtung der Natur in allen Weltkörpern erreichen kann!

Ende.

Beobachtungen

über

das Gefühl

des

Schönen und Erhabenen.

Von

M. Immanuel Kant.

Erster Abschnitt.

Von den unterschiedenen Gegenständen des Gefühls vom Erhabenen und Schönen.

Die verschiedene Empfindungen des Vergnügens oder des Verdrusses beruhen nicht so sehr auf der Beschaffenheit der äußeren Dienge, die sie erregen, als auf dem jedem Menschen eigenen Gefühle dadurch mit Lust oder Unlust gerührt zu werden. Daher kommen die Freuden einiger Menschen, woran andre einen Ekel haben, die verliebte Leidenschaft, die öfters jedermann ein Räthsel ist, oder auch der lebhafte Widerwille, den der eine woran empfindet, was dem andern völlig gleichgültig ist. Das Feld der Beobachtungen dieser Besonderheiten der menschlichen Natur erstreckt sich sehr weit und verbirgt annoch einen reichen Vorrath zu Entdeckungen, die eben so anmuthig als lehrreich sind. Ich werfe für jetzt meinen Blick nur auf einige Stellen, die sich in diesem Bezirke besonders auszunehmen scheinen, und auch auf diese mehr das Auge eines Beobachters als des Philosophen.

Weil ein Mensch sich nur in so fern glücklich findet, als er eine Neigung befriedigt, so ist das Gefühl, welches ihn fähig macht große Vergnügen zu genießen, ohne dazu ausnehmende Talente zu bedürfen, gewiß nicht eine Kleinigkeit. Wohlbeleibte Personen, deren geistreichster Autor ihr Koch ist und deren Werke von seinem Geschmack sich in ihrem Keller befinden, werden bei gemeinen Zoten und einem plumpen Scherz in eben so lebhafte Freude gerathen, als diejenige ist, worauf Personen von edeler Empfindung so stolz thun. Ein bequemer Mann, der die Vorlesung der Bücher liebt, weil es sich sehr wohl dabei einschlafen läßt, der Kaufmann, dem alle Vergnügen läppisch scheinen, dasjenige ausgenommen, was ein kluger Mann genießt, wenn er seinen Handlungsvortheil überschlägt, derjenige, der das andre Geschlecht nur in so fern liebt, als er es zu den genießbaren Sachen zählt, der Liebhaber der Jagd, er mag nun Fliegen jagen wie Domitian oder wilde Thiere wie A.., alle diese haben ein Gefühl, welches sie fähig macht Vergnügen nach ihrer Art zu genießen, ohne daß sie andere beneiden dürfen oder auch von andern sich einen Begriff machen können; allein ich wende für jetzt darauf keine Aufmerksamkeit. Es giebt noch ein Gefühl von feinerer Art, welches entweder darum so genannt wird, weil man es länger ohne Sättigung und Erschöpfung genießen kann, oder weil es so zu sagen eine Reizbarkeit der Seele voraussetzt, die diese zugleich zu tugendhaften Regungen geschickt macht, oder weil es Talente und Verstandesvorzüge anzeigt, da im Gegentheil jene bei völliger Gedankenlosigkeit statt finden können. Dieses Gefühl ist es, wovon ich eine Seite betrachten will. Doch schließe ich hievon die Neigung aus, welche auf hohe Verstandes-Einsichten geheftet ist, und den Reiz, dessen ein Kepler fähig war, wenn er, wie Bayle berichtet, eine seiner Erfindungen nicht um ein Fürstenthum würde verkauft haben. Diese Empfindung ist gar zu fein, als daß sie in gegenwärtigen Entwurf gehören sollte, welcher nur das sinnliche Gefühl berühren wird, dessen auch gemeinere Seelen fähig sind.

Das feinere Gefühl, was wir nun erwägen wollen, ist vornehmlich zwiefacher Art: das Gefühl des **Erhabenen** und des **Schönen**. Die Rührung von beiden ist angenehm, aber auf sehr verschiedene Weise. Der Anblick eines Gebirges, dessen beschneite Gipfel sich über Wolken erheben, die Beschreibung eines rasenden Sturms, oder die Schilderung des höllischen Reichs von Milton erregen Wohlgefallen, aber mit Grausen; dagegen die Aussicht auf blumenreiche Wiesen, Thäler mit schlängelnden Bächen, bedeckt von weidenden Heerden, die Beschreibung des Elysium, oder Homers Schilderung von dem Gürtel der Venus veranlassen auch eine angenehme Empfindung, die aber fröhlich und lächelnd ist. Damit jener Eindruck auf uns in gehöriger Stärke geschehen könne, so müssen wir ein **Gefühl des Erhabenen** und, um die letztere recht zu genießen, ein **Gefühl für das Schöne** haben. Hohe Eichen und einsame Schatten im heiligen Haine sind **erhaben**, Blumenbetten, niedrige Hecken und in Figuren geschnittene Bäume sind schön. Die Nacht ist **erhaben**, der Tag ist **schön**. Gemüthsarten, die ein Gefühl für das Erhabene besitzen, werden durch die ruhige Stille eines Sommerabendes, wenn das zitternde Licht der Sterne durch die braune Schatten der Nacht hindurch bricht und der einsame Mond im Gesichtskreise steht, allmählig in hohe Empfindungen gezogen, von Freundschaft, von Verachtung der Welt, von Ewigkeit. Der glänzende Tag flößt geschäftigen Eifer und ein Gefühl von Lustigkeit ein. Das Erhabene **rührt**, das Schöne **reizt**. Die Miene des Menschen, der im vollen Gefühl des Erhabnen sich befindet, ist ernsthaft, bisweilen starr und erstaunt. Dagegen kündigt sich die lebhafte Empfindung des Schönen durch glänzende Heiterkeit in den Augen, durch Züge des Lächelns und oft durch laute Lustigkeit an. Das Erhabene ist wiederum verschiedener Art. Das Gefühl desselben ist bisweilen mit einigem Grausen oder auch Schwermuth, in einigen Fällen blos mit ruhiger Bewunderung und in noch andern mit einer über einen erhabenen Plan verbreiteten Schönheit begleitet. Das erstere will ich das **Schreckhaft-Erhabene**, das zweite das **Edle** und das dritte das **Prächtige** nennen. Tiefe Einsamkeit ist erhaben, aber auf eine schreckhafte Art.* Daher große, weitgestreckte

---

* Ich will nur ein Beispiel von dem edlen Grausen geben, welches die Beschreibung einer gänzlichen Einsamkeit einflößen kann, und ziehe um deswillen einige Stellen aus Carazans Traum im Brem. Magazin, Band IV, Seite 539 aus. Dieser karge Reiche hatte nach dem Maße, als seine Reichtümer zunahmen, sein Herz dem Mitleiden und der Liebe gegen jeden andern verschlossen. Indessen, so wie die Menschenliebe in ihm erkaltete, nahm die Emsigkeit seiner Gebeter und der Religionshandlungen zu. Nach diesem Geständnisse fährt er also fort zu reden: An einem Abende, da ich bei meiner Lampe meine Rechnungen zog und den Handlungsvortheil überschlug, überwältigte mich der Schlaf. In diesem Zustande sah ich den Engel des Todes wie einen Wirbelwind über mich kommen, er schlug mich, ehe ich den schrecklichen Streich abbitten

Einöden, wie die ungeheure Wüste Schamo in der Tartarei, jederzeit Anlaß gegeben haben fürchterliche Schatten, Kobolde und Gespensterlarven dahin zu versetzen.

Das Erhabene muß jederzeit groß, das Schöne kann auch klein sein. Das Erhabene muß einfältig, das Schöne kann geputzt und geziert sein. Eine große Höhe ist eben so wohl erhaben als eine große Tiefe; allein diese ist mit der Empfindung des Schauderns begleitet, jene mit der Bewunderung; daher diese Empfindung schreckhaft erhaben und jene edel sein kann. Der Anblick einer ägyptischen Pyramide rührt, wie Hasselquest berichtet, weit mehr, als man sich aus aller Beschreibung es vorstellen kann, aber ihr Bau ist einfältig und edel. Die

---

konnte. Ich erstarrte, als ich gewahr ward, daß mein Loos für die Ewigkeit geworfen sei, und daß zu allem Guten, das ich verübt, nichts konnte hinzugethan und von allem Bösen, das ich gethan, nichts konnte hinweggenommen werden. Ich ward vor den Thron dessen, der in dem dritten Himmel wohnt, geführt. Der Glanz, der vor mir flammte, redete mich also an: Carazan, dein Gottesdienst ist verworfen. Du hast dein Herz der Menschenliebe verschlossen und deine Schätze mit einer eisernen Hand gehalten. Du hast nur für dich selbst gelebt, und darum sollst du auch künftig in Ewigkeit allein und von aller Gemeinschaft mit der ganzen Schöpfung ausgestoßen leben. In diesem Augenblicke ward ich durch eine unsichtbare Gewalt fortgerissen und durch das glänzende Gebäude der Schöpfung getrieben. Ich ließ bald unzählige Welten hinter mir. Als ich mich dem äußersten Ende der Natur näherte, merkte ich, daß die Schatten des grenzenlosen Leeren sich in die Tiefe vor mich herabsenkten. Ein fürchterliches Reich von ewiger Stille, Einsamkeit und Finsterniß! Unaussprechliches Grausen überfiel mich bei diesem Anblick. Ich verlor allgemach die letzten Sterne aus dem Gesichte, und endlich erlosch der letzte glimmernde Schein des Lichts in der äußersten Finsterniß. Die Todesängste der Verzweiflung nahmen mit jedem Augenblicke zu, so wie jeder Augenblick meine Entfernung von der letzten bewohnten Welt vermehrte. Ich bedachte mit unleidlicher Herzensangst, daß, wenn zehntausendmal tausend Jahre mich jenseit den Grenzen alles Erschaffenen würden weiter gebracht haben, ich doch noch immerhin in den unermeßlichen Abgrund der Finsterniß vorwärts schauen würde ohne Hülfe oder Hoffnung einiger Rückkehr. – – In dieser Betäubung streckte ich meine Hände mit solcher Heftigkeit nach Gegenständen der Wirklichkeit aus, daß ich darüber erwachte. Und nun bin ich belehrt worden, Menschen hochzuschätzen; denn auch der Geringste von denjenigen, die ich im Stolze meines Glücks von meiner Thüre gewiesen hatte, würde in jener erschrecklichen Einöde von mir allen Schätzen von Golconda weit sein vorgezogen worden. – –

Peterskirche in Rom ist prächtig. Weil auf diesen Entwurf, der groß und einfältig ist, Schönheit, z. E. Gold, mosaische Arbeit u. u. so verbreitet ist, daß die Empfindung des Erhabenen doch am meisten hindurch wirkt, so heißt der Gegenstand prächtig. Ein Arsenal muß edel und einfältig, ein Residenzschloß prächtig und ein Lustpalast schön und geziert sein.

Eine lange Dauer ist erhaben. Ist sie von vergangener Zeit, so ist sie edel; wird sie in einer unabsehlichen Zukunft voraus gesehen, so hat sie etwas vom Schreckhaften an sich. Ein Gebäude aus dem entferntesten Alterthum ist ehrwürdig. Hallers Beschreibung von der künftigen Ewigkeit flößt ein sanftes Grausen und von der vergangenen starre Bewunderung ein.

Zweiter Abschnitt.

Von den Eigenschaften des Erhabenen und Schönen am Menschen überhaupt.

Verstand ist erhaben, Witz ist schön. Kühnheit ist erhaben und groß, List ist klein, aber schön. Die Behutsamkeit, sagte Cromwell, ist eine Bürgermeistertugend. Wahrhaftigkeit und Redlichkeit ist einfältig und edel, Scherz und gefällige Schmeichelei ist fein und schön. Artigkeit ist die Schönheit der Tugend. Uneigennütziger Diensteifer ist edel, Geschliffenheit (Politesse) und Höflichkeit sind schön. Erhabene Eigenschaften flößen Hochachtung, schöne aber Liebe ein. Leute, deren Gefühl vornehmlich auf das Schöne geht, suchen ihre redliche, beständige und ernsthafte Freunde nur in der Noth auf; den scherzhaften, artigen und höflichen Gesellschafter aber erwählen sie sich zum Umgange. Man schätzt manchen viel zu hoch, als daß man ihn lieben könne. Er flößt Bewunderung ein, aber er ist zu weit über uns, als daß wir mit der Vertraulichkeit der Liebe uns ihm zu nähern getrauen.

Diejenige, welche beiderlei Gefühl in sich vereinbaren, werden finden: daß die Rührung von dem Erhabenen mächtiger ist wie die vom Schönen, nur daß sie ohne Abwechselung oder Begleitung der letzteren ermüdet und nicht so lange genossen werden kann.* Die hohen Empfindungen, zu denen die Unterredung in einer Gesellschaft von guter Wahl sich bisweilen erhebt, müssen sich dazwischen in heiteren Scherz auflösen, und die lachende Freuden sollen mit der gerührten, ernsthaften Miene den schönen Contrast machen, welcher beide Arten von Empfindung ungezwungen abwechseln läßt. Freundschaft hat hauptsächlich den Zug des Erhabenen. Geschlechterliebe aber des Schönen an sich. Doch geben Zärtlichkeit und tiefe Hochachtung der letzteren eine gewisse Würde und Erhabenheit, dagegen gaukelhafter Scherz und Vertraulichkeit das Colorit des Schönen in dieser Empfindung erhöhen. Das Trauerspiel unterscheidet sich meiner Meinung nach vom Lustspiele vornehmlich darin: daß in dem ersteren das Gefühl fürs Erhabene, im zweiten für das Schöne gerührt wird. In dem ersteren zeigen sich großmüthige Aufopferung für fremdes Wohl, kühne Entschlossenheit in Gefahren und geprüfte Treue. Die Liebe ist daselbst schwermüthig, zärtlich und voll Hochachtung; das Unglück anderer bewegt in dem Busen des Zuschauers theilnehmende Empfindungen und läßt sein großmüthig Herz für fremde Noth klopfen. Er wird sanft gerührt und fühlt die Würde seiner eigenen Natur. Dagegen stellt das Lustspiel feine Ränke, wunderliche Verwirrungen und

---

* Die Empfindungen des Erhabenen spannen die Kräfte der Seele stärker an und ermüden daher eher. Man wird ein Schäfergedicht länger in einer Folge lesen können als Miltons verlorenes Paradies und den de la Bruyere länger wie den Young. Es scheint mir sogar ein Fehler des letzteren als eines moralischen Dichters zu sein, daß er gar zu einförmig im erhabenen Tone anhält; denn die Stärke des Eindrucks kann nur durch Abstechungen mit sanfteren Stellen erneuert werden. Bei dem Schönen ermüdet nichts mehr als mühsame Kunst, die sich dabei verräth. Die Bemühung zu reizen wird peinlich und mit Beschwerlichkeit empfunden.

Witzige, die sich herauszuziehen wissen, Narren, die sich betrügen lassen, Spaße und lächerliche Charaktere vor. Die Liebe ist hier nicht so grämisch, sie ist lustig und vertraulich. Doch können so wie in andern Fällen, also auch in diesen das Edle mit dem Schönen in gewissem Grade vereinbart werden.

Selbst die Laster und moralische Gebrechen führen öfters gleichwohl einige Züge des Erhabenen oder Schönen bei sich; wenigstens so wie sie unserem sinnlichen Gefühl erscheinen, ohne durch Vernunft geprüft zu sein. Der Zorn eines Furchtbaren ist erhaben, wie Achilles' Zorn in der Iliade. Überhaupt ist der Held des **Homers schrecklich erhaben**, des **Virgils seiner dagegen edel**. Offenbare dreiste Rache nach großer Beleidigung hat etwas Großes an sich, und so unerlaubt sie auch sein mag, so rührt sie in der Erzählung gleichwohl mit Grausen und Wohlgefallen. Als Schach Nadir zur Nachtzeit von einigen Verschwornen in seinem Zelte überfallen ward, so rief er, wie Hanway erzählt, nachdem er schon einige Wunden bekommen und sich voll Verzweifelung wehrte: **Erbarmung! ich will euch allen vergeben**. Einer unter ihnen antwortete, indem er den Säbel in die Höhe hob: **Du hast keine Erbarmung bewiesen und verdienst auch keine**. Entschlossene Verwegenheit an einem Schelmen ist höchst gefährlich, aber sie rührt doch in der Erzählung, und selbst wenn er zu einem schändlichen Tode geschleppt wird, so veredelt er ihn noch gewissermaßen dadurch, daß er ihm trotzig und mit Verachtung entgegen geht. Von der andern Seite hat ein listig ausgedachter Entwurf, wenn er gleich auf ein Bubenstück ausgeht, etwas an sich, was fein ist und belacht wird. Buhlerische Neigung (Coquetterie) im feinen Verstande, nämlich eine Geflissenheit einzunehmen und zu reizen, an einer sonst artigen Person ist vielleicht tadelhaft, aber doch schön und wird gemeiniglich dem ehrbaren, ernsthaften Anstande vorgezogen.

Die Gestalt der Personen, die durch ihr äußeres Ansehen gefallen, schlägt bald in eine, bald in die andere Art des Gefühls ein. Eine große Statur erwirbt sich Ansehen und Achtung, eine kleine mehr Vertraulichkeit. Selbst die bräunliche Farbe und schwarze Augen sind dem Erhabenen, blaue Augen und blonde Farbe dem Schönen näher verwandt. Ein etwas größeres Alter vereinbart sich mehr mit den Eigenschaften des Erhabenen, Jugend aber mit denen des Schönen. So ist es auch mit dem Unterschiede der Stände bewandt, und in allen diesen nur erwähnten Beziehungen müssen sogar die Kleidungen auf diesen Unterschied des Gefühls eintreffen. Große, ansehnliche Personen müssen Einfalt, höchstens Pracht in ihrer Kleidung beobachten, kleine können geputzt und geschmückt sein. Dem Alter geziemen dunklere Farben und Einförmigkeit im Anzuge, die Jugend schimmert durch hellere und lebhaft abstechende Kleidungsstücke. Unter den Ständen muß bei gleichem Vermögen und Range der Geistliche die größte Einfalt, der Staatsmann die meiste Pracht zeigen. Der Cicisbeo kann sich ausputzen, wie es ihm beliebt.

Auch in äußerlichen Glücksumständen ist etwas, das wenigstens nach dem Wahne der Menschen in diese Empfindungen einschlägt: Geburt und Titel finden die Menschen gemeiniglich zur Achtung geneigt. Reichthum auch ohne Verdienste wird selbst von Uneigennützigen geehrt, vermuthlich weil sich mit seiner Vorstellung Entwürfe von großen Handlungen vereinbaren, die dadurch könnten ausgeführt werden. Diese Achtung trifft gelegentlich auch manchen reichen Schurken, der solche Handlungen niemals ausüben wird und von dem edlen Gefühl keinen Begriff hat, welches Reichthümer einzig und allein schätzbar machen kann. Was das Übel der Armut vergrößert, ist die Geringschätzung, welche auch nicht durch Verdienste gänzlich kann überwogen werden, wenigstens nicht vor gemeinen Augen, wo nicht Rang und Titel dieses plumpe Gefühl täuschen und einigermaßen zu dessen Vortheil hintergehen.

In der menschlichen Natur finden sich niemals rühmliche

Eigenschaften, ohne daß zugleich Abartungen derselben durch unendliche Schattirungen bis zur äußersten Unvollkommenheit übergehen sollten. Die Eigenschaft des Schrecklich-Erhabenen, wenn sie ganz unnatürlich wird, ist abenteuerlich.* Unnatürliche Dinge, in so fern das Erhabene darin gemeint ist, ob es gleich wenig oder gar nicht angetroffen wird, sind Fratzen. Wer das Abenteuerliche liebt und glaubt, ist ein Phantast, die Neigung zu Fratzen macht den Grillenfänger. Andererseits artet das Gefühl des Schönen aus, wenn das Edle dabei gänzlich mangelt, und man nennt es läppisch. Eine Mannsperson von dieser Eigenschaft, wenn sie jung ist, heißt ein Laffe; ist sie im mittleren Alter, so ist es ein Geck. Weil dem höheren Alter das Erhabene am nothwendigsten ist, so ist ein alter Geck das verächtlichste Geschöpf in der Natur, so wie ein junger Grillenfänger das widrigste und unleidlichste ist. Scherze und Munterkeit schlagen in das Gefühl des Schönen ein. Gleichwohl kann noch ziemlich viel Verstand hindurchscheinen, und in so fern können sie mehr oder weniger dem Erhabenen verwandt sein. Der, in dessen Munterkeit diese Dazumischung unmerklich ist, faselt. Der beständig faselt, ist albern. Man merkt leicht, daß auch kluge Leute bisweilen faseln, und daß nicht wenig Geist dazu gehöre den Verstand eine kurze Zeit von seinem Posten abzurufen, ohne daß dabei etwas versehen wird. Derjenige, dessen Reden oder Handlungen weder belustigen noch rühren, ist langweilig. Der Langweilige, in so fern er gleichwohl beides zu thun geschäftig ist, ist abgeschmackt. Der Abgeschmackte, wenn er aufgeblasen ist, ist ein Narr.**

214

---
* In so fern die Erhabenheit oder Schönheit das bekannte Mittelmaß überschreitet, so pflegt man sie romanisch zu nennen.
** Man bemerkt bald, daß diese ehrwürdige Gesellschaft sich in zwei Logen theile, in die der Grillenfänger und die der Gecken. Ein gelehrter Grillenfänger wird bescheidentlich ein Pedant genannt. Wenn er die trotzige Weisheitsmiene annimmt, wie die Dunse alter und neuer Zeiten, so steht ihm die Kappe mit Schellen gut zum Gesichte. Die Classe der Gecken wird mehr in

Ich will diesen wunderlichen Abriß der menschlichen Schwachheiten durch Beispiele etwas verständlicher machen; denn der, welchem Hogarths Grabstichel fehlt, muß, was der Zeichnung am Ausdrucke mangelt, durch Beschreibung ersetzen. Kühne Übernehmung der Gefahren für unsere, des Vaterlandes, oder unserer Freunde Rechte ist erhaben. Die Kreuzzüge, die alte Ritterschaft waren abenteuerlich; die Duelle, ein elender Rest der letztern aus einem verkehrten Begriff des Ehrenrufs, sind Fratzen. Schwermüthige Entfernung von dem Geräusche der Welt aus einem rechtmäßigen Überdrusse ist edel. Der alten Eremiten einsiedlerische Andacht war abenteuerlich. Klöster und dergleichen Gräber, um lebendige Heilige einzusperren, sind Fratzen. Bezwingung seiner Leidenschaften durch Grundsätze ist erhaben. Kasteiungen, Gelübde und andere Mönchstugenden mehr sind Fratzen. Heilige Knochen, heiliges Holz und aller dergleichen Plunder, den heiligen Stuhlgang des großen Lama von Tibet nicht ausgeschlossen, sind Fratzen. Von den Werken des Witzes und des feinen Gefühls fallen die epische Gedichte des Virgils und Klopstocks ins Edle, Homers und Miltons ins Abenteuerliche. Die Verwandelungen des Ovids sind Fratzen, die Feenmärchen des französischen Aberwitzes sind die elendesten Fratzen, die jemals ausgeheckt worden. Anakreontische Gedichte sind gemeiniglich sehr nahe dem Läppischen.

Die Werke des Verstandes und Scharfsinnigkeit, in so fern ihre Gegenstände auch etwas für das Gefühl enthalten, nehmen gleichfalls einigen Antheil an den gedachten Verschiedenheiten. Die mathematische Vorstellung von der unermeßlichen Größe des Weltbaues, die Betrachtungen der Metaphysik von der Ewigkeit, der Vorsehung, der Unsterblichkeit unserer Seele

---

der großen Welt angetroffen. Sie ist vielleicht noch besser als die erstere. Man hat an ihnen viel zu verdienen und viel zu lachen. In dieser Caricatur macht gleichwohl einer dem andern ein schief Maul und stößt mit seinem leeren Kopf an den Kopf seines Bruders.

enthalten eine gewisse Erhabenheit und Würde. Hingegen wird die Weltweisheit auch durch viel leere Spitzfindigkeiten entstellt, und der Anschein der Gründlichkeit hindert nicht, daß die vier syllogistischen Figuren nicht zu Schulfratzen gezählt zu werden verdienten.

In moralischen Eigenschaften ist wahre Tugend allein erhaben. Es giebt gleichwohl gute sittliche Qualitäten, die liebenswürdig und schön sind und, in so fern sie mit der Tugend harmoniren, auch als edel angesehen werden, ob sie gleich eigentlich nicht zur tugendhaften Gesinnung gezählt werden können. Das Urtheil hierüber ist fein und verwickelt. Man kann gewiß die Gemüthsverfassung nicht tugendhaft nennen, die ein Quell solcher Handlungen ist, auf welche zwar auch die Tugend hinauslaufen würde, allein aus einem Grunde, der nur zufälliger Weise damit übereinstimmt, seiner Natur nach aber den allgemeinen Regeln der Tugend auch öfters widerstreiten kann. Eine gewisse Weichmüthigkeit, die leichtlich in ein warmes Gefühl des Mitleidens gesetzt wird, ist schön und liebenswürdig; denn es zeigt eine gütige Theilnehmung an dem Schicksale anderer Menschen an, worauf Grundsätze der Tugend gleichfalls hinausführen. Allein diese gutartige Leidenschaft ist gleichwohl schwach und jederzeit blind. Denn setzet, diese Empfindung bewege euch, mit eurem Aufwande einem Nothleidenden aufzuhelfen, allein ihr seid einem andern schuldig und setzt euch dadurch außer Stand, die strenge Pflicht der Gerechtigkeit zu erfüllen, so kann offenbar die Handlung aus keinem tugendhaften Vorsatze entspringen, denn ein solcher könnte euch unmöglich anreizen eine höhere Verbindlichkeit dieser blinden Bezauberung aufzuopfern. Wenn dagegen die allgemeine Wohlgewogenheit gegen das menschliche Geschlecht in euch zum Grundsatze geworden ist, welchem ihr jederzeit eure Handlungen unterordnet, alsdann bleibt die Liebe gegen den Nothleidenden noch, allein sie ist jetzt aus einem höhern Standpunkte in das wahre Verhältniß gegen eure gesammte Pflicht versetzt worden. Die allgemeine Wohlgewogenheit ist ein Grund der Theilnehmung an seinem Übel, aber auch zugleich der Gerechtigkeit, nach deren Vorschrift ihr jetzt diese Handlung unterlassen müsset. So bald nun dieses Gefühl zu seiner gehörigen Allgemeinheit gestiegen ist, so ist es erhaben, aber auch kälter. Denn es ist nicht möglich, daß unser Busen für jedes Menschen Antheil von Zärtlichkeit aufschwelle und bei jeder fremden Noth in Wehmuth schwimme, sonst würde der Tugendhafte, unaufhörlich in mitleidigen Thränen wie Heraklit schmelzend, bei aller dieser Gutherzigkeit gleichwohl nichts weiter als ein weichmüthiger Müßiggänger werden.*

Die zweite Art des gütigen Gefühls, welches zwar schön und liebenswürdig, aber noch nicht die Grundlage einer wahren Tugend ist, ist die Gefälligkeit, eine Neigung, andern durch Freundlichkeit, durch Einwilligung in ihr Verlangen und durch Gleichförmigkeit unseres Betragens mit ihren Gesinnungen angenehm zu werden. Dieser Grund einer reizenden Geselligkeit ist schön und die Biegsamkeit eines solchen Herzens gutartig. Allein sie ist so gar keine Tugend, daß, wo nicht höhere Grundsätze ihr Schranken setzen und sie schwächen, alle Laster daraus entspringen können. Denn nicht zu gedenken, daß diese Gefälligkeit gegen die, mit welchen wir umgehen, sehr oft eine Ungerechtigkeit gegen andre ist, die sich außer diesem kleinen Zirkel befinden, so wird ein solcher Mann, wenn man

---

* Bei näherer Erwägung findet man, daß, so liebenswürdig auch die mitleidige Eigenschaft sein mag, sie doch die Würde der Tugend nicht an sich habe. Ein leidendes Kind, ein unglückliches und artiges Frauenzimmer wird unser Herz mit dieser Wehmuth anfüllen, indem wir zu gleicher Zeit die Nachricht von einer großen Schlacht mit Kaltsinn vernehmen, in welcher, wie leicht zu erachten, ein ansehnlicher Theil des menschlichen Geschlechts unter grausamen Übeln unverschuldet erliegen muß. Mancher Prinz, der sein Gesicht von Wehmuth für eine einzige unglückliche Person wegwandte, gab gleichwohl aus einem öfters eitlen Bewegungsgrunde zu gleicher Zeit den Befehl zum Kriege. Es ist hier gar keine Proportion in der Wirkung, wie kann man denn sagen, daß die allgemeine Menschenliebe die Ursache sei?

diesen Antrieb allein nimmt, alle Laster haben können, nicht aus unmittelbarer Neigung, sondern weil er gerne zu gefallen lebt. Er wird aus liebreicher Geselligkeit ein Lügner, ein Müßiggänger, ein Säufer u. u. sein, denn er handelt nicht nach den Regeln, die auf das Wohlverhalten überhaupt gehen, sondern nach einer Neigung, die an sich schön, aber indem sie ohne Haltung und ohne Grundsätze ist, läppisch wird.

Demnach kann wahre Tugend nur auf Grundsätze gepfropft werden, welche, je allgemeiner sie sind, desto erhabener und edler wird sie. Diese Grundsätze sind nicht speculativische Regeln, sondern das Bewußtsein eines Gefühls, das in jedem menschlichen Busen lebt und sich viel weiter als auf die besondere Gründe des Mitleidens und der Gefälligkeit erstreckt. Ich glaube, ich fasse alles zusammen, wenn ich sage, es sei das **Gefühl von der Schönheit und der Würde der menschlichen Natur**. Das erstere ist ein Grund der allgemeinen Wohlgewogenheit, das zweite der allgemeinen Achtung, und wenn dieses Gefühl die größte Vollkommenheit in irgend einem menschlichen Herzen hätte, so würde dieser Mensch sich zwar auch selbst lieben und schätzen, aber nur in so fern er einer von allen ist, auf die sein ausgebreitetes und edles Gefühl sich ausdehnt. Nur indem man einer so erweiterten Neigung seine besondere unterordnet, können unsere gütige Triebe proportionirt angewandt werden und den edlen Anstand zuwege bringen, der die Schönheit der Tugend ist.

In Ansehung der Schwäche der menschlichen Natur und der geringen Macht, welche das allgemeine moralische Gefühl über die mehrste Herzen ausüben würde, hat die Vorsehung dergleichen hülfleistende Triebe als Supplemente der Tugend in uns gelegt, die, indem sie einige auch ohne Grundsätze zu schönen Handlungen bewegen, zugleich andern, die durch diese letztere regiert werden, einen größeren Stoß und einen stärkern Antrieb dazu geben können. Mitleiden und Gefälligkeit sind Gründe von schönen Handlungen, die vielleicht durch das

Übergewicht eines gröberen Eigennutzes insgesammt würden erstickt werden, allein nicht unmittelbare Gründe der Tugend, wie wir gesehen haben, obgleich, da sie durch die Verwandtschaft mit ihr geadelt werden, sie auch ihren Namen erwerben. Ich kann sie daher **adoptirte Tugenden** nennen, diejenige aber, die auf Grundsätzen beruht, die **ächte Tugend**. Jene sind schön und reizend, diese allein ist erhaben und ehrwürdig. Man nennt ein Gemüth, in welchem die erstere Empfindungen regieren, ein **gutes Herz** und den Menschen von solcher Art **gutherzig**; dagegen man mit Recht dem Tugendhaften aus Grundsätzen ein **edles Herz** beilegt, ihn selber aber einen **rechtschaffenen** nennt. Diese adoptirte Tugenden haben gleichwohl mit den wahren Tugenden große Ähnlichkeit, indem sie das Gefühl einer unmittelbaren Lust an gütigen und wohlwollenden Handlungen enthalten. Der Gutherzige wird ohne weitere Absicht aus unmittelbarer Gefälligkeit friedsam und höflich mit euch umgehen und aufrichtiges Beileid bei der Noth eines andern empfinden.

Allein da diese moralische Sympathie gleichwohl noch nicht genug ist, die träge menschliche Natur zu gemeinnützigen Handlungen anzutreiben, so hat die Vorsehung in uns noch ein gewisses Gefühl gelegt, welches fein ist und uns in Bewegung setzen, oder auch dem gröberen Eigennutze und der gemeinen Wollust das Gleichgewicht leisten kann. Dieses ist das **Gefühl für Ehre** und dessen Folge die **Scham**. Die Meinung, die andere von unserm Werthe haben mögen, und ihr Urtheil von unsern Handlungen ist ein Bewegungsgrund von großem Gewichte, der uns manche Aufopferungen ablockt, und was ein guter Theil der Menschen weder aus einer unmittelbar aufsteigenden Regung der Gutherzigkeit, noch aus Grundsätzen würde gethan haben, geschieht oft genug bloß um des äußeren Scheines willen aus einem Wahne, der sehr nützlich, obzwar an sich selbst sehr seicht ist, als wenn das Urtheil anderer den Werth von uns und unsern Handlungen bestimmte. Was aus diesem Antriebe geschieht, ist nicht im mindesten tugendhaft, weswegen auch ein jeder, der für einen solchen gehalten werden will, den Bewegungsgrund der Ehrbegierde wohlbedächtig verhehlt. Es ist auch diese Neigung nicht einmal so nahe wie die Gutherzigkeit der ächten Tugend verwandt, weil sie nicht unmittelbar durch die Schönheit der Handlungen, sondern durch den in fremde Augen fallenden Anstand derselben bewegt werden kann. Ich kann demnach, da gleichwohl das Gefühl für Ehre fein ist, das Tugendähnliche, was dadurch veranlaßt wird, den **Tugendschimmer** nennen.

Vergleichen wir die Gemüthsarten der Menschen, in so fern eine von diesen drei Gattungen des Gefühls in ihnen herrscht und den moralischen Charakter bestimmt, so finden wir, daß eine jede derselben mit einem der gewöhnlichermaßen eingetheilten Temperamente in näherer Verwandtschaft stehe, doch so, daß über dieses ein größerer Mangel des moralischen Gefühls dem phlegmatischen zum Antheil werden würde. Nicht als wenn das Hauptmerkmal in dem Charakter dieser verschiedenen Gemüthsarten auf die gedachte Züge ankäme; denn das gröbere Gefühl, z. E. des Eigennutzes, der gemeinen Wollust u. u., erwägen wir in dieser Abhandlung gar nicht, und auf dergleichen Neigungen wird bei der gewöhnlichen Eintheilung gleichwohl vorzüglich gesehen; sondern weil die erwähnte feinere moralische Empfindungen sich leichter mit einem oder dem andern dieser Temperamente vereinbaren lassen und wirklich meistentheils damit vereinigt sind.

Ein innigliches Gefühl für die Schönheit und Würde der menschlichen Natur und eine Fassung und Stärke des Gemüths, hierauf als auf einen allgemeinen Grund seine gesammte Handlungen zu beziehen, ist ernsthaft und gesellt sich nicht wohl mit einer flatterhaften Lustigkeit, noch mit dem Unbestand eines Leichtsinnigen. Es nähert sich sogar der Schwermuth, einer sanften und edlen Empfindung, in so fern sie sich auf dasjenige Grausen gründet, das eine eingeschränkte Seele fühlt, wenn sie, von einem großen Vorsatze voll, die Gefahren sieht, die sie zu überstehen hat, und den schweren, aber großen Sieg der Selbstüberwindung vor Augen hat. Die ächte Tugend also aus Grundsätzen hat etwas an sich, was am meisten mit der melancholischen Gemüthsverfassung im gemilderten Verstande zusammenzustimmen scheint.

Die Gutherzigkeit, eine Schönheit und feine Reizbarkeit des Herzens, nach dem Anlaß, der sich vorfindet, in einzelnen Fällen mit Mitleiden oder Wohlwollen gerührt zu werden, ist dem Wechsel der Umstände sehr unterworfen, und indem die Bewegung der Seele nicht auf einem allgemeinen Grundsatze beruht, so nimmt sie leichtlich veränderte Gestalten an, nachdem die Gegenstände eine oder die andere Seite darbieten. Und da diese Neigung auf das Schöne hinausläuft, so scheint sie sich mit derjenigen Gemüthsart, die man sanguinisch nennt, welche flatterhaft und den Belustigungen ergeben ist, am natürlichsten zu vereinbaren. In diesem Temperamente werden wir die beliebte Eigenschaften, die wir adoptirte Tugenden nannten, zu suchen haben.

Das Gefühl für die Ehre ist sonst schon gewöhnlich als ein Merkmal der cholerischen Complexion angenommen worden, und wir können dadurch Anlaß nehmen die moralische Folgen dieses feinen Gefühls, welche mehrentheils nur aufs Schimmern abgezielt sind, zu Schilderung eines solchen Charakters aufzusuchen.

Niemals ist ein Mensch ohne alle Spuren der feineren Empfindung, allein ein größerer Mangel derselben, der vergleichungsweise auch Fühllosigkeit heißt, kommt in den Charakter des phlegmatischen, den man sonst auch sogar der gröbern Triebfedern, als der Geldbegierde u. u., beraubt, die wir aber zusammt andern, verschwisterten Neigungen ihm allenfalls lassen können, weil sie gar nicht in diesen Plan gehören.

Laßt uns anjetzt die Empfindungen des Erhabenen und Schönen, vornehmlich so fern sie moralisch sind, unter der angenommenen Eintheilung der Temperamente näher betrachten.

Der, dessen Gefühl ins Melancholische einschlägt, wird nicht darum so genannt, weil er, der Freuden des Lebens beraubt, sich in finsterer Schwermuth härmt, sondern weil seine Empfindungen, wenn sie über einen gewissen Grad vergrößert würden, oder durch einige Ursachen eine falsche Richtung bekämen, auf dieselbe leichter als einen andern Zustand auslaufen würden. Er hat vorzüglich ein Gefühl für das Erhabene. Selbst die Schönheit, für welche er eben so wohl Empfindung hat, muß ihn nicht allein reizen, sondern, indem sie ihm zugleich Bewunderung einflößt, rühren. Der Genuß der Vergnügen ist bei ihm ernsthafter, aber um deswillen nicht geringer. Alle Rührungen des Erhabenen haben mehr Bezauberndes an sich als die gaukelnde Reize des Schönen. Sein Wohlbefinden wird eher Zufriedenheit als Lustigkeit sein. Er ist standhaft. Um deswillen ordnet er seine Empfindungen unter Grundsätze. Sie sind desto weniger dem Unbestande und der Veränderung unterworfen, je allgemeiner dieser Grundsatz ist, welchem sie untergeordnet werden, und je erweiterter also das hohe Gefühl ist, welches die niedere unter sich befaßt. Alle besondere Gründe der Neigungen sind vielen Ausnahmen und Änderungen unterworfen, wofern sie nicht aus einem solchen oberen Grunde abgeleitet sind. Der muntere und freundliche Alcest sagt: Ich liebe und schätze meine Frau, denn sie ist schön, schmeichelhaft und klug. Wie aber, wenn sie nun durch Krankheit entstellt, durch Alter mürrisch und, nachdem die erste Bezauberung verschwunden, euch nicht klüger scheinen würde wie jede andere? Wenn der Grund nicht mehr da ist, was kann aus der Neigung werden? Nehmet dagegen den wohlwollenden und gesetzten Adrast, welcher bei sich denkt: Ich werde dieser Person liebreich und mit Achtung begegnen, denn sie ist meine Frau. Diese Gesinnung ist edel und großmüthig. Nunmehr mögen die zufällige Reize sich ändern, sie ist gleichwohl noch immer seine Frau. Der edle Grund bleibt und ist nicht dem Unbestande äußerer Dinge so sehr unterworfen. Von solcher Beschaffenheit sind Grundsätze in Vergleichung der Regungen, die blos bei einzelnen Veranlassungen aufwallen, und so ist der Mann von Grundsätzen in Gegenhalt mit demjenigen, welchem gelegentlich eine gutherzige und liebreiche Bewegung anwandelt. Wie aber wenn sogar die geheime Sprache seines Herzens also lautete: Ich muß jenem Menschen da zu Hülfe kommen, denn er leidet; nicht daß er etwa mein Freund oder Gesellschafter wäre, oder daß ich ihn fähig hielte dereinst Wohlthat mit Dankbarkeit zu erwidern. Es ist jetzt keine Zeit zu vernünfteln und sich bei Fragen aufzuhalten: er ist ein Mensch, und was Menschen widerfährt, das trifft auch mich. Alsdann stützt sich sein Verfahren auf den höchsten Grund des Wohlwollens in der menschlichen Natur und ist äußerst erhaben, sowohl seiner Unveränderlichkeit nach, als um der Allgemeinheit seiner Anwendung willen.

Ich fahre in meinen Anmerkungen fort. Der Mensch von melancholischer Gemüthsverfassung bekümmert sich wenig darum, was andere urtheilen, was sie für gut oder für wahr halten, er stützt sich desfalls blos auf seine eigene Einsicht. Weil die Bewegungsgründe in ihm die Natur der Grundsätze annehmen, so ist er nicht leicht auf andere Gedanken zu bringen; seine Standhaftigkeit artet auch bisweilen in Eigensinn aus. Er sieht den Wechsel der Moden mit Gleichgültigkeit und ihren Schimmer mit Verachtung an. Freundschaft ist erhaben und daher für sein Gefühl. Er kann vielleicht einen veränderlichen Freund verlieren, allein dieser verliert ihn nicht eben so bald. Selbst das Andenken der erloschenen Freundschaft ist ihm noch ehrwürdig. Gesprächigkeit ist schön, gedankenvolle Verschwiegenheit erhaben. Er ist ein guter Verwahrer seiner und anderer Geheimnisse. Wahrhaftigkeit ist erhaben, und er haßt Lügen oder Verstellung. Er hat ein hohes Gefühl von der Würde der menschlichen Natur. Er schätzt sich selbst und hält einen Menschen für ein Geschöpf, das da Achtung verdient. Er erduldet keine verworfene Unterthänigkeit und athmet Freiheit in einem edlen Busen. Alle Ketten von den vergoldeten an, die man am Hofe trägt, bis zu dem schweren Eisen des Galeerensklaven sind ihm abscheulich. Er ist ein strenger Richter seiner selbst und anderer und nicht selten seiner sowohl als der Welt überdrüssig.

In der Ausartung dieses Charakters neigt sich die Ernsthaftigkeit zur Schwermuth, die Andacht zur Schwärmerei, der Freiheitseifer zum Enthusiasmus. Beleidigung und Ungerechtigkeit zünden in ihm Rachbegierde an. Er ist alsdann sehr zu fürchten. Er trotzt der Gefahr und verachtet den Tod. Bei der Verkehrtheit seines Gefühls und dem Mangel einer aufgeheiterten Vernunft verfällt er aufs Abenteuerliche. Eingebungen, Erscheinungen, Anfechtungen. Ist der Verstand noch schwächer, so geräth er auf Fratzen. Bedeutende Träume, Ahndungen und Wunderzeichen. Er ist in Gefahr ein Phantast oder ein Grillenfänger zu werden.

Der von sanguinischer Gemüthsverfassung hat ein herrschendes Gefühl für das Schöne. Seine Freuden sind daher lachend und lebhaft. Wenn er nicht lustig ist, so ist er mißvergnügt und kennt wenig die zufriedene Stille. Mannigfaltigkeit ist schön, und er liebt die Veränderung. Er sucht die Freude in sich und um sich, belustigt andere und ist ein guter Gesellschafter. Er hat viel moralische Sympathie. Anderer Fröhlichkeit macht ihn vergnügt und ihr Leid weichherzig. Sein sittliches Gefühl ist schön, allein ohne Grundsätze und hängt jederzeit unmittelbar von dem gegenwärtigen Eindrucke ab, den die Gegenstände auf ihn machen. Er ist ein Freund von allen Menschen oder, welches einerlei sagen will, eigentlich niemals ein Freund, ob er zwar gutherzig und wohlwollend ist. Er verstellt sich nicht. Er wird euch heute mit seiner Freundlichkeit und guten Art unterhalten, morgen, wenn ihr krank oder im Unglücke seid, wahres und ungeheucheltes Beileid empfinden, aber sich sachte davon schleichen, bis sich die Umstände geändert haben. Er muß niemals Richter sein. Die Gesetze sind ihm gemeiniglich zu strenge, und er läßt sich durch Thränen bestechen. Er ist ein schlimmer Heiliger, niemals recht gut und niemals recht böse. Er schweift öfters aus und ist lasterhaft, mehr aus Gefälligkeit als aus Neigung. Er ist freigebig und wohlthätig, aber ein schlechter Zahler dessen, was er schuldig ist, weil er wohl viel Empfindung für Güte, aber wenig für Gerechtigkeit hat. Niemand hat eine so gute Meinung von seinem eigenen Herzen als er. Wenn ihr ihn gleich nicht hochachtet, so werdet ihr ihn doch lieben müssen. In dem größeren Verfall seines Charakters geräth er ins Läppische, er ist tändelnd und kindisch. Wenn nicht das Alter noch etwa die Lebhaftigkeit mindert, oder mehr Verstand herbeibringt, so ist er in Gefahr, ein alter Geck zu werden.

Der, welchen man unter der cholerischen Gemüthsbeschaffenheit meint, hat ein herrschendes Gefühl für diejenige Art des Erhabenen, welche man das Prächtige nennen kann. Sie ist eigentlich nur der Schimmer der Erhabenheit und eine stark abstechende Farbe, welche den inneren Gehalt der Sache oder Person, der vielleicht nur schlecht und gemein ist, verbirgt und durch den Schein täuscht und rührt. So wie ein Gebäude durch eine Übertünchung, welche gehauene Steine vorstellt, einen eben so edlen Eindruck macht, als wenn es wirklich daraus bestände, und geklebte Gesimse und Pilastern die Meinung von Festigkeit geben, ob sie gleich wenig Haltung haben und nichts unterstützen: also glänzen auch tombackene Tugenden, Flittergold von Weisheit und gemaltes Verdienst.

Der Cholerische betrachtet seinen eigenen Werth und den Werth seiner Sachen und Handlungen aus dem Anstande oder dem Scheine, womit er in die Augen fällt. In Ansehung der innern Beschaffenheit und der Bewegungsgründe, die der Gegenstand selber enthält, ist er kalt, weder erwärmt durch wahres

Wohlwollen, noch gerührt durch Achtung.* Sein Betragen ist künstlich. Er muß allerlei Standpunkte zu nehmen wissen, um seinen Anstand aus der verschiedenen Stellung der Zuschauer zu beurtheilen; denn er frägt wenig darnach, was er sei, sondern nur was er scheine. Um deswillen muß er die Wirkung auf den allgemeinen Geschmack und die mancherlei Eindrücke wohl kennen, die sein Verhalten außer ihm haben wird. Da er in dieser schlauen Aufmerksamkeit durchaus kalt Blut bedarf und nicht durch Liebe, Mitleiden und Theilnehmung seines Herzens sich muß blenden lassen, so wird er auch vielen Thorheiten und Verdrießlichkeiten entgehen, in welche ein Sanguinischer geräth, der durch seine unmittelbare Empfindung bezaubert wird. Um deswillen scheint er gemeiniglich verständiger, als er wirklich ist. Sein Wohlwollen ist Höflichkeit, seine Achtung Ceremonie, seine Liebe ausgesonnene Schmeichelei. Er ist jederzeit voll von sich selbst, wenn er den Anstand eines Liebhabers oder eines Freundes annimmt, und ist niemals weder das eine noch das andere. Er sucht durch Moden zu schimmern; aber weil alles an ihm künstlich und gemacht ist, so ist er darin steif und ungewandt. Er handelt weit mehr nach Grundsätzen als der Sanguinische, der bloß durch gelegentliche Eindrücke bewegt wird; aber diese sind nicht Grundsätze der Tugend, sondern der Ehre, und er hat kein Gefühl für die Schönheit oder den Werth der Handlungen, sondern für das Urtheil der Welt, das sie davon fällen möchte. Weil sein Verfahren, in so fern man nicht auf die Quelle sieht, daraus es entspringt, übrigens fast eben so gemeinnützig als die Tugend selbst ist, so erwirbt er vor gemeinen Augen eben die Hochschätzung als der Tugendhafte, aber vor feineren Augen verbirgt er sich sorgfältig, weil er wohl weiß, daß die Entdeckung der geheimen Triebfeder der Ehrbegierde ihn um die Achtung bringen würde. Er ist daher der Verstellung sehr ergeben, in der Religion

---

* Er hält sich auch sogar nur in so fern für glücklich, als er vermuthet, daß er dafür von andern gehalten wird.

heuchlerisch, im Umgange ein Schmeichler, in Staatsparteien wetterwendisch nach den Umständen. Er ist gerne ein Sklave der Großen, um dadurch ein Tyrann über Geringere zu werden. Die Naivetät, diese edle oder schöne Einfalt, welche das Siegel der Natur und nicht der Kunst auf sich trägt, ist ihm gänzlich fremde. Daher wenn sein Geschmack ausartet, so wird sein Schimmer schreiend, d. i. auf eine widrige Art prahlend. Er geräth alsdann sowohl seinem Stil als dem Ausputze nach in den Gallimathias (das Übertriebene), eine Art Fratzen, die in Ansehung des Prächtigen dasjenige ist, was das Abenteuerliche oder Grillenhafte in Ansehung des Ernsthaft-Erhabenen. In Beleidigungen fällt er alsdann auf Zweikämpfe oder Processe und in dem bürgerlichen Verhältnisse auf Ahnen, Vortritt und Titel. So lange er nur noch eitel ist, d. i. Ehre sucht und bemüht ist in die Augen zu fallen, so kann er noch wohl geduldet werden, allein wenn bei gänzlichem Mangel wirklicher Vorzüge und Talente er aufgeblasen wird, so ist er das, wofür er am mindesten gerne möchte gehalten werden, nämlich ein Narr.

Da in der phlegmatischen Mischung keine Ingredienzien vom Erhabenen oder Schönen in sonderlich merklichem Grade hineinzukommen pflegen, so gehört diese Gemüthseigenschaft nicht in den Zusammenhang unserer Erwägungen.

Von welcher Art auch diese feinere Empfindungen sein mögen, von denen wir bis daher gehandelt haben, es mögen erhabene oder schöne sein, so haben sie doch das Schicksal gemein, daß sie in dem Urtheil desjenigen, der kein darauf gestimmtes Gefühl hat, jederzeit verkehrt und ungereimt scheinen. Ein Mensch von einer ruhigen und eigennützigen Emsigkeit hat so zu reden gar nicht die Organen, um den edlen Zug in einem Gedichte oder in einer Heldentugend zu empfinden, er liest lieber einen Robinson als einen Grandison und hält den Cato für einen eigensinnigen Narren. Eben so scheint Personen von etwas ernsthafter Gemüthsart dasjenige läppisch, was andern reizend ist, und die gaukelnde Naivetät einer Schäferhandlung ist ihnen abgeschmackt und kindisch. Auch selbst wenn das Gemüth nicht gänzlich ohne ein einstimmiges feineres Gefühl ist, sind doch die Grade der Reizbarkeit desselben sehr verschieden, und man sieht, daß der eine etwas edel und anständig findet, was dem andern zwar groß, aber abenteuerlich vorkommt. Die Gelegenheiten, die sich darbieten, bei unmoralischen Dingen etwas von dem Gefühl des andern auszuspähen, können uns Anlaß geben mit ziemlicher Wahrscheinlichkeit auch auf seine Empfindung in Ansehung der höheren Gemüthseigenschaften und selbst derer des Herzens zu schließen. Wer bei einer schönen Musik lange Weile hat, giebt starke Vermuthung, daß die Schönheiten der Schreibart und die feine Bezauberungen der Liebe wenig Gewalt über ihn haben werden.

Es ist ein gewisser Geist der Kleinigkeiten (esprit des bagatelles), welcher eine Art von feinem Gefühl anzeigt, welches aber gerade auf das Gegentheil von dem Erhabenen abzielt. Ein Geschmack für etwas, weil es sehr künstlich und mühsam ist, Verse, die sich vor- und rückwärts lesen lassen, Räthsel, Uhren in Ringen, Flohketten u. u. Ein Geschmack für alles, was abgezirkelt und auf peinliche Weise ordentlich, obzwar ohne Nutzen ist, z. E. Bücher, die fein zierlich in langen Reihen im Bücherschranke stehen, und ein leerer Kopf, der sie ansieht und sich erfreuet, Zimmer, die wie optische Kasten geziert und überaus sauber gewaschen sind, zusammt einem ungastfreien und mürrischen Wirte, der sie bewohnt. Ein Geschmack an allem demjenigen, was selten ist, so wenig wie es auch sonst innern Wert haben mag. Epiktets Lampe, ein Handschuh von König Karl dem Zwölften; in gewisser Art schlägt die Münzensucht mit hierauf ein. Solche Personen stehen sehr im Verdacht, daß sie in den Wissenschaften Grübler und Grillenfänger, in den Sitten aber für alle das, was auf freie Art schön oder edel ist, ohne Gefühl sein werden.

Man thut einander zwar Unrecht, wenn man denjenigen, der

den Werth, oder die Schönheit dessen, was uns rührt, oder reizt, nicht einsieht, damit abfertigt, daß er es nicht verstehe. Es kommt hierbei nicht so sehr darauf an, was der Verstand einsehe, sondern was das Gefühl empfinde. Gleichwohl haben die Fähigkeiten der Seele einen so großen Zusammenhang: daß man mehrentheils von der Erscheinung der Empfindung auf die Talente der Einsicht schließen kann. Denn es würden demjenigen, der viele Verstandesvorzüge hat, diese Talente vergeblich ertheilt sein, wenn er nicht zugleich starke Empfindung für das wahrhaftig Edle oder Schöne hätte, welche die Triebfeder sein muß, jene Gemüthsgaben wohl und regelmäßig anzuwenden.*

Es ist einmal gebräuchlich, nur dasjenige nützlich zu nennen, was unserer gröberen Empfindung ein Genüge leisten kann, was uns Überfluß im Essen und Trinken, Aufwand in Kleidung und in Hausgeräthe, imgleichen Verschwendung in Gastereien verschaffen kann, ob ich gleich nicht sehe, warum nicht alles, was nur immer meinem lebhaftesten Gefühl erwünscht ist, eben so wohl den nützlichen Dingen sollte beigezählt werden. Allein alles gleichwohl auf diesen Fuß genommen, so ist derjenige, welchen der Eigennutz beherrscht, ein Mensch, mit welchem man über den feineren Geschmack niemals vernünfteln muß. Ein Huhn ist freilich in solchem Betracht besser als ein Papagei, ein Kochtopf nützlicher als ein Porcellängeschirr, alle witzige Köpfe in der Welt gelten nicht den Werth eines Bauren, und die Bemühung, die Weite der Fix-

---

* Man sieht auch, daß eine gewisse Feinigkeit des Gefühls einem Menschen zum Verdienste angerechnet wird. Daß jemand in Fleisch oder Kuchen eine gute Mahlzeit thun kann, imgleichen daß er unvergleichlich wohl schläft, das wird man ihm wohl als ein Zeichen eines guten Magens, aber nicht als ein Verdienst auslegen. Dagegen wer einen Theil seiner Mahlzeit dem Anhören einer Musik aufopfert oder bei einer Schilderei sich in eine angenehme Zerstreuung vertiefen kann, oder einige witzige Sachen, wenn es auch nur poetische Kleinigkeiten wären, gerne liest, hat doch fast in jedermanns Augen den Anstand eines feineren Menschen, von dem man eine vortheilhaftere und für ihn rühmlichere Meinung hat.

sterne zu entdecken, kann so lange ausgesetzt bleiben, bis man übereingekommen sein wird, wie der Pflug auf das vortheilhafteste könne geführt werden. Allein welche Thorheit ist es, sich in einen solchen Streit einzulassen, wo es unmöglich ist sich einander auf einstimmige Empfindungen zu führen, weil das Gefühl gar nicht einstimmig ist! Gleichwohl wird doch ein Mensch von der gröbsten und gemeinsten Empfindung wahrnehmen können: daß die Reize und Annehmlichkeiten des Lebens, welche die entbehrlichste zu sein scheinen, unsere meiste Sorgfalt auf sich ziehen, und daß wir wenig Triebfedern zu so vielfältigen Bemühungen übrig haben würden, wenn wir jene ausschließen wollten. Imgleichen ist wohl niemand so grob, daß er nicht empfinde, daß eine sittliche Handlung wenigstens an einem andern um desto mehr rühre, je weiter sie vom Eigennutze ist, und je mehr jene edlere Antriebe in ihr hervorstechen.

Wenn ich die edele und schwache Seite der Menschen wechselsweise bemerke, so verweise ich es mir selbst, daß ich nicht denjenigen Standpunkt zu nehmen vermag, von wo diese Abstechungen das große Gemälde der ganzen menschlichen Natur gleichwohl in einer rührenden Gestalt darstellten. Denn ich bescheide mich gerne: daß, so fern es zu dem Entwurfe der großen Natur gehört, diese groteske Stellungen nicht anders als einen edelen Ausdruck geben können, ob man schon viel zu kurzsichtig ist, sie in diesem Verhältnisse zu übersehen. Um indessen doch einen schwachen Blick hierauf zu werfen: so glaube ich folgendes anmerken zu können. Derjenigen unter den Menschen, die nach Grundsätzen verfahren, sind nur sehr wenige, welches auch überaus gut ist, da es so leicht geschehen kann, daß man in diesen Grundsätzen irre und alsdann der Nachtheil, der daraus erwächst, sich um desto weiter erstreckt, je allgemeiner der Grundsatz und je standhafter die Person ist, die ihn sich vorgesetzt hat. Derer, so aus gutherzigen Trieben handeln, sind weit mehrere, welches äußerst vortrefflich ist, ob es gleich einzeln nicht als ein sonderliches Verdienst der Person kann angerechnet werden; denn diese tugendhafte Instincte fehlen wohl bisweilen, allein im Durchschnitte leisten sie eben so wohl die große Absicht der Natur, wie die übrige Instincte, die so regelmäßig die thierische Welt bewegen. Derer, die ihr allerliebstes Selbst als den einzigen Beziehungspunkt ihrer Bemühungen starr vor Augen haben, und die um den Eigennutz als um die große Achse alles zu drehen suchen, giebt es die meiste, worüber auch nichts Vortheilhafteres sein kann, denn diese sind die emsigsten, ordentlichsten und behutsamsten; sie geben dem Ganzen Haltung und Festigkeit, indem sie auch ohne ihre Absicht gemeinnützig werden, die nothwendigen Bedürfnisse herbeischaffen und die Grundlage liefern, über welche feinere Seelen Schönheit und Wohlgereimtheit verbreiten können. Endlich ist die Ehrliebe in aller Menschen Herzen, obzwar in ungleichem Maße, verbreitet worden, welches dem Ganzen eine bis zur Bewunderung reizende Schönheit geben muß. Denn wiewohl die Ehrbegierde ein thörichter Wahn ist, so fern er zur Regel wird, der man die übrigen Neigungen unterordnet, so ist sie doch als ein begleitender Trieb äußerst vortrefflich. Denn indem ein jeder auf der großen Bühne seinen herrschenden Neigungen gemäß die Handlungen verfolgt, so wird er zugleich durch einen geheimen Antrieb bewogen, in Gedanken außer sich selbst einen Standpunkt zu nehmen, um den Anstand zu beurtheilen, den sein Betragen hat, wie es aussehe und dem Zuschauer in die Augen falle. Dadurch vereinbaren sich die verschiedene Gruppen in ein Gemälde von prächtigem Ausdruck, wo mitten unter großer Mannigfaltigkeit Einheit hervorleuchtet, und das Ganze der moralischen Natur Schönheit und Würde an sich zeigt.

Dritter Abschnitt.

Von dem Unterschiede des Erhabenen und Schönen in dem Gegenverhältniß beider Geschlechter.

Derjenige, so zuerst das Frauenzimmer unter dem Namen des schönen Geschlechts begriffen hat, kann vielleicht etwas Schmeichelhaftes haben sagen wollen, aber er hat es besser getroffen, als er wohl selbst geglaubt haben mag. Denn ohne in Erwägung zu ziehen, daß ihre Gestalt überhaupt feiner, ihre Züge zärter und sanfter, ihre Miene im Ausdrucke der Freundlichkeit, des Scherzes und der Leutseligkeit bedeutender und einnehmender ist, als bei dem männlichen Geschlecht, ohne auch dasjenige zu vergessen, was man für die geheime Zauberkraft abrechnen muß, wodurch sie unsere Leidenschaft zum vortheilhaften Urtheile für sie geneigt machen, so liegen vornehmlich in dem Gemüthscharakter dieses Geschlechts eigenthümliche Züge, die es von dem unseren deutlich unterscheiden und die darauf hauptsächlich hinauslaufen, sie durch das Merkmal des Schönen kenntlich zu machen. Andererseits könnten wir auf die Benennung des edlen Geschlechts Anspruch machen, wenn es nicht auch von einer edlen Gemüthsart erfordert würde, Ehrennamen abzulehnen und sie lieber zu ertheilen als zu empfangen. Hiedurch wird nun nicht verstanden: daß das Frauenzimmer edeler Eigenschaften ermangelte, oder das männliche Geschlecht der Schönheiten gänzlich entbehren müßte, vielmehr erwartet man, daß ein jedes Geschlecht beide vereinbare, doch so, daß von einem Frauenzimmer alle andere Vorzüge sich nur dazu vereinigen sollen, um den Charakter des Schönen zu erhöhen, welcher der eigentliche Beziehungspunkt ist, und dagegen unter den männlichen Eigenschaften das Erhabene als das Kennzeichen seiner Art deutlich hervorsteche. Hierauf müssen alle Urtheile von diesen zwei Gattungen, sowohl die rühmliche als die des Tadels, sich beziehen, alle Erziehung und Unterweisung muß dieses vor Augen haben und alle Bemühung, die sittliche Vollkommenheit des einen oder des andern zu befördern, wo man nicht den reizenden Unterschied unkenntlich machen will, den die Natur zwischen zwei Menschengattungen hat treffen wollen. Denn es ist hier nicht genug sich vorzustellen, daß man Menschen vor sich habe, man muß zugleich nicht aus der Acht lassen, daß diese Menschen nicht von einerlei Art sind.

229 Das Frauenzimmer hat ein angebornes stärkeres Gefühl für alles, was schön, zierlich und geschmückt ist. Schon in der Kindheit sind sie gerne geputzt und gefallen sich, wenn sie geziert sind. Sie sind reinlich und sehr zärtlich in Ansehung alles dessen, was Ekel verursacht. Sie lieben den Scherz und können durch Kleinigkeiten, wenn sie nur munter und lachend sind, unterhalten werden. Sie haben sehr früh ein sittsames Wesen an sich, wissen sich einen feinen Anstand zu geben und besitzen sich selbst; und dieses in einem Alter, wenn unsere wohlerzogene männliche Jugend noch unbändig, tölpisch und verlegen ist. Sie haben viel theilnehmende Empfindungen, Gutherzigkeit und Mitleiden, ziehen das Schöne dem Nützlichen vor und werden den Überfluß des Unterhalts gerne in Sparsamkeit verwandeln, um den Aufwand auf das Schimmernde und den Putz zu unterstützen. Sie sind von sehr zärtlicher Empfindung in Ansehung der mindesten Beleidigung und überaus fein, den geringsten Mangel der Aufmerksamkeit und Achtung gegen sie zu bemerken. Kurz, sie enthalten in der menschlichen Natur den Hauptgrund der Abstechung der schönen Eigenschaften mit den edelen und verfeinern selbst das männliche Geschlecht.

Man wird mir hoffentlich die Herzählung der männlichen Eigenschaften, in so fern sie jenen parallel sind, schenken und sich befriedigen, beide nur in der Gegeneinanderhaltung zu betrachten. Das schöne Geschlecht hat eben so wohl Verstand als das männliche, nur es ist ein **schöner Verstand**, der unsrige soll ein **tiefer Verstand** sein, welches ein Ausdruck ist, der einerlei mit dem Erhabenen bedeutet.

Zur Schönheit aller Handlungen gehört vornehmlich, daß sie Leichtigkeit an sich zeigen und ohne peinliche Bemühung scheinen vollzogen zu werden; dagegen Bestrebungen und überwundene Schwierigkeiten Bewunderung erregen und zum Erhabenen gehören. Tiefes Nachsinnen und eine lange fortgesetzte Betrachtung sind edel, aber schwer und schicken sich nicht wohl für eine Person, bei der die ungezwungene Reize nichts anders als eine schöne Natur zeigen sollen. Mühsames Lernen oder peinliches Grübeln, wenn es gleich ein Frauenzimmer darin hoch bringen sollte, vertilgen die Vorzüge, die ihrem Geschlechte eigenthümlich sind, und können dieselbe wohl um der Seltenheit willen zum Gegenstande einer kalten Bewunderung machen, aber sie werden zugleich die Reize schwächen, wodurch sie ihre große Gewalt über das andere Geschlecht ausüben. Ein Frauenzimmer, das den Kopf voll Griechisch hat, wie die **Frau Dacier**, oder über die Mechanik gründliche Streitigkeiten führt, wie die Marquisin von **Chastelet**, mag nur immerhin noch einen Bart dazu haben; denn dieser würde vielleicht die Miene des Tiefsinns noch kenntlicher ausdrücken, um welchen sie sich bewerben. Der schöne Verstand wählt zu seinen Gegenständen alles, was mit dem feineren Gefühl nahe verwandt ist, und überläßt abstracte Speculationen oder Kenntnisse, die nützlich, aber trocken sind, dem emsigen, gründlichen und tiefen Verstande. Das Frauenzimmer wird demnach keine Geometrie lernen; es wird vom Satze des zureichenden Grundes, oder den Monaden nur so viel wissen, als da nöthig ist, um das Salz in den Spottgedichten zu vernehmen, welche die seichte Grübler unseres Geschlechts durchgezogen haben. Die Schönen können den Cartesius seine Wirbel immer drehen lassen, ohne sich darum zu bekümmern, wenn auch der artige **Fontenelle** ihnen unter den Wandelsternen Gesellschaft leisten wollte, und die Anziehung ihrer

Reize verliert nichts von ihrer Gewalt, wenn sie gleich nichts von allem dem wissen, was Algarotti zu ihrem Besten von den Anziehungskräften der groben Materialien nach dem Newton aufzuzeichnen bemüht gewesen. Sie werden in der Geschichte sich nicht den Kopf mit Schlachten und in der Erdbeschreibung nicht mit Festungen anfüllen; denn es schickt sich für sie eben so wenig, daß sie nach Schießpulver, als für die Mannspersonen, daß sie nach Bisam riechen sollen.

Es scheint eine boshafte List der Mannspersonen zu sein, daß sie das schöne Geschlecht zu diesem verkehrten Geschmacke haben verleiten wollen. Denn wohl bewußt ihrer Schwäche in Ansehung der natürlichen Reize desselben, und daß ein einziger schalkhafter Blick sie mehr in Verwirrung setze als die schwerste Schulfrage, sehen sie sich, so bald das Frauenzimmer in diesen Geschmack einschlägt, in einer entschiedenen Überlegenheit und sind in dem Vortheile, den sie sonst schwerlich haben würden, mit einer großmüthigen Nachsicht den Schwächen ihrer Eitelkeit aufzuhelfen. Der Inhalt der großen Wissenschaft des Frauenzimmers ist vielmehr der Mensch und unter den Menschen der Mann. Ihre Weltweisheit ist nicht Vernünfteln, sondern Empfinden. Bei der Gelegenheit, die man ihnen geben will ihre schöne Natur auszubilden, muß man dieses Verhältniß jederzeit vor Augen haben. Man wird ihr gesammtes moralisches Gefühl und nicht ihr Gedächtniß zu erweitern suchen und zwar nicht durch allgemeine Regeln, sondern durch einiges Urtheil über das Betragen, welches sie um sich sehen. Die Beispiele, die man aus andern Zeiten entlehnt, um den Einfluß einzusehen, den das schöne Geschlecht in die Weltgeschäfte gehabt hat, die mancherlei Verhältnisse, darin es in andern Zeitaltern oder in fremden Landen gegen das männliche gestanden, der Charakter beider, so fern er sich hiedurch erläutern läßt, und der veränderliche Geschmack der Vergnügungen machen ihre ganze Geschichte und Geographie aus. Es ist schön, daß einem Frauenzimmer der Anblick einer Karte, die entweder den ganzen Erdkreis oder die vornehmste Theile der Welt vorstellt, angenehm gemacht werde. Dieses geschieht dadurch, daß man sie nur in der Absicht vorlegt, um die unterschiedliche Charaktere der Völker, die sie bewohnen, die Verschiedenheiten ihres Geschmacks und sittlichen Gefühls, vornehmlich in Ansehung der Wirkung, die diese auf die Geschlechterverhältnisse haben, dabei zu schildern, mit einigen leichten Erläuterungen aus der Verschiedenheit der Himmelsstriche, ihrer Freiheit oder Sklaverei. Es ist wenig daran gelegen, ob sie die besondere Abtheilungen dieser Länder, ihr Gewerbe, Macht und Beherrscher wissen oder nicht. Eben so werden sie von dem Weltgebäude nichts mehr zu kennen nöthig haben, als nöthig ist, den Anblick des Himmels an einem schönen Abende ihnen rührend zu machen, wenn sie einigermaßen begriffen haben, daß noch mehr Welten und daselbst noch mehr schöne Geschöpfe anzutreffen sind. Gefühl für Schildereien von Ausdruck und für Tonkunst, nicht in so fern sie Kunst, sondern Empfindung äußert, alles dieses verfeinert oder erhebt den Geschmack dieses Geschlechts und hat jederzeit einige Verknüpfung mit sittlichen Regungen. Niemals ein kalter und speculativer Unterricht, jederzeit Empfindungen, und zwar die so nahe wie möglich bei ihrem Geschlechtverhältnisse bleiben. Diese Unterweisung ist darum so selten, weil sie Talente, Erfahrenheit und ein Herz voll Gefühl erfordert, und jeder andern kann das Frauenzimmer sehr wohl entbehren, wie es denn auch ohne diese sich von selbst gemeiniglich sehr wohl ausbildet.

Die Tugend des Frauenzimmers ist eine **schöne Tugend**.* Die des männlichen Geschlechts soll eine **edele Tugend** sein. Sie werden das Böse vermeiden, nicht weil es unrecht, sondern weil es häßlich ist, und tugendhafte Handlungen be-

---

* Diese wurde oben, S. 206, in einem strengen Urtheil adoptirte Tugend genannt; hier, da sie um des Geschlechtscharakters willen eine günstige Rechtfertigung verdient, heißt sie überhaupt eine schöne Tugend.

deuten bei ihnen solche, die sittlich schön sind. Nichts von Sollen, nichts von Müssen, nichts von Schuldigkeit. Das Frauenzimmer ist aller Befehle und alles mürrischen Zwanges unleidlich. Sie thun etwas nur darum, weil es ihnen so beliebt, und die Kunst besteht darin zu machen, daß ihnen nur dasjenige beliebe, was gut ist. Ich glaube schwerlich, daß das schöne Geschlecht der Grundsätze fähig sei, und ich hoffe dadurch nicht zu beleidigen, denn diese sind auch äußerst selten beim männlichen. Dafür aber hat die Vorsehung in ihren Busen gütige und wohlwollende Empfindungen, ein feines Gefühl für Anständigkeit und eine gefällige Seele gegeben. Man fordere ja nicht Aufopferungen und großmüthigen Selbstzwang. Ein Mann muß es seiner Frauen niemals sagen, wenn er einen Theil seines Vermögens um einen Freund in Gefahr setzt. Warum will er ihre muntere Gesprächigkeit fesseln, dadurch daß er ihr Gemüth mit einem wichtigen Geheimnisse belästigt, dessen Aufbewahrung ihm allein obliegt? Selbst viele von ihren Schwachheiten sind so zu reden schöne Fehler. Beleidigung oder Unglück bewegen ihre zarte Seele zur Wehmut. Der Mann muß niemals andre als großmüthige Thränen weinen. Die, so er in Schmerzen oder über Glücksumstände vergießt, machen ihn verächtlich. Die Eitelkeit, die man dem schönen Geschlechte so vielfältig vorrückt, wofern sie ja an demselben ein Fehler ist, so ist sie nur ein schöner Fehler. Denn zu geschweigen, daß die Mannspersonen, die dem Frauenzimmer so gerne schmeicheln, übel daran sein würden, wenn dieses nicht geneigt wäre es wohl aufzunehmen, so beleben sie dadurch wirklich ihre Reize. Diese Neigung ist ein Antrieb, Annehmlichkeiten und den guten Anstand zu zeigen, ihren muntern Witz spielen zu lassen, imgleichen durch die veränderliche Erfindungen des Putzes zu schimmern und ihre Schönheit zu erhöhen. Hierin ist nun so gar nichts Beleidigendes für andere, sondern vielmehr, wenn es mit gutem Geschmacke gemacht wird, so viel Artiges, daß es sehr ungezogen ist dagegen mit mürrischem Tadel loszuziehen. Ein Frauenzimmer, das hierin gar zu flatterhaft und gaukelnd ist, heißt eine Närrin; welcher Ausdruck gleichwohl keine so harte Bedeutung hat, als mit veränderter Endsilbe beim Manne, so gar daß, wenn man sich untereinander versteht, es wohl bisweilen eine vertrauliche Schmeichelei anzeigen kann. Wenn die Eitelkeit ein Fehler ist, der an einem Frauenzimmer sehr wohl Entschuldigung verdient, so ist das aufgeblasene Wesen an ihnen nicht allein, so wie an Menschen überhaupt tadelhaft, sondern verunstaltet gänzlich ihren Geschlechtscharakter. Denn diese Eigenschaft ist überaus dumm und häßlich und dem einnehmenden bescheidenen Reize gänzlich entgegen gesetzt. Alsdann ist eine solche Person in einer schlüpfrigen Stellung. Sie wird sich gefallen lassen ohne alle Nachsicht und scharf beurtheilt zu werden; denn wer auf Hochachtung pocht, fordert alles um sich zum Tadel auf. Eine jede Entdeckung auch des mindesten Fehlers macht jedermann eine wahre Freude, und das Wort Närrin verliert hier seine gemilderte Bedeutung. Man muß Eitelkeit und Aufgeblasenheit jederzeit unterscheiden. Die erstere sucht Beifall und ehrt gewissermaßen diejenige, um deren willen sie sich diese Bemühung giebt, die zweite glaubt sich schon in dem völligen Besitze desselben, und indem sie keinen zu erwerben bestrebt, so gewinnt sie auch keinen.

Wenn einige Ingredienzien von Eitelkeit ein Frauenzimmer in den Augen des männlichen Geschlechts gar nicht verunzieren, so dienen sie doch, je sichtbarer sie sind, um desto mehr das schöne Geschlecht unter einander zu veruneinigen. Sie beurtheilen einander alsdann sehr scharf, weil eine der anderen Reize zu verdunkeln scheint, und es sind auch wirklich diejenige, die noch starke Anmaßungen auf Eroberung machen, selten Freundinnen von einander im wahren Verstande.

Dem Schönen ist nichts so sehr entgegengesetzt als der Ekel, so wie nichts tiefer unter das Erhabene sinkt als das Lächerliche. Daher kann einem Manne kein Schimpf empfindlicher sein, als daß er ein Narr, und einem Frauenzimmer, daß sie ekelhaft genannt werde. Der englische Zuschauer hält dafür: daß einem Manne kein Vorwurf könne gemacht werden, der kränkender sei, als wenn er für einen Lügner, und einem Frauenzimmer kein bittrerer, als wenn sie für unkeusch gehalten wird. Ich will dieses, in so fern es nach der Strenge der Moral beurtheilt wird, in seinem Werthe lassen. Allein hier ist die Frage nicht, was an sich selbst den größten Tadel verdiene, sondern was wirklich am allerhärtesten empfunden werde. Und da frage ich einen jeden Leser, ob, wenn er sich in Gedanken auf diesen Fall setzt, er nicht meiner Meinung beistimmen müsse. Die Jungfer Ninon Lenclos machte nicht die mindesten Ansprüche auf die Ehre der Keuschheit, und gleichwohl würde sie unerbittlich beleidigt worden sein, wenn einer ihrer Liebhaber sich in seinem Urtheile so weit sollte vergangen haben: und man weiß das grausame Schicksal des Monaldeschi um eines beleidigenden Ausdrucks willen von solcher Art bei einer Fürstin, die eben keine Lucretia hat vorstellen wollen. Es ist unausstehlich, daß man nicht einmal sollte Böses thun können, wenn man gleich wollte, weil auch die Unterlassung desselben alsdann jederzeit nur eine sehr zweideutige Tugend ist.

234 Um von diesem Ekelhaften sich so weit als möglich zu entfernen, gehört die Reinlichkeit, die zwar einem jeden Menschen wohl ansteht, bei dem schönen Geschlechte unter die Tugenden vom ersten Range und kann schwerlich von demselben zu hoch getrieben werden, da sie gleichwohl an einem Manne bisweilen zum Übermaße steigt und alsdann läppisch wird.

Die Schamhaftigkeit ist ein Geheimniß der Natur sowohl einer Neigung Schranken zu setzen, die sehr unbändig ist und, indem sie den Ruf der Natur für sich hat, sich immer mit guten, sittlichen Eigenschaften zu vertragen scheint, wenn sie gleich ausschweift. Sie ist demnach als ein Supplement der Grundsätze höchst nöthig; denn es giebt keinen Fall, da die

Neigung so leicht zum Sophisten wird, gefällige Grundsätze zu erklügeln, als hier. Sie dient aber auch zugleich, um einen geheimnißvollen Vorhang selbst vor die geziemendsten und nöthigsten Zwecke der Natur zu ziehen, damit die gar zu gemeine Bekanntschaft mit denselben nicht Ekel oder zum mindesten Gleichgültigkeit veranlasse in Ansehung der Endabsichten eines Triebes, worauf die feinsten und lebhaftesten Neigungen der menschlichen Natur gepfropft sind. Diese Eigenschaft ist dem schönen Geschlecht vorzüglich eigen und ihm sehr anständig. Es ist auch eine plumpe und verächtliche Ungezogenheit, durch die Art pöbelhafter Scherze, welche man Zoten nennt, die zärtliche Sittsamkeit desselben in Verlegenheit oder Unwillen zu setzen. Weil indessen, man mag nun um das Geheimniß so weit herumgehen, als man immer will, die Geschlechterneigung doch allen den übrigen Reizen endlich zum Grunde liegt, und ein Frauenzimmer immer als ein Frauenzimmer der angenehme Gegenstand einer wohlgesitteten Unterhaltung ist, so möchte daraus vielleicht zu erklären sein, warum sonst artige Mannspersonen sich bisweilen die Freiheit nehmen, durch den kleinen Muthwillen ihrer Scherze einige feine Anspielungen durchscheinen zu lassen, welche machen, daß man sie lose oder schalkhaft nennt, und wo, indem sie weder durch ausspähende Blicke beleidigen, noch die Achtung zu verletzen gedenken, sie glauben berechtigt zu sein, die Person, die es mit unwilliger oder spröder Miene aufnimmt, eine Ehrbarkeitspedantin zu nennen. Ich führe dieses nur an, weil es gemeiniglich als ein etwas kühner Zug vom schönen Umgange angesehen wird, auch in der That von je her viel Witz darauf ist verschwendet worden; was aber das Urtheil nach moralischer Strenge anlangt, so gehört das nicht hieher, da ich in der Empfindung des Schönen nur die Erscheinungen zu beobachten und zu erläutern habe.

Die edle Eigenschaften dieses Geschlechts, welche jedoch, wie wir schon angemerkt haben, niemals das Gefühl des Schönen unkenntlich machen müssen, kündigen sich durch nichts deutlicher und sicherer an als durch die Bescheidenheit einer Art von edler Einfalt und Naivetät bei großen Vorzügen. Aus derselben leuchtet eine ruhige Wohlgewogenheit und Achtung gegen andere hervor, zugleich mit einem gewissen edlen Zutrauen auf sich selbst und einer billigen Selbstschätzung verbunden, welche bei einer erhabenen Gemüthsart jederzeit anzutreffen ist. Indem diese feine Mischung zugleich durch Reize einnimmt und durch Achtung rührt, so stellt sie alle übrige schimmernde Eigenschaften wider den Muthwillen des Tadels und der Spottsucht in Sicherheit. Personen von dieser Gemüthsart haben auch ein Herz zur Freundschaft, welches an einem Frauenzimmer niemals kann hoch genug geschätzt werden, weil es so gar selten ist und zugleich so überaus reizend sein muß.

Da unsere Absicht ist über Empfindungen zu urtheilen, so kann es nicht unangenehm sein die Verschiedenheit des Eindrucks, den die Gestalt und Gesichtszüge des schönen Geschlechts auf das männliche machen, wo möglich unter Begriffe zu bringen. Diese ganze Bezauberung ist im Grunde über den Geschlechtertrieb verbreitet. Die Natur verfolgt ihre große Absicht, und alle Feinigkeiten, die sich hinzugesellen, sie mögen nun so weit davon abzustehen scheinen, wie sie wollen, sind nur Verbrämungen und entlehnen ihren Reiz doch am Ende aus eben derselben Quelle. Ein gesunder und derber Geschmack, der sich jederzeit sehr nahe bei diesem Triebe hält, wird durch die Reize des Anstandes, der Gesichtszüge, der Augen u. u. an einem Frauenzimmer wenig angefochten, und indem er eigentlich nur aufs Geschlecht geht, so sieht er mehrentheils die Delicatesse anderer als leere Tändelei an.

Wenn dieser Geschmack gleich nicht fein ist, so ist er deswegen doch nicht zu verachten. Denn der größte Theil der Menschen befolgt vermittelst desselben die große Ordnung der Natur auf eine sehr einfältige und sichere Art.* Dadurch werden die meisten Ehen bewirkt und zwar von dem emsigsten Theile des menschlichen Geschlechts, und indem der Mann den Kopf nicht von bezaubernden Mienen, schmachtenden Augen, edlem Anstande u. u. voll hat, auch nichts von allem diesem versteht, so wird er desto aufmerksamer auf haushälterische Tugenden, Sparsamkeit u. u. und auf das Eingebrachte. Was den etwas feineren Geschmack anlangt, um dessentwillen es nöthig sein möchte einen Unterschied unter den äußerlichen Reizen des Frauenzimmers zu machen, so ist derselbe entweder auf das, was in der Gestalt und dem Ausdrucke des Gesichts m o r a l i s c h ist, oder auf das U n m o r a l i s c h e geheftet. Ein Frauenzimmer wird in Ansehung der Annehmlichkeiten von der letzteren Art h ü b s c h genannt. Ein proportionirlicher Bau, regelmäßige Züge, Farben von Auge und Gesicht, die zierlich abstechen, lauter Schönheiten, die auch an einem Blumenstrauße gefallen und einen kalten Beifall erwerben. Das Gesicht selber sagt nichts, ob es gleich hübsch ist, und redet nicht zum Herzen. Was den Ausdruck der Züge, der Augen und der Mienen anlangt, der moralisch ist, so geht er entweder auf das Gefühl des Erhabenen, oder des Schönen. Ein Frauenzimmer, an welchem die Annehmlichkeiten, die ihrem Geschlecht geziemen, vornehmlich den moralischen Ausdruck des Erhabenen hervorstechen lassen, heißt s c h ö n im eigentlichen Verstande, diejenige, deren moralische Zeichnung, so fern sie in den Mienen oder Gesichtszügen sich kennbar macht, die Eigenschaften des Schönen ankündigt, ist a n n e h m l i c h und, wenn sie es in einem höhern Grade ist, r e i z e n d. Die erstere läßt unter einer Miene von Gelassenheit und einem edlen An-

---

* Wie alle Dinge in der Welt auch ihre schlimme Seite haben, so ist bei diesem Geschmacke nur zu bedauern, daß er leichter wie ein anderer in Lüderlichkeit ausartet. Denn weil das Feuer, das eine Person entzündet hat, eine jede andre wieder löschen kann, so sind nicht genug Schwierigkeiten da, die eine unbändige Neigung einschränken könnte.

stande den Schimmer eines schönen Verstandes aus bescheidenen Blicken hervorspielen, und indem sich in ihrem Gesicht ein zärtlich Gefühl und wohlwollendes Herz abmalt, so bemächtigt sie sich sowohl der Neigung als der Hochachtung eines männlichen Herzens. Die zweite zeigt Munterkeit und Witz in lachenden Augen, etwas feinen Muthwillen, das Schäkerhafte der Scherze und schalkhafte Sprödigkeit. Sie reizt, wenn die erstere rührt, und das Gefühl der Liebe, dessen sie fähig ist und welche sie anderen einflößt, ist flatterhaft, aber schön, dagegen die Empfindung der ersteren zärtlich, mit Achtung verbunden und beständig ist. Ich mag mich nicht in gar zu ausführliche Zergliederung von dieser Art einlassen; denn in solchen Fällen scheint der Verfasser jederzeit seine eigene Neigung zu malen. Indessen berühre ich noch: daß der Geschmack, den viele Damen an einer gesunden, aber blassen Farbe finden, sich hier verstehen lasse. Denn diese begleitet gemeiniglich eine Gemüthsart von mehr innerem Gefühl und zärtlicher Empfindung, welches zur Eigenschaft des Erhabenen gehört, dagegen die rothe und blühende Farbe weniger von der ersteren, allein mehr von der fröhlichen und muntern Gemüthsart ankündigt; es ist aber der Eitelkeit gemäßer zu rühren und zu fesseln als zu reizen und anzulocken. Es können dagegen Personen ohne alles moralische Gefühl und ohne einigen Ausdruck, der auf Empfindungen deutete, sehr hübsch sein, allein sie werden weder rühren noch reizen, es sei denn denjenigen derben Geschmack, von dem wir Erwähnung gethan haben, welcher sich bisweilen etwas verfeinert und dann nach seiner Art auch wählt. Es ist schlimm, daß dergleichen schöne Geschöpfe leichtlich in den Fehler der Aufgeblasenheit verfallen durch das Bewußtsein der schönen Figur, die ihnen ihr Spiegel zeigt, und aus einem Mangel feinerer Empfindungen; da sie dann alles gegen sich kaltsinnig machen, den Schmeichler ausgenommen, der auf Absichten ausgeht und Ränke schmiedet.

Man kann nach diesen Begriffen vielleicht etwas von der so verschiedenen Wirkung verstehen, die die Gestalt eben desselben Frauenzimmers auf den Geschmack der Männer thut. Dasjenige, was in diesem Eindrucke sich zu nahe auf den Geschlechtertrieb bezieht und mit dem besondern **wollüstigen Wahne**, darin sich eines jeden Empfindung einkleidet, einstimmig sein mag, berühre ich nicht, weil es außer dem Bezirke des feinern Geschmackes ist; und es kann vielleicht richtig sein, was der Herr v. Buffon vermuthet, daß diejenige Gestalt, die den ersten Eindruck macht, zu der Zeit, wenn dieser Trieb noch neu ist und sich zu entwickeln anfängt, das Urbild bleibe, worauf in der künftigen Zeit alle weibliche Bildungen mehr oder weniger einschlagen müssen, welche die phantastische Sehnsucht rege machen können, dadurch eine ziemlich grobe Neigung unter den verschiedenen Gegenständen eines Geschlechts zu wählen genöthigt wird. Was den etwas feineren Geschmack anlangt, so behaupte ich, daß diejenige Art von Schönheit, welche wir die **hübsche Gestalt** genannt haben, von allen Männern ziemlich gleichförmig beurtheilt werde, und daß darüber die Meinungen nicht so verschieden seien, wie man wohl gemeiniglich dafür hält. Die **circassische und georgische Mädchen** sind von allen Europäern, die durch ihre Länder reisen, jederzeit für überaus hübsch gehalten worden. Die **Türken, die Araber, die Perser** müssen wohl mit diesem Geschmacke sehr einstimmig sein, weil sie sehr begierig sind ihre Völkerschaft durch so feines Blut zu verschönern, und man merkt auch an, daß der persischen Race dieses wirklich gelungen ist. Die Kaufleute von **Indostan** ermangeln gleichfalls nicht, von einem boshaften Handel mit so schönen Geschöpfen großen Vortheil zu ziehen, indem sie solche den leckerhaften Reichen ihres Landes zuführen, und man sieht, daß, so sehr auch der Eigensinn des Geschmacks in diesen verschiedenen Weltgegenden abweichend sein mag, dennoch dasjenige, was einmal in einer derselben als vorzüglich hübsch erkannt wird, in allen übrigen auch dafür gehalten werde. Wo aber sich in das Urtheil über die feine Gestalt dasjenige einmengt, was in den Zügen moralisch ist, so ist der Geschmack bei verschiedenen Mannspersonen jederzeit sehr verschieden, sowohl nachdem ihr sittliches Gefühl selbst unterschieden ist, als auch nach der verschiedenen Bedeutung, die der Ausdruck des Gesichts in eines jeden Wahne haben mag. Man findet, daß diejenigen Bildungen, die beim ersten Anblicke nicht sonderliche Wirkung thun, weil sie nicht auf eine entschiedene Art hübsch sind, gemeiniglich, so bald sie bei näherer Bekanntschaft zu gefallen anfangen, auch weit mehr einnehmen und sich beständig zu verschönern scheinen; dagegen das hübsche Ansehen, was sich auf einmal ankündigt, in der Folge mit größerem Kaltsinn wahrgenommen wird, welches vermuthlich daher kommt, daß moralische Reize, wo sie sichtbar werden, mehr fesseln, imgleichen weil sie sich nur bei Gelegenheit sittlicher Empfindungen in Wirksamkeit setzen und sich gleichsam entdecken lassen, jede Entdeckung eines neuen Reizes aber immer noch mehr derselben vermuthen läßt; anstatt daß alle Annehmlichkeiten, die sich gar nicht verhehlen, nachdem sie gleich Anfangs ihre ganze Wirkung ausgeübt haben, in der Folge nichts weiter thun können, als den verliebten Vorwitz abzukühlen und ihn allmählig zur Gleichgültigkeit zu bringen.

Unter diesen Beobachtungen bietet sich ganz natürlich folgende Anmerkung dar. Das ganz einfältige und grobe Gefühl in den Geschlechterneigungen führt zwar sehr grade zum großen Zwecke der Natur, und indem es ihre Forderungen erfüllt, ist es geschickt die Person selbst ohne Umschweife glücklich zu machen, allein um der großen Allgemeinheit willen artet es leichtlich in Ausschweifung und Lüderlichkeit aus. An der anderen Seite dient ein sehr verfeinigter Geschmack zwar dazu, einer ungestümen Neigung die Wildheit zu benehmen und, indem er solche nur auf sehr wenig Gegenstände einschränkt, sie sittsam und anständig zu machen, allein sie verfehlt gemeiniglich die große Endabsicht der Natur, und da sie mehr fordert oder erwartet, als diese gemeiniglich leistet, so pflegt sie die Person von so delicater Empfindung sehr selten glücklich zu machen. Die erstere Gemüthsart wird ungeschlacht, weil sie auf alle von einem Geschlechte geht, die zweite grüblerisch, indem sie eigentlich auf keinen geht, sondern nur mit einem Gegenstande beschäftigt ist, den die verliebte Neigung sich in Gedanken schafft und mit allen edlen und schönen Eigenschaften ausziert, welche die Natur selten in einem Menschen vereinigt und noch seltner demjenigen zuführt, der sie schätzen kann und der vielleicht eines solchen Besitzes würdig sein würde. Daher entspringt der Aufschub und endlich die völlige Entsagung auf die eheliche Verbindung, oder, welches vielleicht eben so schlimm ist, eine grämische Reue nach einer getroffenen Wahl, welche die großen Erwartungen nicht erfüllt, die man sich gemacht hatte; denn nicht selten findet der äsopische Hahn eine Perle, welchem ein gemeines Gerstenkorn besser würde geziemt haben.

Wir können hiebei überhaupt bemerken, daß, so reizend auch die Eindrücke des zärtlichen Gefühls sein mögen, man doch Ursache habe in der Verfeinigung desselben behutsam zu sein, wofern wir uns nicht durch übergroße Reizbarkeit nur viel Unmuth und eine Quelle von Übel erklügeln wollen. Ich möchte edleren Seelen wohl vorschlagen, das Gefühl in Ansehung der Eigenschaften, die ihnen selbst zukommen, oder der Handlungen, die sie selber thun, so sehr zu verfeinern, als sie können, dagegen in Ansehung dessen, was sie genießen, oder von andern erwarten, den Geschmack in seiner Einfalt zu erhalten: wenn ich nur einsähe, wie dieses zu leisten möglich sei. In dem Falle aber, daß es anginge, würden sie andere glücklich machen und auch selbst glücklich sein. Es ist niemals aus den Augen zu lassen: daß, in welcher Art es auch sei, man keine sehr hohe Ansprüche auf die Glückseligkeiten des Lebens und die Vollkommenheit der Menschen machen müsse; denn derjenige, welcher jederzeit nur etwas Mittelmäßiges erwartet, hat den Vortheil, daß der Erfolg selten seine Hoffnung widerlegt, dagegen bisweilen ihn auch wohl unvermuthete Vollkommenheiten überraschen.

Allen diesen Reizen droht endlich das Alter, der große Verwüster der Schönheit, und es müssen, wenn es nach der natürlichen Ordnung gehen soll, allmählig die erhabenen und edlen Eigenschaften die Stelle der schönen einnehmen, um eine Person, so wie sie nachläßt liebenswürdig zu sein, immer einer größeren Achtung werth zu machen. Meiner Meinung nach sollte in der schönen Einfalt, die durch ein verfeinertes Gefühl an allem, was reizend und edel ist, erhoben worden, die ganze Vollkommenheit des schönen Geschlechts in der Blüthe der Jahre bestehen. Allmählig, so wie die Ansprüche auf Reizungen nachlassen, könnte das Lesen der Bücher und die Erweiterung der Einsicht unvermerkt die erledigte Stelle der Grazien durch die Musen ersetzen, und der Ehemann sollte der erste Lehrmeister sein. Gleichwohl wenn selbst die allem Frauenzimmer so schreckliche Epoche des Altwerdens herankommt, so gehört es doch auch alsdann noch immer zum schönen Geschlecht, und es verunziert sich selbst, wenn es in einer Art von Verzweiflung diesen Charakter länger zu erhalten sich einer mürrischen und grämischen Laune überläßt.

Eine bejahrte Person, welche mit einem sittsamen und freundlichen Wesen der Gesellschaft beiwohnt, auf eine muntere und vernünftige Art gesprächig ist, die Vergnügen der Jugend, darin sie selbst nicht Antheil nimmt, mit Anstand begünstigt und, indem sie für alles sorgt, Zufriedenheit und Wohlgefallen an der Freude, die um sie hervorgeht, verräth, ist noch immer eine feinere Person, als ein Mann in gleichem Alter und vielleicht noch liebenswürdiger als ein Mädchen, wiewohl in einem anderen Verstande. Zwar möchte die platonische Liebe wohl etwas zu mystisch sein, welche ein alter Philosoph vorgab, wenn er von dem Gegenstande seiner Neigung sagte: Die Grazien residiren in ihren Runzeln, und meine Seele scheint auf meinen Lippen zu schweben, wenn ich ihren welken Mund küsse; allein dergleichen Ansprüche müssen alsdann auch aufgegeben werden. Ein alter Mann, der verliebt thut, ist ein Geck, und die ähnliche Anmaßungen des andern Geschlechts sind alsdann ekelhaft. An der Natur liegt es niemals, wenn wir nicht mit einem guten Anstande erscheinen, sondern daran, daß man sie verkehren will.

Damit ich meinen Text nicht aus den Augen verliere, so will ich noch einige Betrachtungen über den Einfluß anstellen, den ein Geschlecht aufs andere haben kann, dessen Gefühl zu verschöneren oder zu veredlen. Das Frauenzimmer hat ein vorzügliches Gefühl für das Schöne, so fern es ihnen selbst zukommt, aber für das Edle, in so weit es am männlichen Geschlechte angetroffen wird. Der Mann dagegen hat ein entschiedenes Gefühl für das Edle, was zu seinen Eigenschaften gehört, für das Schöne aber, in so fern es an dem Frauenzimmer anzutreffen ist. Daraus muß folgen, daß die Zwecke der Natur darauf gehen, den Mann durch die Geschlechterneigung noch mehr zu veredlen und das Frauenzimmer durch eben dieselbe noch mehr zu verschönern. Ein Frauenzimmer ist darüber wenig verlegen, daß sie gewisse hohe Einsichten nicht besitzt, daß sie furchtsam und zu wichtigen Geschäften nicht auferlegt ist u. u., sie ist schön und nimmt ein, und das ist genug. Dagegen fordert sie alle diese Eigenschaften am Manne, und die Erhabenheit ihrer Seele zeigt sich nur darin, daß sie diese edle Eigenschaften zu schätzen weiß, so fern sie bei ihm anzutreffen sind. Wie würde es sonst wohl möglich sein, daß so viel männliche Fratzengesichter, ob sie gleich Verdienste besitzen mögen, so artige und feine Frauen bekommen könnten! Dagegen ist der Mann viel delicater in Ansehung der schönen Reize des Frauenzimmers. Er ist durch die feine Gestalt desselben, die muntere Naivetät und die reizende Freundlichkeit genugsam schadlos gehalten wegen des Mangels von Büchergelehrsamkeit und wegen anderer Mängel, die er durch seine eigene Talente ersetzen muß. Eitelkeit und Moden können wohl diesen natürlichen Trieben eine falsche Richtung geben und aus mancher Mannsperson einen **süßen Herren**, aus dem Frauenzimmer aber eine **Pedantin** oder **Amazone** machen, allein die Natur sucht doch jederzeit zu ihrer Ordnung zurückzuführen. Man kann daraus urtheilen, welch mächtige Einflüsse die Geschlechterneigung vornehmlich auf das männliche Geschlecht haben könnte, um es zu veredlen, wenn anstatt vieler trockenen Unterweisungen das moralische Gefühl des Frauenzimmers zeitig entwickelt würde, um dasjenige gehörig zu empfinden, was zu der Würde und den erhabenen Eigenschaften des anderen Geschlechts gehört, und dadurch vorbereitet würde, den läppischen Zieraffen mit Verachtung anzusehen und sich keinen andern Eigenschaften als den Verdiensten zu ergeben. Es ist auch gewiß, daß die Gewalt ihrer Reize dadurch überhaupt gewinnen würde; denn es zeigt sich, daß die Bezauberung derselben mehrentheils nur auf edlere Seelen wirke, die andere sind nicht fein genug, sie zu empfinden. Eben so sagte der Dichter **Simonides**, als man ihm rieth vor den **Thessaliern** seine schöne Gesänge hören zu lassen: **Diese Kerle sind zu dumm dazu, als daß sie von einem solchen Manne, wie ich bin, könnten betrogen werden.** Man hat es sonst schon als eine Wirkung des Umganges mit dem schönen Geschlecht angesehen, daß die männliche Sitten sanfter, ihr Betragen artiger und geschliffener und ihr Anstand zierlicher geworden; allein dieses ist nur ein Vortheil in der Nebensache.* Es liegt am meisten

---

* Dieser Vortheil selbst wird gar sehr gemindert durch die Beobachtung, welche man gemacht haben will, daß diejenige Mannspersonen, welche zu früh und zu häufig in solchen Gesellschaften eingeflochten sind, denen das Frauenzimmer den Ton giebt, gemeiniglich etwas läppisch werden und im männlichen Umgange langweilig oder auch verächtlich sind, weil sie den Geschmack an einer Unterhaltung verloren haben, die zwar munter, aber doch auch von wirkli-

daran, daß der Mann als Mann vollkommener werde und die Frau als ein Weib, d. i. daß die Triebfedern der Geschlechterneigung dem Winke der Natur gemäß wirken, den einen noch mehr zu veredlen und die Eigenschaften der andren zu verschönern. Wenn alles aufs Äußerste kommt, so wird der Mann, dreist auf seine Verdienste, sagen können: **Wenn ihr mich gleich nicht liebt, so will ich euch zwingen mich hochzuachten**, und das Frauenzimmer, sicher der Macht ihrer Reize, wird antworten: **Wenn ihr uns gleich nicht innerlich hochschätzet, so zwingen wir euch doch uns zu lieben**. In Ermangelung solcher Grundsätze sieht man Männer Weiblichkeiten annehmen, um zu gefallen, und Frauenzimmer bisweilen (wiewohl viel seltner) einen männlichen Anstand künstlen, um Hochachtung einzuflößen; was man aber wider den Dank der Natur macht, das macht man jederzeit sehr schlecht.

In dem ehelichen Leben soll das vereinigte Paar gleichsam eine einzige moralische Person ausmachen, welche durch den Verstand des Mannes und den Geschmack der Frauen belebt und regiert wird. Denn nicht allein daß man jenem mehr auf Erfahrung gegründete Einsicht, diesem aber mehr Freiheit und Richtigkeit in der Empfindung zutrauen kann, so ist eine Gemüthsart, je erhabener sie ist, auch um desto geneigter die größte Absicht der Bemühungen in der Zufriedenheit eines geliebten Gegenstandes zu setzen, und andererseits je schöner sie ist, desto mehr sucht sie durch Gefälligkeit diese Bemühung zu erwidern. Es ist also in einem solchen Verhältnisse ein Vorzugsstreit läppisch und, wo er sich ereignet, das sicherste Merkmal eines plumpen oder ungleich gepaarten Geschmackes. Wenn es dahin kommt, daß die Rede vom Rechte des Befehlshabers ist, so ist die Sache schon äußerst verderbt; denn wo die ganze Verbindung eigentlich nur auf Neigung errichtet ist, da ist sie

---

chem Gehalt, zwar scherzhaft, aber auch durch ernsthafte Gespräche nützlich sein muß.

schon halb zerrissen, so bald sich das Sollen anfängt hören zu lassen. Die Anmaßung des Frauenzimmers in diesem harten Tone ist äußerst häßlich und des Mannes im höchsten Grade unedel und verächtlich. Indessen bringt es die weise Ordnung der Dinge so mit sich: daß alle diese Feinigkeiten und Zärtlichkeiten der Empfindung nur im Anfange ihre ganze Stärke haben, in der Folge aber durch Gemeinschaft und häusliche Angelegenheit allmählig stumpfer werden und dann in vertrauliche Liebe ausarten, wo endlich die große Kunst darin besteht, noch genugsame Reste von jenen zu erhalten, damit Gleichgültigkeit und Überdruß nicht den ganzen Werth des Vergnügens aufheben, um dessentwillen es einzig und allein verlohnt hat eine solche Verbindung einzugehen.

Vierter Abschnitt.

Von den Nationalcharaktern,* in so fern sie auf dem unterschiedlichen Gefühl des Erhabenen und Schönen beruhen.

Unter den Völkerschaften unseres Welttheils sind meiner Meinung nach die Italiäner und Franzosen diejenige, welche

---

* Meine Absicht ist gar nicht, die Charaktere der Völkerschaften ausführlich zu schildern, sondern ich entwerfe nur einige Züge, die das Gefühl des Erhabenen und Schönen an ihnen ausdrücken. Man kann leicht erachten, daß an dergleichen Zeichnung nur eine leidliche Richtigkeit könne verlangt werden, daß die Urbilder davon nur in dem großen Haufen derjenigen, die auf ein feineres Gefühl Anspruch machen, hervorstechen, und daß es keiner Nation an Gemüthsarten fehle, welche die vortrefflichste Eigenschaften von dieser Art vereinbaren. Um deswillen kann der Tadel, der gelegentlich auf ein Volk fallen möchte, keinen beleidigen, wie er denn von solcher Natur ist, daß ein jeglicher ihn wie einen Ball auf seinen Nachbar schlagen kann. Ob diese Nationalunterschiede zufällig seien und von den Zeitläuften und der Regierungsart abhängen, oder mit einer gewissen Nothwendigkeit an das Klima gebunden seien, das untersuche ich hier nicht.

im Gefühl des Schönen, die Deutsche aber, Engländer und Spanier, die durch das Gefühl des Erhabenen sich unter allen übrigen am meisten ausnehmen. Holland kann für dasjenige Land gehalten werden, wo dieser feinere Geschmack ziemlich unmerklich wird. Das Schöne selbst ist entweder bezaubernd und rührend, oder lachend und reizend. Das erstere hat etwas von dem Erhabenen an sich, und das Gemüth in diesem Gefühl ist tiefsinnig und entzückt, in dem Gefühl der zweiten Art aber lächelnd und fröhlich. Den Italiänern scheint die erstere, den Franzosen die zweite Art des schönen Gefühls vorzüglich angemessen zu sein. In dem Nationalcharakter, der den Ausdruck des Erhabenen an sich hat, ist dieses entweder das von der schreckhaftern Art, das sich ein wenig zum Abenteuerlichen neigt, oder es ist ein Gefühl für das Edle, oder für das Prächtige. Ich glaube Gründe zu haben das Gefühl der ersteren Art dem Spanier, der zweiten dem Engländer und der dritten dem Deutschen beilegen zu können. Das Gefühl fürs Prächtige ist seiner Natur nach nicht original, so wie die übrigen Arten des Geschmacks, und obgleich ein Nachahmungsgeist mit jedem andern Gefühl kann verbunden sein, so ist er doch dem für das Schimmernd-Erhabene mehr eigen, denn es ist dieses eigentlich ein gemischtes Gefühl aus dem des Schönen und des Edlen, wo jedes, für sich betrachtet, kälter ist, und daher das Gemüth frei genug ist, bei der Verknüpfung desselben auf Beispiele zu merken, und auch deren Antrieb vonnöthen hat. Der Deutsche wird demnach weniger Gefühl in Ansehung des Schönen haben als der Franzose und weniger von demjenigen, was auf das Erhabene geht, als der Engländer, aber in den Fällen, wo beides verbunden erscheinen soll, wird es seinem Gefühl mehr gemäß sein, wie er denn auch die Fehler glücklich vermeiden wird, in die eine ausschweifende Stärke einer jeden dieser Arten des Gefühls allein gerathen könnte.

Ich berühre nur flüchtig die Künste und die Wissenschaften, deren Wahl den Geschmack der Nationen bestätigen kann, welchen wir ihnen beigemessen haben. Das italiänische Genie hat sich vornehmlich in der Tonkunst, der Malerei, Bildhauerkunst und der Architektur hervorgethan. Alle diese schöne Künste finden einen gleich feinen Geschmack in Frankreich für sich, obgleich die Schönheit derselben hier weniger rührend ist. Der Geschmack in Ansehung der dichterischen oder rednerischen Vollkommenheit fällt in Frankreich mehr in das Schöne, in England mehr in das Erhabene. Die feine Scherze, das Lustspiel, die lachende Satire, das verliebte Tändeln und die leicht und natürlich fließende Schreibart sind dort original. In England dagegen Gedanken von tiefsinnigem Inhalt, das Trauerspiel, das epische Gedicht und überhaupt schweres Gold von Witze, welches unter französischem Hammer zu dünnen Blättchen von großer Oberfläche kann gedehnt werden. In Deutschland schimmert der Witz noch sehr durch die Folie. Ehedem war er schreiend, durch Beispiele aber und den Verstand der Nation ist er zwar reizender und edler geworden, aber jenes mit weniger Naivetät, dieses mit einem minder kühnen Schwunge, als in den erwähnten Völkerschaften. Der Geschmack der holländischen Nation an einer peinlichen Ordnung und einer Zierlichkeit, die in Bekümmerniß und Verlegenheit setzt, läßt auch wenig Gefühl in Ansehung der ungekünstelten und freien Bewegungen des Genies vermuthen, dessen Schönheit durch die ängstliche Verhütung der Fehler nur würde entstellt werden. Nichts kann allen Künsten und Wissenschaften mehr entgegen sein als ein abenteuerlicher Geschmack, weil dieser die Natur verdreht, welche das Urbild alles Schönen und Edlen ist. Daher hat die spanische Nation auch wenig Gefühl für die schönen Künste und Wissenschaften an sich gezeigt.

Die Gemüthscharaktere der Völkerschaften sind am kenntlichsten bei demjenigen, was an ihnen moralisch ist; um deswillen wollen wir noch das verschiedene Gefühl derselben in Ansehung des Erhabenen und Schönen aus diesem Gesichtspunkte in Erwägung ziehen.*

Der **Spanier** ist ernsthaft, verschwiegen und wahrhaft. Es giebt wenig redlichere Kaufleute in der Welt als die spanischen. Er hat eine stolze Seele und mehr Gefühl für große als für schöne Handlungen. Da in seiner Mischung wenig von dem gütigen und sanften Wohlwollen anzutreffen ist, so ist er öfters hart und auch wohl grausam. Das **Auto da Fe** erhält sich nicht sowohl durch den Aberglauben, als durch die abenteuerliche Neigung der Nation, welche durch einen ehrwürdig-schrecklichen Aufzug gerührt wird, worin es den mit Teufelsgestalten bemalten **San Benito** den Flammen, die eine wüthende Andacht entzündet hat, überliefern sieht. Man kann nicht sagen, der Spanier sei hochmüthiger, oder verliebter als jemand aus einem andern Volke, allein er ist beides auf eine abenteuerliche Art, die seltsam und ungewöhnlich ist. Den Pflug stehen lassen und mit einem langen Degen und Mantel so lange auf dem Ackerfelde spazieren, bis der vorüber reisende Fremde vorbei ist, oder in einem Stiergefechte, wo die Schönen des Landes einmal unverschleiert gesehen werden, seine Beherrscherin durch einen besonderen Gruß ankündigen und dann ihr zu Ehren sich in einen gefährlichen Kampf mit einem wilden Thiere wagen, sind ungewöhnliche und seltsame Handlungen, die von dem Natürlichen weit abweichen.

Der **Italiäner** scheint ein gemischtes Gefühl zu haben von dem eines Spaniers und dem eines Franzosen; mehr Gefühl für das Schöne als der erstere und mehr für das Erhabene als der letztere. Auf diese Art können, wie ich meine, die übrige Züge seines moralischen Charakters erklärt werden.

---

* Es ist kaum nöthig, daß ich hier meine vorige Entschuldigung wiederhole. In jedem Volke enthält der feinste Theil rühmliche Charaktere von aller Art, und wen ein oder anderer Tadel treffen sollte, der wird, wenn er fein genug ist, seinen Vortheil verstehen, der darauf ankommt, daß er jeden andern seinem Schicksale überläßt, sich selbst aber ausnimmt.

246 Der Franzose hat ein herrschendes Gefühl für das moralisch Schöne. Er ist artig, höflich und gefällig. Er wird sehr geschwinde vertraulich, ist scherzhaft und frei im Umgange, und der Ausdruck ein Mann oder eine Dame von gutem Tone hat nur eine verständliche Bedeutung für den, der das artige Gefühl eines Franzosen erworben hat. Selbst seine erhabene Empfindungen, deren er nicht wenige hat, sind dem Gefühle des Schönen untergeordnet und bekommen nur ihre Stärke durch die Zusammenstimmung mit dem letzteren. Er ist sehr gerne witzig und wird einem Einfalle ohne Bedenken etwas von der Wahrheit aufopfern. Dagegen, wo man nicht witzig sein kann,* zeigt er eben so wohl gründliche Einsicht, als jemand aus irgend einem andern Volke z. E. in der Mathematik und in den übrigen trockenen und tiefsinnigen Künsten und Wissenschaften. Ein Bon Mot hat bei ihm nicht den flüchtigen Werth als anderwärts, es wird begierig verbreitet und in Büchern aufbehalten, wie die wichtigste Begebenheit. Er ist ein ruhiger Bürger und rächt sich wegen der Bedrückungen der Generalpächter durch Satiren, oder durch Parlaments-Remonstrationen, welche, nachdem sie ihrer Absicht gemäß den Vätern des Volks ein schönes patriotisches Ansehen gegeben haben, nichts weiter thun, als daß sie durch eine rühmliche Verweisung gekrönt und in sinnreichen Lobgedichten besungen werden. Der Gegenstand, auf welchen sich die Verdienste und Nationalfähigkeiten dieses Volks am meisten beziehen, ist das
247 Frauenzimmer.** Nicht als wenn es hier mehr als anderwärts

---

* In der Metaphysik, der Moral und den Lehren der Religion kann man bei den Schriften dieser Nation nicht behutsam genug sein. Es herrscht darin gemeiniglich viel schönes Blendwerk, welches in einer kalten Untersuchung die Probe nicht hält. Der Franzose liebt das Kühne in seinen Aussprüchen; allein um zur Wahrheit zu gelangen, muß man nicht kühn, sondern behutsam genug sein. In der Geschichte hat er gerne Anekdoten, denen nichts weiter fehlt, als daß zu wünschen ist, daß sie nur wahr wären.

** Das Frauenzimmer giebt in Frankreich allen Gesellschaften und allem Umgange den Ton. Nun ist wohl nicht zu läugnen, daß die Gesellschaften ohne das schöne Geschlecht ziemlich schmacklos und langweilig sind; allein wenn

geliebt oder geschätzt würde, sondern weil es die beste Veranlassung giebt die beliebteste Talente des Witzes, der Artigkeit und der guten Manieren in ihrem Lichte zu zeigen; übrigens liebt eine eitele Person eines jeden Geschlechts jederzeit nur sich selbst; die andere ist blos ihr Spielwerk. Da es den Franzosen an edlen Eigenschaften gar nicht gebricht, nur daß diese durch die Empfindung des Schönen allein können belebt werden, so würde das schöne Geschlecht hier einen mächtigern Einfluß haben können, die edelste Handlungen des männlichen zu erwecken und rege zu machen, als irgend sonst in der Welt, wenn man bedacht wäre, diese Richtung des Nationalgeistes ein wenig zu begünstigen. Es ist schade, daß die Lilien nicht spinnen.

Der Fehler, woran dieser Nationalcharakter am nächsten gränzt, ist das Läppische, oder mit einem höflicheren Ausdrucke das Leichtsinnige. Wichtige Dinge werden als Spaße behandelt, und Kleinigkeiten dienen zur ernsthaftesten Beschäftigung. Im Alter singt der Franzose alsdann noch lustige Lieder und ist, so viel er kann, auch galant gegen das Frauenzimmer. Bei diesen Anmerkungen habe ich große Gewährsmänner aus eben derselben Völkerschaft auf meiner Seite und

---

die Dame darin den schönen Ton angiebt, so sollte der Mann seinerseits den edlen Ton angeben. Widrigenfalls wird der Umgang eben so wohl langweilig, aber aus einem entgegengesetzten Grunde: weil nichts so sehr verekelt als lauter Süßigkeit. Nach dem französischen Geschmacke heißt es nicht: Ist der Herr zu Hause?, sondern: Ist Madame zu Hause? Madame ist vor der Toilette, Madame hat Vapeurs (eine Art schöner Grillen); kurz, mit Madame und von Madame beschäftigen sich alle Unterredungen und alle Lustbarkeiten. Indessen ist das Frauenzimmer dadurch gar nicht mehr geehrt. Ein Mensch, welcher tändelt, ist jederzeit ohne Gefühl sowohl der wahren Achtung als auch der zärtlichen Liebe. Ich möchte wohl, um wer weiß wie viel, dasjenige nicht gesagt haben, was Rousseau so verwegen behauptet: daß ein Frauenzimmer niemals etwas mehr als ein großes Kind werde. Allein der scharfsichtige Schweizer schrieb dieses in Frankreich, und vermuthlich empfand er es als ein so großer Vertheidiger des schönen Geschlechts mit Entrüstung, daß man demselben nicht mit mehr wirklicher Achtung daselbst begegnet.

ziehe mich hinter einen Montesquieu und D'Alembert, um wider jeden besorglichen Unwillen sicher zu sein.

Der Engländer ist im Anfange einer jeden Bekanntschaft kaltsinnig und gegen einen Fremden gleichgültig. Er hat wenig Neigung zu kleinen Gefälligkeiten; dagegen wird er, so bald er ein Freund ist, zu großen Dienstleistungen auferlegt. Er bemüht sich wenig im Umgange witzig zu sein, oder einen artigen Anstand zu zeigen, dagegen ist er verständig und gesetzt. Er ist ein schlechter Nachahmer, frägt nicht viel darnach, was andere urtheilen, und folgt lediglich seinem eigenen Geschmacke. Er ist in Verhältniß auf das Frauenzimmer nicht von französischer Artigkeit, aber bezeigt gegen dasselbe weit mehr Achtung und treibt diese vielleicht zu weit, indem er im Ehestande seiner Frauen gemeiniglich ein unumschränktes Ansehen einräumt. Er ist standhaft, bisweilen bis zur Hartnäckigkeit, kühn und entschlossen, oft bis zur Vermessenheit und handelt nach Grundsätzen gemeiniglich bis zum Eigensinne. Er wird leichtlich ein Sonderling, nicht aus Eitelkeit, sondern weil er sich wenig um andre bekümmert und seinem Geschmacke aus Gefälligkeit oder Nachahmung nicht leichtlich Gewalt thut; um deswillen wird er selten so sehr geliebt als der Franzose, aber, wenn er gekannt ist, gemeiniglich mehr hochgeachtet.

Der Deutsche hat ein gemischtes Gefühl aus dem eines Engländers und dem eines Franzosen, scheint aber dem ersteren am nächsten zu kommen, und die größere Ähnlichkeit mit dem letzteren ist nur gekünstelt und nachgeahmt. Er hat eine glückliche Mischung in dem Gefühle sowohl des Erhabenen und des Schönen; und wenn er in dem ersteren es nicht einem Engländer im zweiten aber dem Franzosen nicht gleich thut, so übertrifft er sie beide, in so fern er sie verbindet. Er zeigt mehr Gefälligkeit im Umgange als der erstere, und wenn er gleich nicht so viel angenehme Lebhaftigkeit und Witz in die Gesellschaft bringt, als der Franzose, so äußert er doch darin mehr Bescheidenheit und Verstand. Er ist, so wie in aller Art des Geschmacks, also auch in der Liebe ziemlich methodisch, und indem er das Schöne mit dem Edlen verbindet, so ist er in der Empfindung beider kalt genug, um seinen Kopf mit den Überlegungen des Anstandes, der Pracht und des Aufsehens zu beschäftigen. Daher sind Familie, Titel und Rang bei ihm sowohl im bürgerlichen Verhältnisse als in der Liebe Sachen von großer Bedeutung. Er frägt weit mehr als die vorige darnach, w a s d i e L e u t e v o n i h m u r t h e i l e n m ö c h t e n , und wo etwas in seinem Charakter ist, das den Wunsch einer Hauptverbesserung rege machen könnte, so ist es diese Schwachheit, nach welcher er sich nicht erkühnt original zu sein, ob er gleich dazu alle Talente hat, und daß er sich zu viel mit der Meinung anderer einläßt, welches den sittlichen Eigenschaften alle Haltung nimmt, indem es sie wetterwendisch und falsch gekünstelt macht.

Der H o l l ä n d e r ist von einer ordentlichen und emsigen Gemüthsart, und indem er lediglich auf das Nützliche sieht, so hat er wenig Gefühl für dasjenige, was im feineren Verstande schön oder erhaben ist. Ein großer Mann bedeutet bei ihm eben so viel als ein reicher Mann, unter dem Freunde versteht er seinen Correspondenten, und ein Besuch ist ihm sehr langweilig, der ihm nichts einbringt. Er macht den Contrast sowohl gegen den Franzosen als den Engländer und ist gewissermaßen ein sehr phlegmatisirter Deutscher.

Wenn wir den Versuch dieser Gedanken in irgend einem Falle anwenden, um z. E. das Gefühl der Ehre zu erwägen, so zeigen sich folgende Nationalunterschiede. Die Empfindung für die Ehre ist am Franzosen E i t e l k e i t , an dem Spanier H o c h m u t h , an dem Engländer S t o l z , an dem Deutschen H o f f a r t und an dem Holländer A u f g e b l a s e n h e i t . Diese Ausdrücke scheinen beim ersten Anblicke einerlei zu bedeuten, allein sie bemerken nach dem Reichthum unserer deutschen Sprache sehr kenntliche Unterschiede. Die E i t e l k e i t buhlt um Beifall, ist flatterhaft und veränderlich, ihr äußeres

Betragen aber ist höflich. Der Hochmüthige ist voll von fälschlich eingebildeten großen Vorzügen und bewirbt sich nicht viel um den Beifall anderer, seine Aufführung ist steif und hochtrabend. Der Stolz ist eigentlich nur ein größeres Bewußtsein seines eigenen Werthes, der öfters sehr richtig sein kann (um deswillen er auch bisweilen ein edler Stolz heißt; niemals aber kann ich jemanden einen edlen Hochmuth beilegen, weil dieser jederzeit eine unrichtige und übertriebene Selbstschätzung anzeigt), das Betragen des Stolzen gegen andere ist gleichgültig und kaltsinnig. Der Hoffärtige ist ein Stolzer, der zugleich eitel ist.* Der Beifall aber, den er bei andern sucht, besteht in Ehrenbezeugungen. Daher schimmert er gerne durch Titel, Ahnenregister und Gepränge. Der Deutsche ist vornehmlich von dieser Schwachheit angesteckt. Die Wörter: Gnädig, Hochgeneigt, Hoch- und Wohlgeb. und dergleichen Bombast mehr, machen seine Sprache steif und ungewandt und verhindern gar sehr die schöne Einfalt, welche andere Völker ihrer Schreibart geben können. Das Betragen eines Hoffärtigen in dem Umgange ist Ceremonie. Der Aufgeblasene ist ein Hochmüthiger, welcher deutliche Merkmale der Verachtung anderer in seinem Betragen äußert. In der Aufführung ist er grob. Diese elende Eigenschaft entfernt sich am weitesten vom feineren Geschmacke, weil sie offenbar dumm ist; denn das ist gewiß nicht das Mittel, dem Gefühl für Ehre ein Gnüge zu leisten, daß man durch offenbare Verachtung alles um sich zum Hasse und zur beißenden Spötterei auffordert.

In der Liebe haben der Deutsche und der Engländer einen ziemlich guten Magen, etwas fein von Empfindung, mehr aber von gesundem und derbem Geschmacke. Der Italiäner ist

---

* Es ist nicht nöthig, daß ein Hoffärtiger zugleich hochmüthig sei, d. i. sich eine übertriebene, falsche Einbildung von seinen Vorzügen mache, sondern er kann vielleicht sich nicht höher schätzen, als er werth ist, er hat aber nur einen falschen Geschmack, diesen seinen Werth äußerlich geltend zu machen.

in diesem Punkte grüblerisch, der Spanier phantastisch, der Franzose vernascht.

Die Religion unseres Welttheils ist nicht die Sache eines eigenwilligen Geschmacks, sondern von ehrwürdigerem Ursprunge. Daher können auch nur die Ausschweifungen in derselben und das, was darin den Menschen eigenthümlich angehört, Zeichen von den verschiedenen Nationaleigenschaften abgeben. Ich bringe diese Ausschweifungen unter folgende Hauptbegriffe: Leichtgläubigkeit (Credulität), Aberglaube (Superstition), Schwärmerei (Fanaticism) und Gleichgültigkeit (Indifferentism). Leichtgläubig ist mehrentheils der unwissende Theil einer jeden Nation, ob er gleich kein merkliches feineres Gefühl hat. Die Überredung kommt lediglich auf das Hörensagen und das scheinbare Ansehen an, ohne daß einige Art des feinern Gefühls dazu die Triebfeder enthielte. Die Beispiele ganzer Völker von dieser Art muß man in Norden suchen. Der Leichtgläubige, wenn er von abenteuerlichem Geschmack ist, wird abergläubisch. Dieser Geschmack ist sogar an sich selbst ein Grund etwas leichter zu glauben*, und von zwei Menschen, deren der eine von diesem Gefühl angesteckt, der andere aber von kalter und gemäßigter Gemüthsart ist, wird der erstere, wenn er gleich wirklich mehr Verstand hat, dennoch durch seine herrschende Neigung eher verleitet werden etwas Unnatürliches zu glauben, als der andere, welchen nicht seine Einsicht, sondern sein gemeines und phlegmatisches Gefühl vor dieser Ausschweifung bewahrt. Der Abergläubische in der Religion stellt zwischen sich und dem

---

* Man hat sonst bemerkt, daß die Engländer als ein so kluges Volk gleichwohl leichtlich durch eine dreiste Ankündigung einer wunderlichen und ungereimten Sache können berückt werden, sie anfänglich zu glauben; wovon man viele Beispiele hat. Allein eine kühne Gemüthsart, vorbereitet durch verschiedene Erfahrungen, in welchen manche seltsame Dinge gleichwohl wahr befunden worden, bricht geschwinde durch die kleine Bedenklichkeiten, von denen ein schwacher und mißtrauischer Kopf bald aufgehalten wird und so ohne sein Verdienst bisweilen vor dem Irrthum verwahrt wird.

höchsten Gegenstande der Verehrung gerne gewisse mächtige und erstaunliche Menschen, Riesen so zu reden der Heiligkeit, denen die Natur gehorcht und deren beschwörende Stimme die eiserne Thore des Tartarus auf- oder zuschließt, die, indem sie mit ihrem Haupte den Himmel berühren, ihren Fuß noch auf der niederen Erde stehen haben. Die Unterweisung der gesunden Vernunft wird demnach in Spanien große Hindernisse zu überwinden haben, nicht darum weil sie die Unwissenheit daselbst zu vertreiben hat, sondern weil ein seltsamer Geschmack ihr entgegensteht, welchem das Natürliche gemein ist, und der niemals glaubt in einer erhabenen Empfindung zu sein, wenn sein Gegenstand nicht abenteuerlich ist. Die Schwärmerei ist so zu sagen eine andächtige Vermessenheit und wird durch einen gewissen Stolz und ein gar zu großes Zutrauen zu sich selbst veranlaßt, um den himmlischen Naturen näher zu treten und sich durch einen erstaunlichen Flug über die gewöhnliche und vorgeschriebene Ordnung zu erheben. Der Schwärmer redet nur von unmittelbarer Eingebung und vom beschaulichen Leben, indessen daß der Abergläubische vor den Bildern großer wunderthätiger Heiligen Gelübde thut und sein Zutrauen auf die eingebildete und unnachahmliche Vorzüge anderer Personen von seiner eigenen Natur setzt. Selbst die Ausschweifungen führen, wie wir oben bemerkt haben, Zeichen des Nationalgefühls bei sich, und so ist der Fanaticismus* wenigstens in den vorigen Zeiten am meisten in Deutschland und England anzutreffen gewesen und ist gleichsam ein unnatürlicher Auswuchs des edlen Gefühls, welches zu dem Charakter dieser Völker gehört, und überhaupt bei weitem nicht so

---

* Der Fanaticism muß vom Enthusiasmus jederzeit unterschieden werden. Jener glaubt eine unmittelbare und außerordentliche Gemeinschaft mit einer höheren Natur zu fühlen, dieser bedeutet den Zustand des Gemüths, da dasselbe durch irgend einen Grundsatz über den geziemenden Grad erhitzt worden, es sei nun durch die Maxime der patriotischen Tugend, oder der Freundschaft, oder der Religion, ohne daß hiebei die Einbildung einer übernatürlichen Gemeinschaft etwas zu schaffen hat.

schädlich, als die abergläubische Neigung, wenn er gleich im Anfange ungestüm ist, weil die Erhitzung eines schwärmerischen Geistes allmählich verkühlt und seiner Natur nach endlich zur ordentlichen Mäßigung gelangen muß, anstatt daß der Aberglaube sich in einer ruhigen und leidenden Gemüthsbeschaffenheit unvermerkt tiefer einwurzelt und dem gefesselten Menschen das Zutrauen gänzlich benimmt, sich von einem schädlichen Wahne jemals zu befreien. Endlich ist ein Eiteler und Leichtsinniger jederzeit ohne stärkeres Gefühl für das Erhabene, und seine Religion ist ohne Rührung, mehrentheils nur eine Sache der Mode, welche er mit aller Artigkeit begeht, und kalt bleibt. Dieses ist der praktische Indifferentismus, zu welchem der französische Nationalgeist am meisten geneigt zu sein scheint, wovon bis zur frevelhaften Spötterei nur ein Schritt ist und der im Grunde, wenn auf den inneren Werth gesehen wird, von einer gänzlichen Absagung wenig voraus hat.

Gehen wir mit einem flüchtigen Blicke noch die andere Welttheile durch, so treffen wir den Araber als den edelsten Menschen im Oriente an, doch von einem Gefühl, welches sehr in das Abenteuerliche ausartet. Er ist gastfrei, großmüthig und wahrhaft; allein seine Erzählung und Geschichte und überhaupt seine Empfindung ist jederzeit mit etwas Wunderbarem durchflochten. Seine erhitzte Einbildungskraft stellt ihm die Sachen in unnatürlichen und verzogenen Bildern dar, und selbst die Ausbreitung seiner Religion war ein großes Abenteuer. Wenn die Araber gleichsam die Spanier des Orients sind, so sind die Perser die Franzosen von Asien. Sie sind gute Dichter, höflich und von ziemlich feinem Geschmacke. Sie sind nicht so strenge Befolger des Islam und erlauben ihrer zur Lustigkeit aufgelegten Gemüthsart eine ziemlich milde Auslegung des Koran. Die Japoneser könnten gleichsam als die Engländer dieses Welttheils angesehen werden, aber kaum in einer andern Eigenschaft, als ihrer Standhaftigkeit, die bis zur äußersten Halsstarrigkeit ausartet, ihrer Tapferkeit und Verachtung des Todes. Übrigens zeigen sie wenig Merkmale eines feineren Gefühls an sich. Die In di a n e r haben einen herrschenden Geschmack von Fratzen von derjenigen Art, die ins Abenteuerliche einschlägt. Ihre Religion besteht aus Fratzen. Götzenbilder von ungeheurer Gestalt, der unschätzbare Zahn des mächtigen Affen Hanuman, die unnatürliche Büßungen der Fakirs (heidnischer Bettelmönche) u. s. w. sind in diesem Geschmacke. Die willkürliche Aufopferung der Weiber in eben demselben Scheiterhaufen, der die Leiche ihres Mannes verzehrt, ist ein scheusliches Abenteuer. Welche läppische Fratzen enthalten nicht die weitschichtige und ausstudirte Complimente der Chineser; selbst ihre Gemälde sind fratzenhaft und stellen wunderliche und unnatürliche Gestalten vor, dergleichen nirgend in der Welt anzutreffen sind. Sie haben auch ehrwürdige Fratzen, darum weil sie von uraltem Gebrauch sind,* und keine Völkerschaft in der Welt hat deren mehr als diese.

Die Negers von Afrika haben von der Natur kein Gefühl, welches über das Läppische stiege. Herr Hume fordert jedermann auf, ein einziges Beispiel anzuführen, da ein Neger Talente gewiesen habe, und behauptet: daß unter den hunderttausenden von Schwarzen, die aus ihren Ländern anderwärts verführt werden, obgleich deren sehr viele auch in Freiheit gesetzt werden, dennoch nicht ein einziger jemals gefunden worden, der entweder in Kunst oder Wissenschaft, oder irgend einer andern rühmlichen Eigenschaft etwas Großes vorgestellt habe, obgleich unter den Weißen sich beständig welche aus dem niedrigsten Pöbel empor schwingen und durch vorzügliche Gaben in der Welt ein Ansehen erwerben. So wesentlich ist der Unterschied zwischen diesen zwei Menschengeschlech-

---

* Man begeht noch in Peking die Ceremonie, bei einer Sonnen- oder Mondfinsterniß durch großes Geräusch den Drachen zu verjagen, der diese Himmelskörper verschlingen will, und behält einen elenden Gebrauch aus den ältesten Zeiten der Unwissenheit bei, ob man gleich jetzt besser belehrt ist.

tern, und er scheint eben so groß in Ansehung der Gemüthsfähigkeiten, als der Farbe nach zu sein. Die unter ihnen weit ausgebreitete Religion der Fetische ist vielleicht eine Art von Götzendienst, welcher so tief ins Läppische sinkt, als es nur immer von der menschlichen Natur möglich zu sein scheint. Eine Vogelfeder, ein Kuhhorn, eine Muschel, oder jede andere gemeine Sache, so bald sie durch einige Worte eingeweiht worden, ist ein Gegenstand der Verehrung und der Anrufung in Eidschwüren. Die Schwarzen sind sehr eitel, aber auf Negerart und so plauderhaft, daß sie mit Prügeln müssen aus einander gejagt werden.

Unter allen Wilden ist keine Völkerschaft, welche einen so erhabenen Gemüthscharakter an sich zeigte, als die von Nordamerika. Sie haben ein starkes Gefühl für Ehre, und indem sie, um sie zu erjagen, wilde Abenteuer hunderte von Meilen weit aufsuchen, so sind sie noch äußerst aufmerksam den mindesten Abbruch derselben zu verhüten, wenn ihr eben so harter Feind, nachdem er sie ergriffen hat, durch grausame Qualen feige Seufzer von ihnen zu erzwingen sucht. Der canadische Wilde ist übrigens wahrhaft und redlich. Die Freundschaft, die er errichtet, ist eben so abenteuerlich und enthusiastisch, als was jemals aus den ältesten und fabelhaften Zeiten davon gemeldet worden. Er ist äußerst stolz, empfindet den ganzen Werth der Freiheit und erduldet selbst in der Erziehung keine Begegnung, welche ihm eine niedrige Unterwerfung empfinden ließe. Lykurgus hat wahrscheinlicher Weise eben dergleichen Wilden Gesetze gegeben, und wenn ein Gesetzgeber unter den sechs Nationen aufstände, so würde man eine spartanische Republik sich in der neuen Welt erheben sehen; wie denn die Unternehmung der Argonauten von den Kriegeszügen dieser Indianer wenig unterschieden ist, und Jason vor dem Attakakullakulla nichts als die Ehre eines griechischen Namens voraus hat. Alle diese Wilde haben wenig Gefühl für das Schöne im moralischen Verstande, und die großmüthige Vergebung einer Beleidigung, die zugleich edel und schön ist, ist als Tugend unter den Wilden völlig unbekannt, sondern wird wie eine elende Feigheit verachtet. Tapferkeit ist das größte Verdienst des Wilden und Rache seine süßeste Wollust. Die übrigen Eingeborne dieses Welttheils zeigen wenig Spuren eines Gemüthscharakters, welcher zu feineren Empfindungen aufgelegt wäre, und eine außerordentliche Fühllosigkeit macht das Merkmal dieser Menschengattungen aus.

Betrachten wir das Geschlechter-Verhältniß in diesen Welttheilen, so finden wir, daß der Europäer einzig und allein das Geheimniß gefunden hat, den sinnlichen Reiz einer mächtigen Neigung mit so viel Blumen zu schmücken und mit so viel Moralischem zu durchflechten, daß er die Annehmlichkeiten desselben nicht allein überaus erhöht, sondern auch sehr anständig gemacht hat. Der Bewohner des Orients ist in diesem Punkte von sehr falschem Geschmacke. Indem er keinen Begriff hat von dem sittlich Schönen, das mit diesem Triebe kann verbunden werden, so büßt er auch sogar den Werth des sinnlichen Vergnügens ein, und sein Haram ist ihm eine beständige Quelle von Unruhe. Er geräth auf allerlei verliebte Fratzen, worunter das eingebildete Kleinod eins der vornehmsten ist, dessen er sich vor allem zu versichern sucht, dessen ganzer Werth nur darin besteht, daß man es zerbricht, und von welchem man überhaupt in unserem Welttheil viel hämischen Zweifel hegt, und zu dessen Erhaltung er sich sehr unbilliger und öfters ekelhafter Mittel bedient. Daher ist die Frauensperson daselbst jederzeit im Gefängnisse, sie mag nun ein Mädchen sein, oder einen barbarischen, untüchtigen und jederzeit argwöhnischen Mann haben. In den Ländern der Schwarzen was kann man da Besseres erwarten, als was durchgängig daselbst angetroffen wird, nämlich das weibliche Geschlecht in der tiefsten Sklaverei? Ein Verzagter ist allemal ein strenger Herr über den Schwächeren, so wie auch bei uns derjenige Mann jederzeit ein Tyrann in der Küche ist, welcher außer seinem Hause sich kaum erkühnt jemanden unter die Augen zu treten. Der Pater Labat meldet zwar, daß ein Negerzimmermann, dem er das hochmüthige Verfahren gegen seine Weiber vorgeworfen, geantwortet habe: **Ihr Weiße seid rechte Narren, denn zuerst räumet ihr euren Weibern so viel ein, und hernach klagt ihr, wenn sie euch den Kopf toll machen**; es ist auch, als wenn hierin so etwas wäre, was vielleicht verdiente in Überlegung gezogen zu werden, allein kurzum, dieser Kerl war vom Kopf bis auf die Füße ganz schwarz, ein deutlicher Beweis, daß das, was er sagte, dumm war. Unter allen Wilden sind keine, bei denen das weibliche Geschlecht in größerem wirklichen Ansehen stände, als die von Canada. Vielleicht übertreffen sie darin sogar unseren gesitteten Welttheil. Nicht als wenn man den Frauen daselbst demüthige Aufwartungen machte; das sind nur Complimente. Nein sie haben wirklich zu befehlen. Sie versammlen sich und berathschlagen über wichtige Anordnungen der Nation, über Krieg und Frieden. Sie schicken darauf ihre Abgeordnete an den männlichen Rath, und gemeiniglich ist ihre Stimme diejenige, welche entscheidet. Aber sie erkaufen diesen Vorzug theuer genug. Sie haben alle häußliche Angelegenheiten auf dem Halse und nehmen an allen Beschwerlichkeiten der Männer mit Antheil.

Wenn wir zuletzt noch einige Blicke auf die Geschichte werfen, so sehen wir den Geschmack der Menschen wie einen Proteus stets wandelbare Gestalten annehmen. Die alten Zeiten der Griechen und Römer zeigten deutliche Merkmale eines ächten Gefühls für das Schöne sowohl als das Erhabene in der Dichtkunst, der Bildhauerkunst, der Architektur, der Gesetzgebung und selbst in den Sitten. Die Regierung der römischen Kaiser veränderte die edle sowohl als die schöne Einfalt in das Prächtige und dann in den falschen Schimmer, wovon uns noch die Überbleibsel ihrer Beredsamkeit, Dichtkunst und selbst die Geschichte ihrer Sitten belehren können. Allmählig erlosch auch dieser Rest des feinern Geschmacks mit dem gänzlichen

Verfall des Staats. Die Barbaren, nachdem sie ihrerseits ihre Macht befestigten, führten einen gewissen verkehrten Geschmack ein, den man den gothischen nennt, und der auf Fratzen auslief. Man sah nicht allein Fratzen in der Baukunst, sondern auch in den Wissenschaften und den übrigen Gebräuchen. Das verunartete Gefühl, da es einmal durch falsche Kunst geführt ward, nahm eher eine jede andere natürliche Gestalt, als die alte Einfalt der Natur an und war entweder beim Übertriebenen, oder beim Läppischen. Der höchste Schwung, den das menschliche Genie nahm, um zu dem Erhabenen aufzusteigen, bestand in Abenteuern. Man sah geistliche und weltliche Abenteurer und oftmals eine widrige und ungeheure Bastardart von beiden. Mönche mit dem Meßbuch in einer und der Kriegsfahne in der andern Hand, denen ganze Heere betrogener Schlachtopfer folgten, um in andern Himmelsgegenden und in einem heiligeren Boden ihre Gebeine verscharren zu lassen, eingeweihte Krieger, durch feierliche Gelübde zur Gewaltthätigkeit und Missethaten geheiligt, in der Folge eine seltsame Art von heroischen Phantasten, welche sich Ritter nannten und Abenteuer aussuchten, Turniere, Zwikämpfe und romanische Handlungen. Während dieser Zeit ward die Religion zusammt den Wissenschaften und Sitten durch elende Fratzen entstellt, und man bemerkt, daß der Geschmack nicht leichtlich auf einer Seite ausartet, ohne auch in allem übrigen, was zum feineren Gefühl gehört, deutliche Zeichen seiner Verderbniß darzulegen. Die Klostergelübde machten aus einem großen Theil nutzbarer Menschen zahlreiche Gesellschaften emsiger Müßiggänger, deren grüblerische Lebensart sie geschickt machte, tausend Schulfratzen auszuhecken, welche von da in größere Welt ausgingen und ihre Art verbreiteten. Endlich nachdem das menschliche Genie von einer fast gänzlichen Zerstörung sich durch eine Art von Palingenesie glücklich wiederum erhoben hat, so sehen wir in unsern Tagen den richtigen Geschmack des Schönen und Edlen sowohl in den Künsten und Wissenschaften als in Ansehung des Sittlichen aufblühen, und es ist nichts mehr zu wünschen, als daß der falsche Schimmer, der so leichtlich täuscht, uns nicht unvermerkt von der edlen Einfalt entferne, vornehmlich aber, daß das noch unentdeckte Geheimniß der Erziehung dem alten Wahne entrissen werde, um das sittliche Gefühl frühzeitig in dem Busen eines jeden jungen Weltbürgers zu einer thätigen Empfindung zu erhöhen, damit nicht alle Feinigkeit blos auf das flüchtige und müßige Vergnügen hinauslaufe, dasjenige, was außer uns vorgeht, mit mehr oder weniger Geschmacke zu beurtheilen.

Untersuchung
über die
Deutlichkeit der Grundsätze
der
natürlichen Theologie und der Moral.

Zur
Beantwortung der Frage,
welche die

Königl. Akademie der Wissenschaften zu Berlin
auf das Jahr 1763

aufgegeben hat.

Verum animo satis haec vestigia parva sagaci
Sunt, per quae possis cognoscere caetera tute.

Einleitung.

Die vorgelegte Frage ist von der Art, daß, wenn sie gehörig aufgelöset wird, die höhere Philosophie dadurch eine bestimmte Gestalt bekommen muß. Wenn die Methode fest steht, nach der die höchstmögliche Gewißheit in dieser Art der Erkenntnis kann erlangt werden, und die Natur dieser Überzeugung wohl eingesehen wird, so muß an statt des ewigen Unbestands der Meinungen und Schulsecten eine unwandelbare Vorschrift der Lehrart die denkende Köpfe zu einerlei Bemühungen vereinbaren; so wie Newtons Methode in der Naturwissenschaft die Ungebundenheit der physischen Hypothesen in ein sicheres Verfahren nach Erfahrung und Geometrie veränderte. Welche Lehrart wird aber diese Abhandlung selber haben sollen, in welcher der Metaphysik ihr wahrer Grad der Gewißheit sammt dem Wege, auf welchem man dazu gelangt, soll gewiesen werden? Ist dieser Vortrag wiederum Metaphysik, so ist das Urtheil desselben eben so unsicher, als die Wissenschaft bis dahin gewesen ist, welche dadurch hofft einigen Bestand und Festigkeit zu bekommen, und es ist alles verloren. Ich werde daher sichere Erfahrungssätze und daraus gezogene unmittelbare Folgerungen den ganzen Inhalt meiner Abhandlung sein lassen. Ich werde mich weder auf die Lehren der Philosophen, deren Unsicherheit eben die Gelegenheit zu gegenwärtiger Aufgabe ist, noch auf Definitionen, die so oft trügen, verlassen. Die Methode, deren ich mich bediene, wird einfältig und behutsam sein. Einziges, welches man noch unsicher finden möchte, wird von der Art sein, daß es nur zur Erläuterung, nicht aber zum Beweise gebraucht wird.

Erste Betrachtung.

Allgemeine Vergleichung der Art zur Gewißheit im mathematischen Erkenntnisse zu gelangen mit der im philosophischen.

§ 1.

Die Mathematik gelangt zu allen ihren Definitionen synthetisch, die Philosophie aber analytisch.

Man kann zu einem jeden allgemeinen Begriffe auf zweierlei Wege kommen, entweder durch die willkürliche Verbindung der Begriffe, oder durch Absonderung von demjenigen Erkenntnisse, welches durch Zergliederung ist deutlich gemacht worden. Die Mathematik faßt niemals anders Definitionen ab als auf die erstere Art. Man gedenkt sich z. E. willkürlich vier gerade Linien, die eine Ebene einschließen, so daß die entgegenstehende Seiten nicht parallel sind, und nennt diese Figur ein Trapezium. Der Begriff, den ich erkläre, ist nicht vor der Definition gegeben, sondern er entspringt allererst durch dieselbe. Ein Kegel mag sonst bedeuten, was er wolle; in der Mathematik entsteht er aus der willkürlichen Vorstellung eines rechtwinklichten Triangels, der sich um eine Seite dreht. Die Erklärung entspringt hier und in allen andern Fällen offenbar durch die Synthesin.

Mit den Definitionen der Weltweisheit ist es ganz anders bewandt. Es ist hier der Begriff von einem Dinge schon gegeben, aber verworren und nicht genugsam bestimmt. Ich muß ihn zergliedern, die abgesonderte Merkmale zusammen mit dem gegebenen Begriffe in allerlei Fällen vergleichen und diesen abstracten Gedanken ausführlich und bestimmt machen. Jedermann hat z. E. einen Begriff von der Zeit; dieser soll erklärt werden. Ich muß diese Idee in allerlei Beziehungen betrachten, um Merkmale derselben durch Zergliederung zu entdecken, verschiedene abstrahirte Merkmale verknüpfen, ob sie einen zureichenden Begriff geben, und unter einander zusammenhalten, ob nicht zum Theil eins die andre in sich schließe. Wollte ich hier synthetisch auf eine Definition der Zeit zu kommen suchen, welch ein glücklicher Zufall müßte sich ereignen, wenn dieser Begriff gerade derjenige wäre, der die uns gegebene Idee völlig ausdrückte!

Indessen, wird man sagen, erklären die Philosophen bisweilen auch synthetisch und die Mathematiker analytisch: z. E. wenn der Philosoph eine Substanz mit dem Vermögen der Vernunft sich willkürlicher Weise gedenkt und sie einen Geist nennt. Ich antworte aber: dergleichen Bestimmungen einer Wortbedeutung sind niemals philosophische Definitionen, sondern wenn sie ja Erklärungen heißen sollen, so sind es nur grammatische. Denn dazu gehört gar nicht Philosophie, um zu sagen, was für einen Namen ich einem willkürlichen Begriffe will beigelegt wissen. L e i b n i z dachte sich eine einfache Substanz, die nichts als dunkle Vorstellungen hätte, und nannte sie eine s c h l u m m e r n d e M o n a d e. Hier hatte er nicht diese M o n a s erklärt, sondern erdacht; denn der Begriff derselben war ihm nicht gegeben, sondern von ihm erschaffen worden. Die Mathematiker haben dagegen bisweilen analytisch erklärt, ich gestehe es, aber es ist auch jederzeit ein Fehler gewesen. So hat Wolff die Ähnlichkeit in der Geometrie mit philosophischem Auge erwogen, um unter dem allgemeinen Begriffe derselben auch die in der Geometrie vorkommende zu befassen. Er hätte es immer können unterwegens lassen; denn wenn ich mir Figuren denke, in welchen die Winkel, die die Linien des Umkreises einschließen, gegenseitig gleich sind, und die Seiten, die sie einschließen, einerlei Verhältniß haben, so kann dieses allemal als die Definition der Ähnlichkeit der Figuren angesehen werden, und so mit den übrigen Ähnlichkeiten der Räume. Dem *Geometra* ist an der allgemeinen Definition der Ähnlichkeit überhaupt gar nichts gelegen. Es ist ein Glück für die Mathematik, daß, wenn bisweilen durch eine übelverstandene Obliegenheit der Meßkünstler sich mit solchen analytischen Erklärungen einläßt, doch in der That bei ihm nichts daraus gefolgert wird, oder auch seine nächste Folgerungen im Grunde die mathematische Definition ausmachen; sonst würde diese Wissenschaft eben demselben unglücklichen Zwiste ausgesetzt sein als die Weltweisheit.

Der Mathematiker hat mit Begriffen zu thun, die öfters noch einer philosophischen Erklärung fähig sind wie z. E. mit dem Begriffe vom Raume überhaupt. Allein er nimmt einen solchen Begriff als g e g e b e n nach seiner klaren und gemeinen Vorstellung an. Bisweilen werden ihm philosophische Erklärungen aus andern Wissenschaften gegeben, vornehmlich in der angewandten Mathematik, z. E. die Erklärung der Flüssigkeit. Allein alsdann entspringt dergleichen Definition nicht in der Mathematik, sondern wird daselbst nur gebraucht. Es ist das Geschäfte der Weltweisheit, Begriffe, die als verworren gegeben sind, zu zergliedern, ausführlich und bestimmt zu machen, der Mathematik aber, gegebene Begriffe von Größen, die klar und sicher sind, zu verknüpfen und zu vergleichen, um zu sehen, was hieraus gefolgert werden könne.

§ 2.

Die Mathematik betrachtet in ihren Auflösungen, Beweisen und Folgerungen das Allgemeine unter den Zeichen *in concreto*, die Weltweisheit das Allgemeine durch die Zeichen *in abstracto*.

Da wir hier unsere Sätze nur als unmittelbare Folgerungen aus Erfahrungen abhandeln, so berufe ich mich wegen des gegenwärtigen zuerst auf die Arithmetik, sowohl die allgemeine von den unbestimmten Größen, als diejenige von den Zahlen, wo das Verhältniß der Größe zur Einheit bestimmt ist. In beiden werden zuerst anstatt der Sachen selbst ihre Zeichen mit den besondern Bezeichnungen ihrer Vermehrung oder Verminderung, ihrer Verhältnisse u. s. w. gesetzt und hernach mit diesen Zeichen nach leichten und sichern Regeln verfahren durch Versetzung, Verknüpfung oder Abziehen und mancherlei Veränderung, so daß die bezeichnete Sachen selbst hierbei gänzlich aus den Gedanken gelassen werden, bis endlich beim Beschlusse die Bedeutung der symbolischen Folgerung entziffert wird. Zweitens, in der Geometrie, um z. E. die Eigenschaften aller Zirkel zu erkennen, zeichnet man einen, in welchem man statt aller möglichen sich innerhalb demselben schneidenden Linien zwei zieht. Von diesen beweiset man die Verhältnisse und betrachtet in denselben die allgemeine Regel der Verhältnisse der sich in allen Zirkeln durchkreuzenden Linien *in concreto*.

Vergleicht man hiermit das Verfahren der Weltweisheit, so ist es davon gänzlich unterschieden. Die Zeichen der philosophischen Betrachtung sind niemals etwas anders als Worte, die weder in ihrer Zusammensetzung die Theilbegriffe, woraus die ganze Idee, welche das Wort andeutet, besteht, anzeigen, noch in ihren Verknüpfungen die Verhältnisse der philosophischen Gedanken zu bezeichnen vermögen. Daher man bei jedem Nachdenken in dieser Art der Erkenntniß die Sache selbst vor Augen haben muß und genöthigt ist, sich das Allgemeine *in abstracto* vorzustellen, ohne dieser wichtigen Erleichterung sich bedienen zu können, daß man einzelne Zeichen statt der allgemeinen Begriffe der Sachen selbst behandle. Wenn z. E. der Meßkünstler darthun will, daß der Raum ins unendliche theilbar sei, so nimmt er etwa eine gerade Linie, die zwischen zwei Parallelen senkrecht steht, und zieht aus einem Punkt einer dieser gleichlaufenden Linien andere, die solche schneiden. Er erkennt an diesem Symbolo mit größter Gewißheit, daß die

Zertheilung ohne Ende fortgehen müsse. Dagegen wenn der Philosoph etwas darthun will, daß ein jeder Körper aus einfachen Substanzen bestehe, so wird er sich erstlich versichern, daß er überhaupt ein Ganzes aus Substanzen sei, daß bei diesen die Zusammensetzung ein zufälliger Zustand sei, ohne den sie gleichwohl existiren können, daß mithin alle Zusammensetzung in einem Körper in Gedanken könne aufgehoben werden, so doch, daß die Substanzen, daraus er besteht, existiren; und da dasjenige, was von einem Zusammengesetzten bleibt, wenn alle Zusammensetzung überhaupt aufgehoben worden, einfach ist, daß der Körper aus einfachen Substanzen bestehen müsse. Hier können weder Figuren noch sichtbare Zeichen die Gedanken noch deren Verhältnisse ausdrücken, auch läßt sich keine Versetzung der Zeichen nach Regeln an die Stelle der abstracten Betrachtung setzen, so daß man die Vorstellung der Sachen selbst in diesem Verfahren mit der kläreren und leichteren der Zeichen vertauschte, sondern das Allgemeine muß *in abstracto* erwogen werden.

§ 3.

In der Mathematik sind nur wenig unauflösliche Begriffe und unerweisliche Sätze, in der Philosophie aber unzählige.

Der Begriff der Größe überhaupt, der Einheit, der Menge, des Raums u. s. w. sind zum mindesten in der Mathematik unauflöslich, nämliche ihre Zergliederung und Erklärung gehört gar nicht für diese Wissenschaft. Ich weiß wohl, daß manche Meßkünstler die Grenzen der Wissenschaften vermengen und in der Größenlehre bisweilen philosophiren wollen, weswegen sie dergleichen Begriffe noch zu erklären suchen, obgleich die Definition in solchem Falle gar keine mathematische Folge hat.

280 Allein es ist gewiß, daß ein jeder Begriff in Ansehung einer Disciplin unauflöslich ist, der, er mag sonst können erklärt werden oder nicht, es in dieser Wissenschaft wenigstens nicht bedarf. Und ich habe gesagt, daß deren in der Mathematik nur wenige wären. Ich gehe aber noch weiter und behaupte, daß eigentlich gar keine in ihr vorkommen können, nämlich in dem Verstande: daß ihre Erklärung durch Zergliederung der Begriffe zur mathematischen Erkenntniß gehörte; gesetzt, daß sie auch sonst möglich wäre. Denn die Mathematik erklärt niemals durch Zergliederung einen gegebenen Begriff, sondern durch willkürliche Verbindung ein Object, dessen Gedanke eben dadurch zuerst möglich wird.

Vergleicht man hiemit die Weltweisheit, welcher Unterschied leuchtet da in die Augen? In allen ihren Disciplinen, vornehmlich in der Metaphysik ist eine jede Zergliederung, die geschehen kann, auch nöthig, denn sowohl die Deutlichkeit der Erkenntniß als die Möglichkeit sicherer Folgerungen hängt davon ab. Allein man sieht gleich zum voraus, daß es unvermeidlich sei, in der Zergliederung auf unauflösliche Begriffe zu kommen, die es entweder an und für sich selbst oder für uns sein werden, und daß es deren ungemein viel geben werde, nachdem es unmöglich ist, daß allgemeine Erkenntnisse von so großer Mannigfaltigkeit nur aus wenigen Grundbegriffen zusammengesetzt sein sollten. Daher viele beinahe gar nicht aufgelöset werden können, z. E. der Begriff einer Vorstellung, das Neben einander oder Nach einander sein, andere zum Theil, wie der Begriff vom Raume, von der Zeit, von dem mancherlei Gefühle der menschlichen Seele, dem Gefühl des Erhabenen, des Schönen, des Ekelhaften u. s. w., ohne deren genaue Kenntniß und Auflösung die Triebfedern unserer Natur nicht genug bekannt sind, und wo gleichwohl ein sorgfältiger Aufmerker gewahr wird, daß die Zergliederung bei weitem nicht zulänglich sei. Ich gestehe, daß die Erklärungen von der Lust und Unlust, der Begierde und dem Abscheu und dergleichen unzählige niemals durch hinreichende Auflösungen sind geliefert worden, und ich wundere mich über diese Unauflöslichkeit nicht. Denn bei Begriffen von so verschiedener Art müssen wohl unterschiedliche Elementarbegriffe zum Grunde liegen. Der Fehler, den einige begangen haben, alle dergleichen Erkenntnisse als solche zu behandeln, die in einige wenige einfache Begriffe insgesammt sich zerlegen ließen, ist demjenigen ähnlich, darin die alten Naturlehrer fielen: daß alle Materie der Natur aus den sogenannten vier Elementen bestehe, welcher Gedanke durch bessere Beobachtung ist aufgehoben worden.

Ferner liegen in der Mathematik nur wenig unerweisliche Sätze zum Grunde, welche, wenn sie gleich anderwärts noch eines Beweises fähig wären, dennoch in dieser Wissenschaft als unmittelbar gewiß angesehen werden: **Das Ganze ist allen Theilen zusammen genommen gleich; zwischen zwei Punkten kann nur eine gerade Linie sein** u. s. w. Dergleichen Grundsätze sind die Mathematiker gewohnt im Anfange ihrer Disciplinen aufzustellen, damit man gewahr werde, daß keine andere als so augenscheinliche Sätze gerade zu als wahr vorausgesetzt werden, alles übrige aber strenge bewiesen werde.

Vergleicht man hiermit die Weltweisheit und namentlich die Metaphysik, so möchte ich nur gerne eine Tafel von den unerweislichen Sätzen, die in diesen Wissenschaften durch ihre ganze Strecke zum Grunde liegen, aufgezeichnet sehen. Sie würde gewiß einen Plan ausmachen, der unermeßlich wäre; allein in der Aufsuchung dieser unerweislichen Grundwahrheiten besteht das wichtigste Geschäfte der höhern Philosophie, und diese Entdeckungen werden niemals ein Ende nehmen, so lange sich eine solche Art der Erkenntniß erweitern wird. Denn welches Object es auch sei, so sind diejenigen Merkmale, welche der Verstand an ihm zuerst und unmittelbar wahrnimmt, die *Data* zu eben so viel unerweislichen Sätzen, welche denn auch die Grundlage ausmachen, woraus die Definitionen können erfunden werden. Ehe ich noch mich anschicke zu erklären, was der Raum sei, so sehe ich deutlich ein, daß, da mir dieser Begriff gegeben ist, ich zuvörderst durch Zergliederung diejenige Merkmale, welche zuerst und unmittelbar hierin gedacht werden, aufsuchen müsse. Ich bemerke demnach, daß darin vieles außerhalb einander sei, daß dieses Viele nicht Substanzen seien, denn ich will nicht die Dinge im Raume, sondern den Raum selber erkennen, daß der Raum nur drei Abmessungen haben könne u. s. w. Dergleichen Sätze lassen sich wohl erläutern, indem man sie *in concreto* betrachtet, um sie anschauend zu erkennen; allein sie lassen sich niemals beweisen. Denn woraus sollte dieses auch geschehen können, da sie die erste und einfachste Gedanken ausmachen, die ich von meinem Objecte nur haben kann, wenn ich ihn anfange zu gedenken? In der Mathematik sind die Definitionen der erste Gedanke, den ich von dem erklärten Dinge haben kann, darum weil mein Begriff des Objects durch die Erklärung allererst entspringt, und da ist es schlechterdings ungereimt, sie als erweislich anzusehen. In der Weltweisheit, wo mir der Begriff der Sache, die ich erklären soll, gegeben ist, muß dasjenige, was unmittelbar und zuerst in ihm wahrgenommen wird, zu einem unerweislichen Grundurtheile dienen. Denn da ich den ganzen deutlichen Begriff der Sache noch nicht habe, sondern allererst suche, so kann er aus diesem Begriffe so gar nicht bewiesen werden, daß er vielmehr dazu dient, diese deutliche Erkenntniß und Definition dadurch zu erzeugen. Also werde ich erste Grundurtheile vor aller philosophischen Erklärung der Sachen haben müssen, und es kann hiebei nur der Fehler vorgehen, daß ich dasjenige für ein uranfängliches Merkmal ansehe, was noch ein abgeleitetes ist. In der folgenden Betrachtung werden Dinge vorkommen, die dieses außer Zweifel setzen werden.

§ 4.

Das Objekt der Mathematik ist leicht und einfältig, der Philosophie aber schwer und verwickelt.

Da die Größe den Gegenstand der Mathematik ausmacht, und in Betrachtung derselben nur darauf gesehen wird, wie vielmal etwas gesetzt sei, so leuchtet deutlich in die Augen, daß diese Erkenntniß auf wenigen und sehr klaren Grundlehren der allgemeinen Größenlehre (welches eigentlich die allgemeine Arithmetik ist) beruhen müsse. Man sieht auch daselbst die Vermehrung und Verminderung der Größen, ihre Zerfällung in gleiche Factoren bei der Lehre von den Wurzeln aus einfältigen und wenig Grundbegriffen entspringen. Einige wenige Fundamentalbegriffe vom Raume vermitteln die Anwendung dieser allgemeinen Größenkenntnis auf die Geometrie. Man darf zum Beispiel nur die leichte Faßlichkeit eines arithmetischen Gegenstandes, der eine ungeheure Vielfalt in sich begreift, mit der viel schwereren Begreiflichkeit einer philosophischen Idee, darin man nur wenig zu erkennen sucht, zusammenhalten, um sich davon zu überzeugen. Das Verhältniß einer Trillion zur Einheit wird ganz deutlich verstanden, indessen daß die Weltweisen den Begriff der Freiheit aus ihren Einheiten, d. i. ihren einfachen und bekannten Begriffen, noch bis jetzt nicht haben verständlich machen können. Das ist: der Qualitäten, die das eigentliche Objekt der Philosophie ausmachen, sind unendlich vielerlei, deren Unterscheidung überaus viel erfordert; imgleichen ist es weit schwerer, durch Zergliederung verwickelte Erkenntnisse aufzulösen, als durch die Synthesin gegebene einfache Erkenntnisse zu verknüpfen und so auf Folgerungen zu kommen. Ich weiß, daß es viele giebt, welche die Weltweisheit in Vergleichung mit der höhern Mathesis sehr leicht finden. Allein diese nennen alles Weltweisheit, was in den Büchern steht, welche diesen Titel führen. Der Unterschied zeigt sich durch den Erfolg. Die philosophischen Erkenntnisse haben mehrentheils das Schicksal der Meinungen und sind wie die Meteoren, deren Glanz nichts für ihre Dauer verspricht. Sie verschwinden, aber die Mathematik bleibt. Die Metaphysik ist ohne Zweifel die schwerste unter allen menschlichen Einsichten; allein es ist noch niemals eine geschrieben worden. Die Aufgabe der Akademie zeigt, daß man Ursache habe, sich nach dem Wege zu erkundigen, auf welchem man sie allererst zu suchen gedenkt.

Zweite Betrachtung.

Die einzige Methode, zur höchstmöglichen Gewißheit in der Metaphysik zu gelangen.

Die Metaphysik ist nichts anders als eine Philosophie über die ersten Gründe unseres Erkenntnisses; was demnach in der vorigen Betrachtung von der mathematischen Erkenntniß in Vergleichung mit der Philosophie dargethan worden, das wird auch in Beziehung auf die Metaphysik gelten. Wir haben namhafte und wesentliche Unterschiede gesehen, die zwischen der Erkenntniß in beiden Wissenschaften anzutreffen sind, und in Betracht dessen kann man mit dem Bischof Warburton sagen: daß nichts der Philosophie schädlicher gewesen sei als die Mathematik, nämlich die Nachahmung derselben in der Methode zu denken, wo sie unmöglich kann gebraucht werden; denn was die Anwendung derselben in den Theilen der Weltweisheit anlangt, wo die Kenntniß der Größen vorkommt, so ist dieses etwas ganz anders, und die Nutzbarkeit davon ist unermeßlich.

In der Mathematik fange ich mit der Erklärung meines Objekts, z. E. eines Triangels, Zirkels u. s. w., an, in der Metaphysik muß ich niemals damit anfangen, und es ist so weit gefehlt, daß die Definition hier das erste sei, was ich von dem Dinge erkenne, daß sie vielmehr fast jederzeit das letzte ist. Nämlich in der Mathematik habe ich ehe gar keinen Begriff von meinem Gegenstande, bis die Definition ihn giebt; in der Metaphysik habe ich einen Begriff, der mir schon gegeben worden, obzwar verworren, ich soll den deutlichen, ausführlichen und bestimmten davon aufsuchen. Wie kann ich denn davon anfangen? Augustinus sagte: Ich weiß wohl, was die Zeit sei, aber wenn mich jemand frägt, weiß ichs nicht. Hier müssen viele Handlungen der Entwicklung dunkler Ideen, der Vergleichung, Unterordnung und Einschränkung vor sich gehen, und ich getraue mir zu sagen: daß, ob man gleich viel Wahres und Scharfsinniges von der Zeit gesagt hat, dennoch die Realerklärung derselben niemals gegeben worden; denn was die Namenserklärung anlangt, so hilft sie uns wenig oder nichts, denn auch ohne sie versteht man dieses Wort genug, um es nicht zu verwechseln. Hätte man so viele richtige Definitionen, als in Büchern unter diesem Namen vorkommen, mit welcher Sicherheit würde man nicht schließen und Folgerungen daraus ableiten können! Allein die Erfahrung lehrt das Gegentheil.

In der Philosophie und namentlich in der Metaphysik kann man oft sehr viel von einem Gegenstande deutlich und mit Gewißheit erkennen, auch sichere Folgerungen daraus ableiten, ehe man die Definition desselben besitzt, auch selbst dann, wenn man es gar nicht unternimmt, sie zu geben. Von einem jeden Dinge können mir nämlich verschiedene Prädicate unmittelbar gewiß sein, ob ich gleich deren noch nicht genug kenne, um den ausführlich bestimmten Begriff der Sache, d. i. die Definition, zu geben. Wenn ich gleich niemals erklärte, was eine Begierde sei, so würde ich doch mit Gewißheit sagen können, daß eine jede Begierde eine Vorstellung des Begehrten voraussetze, daß diese Vorstellung eine Vorhersehung des Künftigen sei, daß mit ihr das Gefühl der Lust verbunden sei u.

s. w. Alles dieses nimmt ein jeder in dem unmittelbaren Bewußtsein der Begierde beständig wahr. Aus dergleichen verglichenen Bemerkungen könnte man vielleicht endlich auf die Definition der Begierde kommen. Allein so lange auch ohne sie dasjenige, was man sucht, aus einigen unmittelbar gewissen Merkmalen desselben Dinges kann gefolgert werden, so ist es unnöthig, eine Unternehmung, die so schlüpfrig ist, zu wagen. In der Mathematik ist dieses, wie man weiß, ganz anders.

In der Mathematik ist die Bedeutung der Zeichen sicher, weil man sich leichtlich bewußt werden kann, welche man ihnen hat ertheilen wollen. In der Philosophie überhaupt und der Metaphysik insonderheit haben die Worte ihre Bedeutung durch den Redegebrauch, außer in so fern sie ihnen durch logische Einschränkung genauer ist bestimmt worden. Weil aber bei sehr ähnlichen Begriffen, die dennoch eine ziemliche Verschiedenheit versteckt enthalten, öfters einerlei Worte gebraucht werden, so muß man hier bei jedesmaliger Anwendung des Begriffs, wenn gleich die Benennung desselben nach dem Redegebrauch sich genau zu schicken scheint, mit großer Behutsamkeit Acht haben, ob es auch wirklich einerlei Begriff sei, der hier mit eben demselben Zeichen verbunden worden. Wir sagen: ein Mensch unterscheidet das Gold vom Messing, wenn er erkennt, daß in einem Metalle z. E. nicht diejenige Dichtigkeit sei, die in dem andern ist. Man sagt außerdem: daß Vieh unterscheidet ein Futter vom andern, wenn es das eine verzehrt und das andre liegen läßt. Hier wird in beiden Fällen das Wort: unterscheiden, gebraucht, ob es gleich im erstern Falle so viel heißt, als: den Unterschied erkennen, welches niemals geschehen kann, ohne zu urtheilen; im zweiten aber nur anzeigt, daß bei unterschiedlichen Vorstellungen unterschiedlich gehandelt wird, wo eben nicht nöthig ist, daß ein Urtheil vorgehe. Wie wir denn am Viehe nur gewahr werden, daß es durch verschiedene Empfindungen zu verschiedenen Handlungen getrieben werde, welches ganz wohl möglich ist, ohne daß es im mindesten über die Übereinstimmung oder Verschiedenheit urtheilen darf.

Aus allem diesem fließen die Regeln derjenigen Methode, nach welcher die höchstmögliche metaphysische Gewißheit einzig und allein kann erlangt werden, ganz natürlich. Sie sind von denen sehr verschieden, die man bis daher befolgt hat, und verheißen einen dermaßen glücklichen Ausgang, wenn man sie zur Anwendung bringen wird, dergleichen man auf einem andern Wege niemals hat erwarten können. Die erste und vornehmste Regel ist diese: daß man ja nicht von Erklärungen anfange, es müßte denn etwa blos die Worterklärung gesucht werden, z. E.: nothwendig ist, dessen Gegentheil unmöglich ist. Aber auch da sind nur wenig Fälle, wo man so zuversichtlich den deutlich bestimmten Begriff gleich zu Anfange festsetzen kann. Vielmehr suche man in seinem Gegenstande zuerst dasjenige mit Sorgfalt auf, dessen man von ihm unmittelbar gewiß ist, auch ehe man die Definition davon hat. Man ziehe daraus Folgerungen und suche hauptsächlich nur wahre und ganz gewisse Urtheile von dem Objecte zu erwerben, auch ohne sich noch auf eine verhoffte Erklärung Staat zu machen, welche man niemals wagen, sondern dann, wenn sie sich aus den augenscheinlichsten Urtheilen deutlich darbietet, allererst einräumen muß. Die zweite Regel ist: daß man die unmittelbare Urtheile von dem Gegenstande in Ansehung desjenigen, was man zuerst in ihm mit Gewißheit antrifft, besonders auszeichnet und, nachdem man gewiß ist, daß das eine in dem andern nicht enthalten sei, sie so wie die Axiomen der Geometrie als die Grundlage zu allen Folgerungen voranschickt. Hieraus folgt, daß man in den Betrachtungen der Metaphysik jederzeit dasjenige besonders auszeichne, was man gewiß weiß, wenn es auch wenig wäre, obgleich man auch Versuche von ungewissen Erkenntnissen machen kann, um zu sehen, ob sie nicht auf die Spur der gewissen Erkenntniß führen dürften, so doch, daß man sie nicht mit den ersteren vermengt. Ich führe die andre

Verhaltungsregeln nicht an, die diese Methode mit jeder andern vernünftigen gemein hat, und schreite nur dazu, sie durch Beispiele deutlich zu machen.

Die ächte Methode der Metaphysik ist mit derjenigen im Grunde einerlei, die Newton in die Naturwissenschaft einführte, und die daselbst von so nutzbaren Folgen war. Man soll, heißt es daselbst, durch sichere Erfahrungen, allenfalls mit Hülfe der Geometrie die Regeln aufsuchen, nach welchen gewisse Erscheinungen der Natur vorgehen. Wenn man gleich den ersten Grund davon in den Körpern nicht einsieht, so ist gleichwohl gewiß, daß sie nach diesem Gesetze wirken, und man erklärt die verwickelte Naturbegebenheiten, wenn man deutlich zeigt, wie sie unter diesen wohlerwiesenen Regeln enthalten seien. Eben so in der Metaphysik: suchet durch sichere innere Erfahrung, d. i. ein unmittelbares augenscheinliches Bewußtsein, diejenige Merkmale auf, die gewiß im Begriffe von irgend einer allgemeinen Beschaffenheit liegen, und ob ihr gleich das ganze Wesen der Sache nicht kennet, so könnt ihr euch doch derselben sicher bedienen, um vieles in dem Dinge daraus herzuleiten.

Beispiel
der einzig sichern Methode der Metaphysik an der Erkenntniß der Natur der Körper.

Ich beziehe mich um der Kürze willen auf einen Beweis, der in der ersten Betrachtung am Ende des zweiten §phs mit wenigem angezeigt wird, um den Satz zuerst hier zum Grunde zu legen: daß ein jeder Körper aus einfachen Substanzen bestehen müsse. Ohne daß ich ausmache, was ein Körper sei, weiß ich doch gewiß, daß er aus Theilen besteht, die existiren würden, wenn sie gleich nicht verbunden wären; und wenn der Begriff einer Substanz ein abstrahirter Begriff ist, so ist er es ohne

Zweifel von den körperlichen Dingen der Welt. Allein es ist auch nicht einmal nöthig, sie Substanzen zu nennen, genug, daß hieraus mit größter Gewißheit gefolgert werden kann, ein Körper bestehe aus einfachen Theilen, wovon die augenscheinliche Zergliederung leicht, aber hier zu weitläufig ist. Nun kann ich vermittelst untrüglicher Beweise der Geometrie darthun, daß der Raum nicht aus einfachen Theilen bestehe, wovon die Argumente genugsam bekannt sind. Demnach ist eine bestimmte Menge der Theile eines jeden Körpers, die alle einfach sind, und eine gleiche Menge Theile des Raums, den er einnimmt, die alle zusammengesetzt sind. Hieraus folgt, daß ein jeder einfache Theil (Element) im Körper einen Raum einnehme. Frage ich nun: was heißt einen Raum einnehmen?, so werde ich, ohne mich um das Wesen des Raums zu bekümmern, inne, daß, wenn ein Raum von jedem Dinge durchdrungen werden kann, ohne daß etwas da ist, das da widersteht, man allenfalls, wenn es beliebte, sagen möchte, es wäre etwas in diesem Raume, niemals aber, dieser Raum werde wovon eingenommen. Woraus ich erkenne: daß ein Raum wovon eingenommen ist, wenn etwas da ist, was einem bewegten Körper widersteht bei der Bestrebung in denselben einzudringen. Dieser Widerstand aber ist die Undurchdringlichkeit. Demnach nehmen die Körper den Raum ein durch Undurchdringlichkeit. Es ist aber die Impenetrabilität eine K r a f t. Denn sie äußert einen Widerstand, d. i. eine einer äußern Kraft entgegengesetzte Handlung. Und die Kraft, die einem Körper zuvorkommt, muß seinen einfachen Theilen zukommen. Demnach erfüllen die Elemente eines jeden Körpers ihren Raum durch die Kraft der Undurchdringlichkeit. Ich frage aber ferner, ob denn die ersten Elemente darum nicht ausgedehnt sind, weil ein jegliches im Körper einen Raum erfüllt? Hier kann ich einmal eine Erklärung anbringen, die unmittelbar gewiß ist, nämlich: dasjenige ist a u s g e d e h n t, was für sich *(absolute)* gesetzt einen Raum erfüllt, so wie ein jeder einzelne Körper, wenn ich gleich mir vorstelle, daß sonst außer ihm nichts wäre, einen Raum erfüllen würde. Allein betrachte ich ein schlechterdings einfaches Element, so ist, wenn es allein (ohne Verknüpfung mit andern) gesetzt wird, unmöglich, daß in ihm vieles sich außerhalb einander befände, und es *absolute* einen Raum einnehme. Daher kann es nicht ausgedehnt sein. Da aber eine gegen viel äußerliche Dinge angewandte Kraft der Undurchdringlichkeit die Ursache ist, daß das Element einen Raum einnimmt, so sehe ich, daß daraus wohl eine Vielheit in seiner äußern Handlung, aber keine Vielheit in Ansehung innerer Theile fließe, mithin es darum nicht ausgedehnt sei, weil es in dem Körper *(in nexu cum aliis)* einen Raum einnimmt.

Ich will noch einige Worte darauf verwenden, um es augenscheinlich zu machen, wie seicht die Beweise der Metaphysiker seien, wenn sie aus ihrer einmal zum Grunde gelegten Erklärung der Gewohnheit gemäß getrost Schlüsse machen, welche verloren sind, so bald die Definition trügt. Es ist bekannt: daß die meisten Newtonianer noch weiter als Newton gehen und behaupten, daß die Körper einander auch in der Entfernung unmittelbar (oder, wie sie es nennen, durch den leeren Raum) anziehen. Ich lasse die Richtigkeit dieses Satzes, der gewiß viel Grund für sich hat, dahin gestellt sein. Allein ich behaupte, daß die Metaphysik zum mindesten ihn nicht widerlegt habe. Zuerst sind Körper von einander entfernt, wenn sie einander nicht berühren. Dieses ist genau die Bedeutung des Worts. Frage ich nun: was verstehe ich unter dem Berühren?, so werde ich inne, daß, ohne mich um die Definition zu bekümmern, ich doch jederzeit aus dem Widerstande der Undurchdringlichkeit eines andern Körpers urteile, daß ich ihn berühre. Denn ich finde, daß dieser Begriff ursprünglich aus dem Gefühl entspringt, wie ich auch durch das Urtheil der Augen nur vermuthe, daß eine Materie die andre berühren werde, allein bei dem vermerkten Widerstande der Impenetrabilität es allererst gewiß weiß. Auf diese Weise, wenn ich sage: ein Körper wirkt in einem entfernten unmittelbar, so heißt dieses soviel: er wirkt in ihn unmittelbar, aber nicht vermittelst der Undurchdringlichkeit. Es ist aber hiebei garnicht abzusehen, warum dieses unmöglich sein soll, es müßte denn jemand darthun, die Undurchdringlichkeit sei entweder die einzige Kraft eines Körpers, oder er könne wenigstens mit keiner andern unmittelbar wirken, ohne es zugleich vermittelst der Impenetrabilität zu thun. Da dieses aber niemals bewiesen ist und dem Ansehen nach auch schwerlich wird bewiesen werden, so hat zum wenigsten die Metaphysik gar keinen tüchtigen Grund, sich wider die unmittelbare Anziehung in die Ferne zu empören. Indessen lasset die Beweisgründe der Metaphysiker auftreten. Zuvörderst erscheint die Definition: Die unmittelbare gegenseitige Gegenwart zweier Körper ist die Berührung. Hieraus folgt: wenn zwei Körper in einander unmittelbar wirken, so berühren sie einander. Dinge, die sich berühren, sind nicht entfernt. Mithin wirken zwei Körper niemals in der Entfernung unmittelbar ineinander u. s. w. Die Definition ist erschlichen. Nicht jede unmittelbare Gegenwart ist eine Berührung, sondern nur die vermittelst der Impenetrabilität, und alles übrige ist in den Wind gebauet.

Ich fahre in meiner Abhandlung weiter fort. Es erhellt aus dem angeführten Beispiele: daß man viel von einem Gegenstande mit Gewißheit sowohl in der Metaphysik, wie in andern Wissenschaften sagen könne, ohne ihn erklärt zu haben. Denn hier ist weder, was ein Körper, noch was der Raum sei, erklärt worden, und von beiden hat man dennoch zuverlässige Sätze. Das Vornehmste, worauf ich gehe, ist dieses: daß man in der Metaphysik durchaus analytisch verfahren müsse, denn ihr Geschäfte ist in der That, verworrene Erkenntnisse aufzulösen. Vergleicht man hiemit das Verfahren der Philosophen, so wie es in allen Schulen im Schwange ist, wie verkehrt wird man es nicht finden! Die allerabgezogenste Begriffe, darauf der Verstand natürlicher Weise zuletzt hinausgeht, machen bei ihnen den Anfang, weil ihnen einmal der Plan des Mathematikers im Kopfe ist, den sie durchaus nachahmen wollen. Daher findet sich ein sonderbarer Unterschied zwischen der Metaphysik und jeder andern Wissenschaft. In der Geometrie und andern Erkenntnissen der Größenlehre fängt man von dem Leichteren an und steigt langsam zu schwereren Ausübungen. In der Metaphysik wird der Anfang vom Schwersten gemacht: von der Möglichkeit und dem Dasein überhaupt, der Nothwendigkeit und Zufälligkeit u. s. w., lauter Begriffe, zu denen eine große Abstraction und Aufmerksamkeit gehört, vornehmlich da ihre Zeichen in der Anwendung viele unmerkliche Abartungen erleiden, deren Unterschied nicht muß aus der Acht gelassen werden. Es soll durchaus synthetisch verfahren werden. Man erklärt daher gleich anfangs und folgert daraus mit Zuversicht. Die Philosophen in diesem Geschmacke wünschen einander Glück, daß sie das Geheimniß gründlich zu denken dem Meßkünstler abgelernt hätten, und bemerken gar nicht, daß diese durchs Zusammensetzen Begriffe erwerben, da jene es durch Auflösen allein thun können, welches die Methode zu denken ganz verändert.

So bald dagegen die Philosophen den natürlichen Weg der gesunden Vernunft einschlagen werden, zuerst dasjenige, was sie gewiß von dem abgezogenen Begriffe eines Gegenstandes (z. E. dem Raume oder Zeit) wissen, aufzusuchen, ohne noch einigen Anspruch auf die Erklärungen zu machen; wenn sie nur aus diesen sichern *Datis* schließen, wenn sie bei jeder veränderten Anwendung eines Begriffs Acht haben, ob der Begriff selber, unerachtet sein Zeichen einerlei ist, nicht hier verändert sei; so werden sie vielleicht nicht so viel Einsichten feil zu bieten haben, aber diejenige, die sie darlegen, werden von einem sichern Werthe sein. Von dem letzteren will ich noch ein Beispiel anführen. Die mehrste Philosophen führen als ein Exempel dunkler Begriffe diejenige an, die wir im tiefen Schlafe haben mögen. Dunkle Vorstellungen sind diejenigen, deren man sich nicht bewußt ist. Nun zeigen einige Erfahrungen, daß wir auch im tiefen Schlafe Vorstellungen haben, und da wir uns deren nicht bewußt sind, so sind sie dunkel gewesen. Hier ist das Bewußtsein von zwiefacher Bedeutung. Man ist sich entweder einer Vorstellung nicht bewußt, daß man sie habe, oder, daß man sie gehabt habe. Das erstere bezeichnet die Dunkelheit der Vorstellung, so wie sie in der Seele ist; das zweite zeigt weiter nichts an, als daß man sich ihrer nicht erinnere. Nun giebt die angeführte Instanz lediglich zu erkennen, daß es Vorstellungen geben könne, deren man sich im Wachen nicht erinnert, woraus aber gar nicht folgt, daß sie im Schlafe nicht sollten mit Bewußtsein klar gewesen sein; wie in dem Exempel des Herrn Sauvage von der starrsüchtigen Person, oder bei den gemeinen Handlungen der Schlafwanderer. Indessen wird dadurch, daß man gar zu leicht ans Schließen geht, ohne vorher durch Aufmerksamkeit auf verschiedene Fälle jedesmal dem Begriffe seine Bedeutung gegeben zu haben, in diesem Falle ein vermuthlich großes Geheimniß der Natur mit Achtlosigkeit übergangen: nämlich daß vielleicht im tiefsten Schlafe die größte Fertigkeit der Seele im vernünftigen Denken möge ausgeübt werden; denn man hat keinen andern Grund zum Gegentheil, als daß man dessen sich im Wachen nicht erinnert, welcher Grund aber nichts beweist.

Es ist noch lange die Zeit nicht, in der Metaphysik synthetisch zu verfahren; nur wenn die Analysis uns wird zu deutlich und ausführlich verstandenen Begriffen verholfen haben, wird die Synthesis den einfachsten Erkenntnissen die zusammengesetzte, wie in der Mathematik, unterordnen können.

Dritte Betrachtung.

Von der Natur der metaphysischen Gewißheit.

§ 1.
Die philosophische Gewißheit ist überhaupt von anderer Natur als die mathematische.

Man ist gewiß, in so fern man erkennt, daß es unmöglich sei, daß eine Erkenntniß falsch sei. Der Grad dieser Gewißheit, wenn er *objective* genommen wird, kommt auf das Zureichende in den Merkmalen von der Nothwendigkeit einer Wahrheit an, in so fern er aber *subjective* betrachtet wird, so ist er in so fern größer, als die Erkenntniß dieser Nothwendigkeit mehr Anschauung hat. In beider Betrachtung ist die mathematische Gewißheit von anderer Art als die philosophische. Ich werde dieses auf das augenscheinlichste darthun.

Der menschliche Verstand ist so wie jede andre Kraft der Natur an gewisse Regeln gebunden. Man irrt nicht deswegen, weil der Verstand die Begriffe regellos verknüpft, sondern weil man dasjenige Merkmal, was man in einem Dinge nicht wahrnimmt, auch von ihm verneint und urtheilt, daß dasjenige nicht sei, wessen man sich in einem Dinge nicht bewußt ist. Nun gelangt erstlich die Mathematik zu ihren Begriffen synthetisch und kann sicher sagen: was sie sich in ihrem Objecte durch die Definition nicht hat vorstellen wollen, das ist darin auch nicht enthalten. Denn der Begriff des Erklärten entspringt allererst durch die Erklärung und hat weiter gar keine Bedeutung als die, so ihm die Definition giebt. Vergleicht man hiemit die Weltweisheit und namentlich die Metaphysik, so ist sie in ihren Erklärungen weit unsicherer, wenn sie welche wagen will. Denn der Begriff des zu Erklärenden ist gegeben. Bemerkt man nun ein oder das andre Merkmal nicht, was gleichwohl zu seiner hinreichenden Unterscheidung gehört, und urtheilt, daß zu dem ausführlichen Begriffe kein solches Merkmal fehle, so wird die Definition falsch und trüglich. Wir könnten dergleichen Fehler durch unzählige Beispiele vor Augen legen, ich beziehe mich aber desfalls nur auf das oben Angeführte von der Berührung. Zweitens betrachtet die Mathematik in ihren Folgerungen und Beweisen ihre allgemeine Erkenntniß unter den Zeichen *in concreto*, die Weltweisheit aber neben den Zeichen noch immer *in abstracto*. Dieses macht einen namhaften Unterschied aus in der Art beider zur Gewißheit zu gelangen. Denn da die Zeichen der Mathematik sinnliche Erkenntnißmittel sind, so kann man mit derselben Zuversicht, wie man dessen, was man mit Augen sieht, versichert ist, auch wissen, daß man keinen Begriff aus der Acht gelassen, daß eine jede einzelne Vergleichung nach leichten Regeln geschehen sei u. s. w. Wobei die Aufmerksamkeit dadurch sehr erleichtert wird, daß sie nicht die Sachen in ihrer allgemeinen Vorstellung, sondern die Zeichen in ihrer einzelnen Erkenntniß, die da sinnlich ist, zu gedenken hat. Dagegen helfen die Worte, als die Zeichen der philosophischen Erkenntnis, zu nichts als der Erinnerung der bezeichneten allgemeinen Begriffe. Man muß ihre Bedeutung jederzeit unmittelbar vor Augen haben. Der reine Verstand muß in der Anstrengung erhalten werden, und wie unmerklich entwischt nicht ein Merkmal eines abgesonderten Begriffs, da nichts Sinnliches uns dessen Verabsäumung offenbaren kann; alsdann aber werden verschiedene Dinge für einerlei gehalten, und man gebiert irrige Erkenntnisse.

Hier ist nur dargethan worden: daß die Gründe, daraus man abnehmen kann, daß es unmöglich sei, in einem gewissen philosophischen Erkenntnisse geirrt zu haben, an sich selber niemals denen gleich kommen, die man im mathematischen vor sich hat. Allein außer diesem ist auch die Anschauung dieser Erkenntniß, soviel die Richtigkeit anlangt, größer in der Mathematik als in der Weltweisheit: da in der erstern das Object in sinnlichen Zeichen *in concreto,* in der letztern aber immer nur in allgemeinen abgezogenen Begriffen betrachtet wird, deren klarer Eindruck bei weitem nicht so groß sein kann als der ersteren. In der Geometrie, wo die Zeichen mit den bezeichneten Sachen überdem eine Ähnlichkeit haben, ist daher diese Evidenz noch größer, obgleich in der Buchstabenrechnung die Gewißheit eben so zuverlässig ist.

§ 2.
Die Metaphysik ist einer Gewißheit, die zur Überzeugung hinreicht, fähig.

Die Gewißheit in der Metaphysik ist von eben derselben Art, wie in jeder andern philosophischen Erkenntniß, wie diese denn auch nur gewiß sein kann, in so fern sie den allgemeinen Gründen, die die erstere liefert, gemäß ist. Es ist aus Erfahrung bekannt: daß wir durch Vernunftgründe auch außer der Mathematik in vielen Fällen bis zur Überzeugung völlig gewiß werden können. Die Metaphysik ist nur eine auf allgemeinere Vernunfteinsichten angewandte Philosophie, und es kann mit ihr unmöglich anders bewandt sein.

Irrthümer entspringen nicht allein daher, weil man gewisse Dinge nicht weiß, sondern weil man sich zu urtheilen unternimmt, ob man gleich noch nicht alles weiß, was dazu erfordert wird. Eine große Menge Falschheiten, ja fast alle insgesammt haben diesem letztern Vorwitz ihren Ursprung zu danken. Ihr wißt einige Prädicate von einem Dinge gewiß. Wohlan, legt diese zum Grunde eurer Schlüsse, und ihr werdet nicht irren. Allein ihr wollt durchaus eine Definition haben; gleichwohl seid ihr nicht sicher, daß ihr alles wißt, was dazu erfordert wird, und da ihr sie dessen ungeachtet wagt, so gerathet ihr in Irrthümer. Daher ist es möglich, den Irrthümern zu entgehen, wenn man gewisse und deutliche Erkenntnisse aufsucht, ohne gleichwohl sich der Definition so leicht anzumaßen. Ferner, ihr könnt mit Sicherheit auf einen beträchtlichen Theil einer gewissen Folge schließen. Erlaubt euch ja nicht, den Schluß auf die ganze Folge zu ziehen, so gering als auch der Unterschied zu sein scheint. Ich gebe zu, daß der Beweis gut sei, in dessen Besitze man ist, darzuthun, daß die Seele nicht Materie sei. Hütet euch aber, daraus zu schließen, daß die Seele nicht von materialer Natur sei. Denn hierunter versteht jedermann nicht allein, daß die Seele keine Materie sei, sondern auch nicht eine solche einfache Substanz, die ein Element der Materie sein könne. Dieses erfordert einen besondern Beweis, nämlich, daß dieses denkende Wesen nicht so, wie ein körperliches Element im Raume sei, durch Undurchdringlichkeit, noch mit andern zusammen ein Ausgedehntes und einen Klumpen ausmachen könne; wovon wirklich noch kein Beweis gegeben worden, der, wenn man ihn ausfindig machte, die unbegreifliche Art anzeigen würde, wie ein Geist im Raume gegenwärtig sei.

§ 3.
Die Gewißheit der ersten Grundwahrheiten in der Metaphysik ist von keiner andern Art, als in jeder andern vernünftigen Erkenntniß außer der Mathematik.

In unseren Tagen hat die Philosophie des Herrn Crusius* vermeint, der metaphysischen Erkenntniß eine ganz andre Ge-

---
* Ich habe nöthig gefunden, der Methode dieser neuen Weltweisheit hier Erwähnung zu thun. Sie ist in kurzem so berühmt geworden, sie hat auch in Ansehung der besseren Aufklärung mancher Einsichten ein so zugestandenes Verdienst, daß es ein wesentlicher Mangel sein würde, wo von der Metaphysik überhaupt die Rede ist, sie mit Stillschweigen übergangen zu haben. Was ich hier berühre, ist lediglich die ihr eigene Methode, denn der Unterschied in einzelnen Sätzen ist noch nicht genug, einen wesentlichen Unterschied einer Philosophie von der andern zu bezeichnen.

stalt zu geben, dadurch daß er dem Satze des Widerspruchs nicht das Vorrecht einräumte, der allgemeine und oberste Grundsatz aller Erkenntniß zu sein, daß er viel andre unmittelbar gewisse und unerweisliche Grundsätze einführte und behauptete, es würde ihre Richtigkeit aus der Natur unseres Verstandes begriffen nach der Regel: was ich nicht anders als wahr denken kann, das ist wahr. Zu solchen Grundsätzen wird unter andern gezählt: was ich nicht existirend denken kann, das ist einmal nicht gewesen; ein jedes Ding muß irgendwo und irgendwann sein u. d. g. Ich werde in wenig Worten die wahre Beschaffenheit der ersten Grundwahrheiten der Metaphysik, imgleichen den wahren Gehalt dieser Methode des Herrn Crusius anzeigen, die nicht so weit von der Denkungsart der Philosophie in diesem Stücke abweicht, als man wohl denkt. Man wird auch überhaupt den Grad der möglichen Gewißheit der Metaphysik hieraus abnehmen können.

Alle wahre Urtheile müssen entweder bejahend oder verneinend sein. Weil die Form einer jeden Bejahung darin besteht, daß etwas als ein Merkmal von einem Dinge, d. i. als einerlei mit dem Merkmale eines Dinges, vorgestellt werde, so ist ein jedes bejahende Urtheil wahr, wenn das Prädicat mit dem Subjecte identisch ist. Und da die Form einer jeden Verneinung darin besteht, daß etwas einem Dinge als widerstreitend vorgestellt werde, so ist ein verneinendes Urtheil wahr, wenn das Prädicat dem Subjecte widerspricht. Der Satz also, der das Wesen einer jeden Bejahung ausdrückt und mithin die oberste Formel aller bejahenden Urtheile enthält, heißt: Einem jeden Subjecte kommt ein Prädicat zu, welches ihm identisch ist. Dieses ist der Satz der Identität. Und da der Satz, welcher das Wesen aller Verneinung ausdrückt: keinem Subjecte kommt ein Prädicat zu, welches ihm widerspricht, der Satz des Widerspruchs ist, so ist dieser die erste Formel aller verneinenden Urtheile. Beide zusammen machen die oberste und allgemeine Grundsätze im formalen Verstande von der ganzen menschlichen Vernunft aus. Und hierin haben die meisten geirrt, daß sie dem Satz des Widerspruchs den Rang in Ansehung aller Wahrheiten eingeräumt haben, den er doch nur in Betracht der verneinenden hat. Es ist aber ein jeder Satz unerweislich, der unmittelbar unter einem dieser obersten Grundsätze gedacht wird, aber nicht anders gedacht werden kann: nämlich wenn entweder die Identität oder der Widerspruch unmittelbar in den Begriffen liegt und nicht durch Zergliederung kann oder darf vermittelst eines Zwischenmerkmals eingesehen werden. Alle andere sind erweislich. Ein Körper ist theilbar, ist ein erweislicher Satz, denn man kann durch Zergliederung und also mittelbar die Identität des Prädicats und Subjects zeigen: der Körper ist zusammengesetzt, was aber zusammengesetzt ist, ist theilbar, folglich ist ein Körper theilbar. Das vermittelnde Merkmal ist hier zusammengesetzt sein. Nun giebt es in der Weltweisheit viel unerweisliche Sätze, wie auch oben angeführt worden. Diese stehen zwar alle unter den formalen ersten Grundsätzen, aber unmittelbar; in so fern sie indessen zugleich Gründe von andern Erkenntnissen enthalten, so sind die ersten materiale Grundsätze der menschlichen Vernunft. Z. E. Ein Körper ist zusammengesetzt, ist ein unerweislicher Satz, in so fern das Prädicat als ein unmittelbares und erstes Merkmal in dem Begriffe des Körpers nur kann gedacht werden. Solche materiale Grundsätze machen, wie Crusius mit Recht sagt, die Grundlage und Festigkeit der menschlichen Vernunft aus. Denn wie wir oben erwähnt haben, sind sie der Stoff zu Erklärungen und die *Data,* woraus sicher kann geschlossen werden, wenn man auch keine Erklärung hat.

Und hierin hat Crusius Recht, wenn er andere Schulen der Weltweisen tadelt, daß sie diese materiale Grundsätze vorbei gegangen seien und sich blos an die formale gehalten haben. Denn aus diesen allein kann wirklich gar nichts bewiesen werden, weil Sätze erfordert werden, die den Mittelbegriff enthalten, wodurch das logische Verhältniß anderer Begriffe soll in einem Vernunftschlusse erkannt werden können, und unter diesen Sätzen müssen einige die ersten sein. Allein man kann nimmermehr einigen Sätzen den Werth materialer oberster Grundsätze einräumen, wenn sie nicht für jeden menschlichen Verstand augenscheinlich sind. Ich halte aber dafür, daß verschiedene von denen, die Crusius anführt, sogar ansehnliche Zweifel verstatten.

Was aber die oberste Regel aller Gewißheit, die dieser berühmte Mann aller Erkenntniß und also auch der metaphysischen vorzusetzen gedenkt, anlangt: was ich nicht anders als wahr denken kann, das ist wahr u. s. w., so ist leicht einzusehen, daß dieser Satz niemals ein Grund der Wahrheit von irgend einem Erkenntnisse sein könne. Denn wenn man gesteht, daß kein anderer Grund der Wahrheit könne angegeben werden, als weil man es unmöglich anders als für wahr halten könne, so giebt man zu verstehen, daß gar kein Grund der Wahrheit weiter angeblich sei, und daß die Erkenntniß unerweislich sei. Nun giebt es freilich wohl viele unerweisliche Erkenntnisse, allein das Gefühl der Überzeugung in Ansehung derselben ist ein Geständniß, aber nicht ein Beweisgrund davon, daß sie wahr sind.

Die Metaphysik hat demnach keine formale oder materiale Gründe der Gewißheit, die von anderer Art wären als die der Meßkunst. In beiden geschieht das Formale der Urtheile nach den Sätzen der Einstimmung und des Widerspruchs. In beiden sind unerweisliche Sätze, die die Grundlage zu Schlüssen machen. Nur da die Definition in der Mathematik die ersten unerweislichen Begriffe der erklärten Sachen sind, so müssen an deren Statt verschiedene unerweisliche Sätze in der Metaphysik die ersten *Data* angeben, die aber eben so sicher sein können, und welche entweder den Stoff zu Erklärungen oder den Grund sicherer Folgerungen darbieten. Es ist eben sowohl eine zur Überzeugung nöthige Gewißheit, deren die Metaphysik, als welcher die Mathematik fähig ist, nur die letztere ist leichter und einer größern Anschauung theilhaftig.

Vierte Betrachtung.

Von der Deutlichkeit und Gewißheit, deren die erste Gründe der natürlichen Gottesgelahrtheit und Moral fähig sind.

§ 1.
Die ersten Gründe der natürlichen Gottesgelahrtheit sind der größten philosophischen Evidenz fähig.

Es ist erstlich die leichteste und deutlichste Unterscheidung eines Dinges von allen andern möglich, wenn dieses Ding ein einziges mögliche seiner Art ist. Das Object der natürlichen Religion ist die alleinige erste Ursache; seine Bestimmungen werden so bewandt sein, daß sie nicht leichtlich mit anderer Dinge ihren können verwechselt werden. Die größte Überzeugung aber ist möglich, wo es schlechterdings nothwendig ist, daß diese und keine andere Prädicate einem Dinge zukommen. Denn bei zufälligen Bestimmungen ist es mehrentheils schwer, die wandelbaren Bedingungen seiner Prädicate aufzufinden. Daher das schlechterdings nothwendige Wesen ein Object von der Art ist, daß, sobald man einmal auf die ächte Spur seines Begriffes gekommen ist, es noch mehr Sicherheit als die mehrste andere philosophische Kenntnisse zu versprechen scheint. Ich kann bei diesem Theil der Aufgabe nichts anders thun, als die mögliche philosophische Erkenntniß von Gott überhaupt in Erwägung ziehen; denn es würde viel zu weitläufig sein, die wirklich vorhandenen Lehren der Weltweisen über diesen Gegenstand zu prüfen. Der Hauptbegriff, der sich hier dem Metaphysiker darbietet, ist die schlechterdings nothwendige Existenz eines Wesens. Um darauf zu kommen, könnte er zuerst fragen: ob es möglich sei, daß ganz und gar nichts existire. Wenn er nun inne wird, daß alsdann gar kein Dasein gegeben ist, auch nichts zu denken, und keine Möglichkeit statt finde, so darf er nur den Begriff von dem Dasein desjenigen, was aller Möglichkeit zum Grunde liegen muß, untersuchen. Dieser Gedanke wird sich erweitern und den bestimmten Begriff des schlechterdings nothwendigen Wesens festsetzen. Allein ohne mich in diesen Plan besonders einzulassen, so bald das Dasein des einigen vollkommensten und nothwendigen Wesens erkannt ist, so werden die Begriffe von dessen übrigen Bestimmungen viel abgemessener, weil sie immer die größten und vollkommensten sind, und viel gewisser, weil nur diejenige eingeräumt werden können, die da nothwendig sind. Ich soll z. E. den Begriff der göttlichen Allgegenwart bestimmen. Ich erkenne leicht, daß dasjenige Wesen, von welchem alles andre abhängt, indem es selbst unabhängig ist, durch seine Gegenwart zwar allen andern der Welt den Ort bestimmen werde, sich selber aber keinen andern Ort unter ihnen, indem es alsdann mit zur Welt gehören würde. Gott ist also eigentlich an keinem Orte, aber er ist allen Dingen gegenwärtig in allen Orten, wo die Dinge sind. Eben so sehe ich ein, daß, indem die auf einander folgende Dinge der Welt unter seiner Gewalt sind, er dadurch sich nicht selbst einen Zeitpunkt in dieser Reihe bestimme, mithin daß in Ansehung seiner nichts vergangen oder künftig ist. Wenn ich also sage: Gott sieht das Künftige vorher, so heißt dieses nicht so viel: Gott sieht dasjenige, was in Ansehung seiner künftig ist, sondern: was gewissen Dingen der Welt künftig ist, d. i. auf einen Zustand derselben folgt. Hieraus ist zu erkennen, daß die Erkenntniß des Künftigen, Vergangenen und Gegenwärtigen in Ansehung der Handlung des göttlichen Verstandes gar nicht verschieden sei, sondern daß er sie alle als wirkliche Dinge des Universum erkenne: und man kann viel bestimmter und deutlicher dieses Vorhersehen sich an Gott vorstellen, als an einem Dinge, welches zu dem Ganzen der Welt mit gehörte.

In allen Stücken demnach, wo nicht ein *Analogon* der Zufälligkeit anzutreffen, kann die metaphysische Erkenntniß von Gott sehr gewiß sein. Allein das Urtheil über seine freie Handlungen, über die Vorsehung, über das Verfahren seiner Gerechtigkeit und Güte, da selbst in den Begriffen, die wir von diesen Bestimmungen an uns haben, noch viel Unentwickeltes ist, können in dieser Wissenschaft nur eine Gewißheit durch Annäherung haben, oder eine, die moralisch ist.

§ 2.
Die ersten Gründe der Moral sind nach ihrer gegenwärtigen Beschaffenheit noch nicht aller erforderlichen Evidenz fähig.

Um dieses deutlich zu machen, will ich nur zeigen, wie wenig selbst der erste Begriff der Verbindlichkeit noch bekannt ist, und wie entfernt man also davon sein müsse, in der praktischen Weltweisheit die zur Evidenz nöthige Deutlichkeit und Sicherheit der Grundbegriffe und Grundsätze zu liefern. Man soll dieses oder jenes thun und das andre lassen; dies ist die Formel, unter welcher eine jede Verbindlichkeit ausgesprochen wird. Nun drückt jedes Sollen eine Nothwendigkeit der Handlung aus und ist einer zwiefachen Bedeutung fähig. Ich soll nämlich entweder etwas thun (als ein Mittel), wenn ich etwas anders (als einen Zweck) will, oder ich soll unmittelbar etwas anders (als einen Zweck) thun und wirklich machen. Das erstere könnte man die Nothwendigkeit der Mittel *(necessitatem problematicam)*, das zweite die Nothwendigkeit der Zwecke *(necessitatem legalem)* nennen. Die erstere

Art der Nothwendigkeit zeigt gar keine Verbindlichkeit an, sondern nur die Vorschrift als die Auflösung in einem Problem, welche Mittel diejenige sind, deren ich mich bedienen müsse, wie ich einen gewissen Zweck erreichen will. Wer einem andern vorschreibt, welche Handlungen er ausüben oder unterlassen müsse, wenn er seine Glückseligkeit befördern wollte, der könnte wohl zwar vielleicht alle Lehren der Moral darunter bringen, aber sie sind alsdann nicht mehr Verbindlichkeiten, sondern etwa so, wie es eine Verbindlichkeit wäre, zwei Kreuzbogen zu machen, wenn ich eine gerade Linie in zwei gleiche Theile zerfällen will, d. i. es sind gar nicht Verbindlichkeiten, sondern nur Anweisungen eines geschickten Verhaltens, wenn man einen Zweck erreichen will. Da nun der Gebrauch der Mittel keine andere Nothwendigkeit hat, als diejenige, so dem Zwecke zukommt, so sind so lange alle Handlungen, die die Moral unter der Bedingung gewisser Zwecke vorschreibt, zufällig und können keine Verbindlichkeiten heißen, so lange sie nicht einem an sich nothwendigen Zwecke untergeordnet werden. Ich soll z. E. die gesammte größte Vollkommenheit befördern, oder ich soll dem Willen Gottes gemäß handeln: welchem auch von diesen beiden Sätzen die ganze praktische Weltweisheit untergeordnet würde, so muß dieser Satz, wenn er eine Regel und Grund der Verbindlichkeit sein soll, die Handlung als unmittelbar nothwendig und nicht unter der Bedingung eines gewissen Zwecks gebieten. Und hier finden wir, daß eine solche unmittelbare oberste Regel aller Verbindlichkeit schlechterdings unerweislich sein müsse. Denn es ist aus keiner Betrachtung eines Dinges oder Begriffes, welche es auch sei, möglich zu erkennen und zu schließen, was man thun solle, wenn dasjenige, was vorausgesetzt ist, nicht ein Zweck und die Handlung ein Mittel ist. Dieses aber muß es nicht sein, weil es alsdann keine Formel der Verbindlichkeit, sondern der problematischen Geschicklichkeit sein würde.

Und nun kann ich mit wenigem anzeigen, daß, nachdem ich

über diesen Gegenstand lange nachgedacht habe, ich bin überzeugt worden, daß die Regel: Thue das Vollkommenste, was durch dich möglich ist, der erste **formale Grund** aller Verbindlichkeit zu **handeln** sei, so wie der Satz: Unterlasse das, wodurch die durch dich größtmögliche Vollkommenheit verhindert wird, es in Ansehung der Pflicht zu **unterlassen** ist. Und gleichwie aus den ersten formalen Grundsätzen unserer Urtheile vom Wahren nichts fließt, wo nicht materiale erste Gründe gegeben sind, so fließt allein aus diesen zwei Regeln des Guten keine besonders bestimmte Verbindlichkeit, wo nicht unerweisliche materiale Grundsätze der praktischen Erkenntniß damit verbunden sind.

Man hat es nämlich in unsern Tagen allererst einzusehen angefangen: daß das Vermögen, das **Wahre** vorzustellen, die **Erkenntniß**, dasjenige aber, das **Gute** zu empfinden, das **Gefühl** sei, und daß beide ja nicht miteinander müssen verwechselt werden. Gleichwie es nun unzergliederliche Begriffe des Wahren, d. i. desjenigen, was in den Gegenständen der Erkenntniß, für sich, betrachtet angetroffen wird, giebt, also giebt es auch ein unauflösliches Gefühl des Guten (dieses wird niemals in einem Dinge schlechthin, sondern immer beziehungsweise auf ein empfindendes Wesen angetroffen). Es ist ein Geschäfte des Verstandes, den zusammengesetzten und verworrenen Begriff des Guten aufzulösen und deutlich zu machen, indem er zeigt, wie er aus einfachern Empfindungen des Guten entspringe. Allein ist dieses einmal einfach, so ist das Urtheil: dieses ist gut, völlig unerweislich und eine unmittelbare Wirkung von dem Bewußtsein des Gefühls der Lust mit der Vorstellung des Gegenstandes. Und da in uns ganz sicher viele einfache Empfindungen des Guten anzutreffen sind, so giebt es viele dergleichen unauflösliche Vorstellungen. Demnach wenn eine Handlung unmittelbar als gut vorgestellt wird, ohne daß sie auf eine versteckte Art ein gewisses andre Gut, welches durch Zergliederung darin kann erkannt werden, und warum sie vollkommen heißt, enthält, so ist die Nothwendigkeit dieser Handlung ein unerweislicher materialer Grundsatz der Verbindlichkeit. Z. E. Liebe den, der dich liebt, ist ein praktischer Satz, der zwar unter der obersten formalen und bejahenden Regel der Verbindlichkeit steht, aber unmittelbar. Denn da es nicht weiter durch Zergliederung kann gezeigt werden, warum eine besondere Vollkommenheit in der Gegenliebe stecke, so wird diese Regel nicht praktisch, d. i. vermittelst der Zurückführung auf die Nothwendigkeit einer andern vollkommenen Handlung, bewiesen, sondern unter der allgemeinen Regel guter Handlungen unmittelbar subsumirt. Vielleicht daß mein angezeigtes Beispiel nicht deutlich und überzeugend genug die Sache darthut; allein die Schranken einer Abhandlung, wie die gegenwärtige ist, die ich vielleicht schon überschritten habe, erlauben mir nicht diejenige Vollständigkeit, die ich wohl wünschte. Es ist eine unmittelbare Häßlichkeit in der Handlung, die dem Willen desjenigen, von dem unser Dasein und alles Gute herkommt, widerstreitet. Diese Häßlichkeit ist klar, wenn gleich nicht auf die Nachtheile gesehen wird, die als Folgen ein solches Verfahren begleiten können. Daher der Satz: thue das, was dem Willen Gottes gemäß ist, ein materialer Grundsatz der Moral wird, der gleichwohl formaliter unter der schon erwähnten obersten und allgemeinen Formel, aber unmittelbar steht. Man muß eben sowohl in der praktischen Weltweisheit, wie in der theoretischen nicht so leicht etwas für unerweislich halten, was es nicht ist. Gleichwohl können diese Grundsätze nicht entbehrt werden, welche als Postulata die Grundlagen zu den übrigen praktischen Sätzen enthalten. Hutcheson und andere haben unter dem Namen des moralischen Gefühls hievon einen Anfang zu schönen Bemerkungen geliefert.

Hieraus ist zu ersehen, daß, ob es zwar möglich sein muß, in den ersten Gründen der Sittlichkeit den größten Grad philosophischer Evidenz zu erreichen, gleichwohl die obersten

Grundbegriffe der Verbindlichkeit allererst sicherer bestimmt werden müssen, in Ansehung dessen der Mangel der praktischen Weltweisheit noch größer als der speculativen ist, indem noch allererst ausgemacht werden muß, ob lediglich das Erkenntnißvermögen oder das Gefühl (der erste, innere Grund des Begehrungsvermögens) die erste Grundsätze dazu entscheide.

Nachschrift.

Dieses sind die Gedanken, die ich dem Urtheile der Königl. Akademie der Wissenschaften überliefere. Ich getraue mich zu hoffen, daß die Gründe, welche vorgetragen worden, zur verlangten Aufklärung des Objects von einiger Bedeutung seien. Was die Sorgfalt, Abgemessenheit und Zierlichkeit der Ausführung anlangt, so habe ich lieber etwas in Ansehung derselben verabsäumen wollen, als mich dadurch hindern zu lassen, sie zur gehörigen Zeit der Prüfung zu übergeben, vornehmlich da dieser Mangel auf den Fall der günstigen Aufnahme leichtlich kann ergänzt werden.

M. Immanuel Kants
Nachricht

von der
Einrichtung seiner Vorlesungen

in dem Winterhalbenjahre
von 1765–1766

Alle Unterweisung der Jugend hat dieses Beschwerliche an sich, daß man genöthigt ist, mit der Einsicht den Jahren vorzueilen, und, ohne die Reife des Verstandes abzuwarten, solche Erkenntnisse ertheilen soll, die nach der natürlichen Ordnung nur von einer geübteren und versuchten Vernunft könnten begriffen werden. Daher entspringen die ewige Vorurtheile der Schulen, welche hartnäckichter und öfters abgeschmackter sind als die gemeinen, und die frühkluge Geschwätzigkeit junger Denker, die blinder ist als irgend ein anderer Eigendünkel und unheilbarer als die Unwissenheit. Gleichwohl ist diese Beschwerlichkeit nicht gänzlich zu vermeiden, weil in dem Zeitalter einer sehr ausgeschmückten bürgerlichen Verfassung die feinere Einsichten zu den Mitteln des Fortkommens gehören und Bedürfnisse werden, die ihrer Natur nach eigentlich nur zur Zierde des Lebens und gleichsam zum Entbehrlich-Schönen desselben gezählt werden sollten. Indessen ist es möglich den öffentlichen Unterricht auch in diesem Stücke nach der Natur mehr zu bequemen, wo nicht mit ihr gänzlich einstimmig zu machen. Denn da der natürliche Fortschritt der menschlichen Erkenntniß dieser ist, daß sich zuerst der Verstand ausbildet, indem er durch Erfahrung zu anschauenden Urtheilen und durch diese zu Begriffen gelangt, daß darauf diese Begriffe in Verhältniß mit ihren Gründen und Folgen durch Vernunft und endlich in einem wohlgeordneten Ganzen vermittelst der Wissenschaft erkannt werden, so wird die Unterweisung eben denselben Weg zu nehmen haben. Von einem Lehrer wird also erwartet, daß er an seinem Zuhörer erstlich den verständigen, dann den vernünftigen Mann und endlich den Gelehrten bilde. Ein solches Verfahren hat den Vortheil, daß, wenn der Lehrling gleich niemals zu der letzten Stufe gelangen sollte, wie es gemeiniglich geschieht, er dennoch durch die Unterweisung gewonnen hat und, wo nicht für die Schule, doch für das Leben geübter und klüger geworden.

Wenn man diese Methode umkehrt, so erschnappt der Schüler eine Art von Vernunft, ehe noch der Verstand an ihm ausgebildet wurde, und trägt erborgte Wissenschaft, die an ihm gleichsam nur geklebt und nicht gewachsen ist, wobei seine Gemüthsfähigkeit noch so unfruchtbar wie jemals, aber zugleich durch den Wahn von Weisheit viel verderbter geworden ist. Dieses ist die Ursache, weswegen man nicht selten Gelehrte (eigentlich Studirte) antrifft, die wenig Verstand zeigen, und warum die Akademien mehr abgeschmackte Köpfe in die Welt schicken als irgend ein anderer Stand des gemeinen Wesens.

Die Regel des Verhaltens also ist diese: zuvörderst den Verstand zu zeitigen und seinen Wachsthum zu beschleunigen, indem man ihn in Erfahrungsurtheilen übt und auf dasjenige achtsam macht, was ihm die verglichene Empfindungen seiner Sinne lehren können. Von diesen Urtheilen oder Begriffen soll er zu den höheren und entlegnern keinen kühnen Schwung unternehmen, sondern dahin durch den natürlichen und gebähnten Fußsteig der niedrigern Begriffe gelangen, die ihn allgemach weiter führen; alles aber derjenigen Verstandesfähigkeit gemäß, welche die vorhergehende Übung in ihm nothwendig hat hervorbringen müssen, und nicht nach derjenigen, die der Lehrer an sich selbst wahrnimmt, oder wahrzunehmen glaubt, und die er auch bei seinem Zuhörer fälschlich voraussetzt. Kurz, er soll nicht Gedanken, sondern denken lernen: man soll ihn nicht tragen, sondern leiten, wenn man will, daß er in Zukunft von sich selbst zu gehen geschickt sein soll.

Eine solche Lehrart erfordert die der Weltweisheit eigene Natur. Da diese aber eigentlich nur eine Beschäftigung für das Mannesalter ist, so ist kein Wunder, daß sich Schwierigkeiten hervorthun, wenn man sie der ungeübteren Jugendfähigkeit bequemen will. Der den Schulunterweisungen entlassene Jüngling war gewohnt zu lernen. Nunmehr denkt er, er werde Philosophie lernen, welches aber unmöglich ist, denn er soll jetzt philosophiren lernen. Ich will mich deutlicher erklären. Alle Wissenschaften, die man im eigentlichen Verstande lernen kann, lassen sich auf zwei Gattungen bringen: die historische und mathematische. Zu den erstern gehören außer der eigentlichen Geschichte auch die Naturbeschreibung, Sprachkunde, das positive Recht u. u. Da nun in allem, was historisch ist, eigene Erfahrung oder fremdes Zeugniß, in dem aber, was mathematisch ist, die Augenscheinlichkeit der Begriffe und die Unfehlbarkeit der Demonstration etwas ausmachen, was in der That gegeben und mithin vorräthig und gleichsam nur aufzunehmen ist: so ist es in beiden möglich zu lernen, d. i. entweder in das Gedächtniß, oder den Verstand dasjenige einzudrücken, was als eine schon fertige Disciplin uns vorgelegt werden kann. Um also auch Philosophie zu lernen, müßte allererst eine wirklich vorhanden sein. Man müßte ein Buch vorzeigen und sagen können: sehet, hier ist Weisheit und zuverlässige Einsicht; lernet es verstehen und fassen, bauet künftighin darauf, so seid ihr Philosophen. Bis man mir nun ein solches Buch der Weltweisheit zeigen wird, worauf ich mich berufen kann, wie etwa auf den Polyb, um einen Umstand der Geschichte, oder auf den Euklides, um einen Satz der Größenlehre zu erläutern: so erlaube man mir zu sagen: daß man des Zutrauens des gemeinen Wesens mißbrauche, wenn man, anstatt die Verstandesfähigkeit der anvertrauten Jugend zu erweitern und sie zur künftig reifern eigenen Einsicht auszubilden, sie mit einer dem Vorgehen nach schon fertigen Weltweisheit hintergeht, die ihnen zu gute von andern ausgedacht wäre, woraus ein Blendwerk von Wissenschaft entspringt, das nur an einem gewissen Orte und unter gewissen Leuten für ächte Münze gilt, allerwärts sonst aber verrufen ist. Die eigenthümliche Methode des Unterrichts in der Weltweisheit ist zetetisch, wie sie einige Alte nannten (von ζητειν), d. i. forschend, und wird nur bei schon geübterer Vernunft in verschiedenen Stücken dogmatisch, d. i. entschieden. Auch soll der philosophische Verfasser, den man etwa bei der Unterweisung zum Grunde legt, nicht wie das Urbild des Urtheils, sondern nur als eine Veranlassung selbst über ihn, ja sogar wider ihn zu urtheilen angesehen werden, und die Methode s e l b s t nachzudenken und zu schließen ist es, deren Fertigkeit der Lehrling eigentlich sucht, die ihm auch nur allein nützlich sein kann, und wovon die etwa zugleich erworbene entschiedene Einsichten als zufällige Folgen angesehen werden müssen, zu deren reichem Überflusse er nur die fruchtbare Wurzel in sich zu pflanzen hat.

Vergleicht man hiemit das davon so sehr abweichende gemeine Verfahren, so läßt sich verschiedenes begreifen, was sonst befremdlich in die Augen fällt. Als z. E., warum es keine Art Gelehrsamkeit vom Handwerke giebt, darin so viele M e i s t e r angetroffen werden als in der Philosophie, und, da viele von denen, welche Geschichte, Rechtsgelahrtheit, Mathematik u. d. m. gelernt haben, sich selbst bescheiden, daß sie gleichwohl noch nicht gnug gelernt hätten, um solche wiederum zu lehren: warum andererseits selten einer ist, der sich nicht in allem Ernste einbilden sollte, daß außer seiner übrigen Beschäftigung es ihm ganz möglich wäre etwa Logik, Moral u. d. g. vorzutragen, wenn er sich mit solchen Kleinigkeiten bemengen wollte. Die Ursache ist, weil in jenen Wissenschaften ein gemeinschaftlicher Maßstab da ist, in dieser aber ein jeder seinen eigenen hat. Imgleichen wird man deutlich einsehen, daß es der Philosophie sehr unnatürlich sei eine Brodkunst zu sein, indem es ihrer wesentlichen Beschaffenheit widerstreitet, sich dem Wahne der Nachfrage und dem Gesetze der Mode zu bequemen, und daß nur die Nothdurft, deren Gewalt noch über die Philosophie ist, sie nöthigen kann, sich in die Form des gemeinen Beifalls zu schmiegen.

Diejenige Wissenschaften, welche ich in dem jetzt angefangenen halben Jahre durch Privatvorlesungen vorzutragen und völlig abzuhandeln gedenke, sind folgende:

1. **Metaphysik.** Ich habe in einer kurzen und eilfertig abge-

faßten Schrift* zu zeigen gesucht: daß diese Wissenschaft unerachtet der großen Bemühungen der Gelehrten um deswillen noch so unvollkommen und unsicher sei, weil man das eigenthümliche Verfahren derselben verkannt hat, indem es nicht synthetisch, wie das von der Mathematik, sondern analytisch ist. Diesem zufolge ist das Einfache und Allgemeinste in der Größenlehre auch das Leichteste, in der Hauptwissenschaft aber das Schwerste, in jener muß es seiner Natur nach zuerst, in dieser zuletzt vorkommen. In jener fängt man die Doctrin mit den Definitionen an, in dieser endigt man sie mit denselben und so in andern Stücken mehr. Ich habe seit geraumer Zeit nach diesem Entwurfe gearbeitet, und indem mir ein jeglicher Schritt auf diesem Wege die Quellen der Irrthümer und das Richtmaß des Urtheils entdeckt hat, wodurch sie einzig und allein vermieden werden können, wenn es jemals möglich ist sie zu vermeiden, so hoffe ich in kurzem dasjenige vollständig darlegen zu können, was mir zur Grundlegung meines Vortrages in der genannten Wissenschaft dienen kann. Bis dahin aber kann ich sehr wohl durch eine kleine Biegung den Verfasser, dessen Lesebuch ich vornehmlich um des Reichthums und der Präcision seiner Lehrart willen gewählt habe, den A. G. Baumgarten, in denselben Weg lenken. Ich fange demnach nach einer kleinen Einleitung von der empirischen Psychologie an, welche eigentlich die metaphysische Erfahrungswissenschaft vom Menschen ist; denn was den Ausdruck der Seele betrifft, so ist es in dieser Abtheilung noch nicht erlaubt zu behaupten, daß er eine habe. Die zweite Abtheilung, die von der körperlichen Natur überhaupt handeln soll, entlehne ich aus den Hauptstücken der Kosmologie, da von der Materie gehandelt wird, die ich gleichwohl durch einige schriftliche Zusätze vollständig machen werde. Da nun in der ersteren Wissenschaft (zu welcher um der Ana-

---

* Die zweite von den Abhandlungen, welche die K. A. d. W. in Berlin bei Gelegenheit des Preises auf das Jahr 1763 herausgegeben hat.

logie willen auch die empirische Zoologie, d. i. die Betrachtung der Thiere, hinzugeführt wird) alles Leben, was in unsere Sinne fällt, in der zweiten aber alles Leblose überhaupt erwogen worden, und da alle Dinge der Welt unter diese zwei Classen gebracht werden können: so schreite ich zu der Ontologie, nämlich zur Wissenschaft von den allgemeinern Eigenschaften aller Dinge, deren Schluß den Unterschied der geistigen und materiellen Wesen, imgleichen beider Verknüpfung oder Trennung und also die rationale Psychologie enthält. Hier habe ich nunmehr den großen Vortheil, nicht allein den schon geübten Zuhörer in die schwerste unter allen philosophischen Untersuchungen zu führen, sondern auch, indem ich das Abstracte bei jeglicher Betrachtung in demjenigen *Concreto* erwäge, welches mir die vorhergegangene Disciplinen an die Hand geben, alles in die größte Deutlichkeit zu stellen, ohne mir selbst vorzugreifen, d. i. etwas zur Erläuterung anführen zu dürfen, was allererst künftig vorkommen soll, welches der gemeine und unvermeidliche Fehler des synthetischen Vortrages ist. Zuletzt kommt die Betrachtung der Ursache aller Dinge, das ist die Wissenschaft von Gott und der Welt. Ich kann nicht umhin noch eines Vortheils zu gedenken, der zwar nur auf zufälligen Ursachen beruht, aber gleichwohl nicht gering zu schätzen ist, und den ich aus dieser Methode zu ziehen gedenke. Jedermann weiß, wie eifrig der Anfang der Collegien von der muntern und unbeständigen Jugend gemacht wird, und wie darauf die Hörsäle allmählig etwas geräumiger werden. Setze ich nun, daß dasjenige, was nicht geschehen soll, gleichwohl alles Erinnerns ungeachtet künftig noch immer geschehen wird: so behält die gedachte Lehrart eine ihr eigene Nutzbarkeit. Denn der Zuhörer, dessen Eifer auch selbst schon gegen das Ende der empirischen Psychologie ausgedunstet wäre (welches doch bei einer solchen Art des Verfahrens kaum zu vermuthen ist), würde gleichwohl etwas gehört haben, was ihm durch seine Leichtigkeit faßlich, durch das Interessante annehmlich und durch die häufige Fälle der Anwendung im Leben brauchbar wäre; da im Gegentheil, wenn die Ontologie, eine schwer zu fassende Wissenschaft, ihn von der Fortsetzung abgeschreckt hätte, das, was er etwa möchte begriffen haben, ihm zu gar nichts weiterhin nutzen kann.

2. **Logik.** Von dieser Wissenschaft sind eigentlich zwei Gattungen. Die von der ersten ist eine Kritik und Vorschrift des gesunden Verstandes, so wie derselbe einerseits an die grobe Begriffe und die Unwissenheit, andererseits aber an die Wissenschaft und Gelehrsamkeit angrenzt. Die Logik von dieser Art ist es, welche man im Anfange der akademischen Unterweisung aller Philosophie voranschicken soll, gleichsam die Quarantaine (wofern es mir erlaubt ist mich also auszudrücken), welche der Lehrling halten muß, der aus dem Lande des Vorurtheils und des Irrthums in das Gebiet der aufgeklärteren Vernunft und der Wissenschaften übergehen will. Die zweite Gattung von Logik ist die Kritik und Vorschrift der eigentlichen Gelehrsamkeit und kann niemals anders als nach den Wissenschaften, deren Organon sie sein soll, abgehandelt werden, damit das Verfahren regelmäßiger werde, welches man bei der Ausübung gebraucht hat, und die Natur der Disciplin zusammt den Mitteln ihrer Verbesserung eingesehen werde. Auf solche Weise füge ich zu Ende der Metaphysik eine Betrachtung über die eigenthümliche Methode derselben bei, als ein Organon dieser Wissenschaft, welches im Anfange derselben nicht an seiner rechten Stelle sein würde, indem es unmöglich ist die Regeln deutlich zu machen, wenn noch keine Beispiele bei der Hand sind, an welchen man sie *in concreto* zeigen kann. Der Lehrer muß freilich das Organon vorher inne haben, ehe er die Wissenschaft vorträgt, damit er sich selbst darnach richte, aber dem Zuhörer muß er es niemals anders als zuletzt vortragen. Die Kritik und Vorschrift der gesammten Weltweisheit als eines Ganzen, diese vollständige Logik, kann also ihren Platz bei der Unterweisung nur am Ende der gesammten Philosophie haben, da die schon erworbene Kennt-

nisse derselben und die Geschichte der menschlichen Meinungen es einzig und allein möglich machen, Betrachtungen über den Ursprung ihrer Einsichten sowohl, als ihrer Irrthümer anzustellen und den genauen Grundriß zu entwerfen, nach welchem ein solches Gebäude der Vernunft dauerhaft und regelmäßig soll aufgeführt werden.

Ich werde die Logik von der ersten Art vortragen und zwar nach dem Handbuche des Hrn. Prof. Meier, weil dieser die Grenzen der jetzt gedachten Absichten wohl vor Augen hat und zugleich Anlaß giebt neben der Cultur der feineren und gelehrten Vernunft die Bildung des zwar gemeinen, aber thätigen und gesunden Verstandes zu begreifen, jene für das betrachtende, diese für das thätige und bürgerliche Leben. Wobei zugleich die sehr nahe Verwandtschaft der Materien Anlaß giebt, bei der Kritik der Vernunft einige Blicke auf die Kritik des Geschmacks, d. i. die Ästhetik, zu werfen, davon die Regeln der einen jederzeit dazu dienen, die der andern zu erläutern, und ihre Abstechung ein Mittel ist, beide besser zu begreifen.

3. **Ethik.** Die moralische Weltweisheit hat dieses besondere Schicksal, daß sie noch eher wie die Metaphysik den Schein der Wissenschaft und einiges Ansehen von Gründlichkeit annimmt, wenn gleich keine von beiden bei ihr anzutreffen ist; wovon die Ursache darin liegt: daß die Unterscheidung des Guten und Bösen in den Handlungen und das Urtheil über die sittliche Rechtmäßigkeit gerade zu und ohne den Umschweif der Beweise von dem menschlichen Herzen durch dasjenige, was man Sentiment nennt, leicht und richtig erkannt werden kann; daher, weil die Frage mehrentheils schon vor den Vernunftgründen entschieden ist, welches in der Metaphysik sich nicht so verhält, kein Wunder ist, daß man sich nicht sonderlich schwierig bezeigt, Gründe, die nur einigen Schein der Tüchtigkeit haben, als tauglich durchgehen zu lassen. Um des-

willen ist nichts gemeiner, als der Titel eines Moralphilosophen und nichts seltener, als einen solchen Namen zu verdienen.

Ich werde für jetzt die allgemeine praktische Weltweisheit und die Tugendlehre, beide nach Baumgarten, vortragen. Die Versuche des Shaftesbury, Hutcheson und Hume, welche, obzwar unvollendet und mangelhaft, gleichwohl noch am weitesten in der Aufsuchung der ersten Gründe aller Sittlichkeit gelangt sind, werden diejenige Präcision und Ergänzung erhalten, die ihnen mangelt; und indem ich in der Tugendlehre jederzeit dasjenige historisch und philosophisch erwäge, was geschieht, ehe ich anzeige, was geschehen soll, so werde ich die Methode deutlich machen, nach welcher man den Menschen studiren muß, nicht allein denjenigen, der durch die veränderliche Gestalt, welche ihm sein zufälliger Zustand eindrückt, entstellt und als ein solcher selbst von Philosophen fast jederzeit verkannt worden; sondern die Natur des Menschen, die immer bleibt, und deren eigenthümliche Stelle in der Schöpfung, damit man wisse, welche Vollkommenheit ihm im Stande der rohen und welche im Stande der weisen Einfalt angemessen sei, was dagegen die Vorschrift seines Verhaltens sei, wenn er, indem er aus beiderlei Grenzen herausgeht, die höchste Stufe der physischen oder moralischen Vortrefflichkeit zu berühren trachtet, aber von beiden mehr oder weniger abweicht. Diese Methode der sittlichen Untersuchung ist eine schöne Entdeckung unserer Zeiten und ist, wenn man sie in ihrem völligen Plane erwägt, den Alten gänzlich unbekannt gewesen.

4. **Physische Geographie.** Als ich gleich zu Anfange meiner akademischen Unterweisung erkannte, daß eine große Vernachlässigung der studirenden Jugend vornehmlich darin bestehe, daß sie frühe vernünfteln lernt, ohne gnugsame historische Kenntnisse, welche die Stelle der Erfahrenheit vertreten können, zu besitzen: so faßte ich den Anschlag, die Historie von dem jetzigen Zustande der Erde oder die Geographie im

weitesten Verstande zu einem angenehmen und leichten Inbegriff desjenigen zu machen, was sie zu einer praktischen Vernunft vorbereiten und dienen könnte, die Lust rege zu machen, die darin angefangene Kenntnisse immer mehr auszubreiten. Ich nannte eine solche Disciplin von demjenigen Theile, worauf damals mein vornehmstes Augenmerk gerichtet war: physische Geographie. Seitdem habe ich diesen Entwurf allmählig erweitert, und jetzt gedenke ich, indem ich diejenige Abtheilung mehr zusammenziehe, welche auf physische Merkwürdigkeiten der Erde geht, Zeit zu gewinnen, um den Vortrag über die andern Theile derselben, die noch gemeinnütziger sind, weiter auszubreiten. Diese Disciplin wird also eine physische, moralische und politische Geographie sein, worin zuerst die Merkwürdigkeiten der Natur durch ihre drei Reiche angezeigt werden, aber mit der Auswahl derjenigen unter unzählig andern, welche sich durch den Reiz ihrer Seltenheit, oder auch durch den Einfluß, welchen sie vermittelst des Handels und der Gewerbe auf die Staaten haben, vornehmlich der allgemeinen Wißbegierde darbieten. Dieser Theil, welcher zugleich das natürliche Verhältniß aller Länder und Meere und den Grund ihrer Verknüpfung enthält, ist das eigentliche Fundament aller Geschichte, ohne welches sie von Märchenerzählungen wenig unterschieden ist. Die zweite Abtheilung betrachtet den Menschen nach der Mannigfaltigkeit seiner natürlichen Eigenschaften und dem Unterschiede desjenigen, was an ihm moralisch ist, auf der ganzen Erde; eine sehr wichtige und eben so reizende Betrachtung, ohne welche man schwerlich allgemeine Urtheile vom Menschen fällen kann, und wo die unter einander und mit dem moralischen Zustande älterer Zeiten geschehene Vergleichung uns eine große Karte des menschlichen Geschlechts vor Augen legt. Zuletzt wird dasjenige, was als eine Folge aus der Wechselwirkung beider vorher erzählten Kräfte angesehen werden kann, nämlich der Zustand der Staaten und Völkerschaften auf der Erde, erwogen, nicht sowohl wie er auf den zufälligen Ursachen der Unternehmung und des Schicksales einzelner Menschen als etwa der Regierungsfolge, den Eroberungen und Staatsränken beruht, sondern in Verhältniß auf das, was beständiger ist und den entfernten Grund von jenen enthält, nämlich die Lage ihrer Länder, die Producte, Sitten, Gewerbe, Handlung und Bevölkerung. Selbst die Verjüngung, wenn ich es so nennen soll, einer Wissenschaft von so weitläuftigen Aussichten nach einem kleineren Maßstabe hat ihren großen Nutzen, indem dadurch allein die Einheit der Erkenntniß, ohne welche alles Wissen nur Stückwerk ist, erlangt wird. Darf ich nicht auch in einem geselligen Jahrhunderte, als das jetzige ist, den Vorrath, den eine große Mannigfaltigkeit angenehmer und belehrender Kenntnisse von leichter Faßlichkeit zum Unterhalt des Umganges darbietet, unter den Nutzen rechnen, welchen vor Augen zu haben, es für die Wissenschaft keine Erniedrigung ist? Zum wenigsten kann es einem Gelehrten nicht angenehm sein, sich öfters in der Verlegenheit zu sehen, worin sich der Redner Isokrates befand, welcher, als man ihn in einer Gesellschaft aufmunterte, doch auch etwas zu sprechen, sagen mußte: **Was ich weiß, schickt sich nicht, und was sich schickt, weiß ich nicht.**

Dieses ist die kurze Anzeige der Beschäftigungen, welche ich für das angefangene halbe Jahr der Akademie widme, und die ich nur darum nöthig zu sein erachtet, damit man sich einigen Begriff von der Lehrart machen könne, worin ich jetzt einige Veränderung zu treffen nützlich gefunden habe. *Mihi sic est usus: Tibi ut opus facto est, face. Terentius.*

Träume eines Geistersehers,

erläutert

durch

Träume der Metaphysik.

*velut aegri somnia, vanae
Finguntur species.*

HOR.

Ein Vorbericht,
der sehr wenig für die Ausführung verspricht.

Das Schattenreich ist das Paradies der Phantasten. Hier finden sie ein unbegränztes Land, wo sie sich nach Belieben anbauen können. Hypochondrische Dünste, Ammenmärchen und Klosterwunder lassen es ihnen an Bauzeug nicht ermangeln. Die Philosophen zeichnen den Grundriß und ändern ihn wiederum oder verwerfen ihn, wie ihre Gewohnheit ist. Nur das heilige R om hat daselbst einträgliche Provinzen; die zwei Kronen des unsichtbaren Reichs stützen die dritte, als das hinfällige Diadem seiner irdischen Hoheit, und die Schlüssel, welche die beide Pforten der andern Welt aufthun, öffnen zugleich sympathetisch die Kasten der gegenwärtigen. Dergleichen Rechtsame des Geisterreichs, in so fern es durch die Gründe der Staatsklugheit bewiesen ist, erheben sich weit über alle ohnmächtige Einwürfe der Schulweisen, und ihr Gebrauch oder Mißbrauch ist schon zu ehrwürdig, als daß er sich einer so verworfenen Prüfung auszusetzen nöthig hätte. Allein die gemeine Erzählungen, die so viel Glauben finden und wenigstens so schlecht bestritten sind, weswegen laufen die so ungenützt oder ungeahndet umher und schleichen sich selbst in die Lehrverfassungen ein, ob sie gleich den Beweis vom Vortheil hergenommen *(argumentum ab utili)* nicht für sich haben, welcher der überzeugendste unter allen ist? Welcher Philosoph hat nicht einmal zwischen den Betheurungen eines vernünftigen und fest überredeten Augenzeugen und der inneren Gegenwehr eines unüberwindlichen Zweifels die einfältigste Figur gemacht, die man sich vorstellen kann? Soll er die Richtigkeit aller solcher Geistererscheinungen gänzlich abläugnen? Was kann er für Gründe anführen, sie zu widerlegen?

Soll er auch nur eine einzige dieser Erzählungen als wahrscheinlich einräumen? Wie wichtig wäre ein solches Geständniß, und in welche erstaunliche Folgen sieht man hinaus, wenn auch nur eine solche Begebenheit als bewiesen vorausgesetzt werden könnte! Es ist wohl noch ein dritter Fall übrig, nämlich sich mit dergleichen vorwitzigen oder müßigen Fragen gar nicht zu bemengen und sich an das Nützliche zu halten. Weil dieser Anschlag aber vernünftig ist, so ist er jederzeit von gründlichen Gelehrten durch die Mehrheit der Stimmen verworfen worden.

Da es eben so wohl ein dummes Vorurtheil ist, von vielem, das mit einigem Schein der Wahrheit erzählt wird, ohne Grund Nichts zu glauben, als von dem, was das gemeine Gerücht sagt, ohne Prüfung Alles zu glauben, so ließ sich der Verfasser dieser Schrift, um dem ersten Vorurtheile auszuweichen, zum Theil von dem letzteren fortschleppen. Er bekennt mit einer gewissen Demüthigung, daß er so treuherzig war, der Wahrheit einiger Erzählungen von der erwähnten Art nachzuspüren. Er fand – – – wie gemeiniglich, wo man nichts zu suchen hat – – – er fand nichts. Nun ist dieses wohl an sich selbst schon eine hinlängliche Ursache, ein Buch zu schreiben; allein es kam noch dasjenige hinzu, was bescheidenen Verfassern schon mehrmals Bücher abgedrungen hat, das ungestüme Anhalten bekannter und unbekannter Freunde. Überdem war ein großes Werk gekauft und, welches noch schlimmer ist, gelesen worden, und diese Mühe sollte nicht verloren sein. Daraus entstand nun die gegenwärtige Abhandlung, welche, wie man sich schmeichelt, den Leser nach der Beschaffenheit der Sache völlig befriedigen soll, indem er das Vornehmste nicht verstehen, das andere nicht glauben, das übrige aber belachen wird.

Der erste Theil,

welcher dogmatisch ist.

Erstes Hauptstück.

Ein verwickelter metaphysischer Knoten, den man nach Belieben auflösen oder abhauen kann.

Wenn alles dasjenige, was den Geistern der Schulknabe herbetet, der große Haufe erzählt und der Philosoph demonstrirt, zusammen genommen wird, so scheint es keinen kleinen Theil von unserm Wissen auszumachen. Nichts destoweniger getraue ich mich zu behaupten, daß, wenn es jemand einfiele, sich bei der Frage etwas zu verweilen, was denn das eigentlich für ein Ding sei, wovon man unter dem Namen eines Geistes so viel zu verstehen glaubt, er alle diese Vielwisser in die beschwerlichste Verlegenheit versetzen würde. Das methodische Geschwätz der hohen Schulen ist oftmals nur ein Einverständniß, durch veränderliche Wortbedeutungen einer schwer zu lösenden Frage auszuweichen, weil das bequeme und mehrentheils vernünftige: Ich weiß nicht, auf Akademien nicht leichtlich gehört wird. Gewisse neuere Weltweisen, wie sie sich gerne nennen lassen, kommen sehr leicht über diese Frage hinweg. Ein Geist, heißt es, ist ein Wesen, welches Vernunft hat. So ist es denn also keine Wundergabe Geister zu sehen; denn wer Menschen sieht, der sieht Wesen, die Vernunft haben. Allein, fährt man fort, dieses Wesen, was im Menschen Vernunft hat, ist nur ein Theil vom Menschen, und dieser Theil, der ihn belebt, ist ein Geist. Wohlan denn: ehe ihr also beweiset, daß nur ein geistiges Wesen Vernunft haben könne, so sorget doch, daß ich zuvörderst verstehe, was ich mir unter einem geistigen Wesen für einen Begriff zu machen habe. Diese Selbsttäuschung, ob sie gleich grob genug ist, um mit halb offenen Augen bemerkt zu werden, ist doch von sehr begreiflichem Ursprunge. Denn wovon man frühzeitig als ein Kind sehr viel weiß, davon ist man sicher, später hin und im Alter nichts zu wissen, und der Mann der Gründlichkeit wird zuletzt höchstens der Sophist seines Jugendwahnes.

Ich weiß also nicht, ob es Geister gebe, ja was noch mehr ist, ich weiß nicht einmal, was das Wort Geist bedeute. Da ich es indessen oft selbst gebraucht oder andere habe brauchen hören, so muß doch etwas darunter verstanden werden, es mag nun dieses Etwas ein Hirngespinst oder was Wirkliches sein. Um diese versteckte Bedeutung auszuwickeln, so halte ich meinen schlecht verstandenen Begriff an allerlei Fälle der Anwendung, und dadurch, daß ich bemerke, auf welchen er trifft und welchem er zuwider ist, verhoffe ich dessen verborgenen Sinn zu entfalten.*

Nehmet etwa einen Raum von einem Kubikfuß und setzet, es sei etwas, das diesen Raum erfüllt, d. i. dem Eindringen jedes andern Dinges widersteht, so wird niemand das Wesen, was

---

* Wenn der Begriff eines Geistes von unsern eignen Erfahrungsbegriffen abgesondert wäre, so würde das Verfahren ihn deutlich zu machen leicht sein, indem man nur diejenigen Merkmale anzuzeigen hätte, welche uns die Sinne an dieser Art Wesen offenbarten, und wodurch wir sie von materiellen Dingen unterscheiden. Nun aber wird von Geistern geredet, selbst alsdann, wenn man zweifelt, ob es gar dergleichen Wesen gebe. Also kann der Begriff von der geistigen Natur nicht als ein von der Erfahrung abstrahirter behandelt werden. Fragt ihr aber: Wie ist man denn zu diesem Begriff überhaupt gekommen, wenn es nicht durch Abstraction geschehen ist? Ich antworte: Viele Begriffe entspringen durch geheime und dunkele Schlüsse bei Gelegenheit der Erfahrungen und pflanzen sich nachher auf andere fort ohne Bewußtsein der Erfahrung selbst oder des Schlusses, welcher den Begriff über dieselbe errichtet hat. Solche Begriffe kann man erschlichene nennen. Dergleichen sind viele, die zum Theil nichts als ein Wahn der Einbildung, zum Theil auch wahr sind, indem auch dunkele Schlüsse nicht immer irren. Der Redegebrauch und die Verbindung eines Ausdrucks mit verschiedenen Erzählungen, in denen jederzeit einerlei Hauptmerkmal anzutreffen ist, geben ihm eine bestimmte Bedeutung, welche folglich nur dadurch kann entfaltet werden, daß man diesen versteckten Sinn durch eine Vergleichung mit allerlei Fällen der Anwendung, die mit ihm einstimmig sind, oder ihm widerstreiten, aus seiner Dunkelheit hervorzieht.

auf solche Weise im Raum ist, geistig nennen. Es würde offenbar materiell heißen, weil es ausgedehnt, undurchdringlich und wie alles Körperliche der Theilbarkeit und den Gesetzen des Stoßes unterworfen ist. Bis dahin sind wir noch auf dem gebähnten Gleise anderer Philosophen. Allein denket euch ein einfaches Wesen und gebet ihm zugleich Vernunft: wird dies alsdann die Bedeutung des Wortes Geist gerade ausfüllen? Damit ich dieses entdecke, so will ich die Vernunft dem besagten einfachen Wesen als eine innere Eigenschaft lassen, für jetzt es aber nur in äußeren Verhältnissen betrachten. Und nunmehr frage ich: wenn ich diese einfache Substanz in jenen Raum vom Kubikfuß, der voll Materie ist, setzen will, wird alsdann ein einfaches Element derselben den Platz räumen müssen, damit ihn dieser Geist erfülle? Meinet ihr, ja? Wohlan, so wird der gedachte Raum, um einen zweiten Geist einzunehmen, ein zweites Elementartheilchen verlieren müssen, und so wird endlich, wenn man fortfährt, ein Kubikfuß Raum von Geistern erfüllt sein, deren Klumpe eben so wohl durch Undurchdringlichkeit widersteht, als wenn er voll Materie wäre, und eben so wie diese der Gesetze des Stoßes fähig sein muß. Nun würden aber dergleichen Substanzen, ob sie gleich in sich Vernunftkraft haben mögen, doch äußerlich von den Elementen der Materie gar nicht unterschieden sein, bei denen man auch nur die Kräfte ihrer äußeren Gegenwart kennt und, was zu ihren inneren Eigenschaften gehören mag, gar nicht weiß. Es ist also außer Zweifel, daß eine solche Art einfacher Substanzen nicht geistige Wesen heißen würden, davon Klumpen zusammengeballt werden könnten. Ihr werdet also den Begriff eines Geistes nur beibehalten können, wenn ihr euch Wesen gedenkt, die sogar in einem von Materie erfüllten Raume gegenwärtig sein können;* Wesen also, welche die Eigenschaft der

---

* Man wird hier leichtlich gewahr: daß ich nur von Geistern, die als Theile zum Weltganzen gehören, und nicht von dem unendlichen Geiste rede, der der Urheber und Erhalter desselben ist. Denn der Begriff von der geistigen Natur des

Undurchdringlichkeit nicht an sich haben, und deren so viele, als man auch will, vereinigt niemals ein solides Ganze ausmachen. Einfache Wesen von dieser Art werden immaterielle Wesen und, wenn sie Vernunft haben, Geister genannt werden. Einfache Substanzen aber, deren Zusammensetzung ein undurchdringliches und ausgedehntes Ganze giebt, werden materielle Einheiten, ihr Ganzes aber Materie heißen. Entweder der Name eines Geistes ist ein Wort ohne allen Sinn, oder seine Bedeutung ist die angezeigte.

322   Von der Erklärung, was der Begriff eines Geistes enthalte, ist der Schritt noch ungemein weit zu dem Satze, daß solche Naturen wirklich, ja auch nur möglich seien. Man findet in den Schriften der Philosophen recht gute Beweise, darauf man sich verlassen kann: daß alles, was da denkt, einfach sein müsse, daß eine jede vernünftigdenkende Substanz eine Einheit der Natur sei, und das untheilbare Ich nicht könne in einem Ganzen von viel verbundenen Dingen vertheilt sein. Meine Seele wird also eine einfache Substanz sein. Aber es bleibt durch diesen Beweis noch immer unausgemacht, ob sie von der Art derjenigen sei, die in dem Raume vereinigt ein ausgedehntes und undurchdringliches Ganze geben, und also materiell, oder ob sie immateriell und folglich ein Geist sei, ja sogar, ob eine solche Art Wesen als diejenige, so man g e i s t i g e nennt, nur möglich sei.

Und hiebei kann ich nicht umhin vor übereilten Entscheidungen zu warnen, welche in den tiefsten und dunkelsten Fragen sich am leichtesten eindringen. Was nämlich zu den gemei-

---

letzteren ist leicht, weil er lediglich negativ ist und darin besteht, daß man die Eigenschaften der Materie an ihm verneint, die einer unendlichen und schlechterdings nothwendigen Substanz widerstreiten. Dagegen bei einer geistigen Substanz, die mit der Materie in Vereinigung sein soll, wie z. E. der menschlichen Seele, äußert sich die Schwierigkeit: daß ich eine wechselseitige Verknüpfung derselben mit körperlichen Wesen zu einem Ganzen denken und dennoch die einzige bekannte Art der Verbindung, welche unter materiellen Wesen statt findet, aufheben soll.

nen Erfahrungsbegriffen gehört, das pflegt man gemeiniglich so anzusehen, als ob man auch seine Möglichkeit einsehe. Dagegen was von ihnen abweicht und durch keine Erfahrung auch nicht einmal der Analogie nach verständlich gemacht werden kann, davon kann man sich freilich keinen Begriff machen, und darum pflegt man es gerne als unmöglich sofort zu verwerfen. Alle Materie widersteht in dem Raume ihrer Gegenwart und heißt darum undurchdringlich. Daß dieses geschehe, lehrt die Erfahrung, und die Abstraction von dieser Erfahrung bringt in uns auch den allgemeinen Begriff der Materie hervor. Dieser Widerstand aber, den Etwas in dem Raume seiner Gegenwart leistet, ist auf solche Weise wohl erkannt, allein darum nicht begriffen. Denn es ist derselbe, so wie alles, was einer Thätigkeit entgegenwirkt, eine wahre Kraft, und da ihre Richtung derjenigen entgegen steht, wornach die fortgezogne Linien der Annäherung zielen, so ist sie eine Kraft der Zurückstoßung, welche der Materie und folglich auch ihren Elementen muß beigelegt werden. Nun wird sich ein jeder Vernünftige bald bescheiden, daß hier die menschliche Einsicht zu Ende sei. Denn nur durch die Erfahrung kann man inne werden, daß Dinge der Welt, welche wir materiell nennen, eine solche Kraft haben, niemals aber die Möglichkeit derselben begreifen. Wenn ich nun Substanzen anderer Art setze, die mit andern Kräften im Raume gegenwärtig sind, als mit jener treibenden Kraft, deren Folge die Undurchdringlichkeit ist, so kann ich freilich eine Thätigkeit derselben, welche keine Analogie mit meinen Erfahrungsvorstellungen hat, gar nicht *in concreto* denken, und indem ich ihnen die Eigenschaft nehme, den Raum, in dem sie wirken, zu erfüllen, so steht mir ein Begriff ab, wodurch mir sonst die Dinge denklich sind, welche in meine Sinne fallen, und es muß daraus nothwendig eine Art von Undenklichkeit entspringen. Allein diese kann darum nicht als eine erkannte Unmöglichkeit angesehen werden, eben darum weil das Gegentheil seiner Möglichkeit nach gleichfalls uneingesehen bleiben wird, obzwar dessen Wirklichkeit in die Sinne fällt.

Man kann demnach die Möglichkeit immaterieller Wesen annehmen ohne Besorgniß, widerlegt zu werden, wiewohl auch ohne Hoffnung, diese Möglichkeit durch Vernunftgründe beweisen zu können. Solche geistige Naturen würden im Raume gegenwärtig sein, so daß derselbe dem ungeachtet für körperliche Wesen immer durchdringlich bliebe, weil ihre Gegenwart wohl eine Wirksamkeit im Raume, aber nicht dessen Erfüllung, d. i. einen Widerstand, als den Grund der Solidität enthielte. Nimmt man nun eine solche einfache geistige Substanz an, so würde man unbeschadet ihrer Untheilbarkeit sagen können: daß der Ort ihrer unmittelbaren Gegenwart nicht ein Punkt, sondern selbst ein Raum sei. Denn um die Analogie zu Hülfe zu rufen, so müssen nothwendig selbst die einfachen Elemente der Körper ein jegliches ein Räumchen in dem Körper erfüllen, der ein proportionirter Theil seiner ganzen Ausdehnung ist, weil Punkte gar nicht Theile, sondern Grenzen des Raumes sind. Da diese Erfüllung des Raumes vermittelst einer wirksamen Kraft (der Zurückstoßung) geschieht und also nur einen Umfang der größeren Thätigkeit, nicht aber eine Vielheit der Bestandtheile des wirksamen Subjects anzeigt, so widerstreitet sie gar nicht der einfachen Natur desselben, obgleich freilich die Möglichkeit hievon nicht weiter kann deutlich gemacht werden, welches niemals bei den ersten Verhältnissen der Ursachen und Wirkungen angeht. Eben so wird mir zum wenigsten keine erweisliche Unmöglichkeit entgegen stehen, obschon die Sache selbst unbegreiflich bleibt, wenn ich behaupte: daß eine geistige Substanz, ob sie gleich einfach ist, dennoch einen Raum einnehme (d. i. in ihm unmittelbar thätig sein könne), ohne ihn zu erfüllen (d. i. materiellen Substanzen darin Widerstand zu leisten). Auch würde eine solche immaterielle Substanz nicht ausgedehnt genannt werden müssen, so wenig wie es die Einheiten der Materie sind; denn nur dasjenige, was abgesondert von allem und für sich allein existirend einen Raum einnimmt, ist ausgedehnt; die Substanzen aber, welche Elemente der Materie sind, nehmen einen Raum nur durch die äußere Wirkung in andere ein, für sich besonders aber, wo keine andre Dinge in Verknüpfung mit ihnen gedacht werden, und da in ihnen selbst auch nichts außer einander Befindliches anzutreffen ist, enthalten sie keinen Raum. Dieses gilt von Körperelementen. Dieses würde auch von geistigen Naturen gelten. Die Grenzen der Ausdehnung bestimmen die Figur. An ihnen würde also keine Figur gedacht werden können. Dieses sind schwer einzusehende Gründe der vermutheten Möglichkeit immaterieller Wesen in dem Weltganzen. Wer im Besitze leichterer Mittel ist, die zu dieser Einsicht führen können, der versage seinen Unterricht einem Lehrbegierigen nicht, vor dessen Augen im Fortschritt der Untersuchung sich öfters Alpen erheben, wo andere einen ebenen und gemächlichen Fußsteig vor sich sehen, den sie fortwandern oder zu wandern glauben.

Gesetzt nun, man hätte bewiesen, die Seele des Menschen sei ein Geist (wiewohl aus dem vorigen zu sehen ist, daß ein solcher Beweis noch niemals geführt worden), so würde die nächste Frage, die man thun könnte, etwa diese sein: Wo ist der Ort dieser menschlichen Seele in der Körperwelt? Ich würde antworten: Derjenige Körper, dessen Veränderungen meine Veränderungen sind, dieser Körper ist mein Körper, und der Ort desselben ist zugleich mein Ort. Setzt man die Frage weiter fort: Wo ist denn dein Ort (der Seele) in diesem Körper?, so würde ich etwas Verfängliches in dieser Frage vermuthen. Denn man bemerkt leicht, daß darin etwas schon vorausgesetzt werde, was nicht durch Erfahrung bekannt ist, sondern vielleicht auf eingebildeten Schlüssen beruht: nämlich daß mein denkendes Ich in einem Orte sei, der von den Örtern anderer Theile desjenigen Körpers, der zu meinem Selbst gehört, unterschieden wäre. Niemand aber ist sich eines besondern Orts in seinem Körper unmittelbar bewußt, sondern desjenigen, den er als Mensch in Ansehung der Welt umher einnimmt. Ich würde mich also an der gemeinen Erfahrung halten und vorläufig sagen: Wo ich empfinde, da bin ich. Ich bin eben so unmittelbar in der Fingerspitze wie in dem Kopfe. Ich bin es selbst, der in der Ferse leidet und welchem das Herz im Affecte klopft. Ich fühle den schmerzhaften Eindruck nicht an einer Gehirnnerve, wenn mich mein Leichdorn peinigt, sondern am Ende meiner Zehen. Keine Erfahrung lehrt mich einige Theile meiner Empfindung von mir für entfernt zu halten, mein untheilbares Ich in ein mikroskopisch kleines Plätzchen des Gehirnes zu versperren, um von da aus den Hebezeug meiner Körpermaschine in Bewegung zu setzen, oder dadurch selbst getroffen zu werden. Daher würde ich einen strengen Beweis verlangen, um dasjenige ungereimt zu finden, was die Schullehrer sagten: Meine Seele ist ganz im ganzen Körper und ganz in jedem seiner Theile. Der gesunde Verstand bemerkt oft die Wahrheit eher, als er die Gründe einsieht, dadurch er sie beweisen oder erläutern kann. Der Einwurf würde mich auch nicht gänzlich irre machen, wenn man sagte, daß ich auf solche Art die Seele ausgedehnt und durch den ganzen Körper verbreitet gedächte, so ungefähr wie sie den Kindern in der gemalten Welt abgebildet wird. Denn ich würde diese Hinderniß dadurch wegräumen, daß ich bemerkte: die unmittelbare Gegenwart in einem ganzen Raume beweise nur eine Sphäre der äußeren Wirksamkeit, aber nicht eine Vielheit innerer Theile, mithin auch keine Ausdehnung oder Figur, als welche nur statt finden, wenn in einem Wesen für sich allein gesetzt ein Raum ist, d. i. Theile anzutreffen sind, die sich außerhalb einander befinden. Endlich würde ich entweder dieses wenige von der geistigen Eigenschaft meiner Seele wissen, oder, wenn man es nicht einwilligte, auch zufrieden sein, davon gar nichts zu wissen.

Wollte man diesen Gedanken die Unbegreiflichkeit, oder, welches bei den meisten für einerlei gilt, ihre Unmöglichkeit vorrücken, so könnte ich es auch geschehen lassen. Alsdann würde ich mich zu den Füßen dieser Weisen niederlassen, um sie also reden zu hören: Die Seele des Menschen hat ihren Sitz im Gehirne, und ein unbeschreiblich kleiner Platz in demselben ist ihr Aufenthalt.* Daselbst empfindet sie wie die Spinne im Mittelpunkte ihres Gewebes. Die Nerven des Gehirnes stoßen oder erschüttern sie, dadurch verursachen sie aber, daß nicht dieser unmittelbare Eindruck, sondern der, so auf ganz entlegene Theile des Körpers geschieht, jedoch als ein außerhalb dem Gehirne gegenwärtiges Object vorgestellt wird. Aus diesem Sitze bewegt sie auch die Seile und Hebel der ganzen Maschine und verursacht willkürliche Bewegungen nach ihrem Belieben. Dergleichen Sätze lassen sich nur sehr seichte, oder gar nicht

---

* Man hat Beispiele von Verletzungen, dadurch ein guter Theil des Gehirns verloren worden, ohne daß es dem Menschen das Leben oder die Gedanken gekostet hat. Nach der gemeinen Vorstellung, die ich hier anführe, würde ein Atomus desselben haben dürfen entführt, oder aus der Stelle gerückt werden, um in einem Augenblick den Menschen zu entseelen. Die herrschende Meinung, der Seele einen Platz im Gehirne anzuweisen, scheint hauptsächlich ihren Ursprung darin zu haben, daß man bei starkem Nachsinnen deutlich fühlt, daß die Gehirnnerven angestrengt werden. Allein wenn dieser Schluß richtig wäre, so würde er auch noch andere Örter der Seele beweisen. In der Bangigkeit oder der Freude scheint die Empfindung ihren Sitz im Herzen zu haben. Viele Affecten, ja die mehrsten äußern ihre Hauptstärke im Zwerchfell. Das Mitleiden bewegt die Eingeweide, und andre Instincte äußern ihren Ursprung und Empfindsamkeit in andern Organen. Die Ursache, die da macht, daß man die n a c h d e n k e n d e Seele vornehmlich im Gehirne zu empfinden glaubt, ist vielleicht diese. Alles Nachsinnen erfordert die Vermittelung der Z e i c h e n für die zu erweckende Ideen, um in deren Begleitung und Unterstützung diesen den erforderlichen Grad Klarheit zu geben. Die Zeichen unserer Vorstellungen aber sind vornehmlich solche, die entweder durchs Gehör oder das Gesicht empfangen sind, welche beide Sinne durch die Eindrücke im Gehirne bewegt werden, indem ihre Organen auch diesem Theile am nächsten liegen. Wenn nun die Erweckung dieser Zeichen, welche Cartesius *ideas materiales* nennt, eigentlich eine Reizung der Nerven zu einer ähnlichen Bewegung mit derjenigen ist, welche die Empfindung ehedem hervorbrachte, so wird das Gewebe des Gehirns im Nachdenken vornehmlich genöthigt werden mit vormaligen Eindrücken harmonisch zu beben und dadurch ermüdet werden. Denn wenn das Denken zugleich affectvoll ist, so empfindet man nicht allein Anstrengungen des Gehirnes, sondern zugleich Angriffe der reizbaren Theile, welche sonst mit den Vorstellungen der in Leidenschaft versetzten Seele in Sympathie stehen.

beweisen und, weil die Natur der Seele im Grunde nicht bekannt gnug ist, auch nur eben so schwach widerlegen. Ich würde also mich in keine Schulgezänke einlassen, wo gemeiniglich beide Theile alsdann am meisten zu sagen haben, wenn sie von ihrem Gegenstande gar nichts verstehen; sondern ich würde lediglich den Folgerungen nachgehen, auf die mich eine Lehre von dieser Art leiten kann. Weil also nach den mir angepriesenen Sätzen meine Seele, in der Art wie sie im Raume gegenwärtig ist, von jedem Element der Materie nicht unterschieden wäre, und die Verstandeskraft eine innere Eigenschaft ist, welche ich in diesen Elementen doch nicht wahrnehmen könnte, wenn gleich selbige in ihnen allen angetroffen würde, so könnte kein tauglicher Grund angeführt werden, weswegen nicht meine Seele eine von den Substanzen sei, welche die Materie ausmachen, und warum nicht ihre besondere Erscheinungen lediglich von dem Orte herrühren sollten, den sie in einer künstlichen Maschine, wie der thierische Körper ist, einnimmt, wo die Nervenvereinigung der inneren Fähigkeit des Denkens und der Willkür zu statten kommt. Alsdann aber würde man kein eigenthümliches Merkmal der Seele mehr mit Sicherheit erkennen, welches sie von dem rohen Grundstoffe der körperlichen Naturen unterschiede, und Leibnizens scherzhafter Einfall, nach welchem wir vielleicht im Kaffee Atomen verschluckten woraus Menschenleben werden sollen, wäre nicht mehr ein Gedanke zum Lachen. Würde aber auf solchen Fall dieses denkende Ich nicht dem gemeinen Schicksale materieller Naturen unterworfen sein, und, wie es durch den Zufall aus dem Chaos aller Elemente gezogen worden, um eine thierische Maschine zu beleben, warum sollte es, nachdem diese zufällige Vereinigung aufgehört hat, nicht auch künftig dahin wiederum zurückkehren? Es ist bisweilen nöthig den Denker, der auf unrechtem Wege ist, durch die Folgen zu erschrecken, damit er aufmerksamer auf die Grundsätze werde, durch welche er sich gleichsam träumend hat fortführen lassen.

Ich gestehe, daß ich sehr geneigt sei, das Dasein immaterieller Naturen in der Welt zu behaupten und meine Seele selbst in die Klasse dieser Wesen zu versetzen.* Alsdann aber, wie geheimnißvoll wird nicht die Gemeinschaft zwischen einem Geiste und einem Körper? Aber wie natürlich ist nicht zugleich diese Unbegreiflichkeit, da unsere Begriffe äußerer Handlungen von denen der Materie abgezogen worden und jederzeit mit den Bedingungen des Druckes oder Stoßes verbunden sind, die hier nicht stattfinden? Denn wie sollte wohl eine immaterielle Substanz der Materie im Wege liegen, damit diese in ihrer Bewegung auf einen Geist stoße, und wie können körperliche Dinge Wirkungen auf ein fremdes Wesen ausüben, das ihnen nicht Undurchdringlichkeit entgegen stellt, oder welches sie auf keine Weise hindert, sich in demselben Raume, darin es gegenwärtig ist, zugleich zu befinden? Es scheint, ein geistiges Wesen sei der Materie innigst gegenwärtig, mit der es verbunden ist, und wirke nicht auf diejenige Kräfte der Elemente, womit diese untereinander in Verhältnissen sind, sondern auf das innere Principium ihres Zustandes. Denn eine jede Substanz, selbst ein einfaches Element der Materie muß doch irgend eine innere Thätigkeit als den Grund der äußerlichen Wirksamkeit

---

* Der Grund hievon, der mir selbst sehr dunkel ist und wahrscheinlicher Weise auch wohl so bleiben wird, trifft zugleich auf das empfindende Wesen in den Thieren. Was in der Welt ein Principium des L e b e n s enthält, scheint immaterieller Natur zu sein. Denn alles L e b e n beruht auf dem inneren Vermögen, sich selbst nach W i l l k ü r zu bestimmen. Da hingegen das wesentliche Merkmal der Materie in der Erfüllung des Raumes durch eine nothwendige Kraft besteht, die durch äußere Gegenwirkung beschränkt ist; daher der Zustand alles dessen, was materiell ist, äußerlich a b h ä n g e n d und g e z w u n g e n ist, diejenige Naturen aber, die s e l b s t t h ä t i g und aus ihrer innern Kraft wirksam den Grund des Lebens enthalten sollen, kurz diejenige, deren eigene Willkür sich von selber zu bestimmen und zu verändern vermögend ist, schwerlich materieller Natur sein können. Man kann vernünftiger Weise nicht verlangen, daß eine so unbekannte Art Wesen, die man mehrentheils nur hypothetisch erkennt, in den Abtheilungen ihrer verschiedenen Gattungen sollte begriffen werden; zum wenigsten sind diejenige immateriellen Wesen, die den Grund des thierischen Lebens enthalten, von denjenigen unterschieden, die in ihrer Selbstthätigkeit Vernunft begreifen und Geister genannt werden.

haben, wenn ich gleich nicht anzugeben weiß, worin solche bestehe.* Andererseits würde bei solchen Grundsätzen die Seele auch in diesen inneren Bestimmungen als Wirkungen den Zustand des Universum anschauend erkennen, der die Ursache derselben ist. Welche Nothwendigkeit aber verursache, daß ein Geist und ein Körper zusammen Eines ausmache, und welche Gründe bei gewissen Zerstörungen diese Einheit wiederum aufheben, diese Fragen übersteigen nebst verschiedenen andern sehr weit meine Einsicht, und wie wenig ich auch sonst dreiste bin, meine Verstandesfähigkeit an den Geheimnissen der Natur zu messen, so bin ich gleichwohl zuversichtlich gnug, keinen noch so fürchterlich ausgerüsteten Gegner zu scheuen (wenn ich sonst einige Neigung zum Streiten hätte), um in diesem Falle mit ihm den Versuch der Gegengründe im W i d e r l e g e n zu machen, der bei den Gelehrten eigentlich die Geschicklichkeit ist, einander das Nichtwissen zu demonstriren.

---

* Leibniz sagte, dieser innere Grund aller seiner äußeren Verhältnisse und ihrer Veränderungen sei eine Vorstellungskraft, und spätere Philosophen empfingen diesen unausgeführten Gedanken mit Gelächter. Sie hätten aber nicht übel gethan, wenn sie vorher bei sich überlegt hätten, ob denn eine Substanz, wie ein einfacher Theil der Materie ist, ohne allen inneren Zustand möglich sei, und wenn sie dann diesen etwa nicht ausschließen wollten, so würde ihnen obgelegen haben irgend einen andern möglichen innern Zustand zu ersinnen, als den der Vorstellungen und der Thätigkeiten, die von ihnen abhängend sind. Jedermann sieht von selber, daß, wenn man auch den einfachen Elementartheilen der Materie ein Vermögen dunkler Vorstellungen zugesteht, daraus noch keine Vorstellungskraft der Materie selbst erfolge, weil viel Substanzen von solcher Art, in einem Ganzen verbunden, doch niemals eine denkende Einheit ausmachen können.

Zweites Hauptstück.

Ein Fragment der geheimen Philosophie, die Gemeinschaft mit der Geisterwelt zu eröffnen.

Der Initiat hat schon den groben und an den äußerlichen Sinnen klebenden Verstand zu höhern und abgezogenen Begriffen gewöhnt, und nun kann er geistige und von körperlichem Zeuge enthüllte Gestalten in derjenigen Dämmerung sehen, womit das schwache Licht der Metaphysik das Reich der Schatten sichtbar macht. Wir wollen daher nach der beschwerlichen Vorbereitung, welche überstanden ist, uns auf den gefährlichen Weg wagen.

> *Ibant obscuri sola sub nocte per umbras,*
> *Perque domos Ditis vacuas et inania regna.*
>
> VIRGILIUS.

Die todte Materie, welche den Weltraum erfüllt, ist ihrer eigenthümlichen Natur nach im Stande der Trägheit und der Beharrlichkeit in einerlei Zustande, sie hat Solidität, Ausdehnung und Figur, und ihre Erscheinungen, die auf allen diesen Gründen beruhen, lassen eine physische Erklärung zu, die zugleich mathematisch ist, und zusammen mechanisch genannt wird. Wenn man andererseits seine Achtsamkeit auf diejenige Art Wesen richtet, welche den Grund des Lebens in dem Weltganzen enthalten, die um deswillen nicht von der Art sind, daß sie als Bestandtheile den Klumpen und die Ausdehnung der leblosen Materie vermehren, noch von ihr nach den Gesetzen der Berührung und des Stoßes leiden, sondern vielmehr durch innere Thätigkeit sich selbst und überdem den todten Stoff der Natur rege machen, so wird man, wo nicht mit der Deutlichkeit einer Demonstration, doch wenigstens mit der Vorempfindung eines nicht ungeübten Verstandes sich von dem Dasein immaterieller Wesen überredet finden, deren besondere Wirkungsgesetze **pneumatisch** und, so fern die körperliche Wesen Mittelursachen ihrer Wirkungen in der materiellen Welt sind, **organisch** genannt werden. Da diese immaterielle Wesen selbstthätige Principien sind, mithin Substanzen und für sich bestehende Naturen, so ist diejenige Folge, auf die man zunächst geräth, diese: daß sie untereinander, unmittelbar vereinigt, vielleicht ein großes Ganze ausmachen mögen, welches man die immaterielle Welt *(mundus intelligibilis)* nennen kann. Denn mit welchem Grunde der Wahrscheinlichkeit wollte man wohl behaupten, daß dergleichen Wesen von einander ähnlicher Natur nur vermittelst anderer (körperlichen Dinge) von fremder Beschaffenheit in Gemeinschaft stehen könnten, indem dieses letztere noch viel räthselhafter als das erste ist?

Diese **immaterielle** Welt kann also als ein für sich bestehendes Ganze angesehen werden, deren Theile untereinander in wechselseitiger Verknüpfung und Gemeinschaft stehen, auch ohne Vermittelung körperlicher Dinge, so daß dieses letztere Verhältniß zufällig ist und nur einigen zukommen darf, ja, wo es auch angetroffen wird, nicht hindert, daß nicht eben die immaterielle Wesen, welche durch die Vermittelung der Materie ineinander wirken, außer diesem noch in einer besondern und durchgängigen Verbindung stehen und jederzeit untereinander als immaterielle Wesen wechselseitige Einflüsse ausüben, so daß das Verhältniß derselben vermittelst der Materie nur zufällig und auf einer besonderen göttlichen Anstalt beruht, jene hingegen natürlich und unauflöslich ist.

Indem man denn auf solche Weise alle Principien des Lebens in der ganzen Natur als so viel unkörperliche Substanzen untereinander in Gemeinschaft, aber auch zum Theil mit der Materie vereinigt zusammennimmt, so gedenkt man sich ein großes Ganze der immateriellen Welt, eine unermeßliche, aber unbekannte Stufenfolge von Wesen und thätigen Naturen, durch welche der todte Stoff der Körperwelt allein belebt wird. Bis auf welche Glieder aber der Natur Leben ausgebreitet sei, und welche diejenigen Grade desselben seien, die zunächst an die völlige Leblosigkeit grenzen, ist vielleicht unmöglich jemals mit Sicherheit auszumachen. Der Hylozoismus belebt alles, der Materialismus dagegen, wenn er genau erwogen wird, tödtet alles. Maupertuis maß den organischen Nahrungstheilchen aller Thiere den niedrigsten Grad Leben bei; andere Philosophen sehen an ihnen nichts als todte Klumpen, welche nur dienen, den Hebezeug der thierischen Maschinen zu vergrößern. Das ungezweifelte Merkmal des Lebens an dem, was in unsere äußere Sinne fällt, ist wohl die freie Bewegung, die da blicken läßt, daß sie aus Willkür entsprungen sei; allein der Schluß ist nicht sicher, daß, wo dieses Merkmal nicht angetroffen wird, auch kein Grad des Lebens befindlich sei. Boerhaave sagt an einem Orte: Das Thier ist eine Pflanze, die ihre Wurzel im Magen (inwendig) hat. Vielleicht könnte ein anderer eben so ungetadelt mit diesen Begriffen spielen und sagen: Die Pflanze ist ein Thier, das seinen Magen in der Wurzel (äußerlich) hat. Daher auch den letzteren die Organen der willkürlichen Bewegung und mit ihnen die äußerliche Merkmale des Lebens fehlen können, die doch den ersteren nothwendig sind, weil ein Wesen, welches die Werkzeuge seiner Ernährung in sich hat, sich selbst seinem Bedürfniß gemäß muß bewegen können, dasjenige aber, an welchem dieselbe außerhalb und in dem Elemente seiner Unterhaltung eingesenkt sind, schon gnugsam durch äußere Kräfte erhalten wird und, wenn es gleich ein Principium des inneren Lebens in der Vegetation enthält, doch keine organische Einrichtung zur äußerlichen willkürlichen Thätigkeit bedarf. Ich verlange nichts von allem diesem auf Beweisgründen, denn außerdem daß ich sehr wenig zum Vortheil von dergleichen Muthmaßungen würde zu sagen haben, so haben sie noch als bestäubte veraltete Grillen den Spott der Mode wider sich. Die Alten glaubten nämlich dreierlei Art vom Leben annehmen zu können, das pflanzenartige, das thierische und das vernünftige. Wenn sie die drei immaterielle Principien derselben in dem Menschen vereinigten, so möchten sie wohl Unrecht haben, wenn sie aber solche unter die dreierlei Gattungen der wachsenden und ihres Gleichen erzeugenden Geschöpfe vertheilten, so sagten sie freilich wohl etwas Unerweisliches, aber darum noch nicht Ungereimtes, vornehmlich in dem Urtheile desjenigen, der das besondere Leben der von einigen Tieren abgetrennten Theile, die Irritabilität, diese so wohl erwiesene, aber auch zugleich so unerklärliche Eigenschaft der Fasern eines thierischen Körpers und einiger Gewächse, und endlich die nahe Verwandtschaft der Polypen und anderer Zoophyten mit den Gewächsen in Betracht ziehen wollte. Übrigens ist die Berufung auf immaterielle Principien eine Zuflucht der faulen Philosophie und darum auch die Erklärungsart in diesem Geschmacke nach aller Möglichkeit zu vermeiden, damit diejenigen Gründe der Welterscheinungen, welche auf den Bewegungsgesetzen der bloßen Materie beruhen, und welche auch einzig und allein der Begreiflichkeit fähig sind, in ihrem ganzen Umfange erkannt werden. Gleichwohl bin ich überzeugt, daß Stahl, welcher die thierische Veränderungen gerne organisch erklärt, oftmals der Wahrheit näher sei, als Hofmann, Boerhaave u. a. m., welche die immaterielle Kräfte aus dem Zusammenhange lassen, sich an die mechanische Gründe halten und hierin einer mehr philosophischen Methode folgen, die wohl bisweilen fehlt, aber mehrmals zutrifft, und die auch allein in der Wissenschaft von nützlicher Anwendung ist, wenn anderseits von dem Einflusse der Wesen von unkörperlicher Natur höchstens nur erkannt werden kann, daß er da sei, niemals aber, wie er zugehe und wie weit sich seine Wirksamkeit erstrecke.

So würde denn also die immaterielle Welt zuerst alle erschaffene Intelligenzen, deren einige mit der Materie zu einer Person verbunden sind, andere aber nicht, in sich befassen, überdem die empfindende Subjecte in allen Thierarten und endlich alle Principien des Lebens, welche sonst noch in der Natur wo sein mögen, ob dieses sich gleich durch keine äußerliche Kennzeichen der willkürlichen Bewegung offenbarte. Alle diese immaterielle Naturen, sage ich, sie mögen nun ihre Einflüsse in der Körperwelt ausüben oder nicht, alle vernünftige Wesen, deren zufälliger Zustand thierisch ist, es sei hier auf der Erde oder in andern Himmelskörpern, sie mögen den rohen Zeug der Materie jetzt oder künftig beleben, oder ehedem belebt haben, würden nach diesen Begriffen in einer ihrer Natur gemäßen Gemeinschaft stehen, die nicht auf den Bedingungen beruht, wodurch das Verhältniß der Körper eingeschränkt ist, und wo die Entfernung der Örter oder der Zeitalter, welche in der sichtbaren Welt die große Kluft ausmacht, die alle Gemeinschaft aufhebt, verschwindet. Die menschliche Seele würde daher schon in dem gegenwärtigen Leben als verknüpft mit zwei Welten zugleich müssen angesehen werden, von welchen sie, so fern sie zu persönlicher Einheit mit einem Körper verbunden ist, die materielle allein klar empfindet, dagegen als ein Glied der Geisterwelt die reine Einflüsse immaterieller Naturen empfängt und ertheilt, so daß, so bald jene Verbindung aufgehört hat, die Gemeinschaft, darin sie jederzeit mit geistigen Naturen steht, allein übrig bleibt und sich ihrem Bewußtsein zum klaren Anschauen eröffnen müßte.*

---

* Wenn man von dem Himmel als dem Sitze der Seligen redet, so setzt die gemeine Vorstellung ihn gerne über sich, hoch in dem unermeßlichen Weltraume. Man bedenkt aber nicht, daß unsre Erde, aus diesen Gegenden gesehen, auch als einer von den Sternen des Himmels erscheine, und daß die Bewohner anderer Welten mit eben so gutem Grunde nach uns hin zeigen könnten und sagen: Sehet da den Wohnplatz ewiger Freuden und einen himmlischen Aufenthalt, welcher zubereitet ist, uns dereinst zu empfangen. Ein wunderlicher Wahn nämlich macht, daß der hohe Flug, den die Hoffnung nimmt, immer mit dem Begriffe des Steigens verbunden ist, ohne zu bedenken, daß, so hoch man auch gestiegen ist, man doch wieder sinken müsse, um allenfalls in einer andern Welt

Es wird nachgerade beschwerlich, immer die behutsame Sprache der Vernunft zu führen. Warum sollte es mir nicht auch erlaubt sein im akademischen Tone zu reden, der entscheidender ist und sowohl den Verfasser als den Leser des Nachdenkens überhebt, welches über lang oder kurz beide nur zu einer verdrießlichen Unentschlossenheit führen muß. Es ist demnach so gut als demonstrirt, oder es könnte leichtlich bewiesen werden, wenn man weitläuftig sein wollte, oder noch besser, es wird künftig, ich weiß nicht wo oder wenn, noch bewiesen werden: daß die menschliche Seele auch in diesem Leben in einer unauflöslich verknüpften Gemeinschaft mit allen immateriellen Naturen der Geisterwelt stehe, daß sie wechselweise in diese wirke und von ihnen Eindrücke empfange, deren sie sich aber als Mensch nicht bewußt ist, so lange alles wohl steht. Andererseits ist es auch wahrscheinlich, daß die geistige Naturen unmittelbar keine sinnliche Empfindung von der Körperwelt mit Bewußtsein haben können, weil sie mit keinem Theil der Materie zu einer Person verbunden sind, um sich vermittelst desselben ihres Orts in dem materiellen Weltganzen und durch künstliche Organen des Verhältnisses der ausgedehnten Wesen gegen sich und gegen einander bewußt zu werden, daß sie aber wohl in die Seelen der Menschen als Wesen von einerlei Natur einfließen können und auch wirklich jederzeit mit ihnen in wechselseitiger Gemeinschaft stehen, doch so, daß in der Mittheilung der Vorstellungen diejenige, welche die Seele als ein von der Körperwelt abhängendes Wesen in sich enthält, nicht in andere geistige Wesen und die Begriffe der letzteren, als anschauende Vorstellungen von immateriellen Din-

---

festen Fuß zu fassen. Nach den angeführten Begriffen aber würde der Himmel eigentlich die Geisterwelt sein, oder, wenn man will, der selige Theil derselben, und diese würde man weder über sich noch unter sich zu suchen haben, weil ein solches immaterielle Ganze nicht nach den Entfernungen oder Naheiten gegen körperliche Dinge, sondern in geistigen Verknüpfungen seiner T h e i l e untereinander vorgestellt werden muß, wenigstens die Glieder derselben sich nur nach solchen Verhältnissen ihrer selbst bewußt sind.

gen, nicht in das klare Bewußtsein des Menschen übergehen können, wenigstens nicht in ihrer eigentlichen Beschaffenheit, weil die Materialien zu beiderlei Ideen von verschiedener Art sind.

Es würde schön sein, wenn eine dergleichen systematische Verfassung der Geisterwelt, als wir sie vorstellen, nicht lediglich aus dem Begriffe von der geistigen Natur überhaupt, der gar zu sehr hypothetisch ist, sondern aus irgend einer wirklichen und allgemein zugestandenen Beobachtung könnte geschlossen, oder auch nur wahrscheinlich vermuthet werden. Daher wage ich es auf die Nachsicht des Lesers, einen Versuch von dieser Art hier einzuschalten, der zwar etwas außer meinem Wege liegt und auch von der Evidenz weit gnug entfernt ist, gleichwohl aber zu nicht unangenehmen Vermuthungen Anlaß zu geben scheint.

Unter den Kräften, die das menschliche Herz bewegen, scheinen einige der mächtigsten außerhalb demselben zu liegen, die also nicht etwa als bloße Mittel sich auf die Eigennützigkeit und Privatbedürfniß als auf ein Ziel, das innerhalb dem Menschen selbst liegt, beziehen, sondern welche machen, daß die Tendenzen unserer Regungen den Brennpunkt ihrer Vereinigung außer uns in andere vernünftige Wesen versetzen; woraus ein Streit zweier Kräfte entspringt, nämlich der Eigenheit, die alles auf sich bezieht, und der Gemeinnützigkeit, dadurch das Gemüth gegen andere außer sich getrieben oder gezogen wird. Ich halte mich bei dem Triebe nicht auf, vermöge dessen wir so stark und so allgemein am Urtheile anderer hängen und fremde Billigung oder Beifall zur Vollendung des unsrigen von uns selbst so nöthig zu sein erachten, woraus, wenn gleich bisweilen ein übelverstandener Ehrenwahn entspringt, dennoch selbst in der uneigennützigsten und wahrhaftesten Gemüthsart ein geheimer Zug verspürt wird, dasjenige, was man für sich selbst als **gut** oder **wahr** erkennt, mit dem Urtheil anderer zu vergleichen, um beide einstimmig zu machen, imgleichen eine jede menschliche Seele auf dem Erkenntnißwege gleichsam anzuhalten, wenn sie einen andern Fußsteig zu gehen scheint, als den wir eingeschlagen haben, welches alles vielleicht eine empfundene Abhängigkeit unserer eigenen Urtheile vom **allgemeinen menschlichen Verstande** ist und ein Mittel wird, dem Ganzen denkender Wesen eine Art von Vernunfteinheit zu verschaffen.

Ich übergehe aber diese sonst nicht unerhebliche Betrachtung und halte mich für jetzt an eine andere, welche einleuchtender und beträchtlicher ist, so viel es unsere Absicht betrifft. Wenn wir äußere Dinge auf unser Bedürfnis beziehen, so können wir dieses nicht thun, ohne uns zugleich durch eine gewisse Empfindung gebunden und eingeschränkt zu fühlen, die uns merken läßt, daß in uns gleichsam ein fremder Wille wirksam sei, und unser eigen Belieben die Bedingung von äußerer Beistimmung nöthig habe. Eine geheime Macht nöthigt uns unsere Absicht zugleich auf anderer Wohl oder nach fremder Willkür zu richten, ob dieses gleich öfters ungern geschieht und der eigennützigen Neigung stark widerstreitet, und der Punkt, wohin die Richtungslinien unserer Triebe zusammenlaufen, ist also nicht bloß in uns, sondern es sind noch Kräfte, die uns bewegen, in dem Wollen anderer außer uns. Daher entspringen die sittlichen Antriebe, die uns oft wider den Dank des Eigennutzes fortreißen, das starke Gesetz der Schuldigkeit und das schwächere der Gütigkeit, deren jedes uns manche Aufopferung abdringt, und obgleich beide dann und wann durch eigennützige Neigungen überwogen werden, doch nirgend in der menschlichen Natur ermangeln, ihre Wirklichkeit zu äußern. Dadurch sehen wir uns in den geheimsten Beweggründen abhängig von der **Regel des allgemeinen Willens**, und es entspringt daraus in der Welt aller denkenden Naturen eine **moralische Einheit** und systematische Verfassung nach bloß geistigen Gesetzen. Will man diese in uns empfundene Nöthigung unseres Willens zur Einstimmung mit dem allgemeinen Willen das sittliche Gefühl nennen, so redet man davon nur als von einer Erscheinung dessen, was in uns wirklich vorgeht, ohne die Ursachen desselben auszumachen. So nannte Newton das sichere Gesetz der Bestrebungen aller Materie, sich einander zu nähern, die Gravitation derselben, indem er seine mathematische Demonstrationen nicht in eine verdrießliche Theilnehmung an philosophischen Streitigkeiten verflechten wollte, die sich über die Ursache derselben eräugnen könnten. Gleichwohl trug er keine Bedenken, diese Gravitation als eine wahre Wirkung einer allgemeinen Thätigkeit der Materie ineinander zu behandeln und gab ihr daher auch den Namen der Anziehung. Sollte es nicht möglich sein die Erscheinung der sittlichen Antriebe in den denkenden Naturen, wie solche sich auf einander wechselsweise beziehen, gleichfalls als die Folge einer wahrhaftig thätigen Kraft, dadurch geistige Naturen ineinander einfließen, vorzustellen, so daß das sittliche Gefühl diese empfundene Abhängigkeit des Privatwillens vom allgemeinen Willen wäre und eine Folge der natürlichen und allgemeinen Wechselwirkung, dadurch die immaterielle Welt ihre sittliche Einheit erlangt, indem sie sich nach den Gesetzen dieses ihr eigenen Zusammenhanges zu einem System von geistiger Vollkommenheit bildet? Wenn man diesen Gedanken so viel Scheinbarkeit zugesteht, als erforderlich ist, um die Mühe zu verdienen sie an ihren Folgen zu messen, so wird man vielleicht durch den Reiz derselben unvermerkt in einige Parteilichkeit gegen sie verflochten werden. Denn es scheinen in diesem Falle die Unregelmäßigkeiten mehrentheils zu verschwinden, die sonst bei dem Widerspruch der moralischen und physischen Verhältnisse der Menschen hier auf der Erde so befremdlich in die Augen fallen. Alle Moralität der Handlungen kann nach der Ordnung der Natur niemals ihre vollständige Wirkung in dem leiblichen Leben des Menschen haben, wohl aber in der Geisterwelt nach pneumatischen Gesetzen. Die wahre Absichten, die geheime Beweggründe vieler aus Ohnmacht fruchtlosen Bestrebungen, der Sieg über sich selbst, oder auch bisweilen die verborgene Tücke bei scheinbarlich guten Handlungen sind mehrentheils für den physischen Erfolg in dem körperlichen Zustande verloren, sie würden aber auf solche Weise in der immateriellen Welt als fruchtbare Gründe angesehen werden müssen und in Ansehung ihrer nach pneumatischen Gesetzen zu Folge der Verknüpfung des Privatwillens und des allgemeinen Willens, d. i. der Einheit und des Ganzen der Geisterwelt, eine der sittlichen Beschaffenheit der freien Willkür angemessene Wirkung ausüben oder auch gegenseitig empfangen. Denn weil das Sittliche der That den inneren Zustand des Geistes betrifft, so kann es auch natürlicher Weise nur in der unmittelbaren Gemeinschaft der Geister die der ganzen Moralität adäquate Wirkung nach sich ziehen. Dadurch würde es nun geschehen, daß die Seele des Menschen schon in diesem Leben dem sittlichen Zustande zufolge ihre Stelle unter den geistigen Substanzen des Universum einnehmen müßte, so wie nach den Gesetzen der Bewegung die Materien des Weltraums sich in solche Ordnung gegeneinander setzen, die ihren Körperkräften gemäß ist.* Wenn denn endlich durch den Tod die Gemeinschaft der Seele mit der Körperwelt aufgehoben worden, so würde das Leben in der andern Welt nur eine natürliche Fortsetzung derjenigen Verknüpfung sein, darin sie mit ihr schon in diesem Leben gestanden war, und die gesammte Folgen der hier ausgeübten Sittlichkeit würden sich dort in den Wirkungen wieder finden,

---

* Die aus dem Grunde der Moralität entspringende Wechselwirkungen des Menschen und der Geisterwelt nach den Gesetzen des pneumatischen Einflusses könnte man darin setzen, daß daraus natürlicher Weise eine nähere Gemeinschaft einer guten oder bösen Seele mit guten und bösen Geistern entspringe, und jene dadurch sich selbst dem Theile der geistigen Republik zugesellten, der ihrer sittlichen Beschaffenheit gemäß ist, mit der Theilnehmung an allen Folgen, die daraus nach der Ordnung der Natur entstehen mögen.

die ein mit der ganzen Geisterwelt in unauflöslicher Gemeinschaft stehendes Wesen schon vorher daselbst nach pneumatischen Gesetzen ausgeübt hat. Die Gegenwart und die Zukunft würden also gleichsam aus einem Stücke sein und ein stetiges Ganze ausmachen, selbst nach der Ordnung der Natur. Dieser letztere Umstand ist von besonderer Erheblichkeit. Denn in einer Vermuthung nach bloßen Gründen der Vernunft ist es eine große Schwierigkeit, wenn man, um den Übelstand zu heben, der aus der unvollendeten Harmonie zwischen der Moralität und ihren Folgen in dieser Welt entspringt, zu einem außerordentlichen göttlichen Willen seine Zuflucht nehmen muß: weil, so wahrscheinlich auch das Urtheil über denselben nach unseren Begriffen von der göttlichen Weisheit sein mag, immer ein starker Verdacht übrig bleibt, daß die schwache Begriffe unseres Verstandes vielleicht auf den Höchsten sehr verkehrt übertragen worden, da des Menschen Obliegenheit nur ist, von dem göttlichen Willen zu urtheilen aus der Wohlgereimtheit, die er wirklich in der Welt wahrnimmt, oder welche er nach der Regel der Analogie gemäß der Naturordnung darin vermuthen kann, nicht aber nach dem Entwurfe seiner eigenen Weisheit, den er zugleich dem göttlichen Willen zur Vorschrift macht, befugt ist, neue und willkürliche Anordnungen in der gegenwärtigen oder künftigen Welt zu ersinnen.

Wir lenken nunmehr unsere Betrachtung wiederum in den vorigen Weg ein und nähern uns dem Ziele, welches wir uns vorgesetzt hatten. Wenn es sich mit der Geisterwelt und dem Antheile, den unsere Seele an ihr hat, so verhält, wie der Abriß, den wir ertheilten, ihn vorstellt: so scheint fast nichts befremdlicher zu sein, als daß die Geistergemeinschaft nicht eine ganz allgemeine und gewöhnliche Sache ist, und das Außerordentliche betrifft fast mehr die Seltenheit der Erscheinungen, als die Möglichkeit derselben. Diese Schwierigkeit läßt sich indessen ziemlich gut heben und ist zum Theil auch schon gehoben worden. Denn die Vorstellung, die die Seele des Menschen von sich selbst als einem Geiste durch ein immaterielles Anschauen hat, indem sie sich in Verhältniß gegen Wesen von ähnlicher Natur betrachtet, ist von derjenigen ganz verschieden, da ihr Bewußtsein sich selbst als einen **Menschen** vorstellt durch ein Bild, das seinen Ursprung aus dem Eindrucke körperlicher Organen hat, und welches in Verhältniß gegen keine andere als materielle Dinge vorgestellt wird. Es ist demnach zwar einerlei Subject, was der sichtbaren und unsichtbaren Welt zugleich als ein Glied angehört, aber nicht eben dieselbe Person, weil die Vorstellungen der einen ihrer verschiedenen Beschaffenheit wegen keine begleitende Ideen von denen der andern Welt sind, und daher, was ich als Geist denke, von mir als Mensch nicht erinnert wird, und umgekehrt mein Zustand als eines Menschen in die Vorstellung meiner selbst als eines Geistes gar nicht hinein kommt. Übrigens mögen die Vorstellungen von der Geisterwelt so klar und anschauend sein, wie man will,* so

---

* Man kann dieses durch eine gewisse Art von zwiefacher Persönlichkeit, die der Seele selbst in Ansehung dieses Lebens zukommt, erläutern. Gewisse Philosophen glauben, sich ohne den mindesten besorglichen Einspruch auf den Zustand des festen Schlafes berufen zu können, wenn sie die Wirklichkeit dunkeler Vorstellungen beweisen wollen, da sich doch nichts weiter hievon mit Sicherheit sagen läßt, als daß wir uns im Wachen keiner von denjenigen erinnern, die wir im festen Schlafe etwa mochten gehabt haben, und daraus nur so viel folgt, daß sie beim Erwachen nicht klar vorgestellt worden, nicht aber, daß sie auch damals, als wir schliefen, dunkel waren. Ich vermuthe vielmehr, daß dieselbe klärer und ausgebreiteter sein mögen, als selbst die klärsten im Wachen: weil dieses bei der völligen Ruhe äußrer Sinne von einem so thätigen Wesen, als die Seele ist, zu erwarten ist, wiewohl, da der Körper des Menschen zu der Zeit nicht mit empfunden ist, beim Erwachen die begleitende Idee desselben ermangelt, welche den vorigen Zustand der Gedanken als zu eben derselben Person gehörig zum Bewußtsein verhelfen könnte. Die Handlungen einiger Schlafwanderer, welche bisweilen in solchem Zustande mehr Verstand als sonst zeigen, ob sie gleich nichts davon beim Erwachen erinnern, bestätigen die Möglichkeit dessen, was ich vom festen Schlafe vermuthe. Die Träume dagegen, das ist, die Vorstellungen des Schlafenden, deren er sich beim Erwachen erinnert, gehören nicht hieher. Denn alsdann schläft der Mensch nicht völlig; er empfindet in einem gewissen Grade klar und webt seine Geisteshandlungen in die

ist dieses doch nicht hinlänglich, um mich deren als Mensch bewußt zu werden; wie denn sogar die Vorstellung seiner selbst (d. i. der Seele) als eines Geistes wohl durch Schlüsse erworben wird, bei keinem Menschen aber ein anschauender und Erfahrungsbegriff ist.

Diese Ungleichartigkeit der geistigen Vorstellungen und derer, die zum leiblichen Leben des Menschen gehören, darf indessen nicht als eine so große Hinderniß angesehen werden, daß sie alle Möglichkeit aufhebe, sich bisweilen der Einflüsse von Seiten der Geisterwelt sogar in diesem Leben bewußt zu werden. Denn sie können in das persönliche Bewußtsein des Menschen zwar nicht unmittelbar, aber doch so übergehen, daß sie nach dem Gesetz der vergesellschafteten Begriffe diejenige Bilder rege machen, die mit ihnen verwandt sind und analogische Vorstellungen unserer Sinne erwecken, die wohl nicht der geistige Begriff selber, aber doch deren Symbolen sind. Denn es ist doch immer eben dieselbe Substanz, die zu dieser Welt sowohl als zu der andern wie ein Glied gehört, und beiderlei Art von Vorstellungen gehören zu demselben Subjecte und sind mit einander verknüpft. Die Möglichkeit hievon können wir einigermaßen dadurch faßlich machen, wenn wir betrachten, wie unsere höhere Vernunftbegriffe, welche sich den geistigen ziemlich nähern, gewöhnlichermaßen gleichsam ein körperlich Kleid annehmen, um sich in Klarheit zu setzen. Daher die moralische Eigenschaften der Gottheit unter den Vorstellungen des Zorns, der Eifersucht, der Barmherzigkeit, der Rache, u. d. g. vorgestellt werden; daher personificiren Dichter die Tugenden, Laster oder andere Eigenschaften der Natur, doch so, daß die wahre Idee des Verstandes hindurchscheint; so stellt der Geometra die Zeit durch eine Linie vor, obgleich

---

Eindrücke der äußeren Sinne. Daher er sich ihrer zum Theil nachher erinnert, aber auch an ihnen lauter wilde und abgeschmackte Chimären antrifft, wie sie es denn nothwendig sein müssen, da in ihnen Ideen der Phantasie und die der äußeren Empfindung untereinander geworfen werden.

Raum und Zeit nur eine Übereinkunft in Verhältnissen haben und also wohl der Analogie nach, niemals aber der Qualität nach mit einander übereintreffen; daher nimmt die Vorstellung der göttlichen Ewigkeit selbst bei Philosophen den Schein einer unendlichen Zeit an, so sehr wie man sich auch hütet beide zu vermengen, und eine große Ursache, weswegen die Mathematiker gemeiniglich abgeneigt sind, die Leibnizische Monaden einzuräumen, ist wohl diese, daß sie nicht umhin können sich an ihnen kleine Klümpchen vorzustellen. Daher ist es nicht unwahrscheinlich, daß geistige Empfindungen in das Bewußtsein übergehen könnten, wenn sie Phantasien erregen, die mit ihnen verwandt sind. Auf diese Art würden Ideen, die durch einen geistigen Einfluß mitgetheilt sind, sich in die Zeichen derjenigen Sprache einkleiden, die der Mensch sonst im Gebrauch hat, die empfundene Gegenwart eines Geistes in das Bild einer menschlichen Figur, Ordnung und Schönheit der immateriellen Welt in Phantasien, die unsere Sinne sonst im Leben vergnügen, u. s. w.

Diese Art der Erscheinungen kann gleichwohl nicht etwas Gemeines und Gewöhnliches sein, sondern sich nur bei Personen eräugnen, deren Organen* eine ungewöhnlich große Reizbarkeit haben, die Bilder der Phantasie dem innern Zustande der Seele gemäß durch harmonische Bewegung mehr zu verstärken, als gewöhnlicher Weise bei gesunden Menschen geschieht und auch geschehen soll. Solche seltsame Personen würden in gewissen Augenblicken mit der Apparenz mancher Gegenstände als außer ihnen angefochten sein, welche sie für eine Gegenwart von geistigen Naturen halten würden, die auf ihre körperliche Sinne fiele, obgleich hiebei nur ein Blendwerk der Einbildung vorgeht, doch so, daß die Ursache davon ein

---

* Ich verstehe hierunter nicht die Organen der äußeren Empfindung, sondern das Sensorium der Seele, wie man es nennt, d. i. denjenigen Theil des Gehirnes, dessen Bewegung die mancherlei Bilder und Vorstellung der denkenden Seele zu begleiten pflegt, wie die Philosophen dafür halten.

wahrhafter geistiger Einfluß ist, der nicht unmittelbar empfunden werden kann, sondern sich nur durch verwandte Bilder der Phantasie, welche den Schein der Empfindungen annehmen, zum Bewußtsein offenbart.

Die Erziehungsbegriffe, oder auch mancherlei sonst eingeschlichene Wahn würden hiebei ihre Rolle spielen, wo Verblendung mit Wahrheit untermengt wird, und eine wirkliche geistige Empfindung zwar zum Grunde liegt, die doch in Schattenbilder der sinnlichen Dinge umgeschaffen worden. Man wird aber auch zugeben, daß die Eigenschaft auf solche Weise die Eindrücke der Geisterwelt in diesem Leben zum klaren Anschauen auszuwickeln schwerlich wozu nützen könne; weil dabei die geistige Empfindung nothwendig so genau in das Hirngespenst der Einbildung verwebt wird, daß es unmöglich sein muß in derselben das Wahre von den groben Blendwerken, die es umgeben, zu unterscheiden. Imgleichen würde ein solcher Zustand, da er ein verändertes Gleichgewicht in den Nerven voraussetzt, welche sogar durch die Wirksamkeit der bloß geistig empfindenden Seele in unnatürliche Bewegung versetzt werden, eine wirkliche Krankheit anzeigen. Endlich würde es gar nicht befremdlich sein, an einem Geisterseher zugleich einen Phantasten anzutreffen, zum wenigsten in Ansehung der begleitenden Bilder von diesen seinen Erscheinungen, weil Vorstellungen, die ihrer Natur nach fremd und mit denen im leiblichen Zustande des Menschen unvereinbar sind, sich hervordrängen, und übelgepaarte Bilder in die äußere Empfindung hereinziehen, wodurch wilde Chimären und wunderliche Fratzen ausgeheckt werden, die in langem Geschleppe den betrogenen Sinnen vorgaukeln, ob sie gleich einen wahren geistigen Einfluß zum Grunde haben mögen.

Nunmehr kann man nicht verlegen sein, von den Gespenstererzählungen, die den Philosophen so oft in den Weg kommen, imgleichen allerlei Geistereinflüssen, von denen hie und da die Rede geht, scheinbare Vernunftgründe anzugeben. Ab-

341 geschiedene Seelen und reine Geister können zwar niemals unsern äußeren Sinnen gegenwärtig sein, noch sonst mit der Materie in Gemeinschaft stehen, aber wohl auf den Geist des Menschen, der mit ihnen zu einer großen Republik gehört, wirken, so daß die Vorstellungen, welche sie in ihm erwecken, sich nach dem Gesetze seiner Phantasie in verwandte Bilder einkleiden und die Apparenz der ihnen gemäßen Gegenstände als außer ihm erregen. Diese Täuschung kann einen jeden Sinn betreffen, und so sehr dieselbe auch mit ungereimten Hirngespinsten untermengt wäre, so dürfte man sich dieses nicht abhalten lassen, hierunter geistige Einflüsse zu vermuthen. Ich würde der Scharfsichtigkeit des Lesers zu nahe treten, wenn ich mich bei der Anwendung dieser Erklärungsart noch aufhalten wollte. Denn metaphysische Hypothesen haben eine so ungemeine Biegsamkeit an sich, daß man sehr ungeschickt sein müßte, wenn man die gegenwärtige nicht einer jeden Erzählung bequemen könnte, sogar ehe man ihre Wahrhaftigkeit untersucht hat, welches in vielen Fällen unmöglich und in noch mehreren sehr unhöflich ist.

Wenn indessen die Vortheile und Nachtheile in einander gerechnet werden, die demjenigen erwachsen können, der nicht allein für die sichtbare Welt, sondern auch für die unsichtbare in gewissem Grade organisirt ist (wofern es jemals einen solchen gegeben hat), so scheint ein Geschenk von dieser Art demjenigen gleich zu sein, womit Juno den Tiresias beehrte, die ihn zuvor blind machte, damit sie ihm die Gabe zu weissagen ertheilen könnte. Denn nach den obigen Sätzen zu urtheilen, kann die anschauende Kenntniß der a n d e r n Welt allhier nur erlangt werden, indem man etwas von demjenigen Verstande einbüßt, welchen man für die g e g e n w ä r t i g e nöthig hat. Ich weiß auch nicht, ob selbst gewisse Philosophen gänzlich von dieser harten Bedingung frei sein sollten, welche so fleißig und vertieft ihre metaphysische Gläser nach jenen entlegenen Gegenden hinrichten und Wunderdinge von daher zu erzählen wissen, zum wenigsten mißgönne ich ihnen keine von ihren Entdeckungen; nur besorge ich: daß ihnen irgend ein Mann von gutem Verstande und wenig Feinheit eben dasselbe dürfte zu verstehen geben, was dem Tycho de Brahe sein Kutscher antwortete, als jener meinte zur Nachtzeit nach den Sternen den kürzesten Weg fahren zu können: Guter Herr, auf den Himmel mögt ihr euch wohl verstehen, hier aber auf der Erde seid ihr ein Narr.

Drittes Hauptstück.

Antikabbala. Ein Fragment der gemeinen Philosophie, die Gemeinschaft mit der Geisterwelt aufzuheben.

Aristoteles sagt irgendwo: Wenn wir wachen, so haben wir eine gemeinschaftliche Welt, träumen wir aber, so hat ein jeder seine eigne. Mich dünkt, man sollte wohl den letzteren Satz umkehren und sagen können: wenn von verschiedenen Menschen ein jeglicher seine eigene Welt hat, so ist zu vermuthen, daß sie träumen. Auf diesen Fuß, wenn wir die Luftbaumeister der mancherlei Gedankenwelten betrachten, deren jeglicher die seinige mit Ausschließung anderer ruhig bewohnt, denjenigen etwa, welcher die Ordnung der Dinge, so wie sie von Wolffen aus wenig Bauzeug der Erfahrung, aber mehr erschlichenen Begriffen gezimmert, oder die, so von Crusius durch die magische Kraft einiger Sprüche vom Denklichen und Undenklichen aus Nichts hervorgebracht worden, bewohnt, so werden wir uns bei dem Widerspruche ihrer Visionen gedulden, bis diese Herren ausgeträumt haben. Denn wenn sie einmal, so Gott will, völlig wachen, d. i. zu einem Blicke, der die Einstimmung mit anderem Menschenverstande nicht ausschließt, die Augen aufthun werden, so wird niemand von ihnen etwas sehen, was nicht jedem andern gleichfalls bei dem Lichte ihrer Beweisthümer augenscheinlich und gewiß erscheinen sollte, und die Philosophen werden zu derselbigen Zeit eine gemeinschaftliche Welt bewohnen, dergleichen die Größenlehrer schon längst inne gehabt haben, welche wichtige Begebenheit nicht lange mehr anstehen kann, wofern gewissen Zeichen und Vorbedeutungen zu trauen ist, die seit einiger Zeit über dem Horizonte der Wissenschaften erschienen sind.

In gewisser Verwandtschaft mit den Träumern der Vernunft stehen die Träumer der Empfindung, und unter dieselben werden gemeiniglich diejenige, so bisweilen mit Geistern zu thun haben, gezählt und zwar aus dem nämlichen Grunde wie die vorigen, weil sie etwas sehen, was kein anderer gesunder Mensch sieht, und ihre eigene Gemeinschaft mit Wesen haben, die sich niemanden sonst offenbaren, so gute Sinne er auch haben mag. Es ist auch die Benennung der Träumereien, wenn man voraussetzt, daß die gedachte Erscheinungen auf bloße Hirngespenster auslaufen, in so fern passend, als die eine so gut wie die andere selbst ausgeheckte Bilder sind, die gleichwohl als wahre Gegenstände die Sinne betrügen; allein wenn man sich einbildet, daß beide Täuschungen übrigens in ihrer Entstehungsart sich ähnlich gnug wären, um die Quelle der einen auch zur Erklärung der andern zureichend zu finden, so betrügt man sich sehr. Derjenige, der im Wachen sich in Erdichtungen und Chimären, welche seine stets fruchtbare Einbildung ausheckt, dermaßen vertieft, daß er auf die Empfindung der Sinne wenig Acht hat, die ihm jetzt am meisten angelegen sind, wird mit Recht ein wachender Träumer genannt. Denn es dürfen nur die Empfindungen der Sinne noch etwas mehr in ihrer Stärke nachlassen, so wird er schlafen, und die vorige Chimären werden wahre Träume sein. Die Ursache, weswegen sie es nicht schon im Wachen sind, ist diese, weil er sie zu der Zeit als in sich, andere Gegenstände aber, die er empfindet, als außer sich vorstellt, folglich jene zu Wirkungen seiner eignen Thätigkeit, diese aber zu demjenigen zählt, was er von außen empfängt und erleidet. Denn hiebei kommt es alles auf das Verhältniß an, darin die Gegenstände auf ihn selbst als einen Menschen, folglich auch auf seinen Körper gedacht werden. Daher können die nämliche Bilder ihn im Wachen wohl sehr beschäftigen, aber nicht betrügen, so klar sie auch sein mögen. Denn ob er gleich alsdann eine Vorstellung von sich selbst und seinem Körper auch im Gehirne hat, gegen die er seine phantastische Bilder in Verhältniß setzt, so macht doch die wirkliche Empfindung seines Körpers durch äußere Sinne gegen jene Chimären einen Contrast oder Abstechung, um jene als von sich ausgeheckt, diese aber als empfunden anzusehen. Schlummert er hiebei ein, so erlischt die empfundene Vorstellung seines Körpers, und es bleibt bloß die selbstgedichtete übrig, gegen welche die andre Chimären als in äußerem Verhältniß gedacht werden und auch, so lange man schläft, den Träumenden betrügen müssen, weil keine Empfindung da ist, die in Vergleichung mit jener das Urbild vom Schattenbilde, nämlich das Äußere vom Innern, unterscheiden ließe.

Von wachenden Träumern sind demnach die Geisterseher nicht bloß dem Grade, sondern der Art nach gänzlich unterschieden. Denn diese referiren im Wachen und oft bei der größten Lebhaftigkeit anderer Empfindungen gewisse Gegenstände unter die äußerliche Stellen der andern Dinge, die sie wirklich um sich wahrnehmen, und die Frage ist hier nur, wie es zugehe, daß sie das Blendwerk ihrer Einbildung außer sich versetzen und zwar in Verhältniß auf ihren Körper, den sie auch durch äußere Sinne empfinden. Die große Klarheit ihres Hirngespinstes kann hievon nicht die Ursache sein, denn es kommt hier auf den Ort an, wohin es als ein Gegenstand versetzt ist, und daher verlange ich, daß man zeige, wie die Seele ein solches Bild, was sie doch als in sich enthalten vorstellen sollte, in ein ganz ander Verhältniß, nämlich in einen Ort äußerlich und unter die Gegenstände, versetze, die sich ihrer wirklichen Empfindung darbieten. Auch werde ich mich durch die Anführung anderer Fälle, die einige Ähnlichkeit mit solcher Täuschung haben und etwa im fieberhaften Zustande vorfallen, nicht abfertigen lassen; denn gesund oder krank, wie der Zustand des Betrogenen auch sein mag, so will man nicht wissen, ob dergleichen auch sonst geschehe, sondern wie dieser Betrug möglich sei.

Wir finden aber bei dem Gebrauch der äußeren Sinne, daß über die Klarheit, darin die Gegenstände vorgestellt werden, man in der Empfindung auch ihren Ort mit begreife, vielleicht bisweilen nicht allemal mit gleicher Richtigkeit, dennoch als eine nothwendige Bedingung der Empfindung, ohne welche es unmöglich wäre die Dinge als außer uns vorzustellen. Hiebei wird es sehr wahrscheinlich: daß unsere Seele das empfundene Object dahin in ihrer Vorstellung versetze, wo die verschiedene Richtungslinien des Eindrucks, die dasselbe gemacht hat, wenn sie fortgezogen werden, zusammenstoßen. Daher sieht man einen strahlenden Punkt an demjenigen Orte, wo die von dem Auge in der Richtung des Einfalls der Lichtstrahlen zurückgezogene Linien sich schneiden. Dieser Punkt, welchen man den Sehepunkt nennt, ist zwar in der Wirkung der Zerstreuungspunkt, aber in der Vorstellung der Sammlungspunkt der Directionslinien, nach welchen die Empfindung eingedrückt wird *(focus imaginarius)*. So bestimmt man selbst durch ein einziges Auge einem sichtbaren Objecte den Ort, wie unter andern geschieht, wenn das Spectrum eines Körpers vermittelst eines Hohlspiegels in der Luft gesehen wird, gerade da, wo die Strahlen, welche aus einem Punkte des Objects ausfließen, sich schneiden, ehe sie ins Auge fallen.*

---

* So wird das Urtheil, welches wir von dem scheinbaren Orte naher Gegenstände fällen, in der Sehekunst gemeiniglich vorgestellt, und es stimmt auch sehr gut mit der Erfahrung. Indessen treffen eben dieselbe Lichtstrahlen, die aus ei-

Vielleicht kann man eben so bei den Eindrücken des Schalles, weil dessen Stöße auch nach geraden Linien geschehen, annehmen: daß die Empfindung desselben zugleich mit der Vorstellung eines *foci imaginarii* begleitet sei, der dahin gesetzt wird, wo die gerade Linien des in Bebung gesetzten Nervengebäudes, im Gehirne äußerlich fortgezogen, zusammenstoßen. Denn man bemerkt die Gegend und Weite eines schallenden Objects einigermaßen, wenn der Schall gleich leise ist und hinter uns geschieht, obschon die gerade Linien, die von da gezogen werden können, eben nicht die Eröffnung des Ohrs treffen, sondern auf andere Stellen des Haupts fallen, so daß man glauben muß, die Richtungslinien der Erschütterung werden in der Vorstellung der Seele äußerlich fortgezogen und das schallende Object in den Punkt ihres Zusammenstoßes versetzt. Eben dasselbe kann, wie mich dünkt, auch von den übrigen drei Sinnen gesagt werden, welche sich darin von dem Gesichte und dem Gehör unterscheiden, daß der Gegenstand der Empfindung mit den Organen in unmittelbarer Berührung steht, und die Richtungslinien des sinnlichen Reizes daher in diesen Organen selbst ihren Punkt der Vereinigung haben.

Um dieses auf die Bilder der Einbildung anzuwenden, so erlaube man mir dasjenige, was Cartesius annahm und die mehrsten Philosophen nach ihm billigten, zum Grunde zu legen: nämlich daß alle Vorstellungen der Einbildungskraft zugleich mit gewissen Bewegungen in dem Nervengewebe oder Nervengeiste des Gehirnes begleitet sind, welche man *ideas materiales* nennt, d. i. vielleicht mit der Erschütterung oder Bebung des feinen Elements, welches von ihnen abgesondert

---

nem Punkte auslaufen, vermöge der Brechung in den Augenfeuchtigkeiten nicht divergirend auf den Sehenerven, sondern vereinigen sich daselbst in einem Punkte. Daher, wenn die Empfindung lediglich in diesem Nerven vorgeht, der *focus imaginarius* nicht außer dem Körper, sondern im Boden des Auges gesetzt werden müßte, welches eine Schwierigkeit macht, die ich jetzt nicht auflösen kann, und die mit den obigen Sätzen sowohl als mit der Erfahrung unvereinbar scheint.

wird, und die derjenigen Bewegung ähnlich ist, welche der sinnliche Eindruck machen könnte, wovon er die Copie ist. Nun verlange ich aber mir einzuräumen: daß der vornehmste Unterschied der Nervenbewegung in den Phantasien von der in der Empfindung darin bestehe, daß die Richtungslinien der Bewegung bei jener sich innerhalb dem Gehirne, bei dieser aber außerhalb schneiden; daher, weil der *focus imaginarius,* darin das Object vorgestellt wird, bei den klaren Empfindungen des Wachens außer mir, der von den Phantasien aber, die ich zu der Zeit etwa habe, in mir gesetzt wird, ich, so lange ich wache, nicht fehlen kann, die Einbildungen als meine eigene Hirngespinste von dem Eindruck der Sinne zu unterscheiden.

Wenn man dieses einräumt, so dünkt mich, daß ich über diejenige Art von Störung des Gemüths, die man den Wahnsinn und im höhern Grade die Verrückung nennt, etwas Begreifliches zur Ursache anführen könne. Das Eigenthümliche dieser Krankheit besteht darin: daß der verworrene Mensch bloße Gegenstände seiner Einbildung außer sich versetzt und als wirklich vor ihm gegenwärtige Dinge ansieht. Nun habe ich gesagt: daß nach der gewöhnlichen Ordnung die Directionslinien der Bewegung, die in dem Gehirne als materielle Hülfsmittel die Phantasie begleiten, sich innerhalb demselben durchschneiden müssen, und mithin der Ort, darin er sich seines Bildes bewußt ist, zur Zeit des Wachens in ihm selbst gedacht werde. Wenn ich also setze, daß durch irgend einen Zufall oder Krankheit gewisse Organen des Gehirnes so verzogen und aus ihrem gehörigen Gleichgewicht gebracht seien, daß die Bewegung der Nerven, die mit einigen Phantasien harmonisch beben, nach solchen Richtungslinien geschieht, welche fortgezogen sich außerhalb dem Gehirne durchkreuzen würden, so ist der *focus imaginarius* außerhalb dem denkenden Subject gesetzt,* und das Bild, welches ein Werk der bloßen Einbildung

---

* Man könnte als eine entfernte Ähnlichkeit mit dem angeführten Zufalle die Beschaffenheit der Trunkenen anführen, die in diesem Zustande mit beiden Auist, wird als ein Gegenstand vorgestellt, der den äußeren Sinnen gegenwärtig wäre. Die Bestürzung über die vermeinte Erscheinung einer Sache, die nach der natürlichen Ordnung nicht zugegen sein sollte, wird, obschon auch anfangs ein solches Schattenbild der Phantasie nur schwach wäre, bald die Aufmerksamkeit rege machen und der Scheinempfindung eine so große Lebhaftigkeit geben, die den betrogenen Menschen an der Wahrhaftigkeit nicht zweifeln läßt. Dieser Betrug kann einen jeden äußeren Sinn betreffen, denn von jeglichem haben wir copirte Bilder in der Einbildung, und die Verrückung des Nervengewebes kann die Ursache werden, den *focum imaginarium* dahin zu versetzen, von wo der sinnliche Eindruck eines wirklich vorhandenen körperlichen Gegenstandes kommen würde. Es ist alsdann kein Wunder, wenn der Phantast manches sehr deutlich zu sehen oder zu hören glaubt, was niemand außer ihm wahrnimmt, imgleichen wenn diese Hirngespenster ihm erscheinen und plötzlich verschwinden, oder indem sie etwa einem Sinne, z. E. dem Gesichte, vorgaukeln, durch keinen andern, wie z. E. das Gefühl, können empfunden werden und daher durchdringlich scheinen. Die gemeine Geistererzählungen laufen so sehr auf dergleichen Bestimmungen hinaus, daß sie den Verdacht ungemein rechtfertigen, sie könnten wohl

347

---

gen doppelt sehen: darum weil durch die Anschwellung der Blutgefäße eine Hinderniß entspringt, die Augenachsen so zu richten, daß ihre verlängerte Linien sich im Punkte, worin das Object ist, schneiden. Eben so mag die Verziehung der Hirngefäße, die vielleicht nur vorübergehend ist und, so lange sie dauert, nur einige Nerven betrifft, dazu dienen, daß gewisse Bilder der Phantasie selbst im Wachen als außer uns erscheinen. Eine sehr gemeine Erfahrung kann mit dieser Täuschung verglichen werden. Wenn man nach vollbrachtem Schlafe mit einer Gemächlichkeit, die einem Schlummer nahe kommt, und gleichsam mit gebrochnen Augen die mancherlei Fäden der Bettvorhänge oder des Bezuges oder die kleinen Flecken einer nahen Wand ansieht, so macht man sich daraus leichtlich Figuren von Menschengesichtern und dergleichen. Das Blendwerk hört auf, so bald man will und die Aufmerksamkeit anstrengt. Hier ist die Versetzung des *foci imaginarii* der Phantasien der Willkür einigermaßen unterworfen, da sie bei der Verrückung durch keine Willkür kann gehindert werden.

aus einer solchen Quelle entsprungen sein. Und so ist auch der gangbare Begriff von geistigen Wesen, den wir oben aus dem gemeinen Redegebrauche herauswickelten, dieser Täuschung sehr gemäß und verläugnet seinen Ursprung nicht: weil die Eigenschaft einer durchdringlichen Gegenwart im Raume das wesentliche Merkmal dieses Begriffes ausmachen soll.

Es ist auch sehr wahrscheinlich, daß die Erziehungsbegriffe von Geistergestalten dem kranken Kopfe die Materialien zu den täuschenden Einbildungen geben, und daß ein von allen solchen Vorurtheilen leeres Gehirn, wenn ihm gleich eine Verkehrtheit anwandelte, wohl nicht so leicht Bilder von solcher Art aushecken würde. Ferner sieht man daraus auch, daß, da die Krankheit des Phantasten nicht eigentlich den Verstand, sondern die Täuschung der Sinne betrifft, der Unglückliche seine Blendwerke durch kein Vernünfteln heben könne: weil die wahre oder scheinbare Empfindung der Sinne selbst vor allem Urtheil des Verstandes vorhergeht und eine unmittelbare Evidenz hat, die alle andre Überredung weit übertrifft.

Die Folge, die sich aus diesen Betrachtungen ergiebt, hat dieses Ungelegene an sich, daß sie die tiefe Vermuthungen des vorigen Hauptstücks ganz entbehrlich macht, und daß der Leser, so bereitwillig er auch sein mochte, den idealischen Entwürfen desselben einigen Beifall einzuräumen, dennoch den Begriff vorziehen wird, welcher mehr Gemächlichkeit und Kürze im Entscheiden bei sich führt und sich einen allgemeineren Beifall versprechen kann. Denn außer dem, daß es einer vernünftigen Denkungsart gemäßer zu sein scheint, die Gründe der Erklärung aus dem Stoffe herzunehmen, den die Erfahrung uns darbietet, als sich in schwindlichten Begriffen einer halb dichtenden, halb schließenden Vernunft zu verlieren, so äußert sich noch dazu auf dieser Seite einiger Anlaß zum Gespötte, welches, es mag nun gegründet sein oder nicht, ein kräftigeres Mittel ist als irgend ein anderes, eitele Nachforschungen zurückzuhalten. Denn auf eine ernsthafte Art über die Hirngespenster der Phantasten Auslegungen machen zu wollen, giebt schon eine schlimme Vermuthung, und die Philosophie setzt sich in Verdacht, welche sich in so schlechter Gesellschaft betreffen läßt. Zwar habe ich oben den Wahnsinn in dergleichen Erscheinung nicht bestritten, vielmehr ihn, zwar nicht als die Ursache einer eingebildeten Geistergemeinschaft, doch als eine natürliche Folge derselben damit verknüpft; allein was für eine Thorheit giebt es doch, die nicht mit einer bodenlosen Weltweisheit könnte in Einstimmung gebracht werden? Daher verdenke ich es dem Leser keinesweges, wenn er, anstatt die Geisterseher für Halbbürger der andern Welt anzusehen, sie kurz und gut als Candidaten des Hospitals abfertigt und sich dadurch alles weiteren Nachforschens überhebt. Wenn nun aber alles auf solchen Fuß genommen wird, so muß auch die Art dergleichen Adepten des Geisterreichs zu behandeln von derjenigen nach den obigen Begriffen sehr verschieden sein, und da man es sonst nöthig fand, bisweilen einige derselben zu brennen, so wird es jetzt gnug sein, sie nur zu purgiren. Auch wäre es bei dieser Lage der Sachen eben nicht nöthig gewesen, so weit auszuholen und in dem fieberhaften Gehirne betrogener Schwärmer durch Hülfe der Metaphysik Geheimnisse aufzusuchen. Der scharfsichtige Hudibras hätte uns allein das Räthsel auflösen können, denn nach seiner Meinung: **wenn ein hypochondrischer Wind in den Eingeweiden tobt, so kommt es darauf an, welche Richtung er nimmt, geht er abwärts, so wird ein F-, steigt er aber aufwärts, so ist es eine Erscheinung oder eine heilige Eingebung.**

Viertes Hauptstück.

Theoretischer Schluß aus den gesammten Betrachtungen des ersten Theils.

Die Trüglichkeit einer Wage, die nach bürgerlichen Gesetzen ein Maß der Handlung sein soll, wird entdeckt, wenn man Waare und Gewichte ihre Schalen vertauschen läßt, und die Parteilichkeit der Verstandeswage offenbart sich durch eben denselben Kunstgriff, ohne welchen man auch in philosophischen Urtheilen nimmermehr ein einstimmiges Facit aus den verglichenen Abwiegungen herausbekommen kann. Ich habe meine Seele von Vorurtheilen gereiniget, ich habe eine jede blinde Ergebenheit vertilgt, welche sich jemals einschlich, um manchem eingebildeten Wissen in mir Eingang zu verschaffen. Jetzt ist mir nichts angelegen, nichts ehrwürdig, als was durch den Weg der Aufrichtigkeit in einem ruhigen und für alle Gründe zugänglichen Gemüthe Platz nimmt; es mag mein voriges Urtheil bestätigen oder aufheben, mich bestimmen oder unentschieden lassen. Wo ich etwas antreffe, das mich belehrt, da eigne ich es mir zu. Das Urtheil desjenigen, der meine Gründe widerlegt, ist mein Urtheil, nachdem ich es vorerst gegen die Schale der Selbstliebe und nachher in derselben gegen meine vermeintliche Gründe abgewogen und in ihm einen größeren Gehalt gefunden habe. Sonst betrachte ich den allgemeinen menschlichen Verstand blos aus dem Standpunkte des meinigen: jetzt setze ich mich in die Stelle einer fremden und äußeren Vernunft und beobachte meine Urtheile sammt ihren geheimsten Anlässen aus dem Gesichtspunkte anderer. Die Vergleichung beider Beobachtungen giebt zwar starke Parallaxen, aber sie ist auch das einzige Mittel, den optischen Betrug zu verhüten und die Begriffe an die wahre Stellen zu setzen, darin sie in Ansehung der Erkenntnißvermögen der menschlichen

Natur stehen. Man wird sagen, daß dieses eine sehr ernsthafte Sprache sei für eine so gleichgültige Aufgabe, als wir abhandeln, die mehr ein Spielwerk als eine ernstliche Beschäftigung genannt zu werden verdient, und man hat nicht Unrecht so zu urtheilen. Allein ob man zwar über eine Kleinigkeit keine große Zurüstung machen darf, so kann man sie doch gar wohl bei Gelegenheit derselben machen, und die entbehrliche Behutsamkeit beim Entscheiden in Kleinigkeiten kann zum Beispiele in wichtigen Fällen dienen. Ich finde nicht, daß irgend eine Anhänglichkeit, oder sonst eine vor der Prüfung eingeschlichene Neigung meinem Gemüthe die Lenksamkeit nach allerlei Gründen für oder dawider benehme, eine einzige ausgenommen. Die Verstandeswage ist doch nicht ganz unparteilich, und ein Arm derselben, der die Aufschrift führt: Hoffnung der Zukunft, hat einen mechanischen Vortheil, welcher macht, daß auch leichte Gründe, welche in die ihm angehörige Schale fallen, die Speculationen von an sich größerem Gewichte auf der andern Seite in die Höhe ziehen. Dieses ist die einzige Unrichtigkeit, die ich nicht wohl heben kann, und die ich in der That auch niemals heben will. Nun gestehe ich, daß alle Erzählungen vom Erscheinen abgeschiedener Seelen oder von Geistereinflüssen und alle Theorien von der muthmaßlichen Natur geistiger Wesen und ihrer Verknüpfung mit uns nur in der Schale der Hoffnung merklich wiegen; dagegen in der der Speculation aus lauter Luft zu bestehen scheinen. Wenn die Ausmittelung der aufgegebenen Frage nicht mit einer vorher schon entschiedenen Neigung in Sympathie stände, welcher Vernünftige würde wohl unschlüssig sein, ob er mehr Möglichkeit darin finden sollte, eine Art Wesen anzunehmen, die mit allem, was ihm die Sinne lehren, gar nichts Ähnliches haben, als einige angebliche Erfahrungen dem Selbstbetruge und der Erdichtung beizumessen, die in mehreren Fällen nicht ungewöhnlich sind.

Ja dieses scheint auch überhaupt von der Beglaubigung der Geistererzählungen, welche so allgemeinen Eingang finden, die vornehmste Ursache zu sein, und selbst die erste Täuschungen von vermeinten Erscheinungen abgeschiedener Menschen sind vermuthlich aus der schmeichelhaften Hoffnung entsprungen, daß man noch auf irgend eine Art nach dem Tode übrig sei, da denn bei nächtlichen Schatten oftmals der Wahn die Sinne betrog und aus zweideutigen Gestalten Blendwerke schuf, die der vorhergehenden Meinung gemäß waren, woraus denn endlich die Philosophen Anlaß nahmen die Vernunftidee von Geistern auszudenken und sie in Lehrverfassung zu bringen. Man sieht es auch wohl meinem anmaßlichen Lehrbegriff von der Geistergemeinschaft an, daß er eben dieselbe Richtung nehme, in den die gemeine Neigung einschlägt. Denn die Sätze vereinbaren sich sehr merklich nur dahin, um einen Begriff zu geben, wie der Geist des Menschen aus dieser Welt herausgehe,* d. i. vom Zustande nach dem Tode; wie er aber hineinkomme, d. i. von der Zeugung und Fortpflanzung, davon erwähne ich nichts; ja sogar nicht einmal, wie er in dieser Welt gegenwärtig sei, d. i. wie eine immaterielle Natur in einem Körper und durch denselben wirksam sein könne; alles um einer sehr gültigen Ursache willen, welche diese ist, daß ich hievon insgesammt nichts verstehe und folglich mich wohl hätte bescheiden können, eben so unwissend in Ansehung des künftigen Zustandes zu sein, wofern nicht die Parteilichkeit einer Lieblingsmeinung den Gründen, die sich darboten, so schwach sie auch sein mochten, zur Empfehlung gedient hätte.

Eben dieselbe Unwissenheit macht auch, daß ich mich nicht unterstehe so gänzlich alle Wahrheit an den mancherlei Gei-

---

* Das Sinnbild der alten Ägypter für die Seele war ein Papillon, und die griechische Benennung bedeutete eben dasselbe. Man sieht leicht, daß die Hoffnung, welche aus dem Tode nur eine Verwandlung macht, eine solche Idee sammt ihren Zeichen veranlaßt habe. Indessen hebt dieses keineswegs das Zutrauen zu der Richtigkeit der hieraus entsprungenen Begriffe. Unsere innere Empfindung und die darauf gegründete Urtheile des Vernunftähnlichen führen, so lange sie unverderbt sind, eben dahin, wo die Vernunft hin leiten würde, wenn sie erleuchteter und ausgebreiteter wäre.

stererzählungen abzuleugnen, doch mit dem gewöhnlichen, obgleich wunderlichen Vorbehalt, eine jede einzelne derselben in Zweifel zu ziehen, allen zusammen genommen aber einigen Glauben beizumessen. Dem Leser bleibt das Urtheil frei; was mich aber anlangt, so ist zum wenigsten der Ausschlag auf die Seite der Gründe des zweiten Hauptstücks bei mir groß gnug, mich bei Anhörung der mancherlei befremdlichen Erzählungen dieser Art ernsthaft und unentschieden zu erhalten. Indessen da es niemals an Gründen der Rechtfertigung fehlt, wenn das Gemüth vorher eingenommen ist, so will ich dem Leser mit keiner weiteren Vertheidigung dieser Denkungsart beschwerlich fallen.

Da ich mich jetzt beim Schlusse der Theorie von Geistern befinde, so unterstehe ich mir noch zu sagen: daß diese Betrachtung, wenn sie von dem Leser gehörig genutzt wird, alle philosophische Einsicht von dergleichen Wesen vollende, und daß man davon vielleicht künftighin noch allerlei meinen, niemals aber mehr wissen könne. Dieses Vorgeben klingt ziemlich ruhmräthig. Denn es ist gewiß kein den Sinnen bekannter Gegenstand der Natur, von dem man sagen könnte, man habe ihn durch Beobachtung oder Vernunft jemals erschöpft, wenn es auch ein Wassertropfen, ein Sandkorn oder etwas noch Einfacheres wäre; so unermeßlich ist die Mannigfaltigkeit desjenigen, was die Natur in ihren geringsten Theilen einem so eingeschränkten Verstande, wie der menschliche ist, zur Auflösung darbietet. Allein mit dem philosophischen Lehrbegriff von geistigen Wesen ist es ganz anders bewandt. Es kann vollendet sein, aber im negativen Verstande, indem er nämlich die Grenzen unserer Einsicht mit Sicherheit festsetzt und uns überzeugt: daß die verschiedene Erscheinungen des Lebens in der Natur und deren Gesetze alles seien, was uns zu erkennen vergönnt ist, das Principium dieses Lebens aber, d. i. die geistige Natur, welche man nicht kennt, sondern vermuthet, niemals positiv könne gedacht werden, weil keine *data*

36 hiezu in unseren gesammten Empfindungen anzutreffen seien, und daß man sich mit Verneinungen behelfen müsse, um etwas von allem Sinnlichen so sehr Unterschiedenes zu denken, daß aber selbst die Möglichkeit solcher Verneinungen weder auf Erfahrung, noch auf Schlüssen, sondern auf einer Erdichtung beruhe, zu der eine von allen Hülfsmitteln entblößte Vernunft ihre Zuflucht nimmt. Auf diesen Fuß kann die Pneumatologie der Menschen ein Lehrbegriff ihrer nothwendigen Unwissenheit in Absicht auf eine vermuthete Art Wesen genannt werden und als ein solcher der Aufgabe leichtlich adäquat sein.

Nunmehr lege ich die ganze Materie von Geistern, ein weitläufig Stück der Metaphysik, als abgemacht und vollendet bei Seite. Sie geht mich künftig nichts mehr an. Indem ich den Plan meiner Nachforschung auf diese Art besser zusammenziehe und mich einiger gänzlich vergeblichen Untersuchungen entschlage, so hoffe ich meine geringe Verstandesfähigkeit auf die übrige Gegenstände vorteilhafter anlegen zu können. Es ist mehrentheils umsonst, das kleine Maß seiner Kraft auf alle windichte Entwürfe ausdehnen zu wollen. Daher gebeut die Klugheit sowohl in diesem als in andern Fällen, den Zuschnitt der Entwürfe den Kräften angemessen zu machen und, wenn man das Große nicht füglich erreichen kann, sich auf das Mittelmäßige einzuschränken.

Der zweite Teil,
welcher historisch ist.

Erstes Hauptstück.

Eine Erzählung, deren Wahrheit der beliebigen Erkundigung des Lesers empfohlen wird.

Sit mihi fas audita loqui. - - -

VIRG.

Die Philosophie, deren Eigendünkel macht, daß sie sich selbst allen eiteln Fragen bloß stellt, sieht sich oft bei dem Anlasse gewisser Erzählungen in schlimmer Verlegenheit, wenn sie entweder an einigem in denselben ungestraft nicht **zweifeln** oder manches davon unausgelacht nicht **glauben** darf. Beide Beschwerlichkeiten finden sich in gewisser Maße bei den herumgehenden Geistergeschichten zusammen, die erste bei Anhörung desjenigen, der sie betheuret, und die zweite in Betracht derer, auf die man sie weiter bringt. In der That ist auch kein Vorwurf dem Philosophen bitterer, als der der Leichtgläubigkeit und der Ergebenheit in den gemeinen Wahn, und da diejenigen, welche sich darauf verstehen, gutes Kaufs klug zu scheinen, ihr spöttisches Gelächter auf alles werfen, was die Unwissenden und die Weisen gewissermaßen gleich macht, indem es beiden unbegreiflich ist: so ist kein Wunder, daß die so häufig vorgegebene Erscheinungen großen Eingang finden, öffentlich aber entweder abgeleugnet oder doch verhehlt werden. Man kann sich daher darauf verlassen: daß niemals eine Akademie der Wissenschaften diese Materie zur Preisfrage machen werde; nicht als wenn die Glieder derselben gänzlich von aller Ergebenheit in die gedachte Meinung frei wären, sondern weil die Regel der Klugheit den Fragen, welche der Vorwitz und die eitle Wißbegierde ohne Unterschied aufwirft, mit Recht Schranken setzt. Und so werden die Erzählungen von dieser Art wohl jederzeit nur heimliche Gläubige haben, öffentlich aber durch die herrschende Mode des Unglaubens verworfen werden.

Da mir indessen diese ganze Frage weder wichtig noch vorbereitet gnug scheint, um über dieselbe etwas zu entscheiden, so trage ich kein Bedenken hier eine Nachricht der erwähnten Art anzuführen und sie mit völliger Gleichgültigkeit dem geneigten oder ungeneigten Urtheile der Leser preis zu geben.

Es lebt zu Stockholm ein gewisser Herr Schwedenberg ohne Amt oder Bedienung von seinem ziemlich ansehnlichen Vermögen. Seine ganze Beschäftigung besteht darin, daß er, wie er selbst sagt, schon seit mehr als zwanzig Jahren mit Geistern und abgeschiedenen Seelen im genauesten Umgange steht, von ihnen Nachrichten aus der andern Welt einholt und ihnen dagegen welche aus der gegenwärtigen ertheilt, große Bände über seine Entdeckungen abfaßt und bisweilen nach London reiset, um die Ausgabe derselben zu besorgen. Er ist eben nicht zurückhaltend mit seinen Geheimnissen, spricht mit jedermann frei davon, scheint vollkommen von dem, was er vorgiebt, überredet zu sein ohne einigen Anschein eines angelegten Betruges oder Charltanerei. So wie er, wenn man ihm selbst glauben darf, der Erzgeisterseher unter allen Geisterseherhern ist, so ist er auch sicherlich der Erzphantast unter allen Phantasten, man mag ihn nun aus der Beschreibung derer, welche ihn kennen, oder aus seinen Schriften beurtheilen. Doch kann dieser Umstand diejenige, welche den Geistereinflüssen sonst günstig sind, nicht abhalten, hinter solcher Phantasterei noch etwas Wahres zu vermuthen. Weil indessen das Creditiv aller Bevollmächtigten aus der andern Welt in den Beweisthümern besteht, die sie durch gewisse Proben in der gegenwärtigen von ihrem außerordentlichen Beruf ablegen, so muß ich von demjenigen, was zur Beglaubigung der außerordentlichen Eigenschaft des gedachten Mannes herumgetragen wird, wenigstens dasjenige anführen, was noch bei den meisten einigen Glauben findet.

Gegen das Ende des Jahres 1761 wurde Herr Schwedenberg zu einer Fürstin gerufen, deren großer Verstand und Einsicht es beinahe unmöglich machen sollte in dergleichen Fällen hintergangen zu werden. Die Veranlassung dazu gab das allgemeine Gerücht von den vorgegebenen Visionen dieses Mannes. Nach einigen Fragen, die mehr darauf abzielten sich mit seinen Einbildungen zu belustigen, als wirkliche Nachrichten aus der andern Welt zu vernehmen, verabschiedete ihn die Fürstin, indem sie ihm vorher einen geheimen Auftrag that, der in seine Geistergemeinschaft einschlug. Nach einigen Tagen erschien Herr Schwedenberg mit der Antwort, welche von der Art war, daß solche die Fürsten ihrem eigenen Geständnisse nach in das größte Erstaunen versetzte, indem sie solche wahr befand, und ihm gleichwohl solche von keinem lebendigen Menschen konnte ertheilt sein. Diese Erzählung ist aus dem Berichte eines Gesandten an dem dortigen Hofe, der damals zugegen war, an einen andern fremden Gesandten in Kopenhagen gezogen worden, stimmt auch genau mit dem, was die besondere Nachfrage darüber hat erkundigen können, zusammen.

Folgende Erzählungen haben keine andere Gewährleistung als die gemeine Sage, deren Beweis sehr mißlich ist. Madame Marteville, die Witwe eines holländischen Envoyé an dem schwedischen Hofe, wurde von den Angehörigen eines Goldschmiedes um die Bezahlung des Rückstandes für ein verfertigtes Silberservice gemahnt. Die Dame, welche die regelmäßige Wirtschaft ihres verstorbenen Gemahls kannte, war überzeugt, daß diese Schuld schon bei seinem Leben abgemacht sein müßte; allein sie fand in seinen hinterlassenen Papieren gar keinen Beweis. Das Frauenzimmer ist vorzüglich geneigt den Erzählungen der Wahrsagerei, der Traumdeutung und allerlei anderer wunderbarer Dinge Glauben beizumessen. Sie entdeckte daher ihr Anliegen dem Herrn Schwedenberg mit dem Ersuchen, wenn es wahr wäre, was man von ihm sagte, daß er mit abgeschiedenen Seelen im Umgange stehe, ihr aus der andern Welt von ihrem verstorbenen Gemahl Nachricht zu verschaffen, wie es mit der gedachten Anforderung bewandt sei. Herr Schwedenberg versprach solches zu thun und stellte der Dame nach wenig Tagen in ihrem Hause den Bericht ab, daß er die verlangte Kundschaft eingezogen habe, daß in einem Schrank, den er anzeigte und der ihrer Meinung nach völlig ausgeräumt war, sich noch ein verborgenes Fach befinde, welches die erforderliche Quittungen enthielte. Man suchte sofort seiner Beschreibung zufolge und fand nebst der geheimen holländischen Correspondence die Quittungen, wodurch alle gemachten Ansprüche völlig getilgt wurden.

Die dritte Geschichte ist von der Art, daß sich sehr leicht ein vollständiger Beweis ihrer Richtigkeit oder Unrichtigkeit muß geben lassen. Es war, wo ich recht berichtet bin, gegen das Ende des 1759ten Jahres, als Herr Schwedenberg, aus England kommend, an einem Nachmittage zu Gothenburg ans Land trat. Er wurde denselben Abend zu einer Gesellschaft bei einem dortigen Kaufmann gezogen und gab ihr nach einigem Aufenthalt mit allen Zeichen der Bestürzung die Nachricht, daß eben jetzt in Stockholm im Südermalm eine erschreckliche Feuersbrunst wüthe. Nach Verlauf einiger Stunden, binnen welchen er sich dann und wann entfernte, berichtete er der Gesellschaft, daß das Feuer gehemmt sei, imgleichen wie weit es um sich gegriffen habe. Eben denselben Abend verbreitete sich schon diese wunderliche Nachricht und war den andern Morgen in der ganzen Stadt herumgetragen; allein nach zwei Tagen allererst kam der Bericht davon aus Stockholm in Gothenburg an, völlig einstimmig, wie man sagt, mit Schwedenbergs Visionen.

Man wird vermuthlich fragen, was mich doch immer habe

bewegen können ein so verachtetes Geschäfte zu übernehmen, als dieses ist, Märchen weiter zu bringen, die ein Vernünftiger Bedenken trägt mit Geduld anzuhören, ja solche gar zum Text philosophischer Untersuchungen zu machen. Allein da die Philosophie, welche wir voranschickten, eben so wohl ein Märchen war aus dem Schlaraffenlande der Metaphysik, so sehe ich nichts Unschickliches darin, beide in Verbindung auftreten zu lassen; und warum sollte es auch eben rühmlicher sein, sich durch das blinde Vertrauen in die Scheingründe der Vernunft, als durch unbehutsamen Glauben an betrügliche Erzählungen hintergehen zu lassen?

Thorheit und Verstand haben so unkenntlich bezeichnete Grenzen, daß man schwerlich in dem einen Gebiete lange fortgeht, ohne bisweilen einen kleinen Streif in das andre zu thun; aber was die Treuherzigkeit anlangt, die sich bereden läßt, vielen festen Betheuerungen selbst wider die Gegenwehr des Verstandes bisweilen etwas einzuräumen, so scheint sie ein Rest der alten Stammehrlichkeit zu sein, die freilich auf den jetzigen Zustand nicht recht paßt und daher oft zur Thorheit wird, aber darum doch eben nicht als ein natürliches Erbstück der Dummheit angesehen werden muß. Daher überlasse ich es dem Belieben des Lesers bei der wunderlichen Erzählung, mit welcher ich mich bemenge, jene zweideutige Mischung von Vernunft und Leichtgläubigkeit in ihre Elemente aufzulösen und die Proportion beider Ingredientien für meine Denkungsart auszurechnen. Denn da es bei einer solchen Kritik doch nur um die Anständigkeit zu thun ist, so halte ich mich gnugsam vor dem Spott gesichert, dadurch daß ich mit dieser Thorheit, wenn man sie so nennen will, mich gleichwohl in recht guter und zahlreicher Gesellschaft befinde, welches schon gnug ist, wie Fontenelle glaubt, um wenigstens nicht für unklug gehalten zu werden. Denn es ist zu allen Zeiten so gewesen und wird auch wohl künftighin so bleiben, daß gewisse widersinnige Dinge selbst bei Vernünftigen Eingang finden, bloß darum weil allgemein davon gesprochen wird. Dahin gehören die Sympathie, die Wünschelruthe, die Ahndungen, die Wirkungen der Einbildungskraft schwangerer Frauen, die Einflüsse der Mondwechsel auf Thiere und Pflanzen u. d. g. Ja hat nicht vor kurzem das gemeine Landvolk den Gelehrten die Spötterei gut vergolten, welche sie gemeiniglich auf dasselbe der Leichtgläubigkeit wegen zu werfen pflegen? Denn durch vieles Hörensagen brachten Kinder und Weiber endlich einen großen Theil kluger Männer dahin, daß sie einen gemeinen Wolf für eine Hyäne hielten, obgleich jetzt ein jeder Vernünftige leicht einsieht, daß in den Wäldern von Frankreich wohl kein afrikanisches Raubthier herumlaufen werde. Die Schwäche des menschlichen Verstandes in Verbindung mit seiner Wißbegierde macht, daß man anfänglich Wahrheit und Betrug ohne Unterschied aufrafft. Aber nach und nach läutern sich die Begriffe, ein kleiner Theil bleibt, das übrige wird als Auskehricht weggeworfen.

Wem also jene Geistererzählungen eine Sache von Wichtigkeit zu sein scheinen, der kann immerhin, im Fall er Geld gnug und nichts Besseres zu thun hat, eine Reise auf eine nähere Erkundigung derselben wagen, so wie Artemidor zum Besten der Traumdeutung in Kleinasien herumzog. Es wird ihm auch die Nachkommenschaft von ähnlicher Denkungsart dafür höchlich verbunden sein, daß er verhütete, damit nicht dereinst ein anderer Philostrat aufstände, der nach Verlauf vieler Jahre aus unserm Schwedenberg einen neuen Apollonius von Tyane machte, wenn das Hörensagen zu einem förmlichen Beweise wird gereift sein, und das ungelegene, obzwar höchstnöthige Verhör der Augenzeugen dereinst unmöglich geworden sein wird.

Zweites Hauptstück.

Ekstatische Reise eines Schwärmers durch die Geisterwelt. Praktischer Schluß aus der ganzen Abhandlung.

Somnia, terrores magicos, miracula, sagas,
Nocturnos lemures, portentaque Thessala –.

HORATIUS.

Ich kann es dem behutsamen Leser auf keinerlei Weise übel nehmen, wenn sich im Fortgange dieser Schrift einiges Bedenken bei ihm geregt hätte über das Verfahren, das der Verfasser für gut gefunden hat darin zu beobachten. Denn da ich den dogmatischen Theil vor dem historischen und also die Vernunftgründe vor der Erfahrung voranschickte, so gab ich Ursache zu dem Argwohn, als wenn ich mit Hinterlist umginge und, da ich die Geschichte schon vielleicht zum Voraus im Kopfe gehabt haben mochte, mich nur so angestellt hätte, als wüßte ich von nichts, als von reinen, abgesonderten Betrachtungen, damit ich den Leser, der sich nichts dergleichen besorgt, am Ende mit einer erfreulichen Bestätigung aus der Erfahrung überraschen könnte. Und in der That ist dieses auch ein Kunstgriff, dessen die Philosophen sich mehrmals sehr glücklich bedient haben. Denn man muß wissen, daß alle Erkenntniß zwei Enden habe, bei denen man sie fassen kann, das eine *a priori*, das andere *a posteriori*. Zwar haben verschiedene Naturlehrer neuerer Zeiten vorgegeben, man müsse es bei dem letzteren anfangen, und glauben den Aal der Wissenschaft beim Schwanze zu erwischen, indem sie sich gnugsamer Erfahrungskenntnisse versichern und dann so allmählig zu allgemeinen und höheren Begriffen hinaufrücken. Allein ob dieses zwar nicht unklug gehandelt sein möchte: so ist es doch bei weitem nicht gelehrt und philosophisch gnug, denn man ist auf diese Art bald bei einem Warum, worauf keine Antwort gegeben werden kann, welches einem Philosophen gerade so viel Ehre macht als einem Kaufmann, der bei einer Wechselzahlung freundlich bittet, ein andermal wieder anzusprechen. Daher haben scharfsinnige Männer, um diese Unbequemlichkeit zu vermeiden, von der entgegengesetzten äußersten Grenze, nämlich dem obersten Punkte der Metaphysik, angefangen. Es findet sich aber hiebei eine neue Beschwerlichkeit, nämlich daß man anfängt, ich weiß nicht wo, und kommt, ich weiß nicht wohin, und daß der Fortgang der Gründe nicht auf die Erfahrung treffen will, ja daß es scheint, die Atomen des Epikurs dürften eher, nachdem sie von Ewigkeit her immer gefallen, einmal von ungefähr zusammenstoßen, um eine Welt zu bilden, als die allgemeinsten und abstractesten Begriffe, um sie zu erklären. Da also der Philosoph wohl sah, daß seine Vernunftgründe einerseits und die wirkliche Erfahrung oder Erzählung andererseits, wie ein Paar Parallellinien wohl ins Undenkliche neben einander fortlaufen würden, ohne jemals zusammen zu treffen, so ist er mit den übrigen, gleich als wenn sie darüber Abrede genommen hätten, übereingekommen ein jeder nach seiner Art den Anfangspunkt zu nehmen und darauf nicht in der geraden Linie der Schlußfolge, sondern mit einem unmerklichen Clinamen der Beweisgründe, dadurch daß sie nach dem Ziele gewisser Erfahrungen oder Zeugnisse verstohlen hinschielten, die Vernunft so zu lenken, daß sie gerade dahin treffen mußte, wo der treuherzige Schüler sie nicht vermuthet hatte, nämlich dasjenige zu beweisen, wovon man schon vorher wußte, daß es sollte bewiesen werden. Diesen Weg nannten sie alsdann noch den Weg *a priori,* ob er wohl unvermerkt durch ausgesteckte Stäbe nach dem Punkte *a posteriori* gezogen war, wobei aber billigermaßen der, so die Kunst versteht, den Meister nicht verrathen muß. Nach dieser sinnreichen Lehrart haben verschiedene verdienstvolle Männer auf dem bloßen Wege der Vernunft sogar Geheimnisse der Religion ertappt, so wie Romanschreiber die Heldin der Geschichte in entfernte Länder fliehen lassen, damit sie ihrem Anbeter durch ein glückliches Abenteuer von ungefähr aufstoße: *et fugit ad salices et se cupit ante videri.* VIRG. Ich würde mich also bei so gepriesenen Vorgängern in der Tat nicht zu schämen Ursache haben, wenn ich gleich wirklich eben dasselbe Kunststück gebraucht hätte, um meiner Schrift zu einem erwünschten Ausgange zu verhelfen. Allein ich bitte den Leser gar sehr, dergleichen nicht von mir zu glauben. Was würde es mir auch jetzt helfen, da ich keinen mehr hintergehen kann, nachdem ich das Geheimniß schon ausgeplaudert habe? Zudem habe ich das Unglück, daß das Zeugniß, worauf ich stoße und was meiner philosophischen Hirngeburt so ungemein ähnlich ist, verzweifelt mißgeschaffen und albern aussieht, so daß ich viel eher vermuthen muß, der Leser werde um der Verwandtschaft mit solchen Beistimmungen willen meine Vernunftgründe für ungereimt, als jene um dieser willen für vernünftig halten. Ich sage demnach ohne Umschweif, daß, was solche anzügliche Vergleichungen anlangt, ich keinen Spaß verstehe, und erkläre kurz und gut, daß man entweder in Schwedenbergs Schriften mehr Klugheit und Wahrheit vermuthen müsse, als der erste Anschein blicken läßt, oder daß es nur so von ungefähr komme, wenn er mit meinem System zusammentrifft, wie Dichter bisweilen, wenn sie rasen, weissagen, wie man glaubt, oder wenigstens wie sie selbst sagen, wenn sie dann und wann mit dem Erfolge zusammentreffen.

Ich komme zu meinem Zwecke, nämlich zu den Schriften meines Helden. Wenn manche jetzt vergessene, oder dereinst doch namenlose Schriftsteller kein geringes Verdienst haben, daß sie in der Ausarbeitung großer Werke den Aufwand ihres Verstandes nicht achteten, so gebührt dem Herren Schwedenberg ohne Zweifel die größte Ehre unter allen. Denn gewiß, seine Flasche in der Mondenwelt ist ganz voll und weicht keiner einzigen unter denen, die Ariosto dort mit der hier verlornen Vernunft angefüllt gesehen hat, und die ihre Besitzer dereinst werden wiedersuchen müssen, so völlig entleert ist das große Werk von einem jeden Tropfen derselben. Nichts destoweniger herrscht darin eine so wundersame Übereinkunft mit demjenigen, was die feinste Ergrübelung der Vernunft über den ähnlichen Gegenstand herausbringen kann, daß der Leser mir es verzeihen wird, wenn ich hier diejenige Seltenheit in den Spielen der Einbildung finde, die so viel andere Sammler in den Spielen der Natur angetroffen haben, als wenn sie etwa im fleckichten Marmor die heilige Familie, oder in Bildungen von Tropfstein Mönche, Taufstein und Orgeln, oder sogar, wie der Spötter Liscow auf einer gefrorenen Fensterscheibe die Zahl des Thieres und die dreifache Krone entdecken; lauter Dinge, die niemand sonst sieht, als dessen Kopf schon vorher damit angefüllt ist.

Das große Werk dieses Schriftstellers enthält acht Quartbände voll Unsinn, welche unter dem Titel: *Arcana caelestia,* der Welt als eine neue Offenbarung vorlegt, und wo seine Erscheinungen mehrentheils auf die Entdeckung des geheimen Sinnes in den zwei ersten Büchern Mosis und eine ähnliche Erklärungsart der ganzen H. Schrift angewendet werden. Alle diese schwärmende Auslegungen gehen mich hier nichts an; man kann aber, wenn man will, einige Nachrichten von denselben in des Herrn Doctor Ernesti Theol. Bibliothek im ersten Bande aufsuchen. Nur die *audita et visa,* d. i. was seine eigne Augen sollen gesehen und eigene Ohren gehört haben, sind alles, was wir vornehmlich aus den Beilagen zu seinen Capiteln ziehen wollen, weil sie allen übrigen Träumereien zum Grunde liegen und auch ziemlich in das Abenteuer einschlagen, das wir oben auf dem Luftschiffe der Metaphysik gewagt haben. Der Stil des Verfassers ist platt. Seine Erzählungen und ihre Zusammenordnung scheinen in der That aus fanatischem Anschauen entsprungen zu sein und geben gar wenig Verdacht, daß speculative Hirngespinste einer verkehrt grüblenden Vernunft ihn bewogen haben sollten, dieselbe zu erdichten und zum Betruge anzulegen. In so fern haben sie also einige Wichtigkeit und verdienen wirklich in einem kleinen Auszuge vorgestellt zu werden, vielleicht mehr, als so manche Spielwerke hirnloser Vernünftler, welche unsere Journale anschwellen, weil eine zusammenhängende Täuschung der Sinne überhaupt ein viel merkwürdiger Phänomenon ist, als der Betrug der Vernunft, dessen Gründe bekannt genug sind, und der auch großen Theils durch willkürliche Richtung der Gemüthskräfte und etwas mehr Bändigung eines leeren Vorwitzes könnte verhütet werden, da hingegen jene das erste Fundament aller Urtheile betrifft, dawider, wenn es unrichtig ist, die Regeln der Logik wenig vermögen! Ich sondere also bei unserm Verfasser den Wahnsinn vom Wahnwitze ab und übergehe dasjenige, was er auf eine verkehrte Weise klügelt, indem er nicht bei seinen Visionen stehen bleibt, eben so wie man sonst vielfältig bei einem Philosophen dasjenige, was er beobachtet, von dem absondern muß, was er vernünftelt, und sogar Scheinerfahrungen mehrentheils lehrreicher sind, als die Scheingründe aus der Vernunft. Indem ich also dem Leser einige von den Augenblicken raube, die er sonst vielleicht mit nicht viel größerem Nutzen auf die Lesung gründlicher Schriften von eben der Materie würde verwandt haben, so sorge ich zugleich für die Zärtlichkeit seines Geschmacks, da ich mit Weglassung vieler wilden Chimären die Quintessenz des Buchs auf wenig Tropfen bringe, wofür ich mir von ihm eben so viel Dank verspreche, als ein gewisser Patient glaubte den Ärzten schuldig zu sein, daß sie ihn nur die Rinde von der Quinquina verzehren ließen, da sie ihn leichtlich hätten nöthigen können den ganzen Baum aufzuessen.

Herr Schwedenberg theilt seine Erscheinungen in drei Arten ein, davon die erste ist, vom Körper befreiet zu werden: ein mittlerer Zustand zwischen Schlafen und Wachen, worin er Geister gesehen, gehört, ja gefühlt hat. Dergleichen ist ihm nur drei- oder viermal begegnet. Die zweite ist, vom Geiste weggeführt zu werden, da er etwa auf der Straße geht, ohne sich zu verwirren, indessen daß er im Geiste in ganz anderen Gegenden ist und anderwärts Häuser, Menschen, Wälder u. d. g. deutlich sieht, und dieses wohl einige Stunden lang, bis er sich plötzlich wiederum an seinem rechten Orte gewahr wird. Dieses ist ihm zwei- bis dreimal zugestoßen. Die dritte Art der Erscheinungen ist die gewöhnliche, welche er täglich im völligen Wachen hat, und davon auch hauptsächlich diese seine Erzählungen hergenommen sind.

Alle Menschen stehen seiner Aussage nach in gleich inniglicher Verbindung mit der Geisterwelt; nur sie empfinden es nicht, und der Unterschied zwischen ihm und den andern besteht nur darin, daß sein Innerstes aufgethan ist, von welchem Geschenke er jederzeit mit Ehrerbietigkeit redet *(datum mihi est ex divina Domini misericordia)*. Man sieht aus dem Zusammenhange, daß diese Gabe darin bestehen soll, sich der dunkelen Vorstellungen bewußt zu werden, welche die Seele durch ihre beständige Verknüpfung mit der Geisterwelt empfängt. Er unterscheidet daher an dem Menschen das äußere und innere Gedächtniß. Jenes hat er als eine Person, die zu der sichtbaren Welt gehört, dieses aber kraft seines Zusammenhanges mit der Geisterwelt. Darauf gründet sich auch der Unterschied des äußeren und inneren Menschen, und sein eigener Vorzug besteht darin, daß er schon in diesem Leben als eine Person sich in der Gesellschaft der Geister sieht und von ihnen auch als eine solche erkannt wird. In diesem innern Gedächtniß wird auch alles aufbehalten, was aus dem äußeren verschwunden war, und es geht nichts von allen Vorstellungen eines Menschen jemals verloren. Nach dem Tode ist die Erinnerung alles desjenigen, was jemals in seine Seele kam und was ihm selbst ehedem verborgen blieb, das vollständige Buch seines Lebens.

Die Gegenwart der Geister trifft zwar nur seinen innern Sinn. Dieses erregt ihm aber die Apparenz derselben als außer ihm und zwar unter einer menschlichen Figur. Die Geistersprache ist eine unmittelbare Mittheilung der Ideen, sie ist aber jederzeit mit der Apparenz derjenigen Sprache verbunden, die er sonst spricht, und wird vorgestellt als außer ihm. Ein Geist liest in eines andern Geistes Gedächtniß die Vorstellungen, die dieser darin mit Klarheit enthält. So sehen die Geister in Schwedenbergen seine Vorstellungen, die er von dieser Welt hat, mit so klarem Anschauen, daß sie sich dabei selbst hintergehen und sich öfters einbilden, sie sehen unmittelbar die Sachen, welches doch unmöglich ist, denn kein reiner Geist hat die mindeste Empfindung von der körperlichen Welt; allein durch die Gemeinschaft mit andern Seelen lebender Menschen können sie auch keine Vorstellung davon haben, weil ihr Innerstes nicht aufgethan ist, d. i. ihr innerer Sinn gänzlich dunkele Vorstellungen enthält. Daher ist Schwedenberg das rechte Orakel der Geister, welche eben so neugierig sind in ihm den gegenwärtigen Zustand der Welt zu beschauen, als er es ist in ihrem Gedächtniß wie in einem Spiegel die Wunder der Geisterwelt zu betrachten. Obgleich diese Geister mit allen andern Seelen lebender Menschen gleichfalls in der genauesten Verbindung stehen und in dieselbe wirken oder von ihnen leiden, so wissen sie doch dieses eben so wenig, als es die Menschen wissen, weil dieser ihr innerer Sinn, welcher zu ihrer geistigen Persönlichkeit gehört, ganz dunkel ist. Es meinen also die Geister: daß dasjenige, was aus dem Einflusse der Menschenseelen in ihnen gewirkt worden, von ihnen allein gedacht sei, so wie auch die Menschen in diesem Leben nicht anders glauben, als daß alle ihre Gedanken und Willensregungen aus ihnen selbst entspringen, ob sie gleich in der That oftmals aus der unsichtbaren Welt in sie übergehen. Indessen hat eine jede menschliche

Seele schon in diesem Leben ihre Stelle in der Geisterwelt und gehört zu einer gewissen Societät, die jederzeit ihrem innern Zustande des Wahren und Guten, d. i. des Verstandes und Willens, gemäß ist. Es haben aber die Stellen der Geister untereinander nichts mit dem Raume der körperlichen Welt gemein; daher die Seele eines Menschen in Indien mit der eines andern in Europa, was die geistige Lagen betrifft, oft die nächste Nachbaren sind, und dagegen die, so dem Körper nach in einem Hause wohnen, nach jenen Verhältnissen weit gnug von einander entfernt sein können. Stirbt der Mensch, so verändert die Seele nicht ihre Stelle, sondern empfindet sich nur in derselben, darin sie in Ansehung anderer Geister schon in diesem Leben war. Übrigens, obgleich das Verhältniß der Geister untereinander kein wahrer Raum ist, so hat dasselbe doch bei ihnen die Apparenz desselben, und ihre Verknüpfungen werden unter der begleitenden Bedingung der Naheiten, ihre Verschiedenheiten aber als Weiten vorgestellt, so wie die Geister selber wirklich nicht ausgedehnt sind, einander aber doch die Apparenz einer menschlichen Figur geben. In diesem eingebildeten Raume ist eine durchgängige Gemeinschaft der geistigen Naturen. Schwedenberg spricht mit abgeschiedenen Seelen, wenn es ihm beliebt, und liest in ihrem Gedächtniß (Vorstellungskraft) denjenigen Zustand, darin sie sich selbst beschauen, und sieht diesen eben so klar als mit leiblichen Augen. Auch ist die ungeheure Entfernung der vernünftigen Bewohner der Welt in Absicht auf das geistige Weltganze für nichts zu halten, und mit einem Bewohner des Saturns zu reden, ist ihm eben so leicht, als eine abgeschiedene Menschenseele zu sprechen. Alles kommt auf das Verhältniß des innern Zustandes und auf die Verknüpfung an, die sie untereinander nach ihrer Übereinstimmung im Wahren und im Guten haben; die entferntere Geister aber können leichtlich durch Vermittelung anderer in Gemeinschaft kommen. Daher braucht der Mensch auch nicht in den übrigen Weltkörpern wirklich gewohnt zu haben, um dieselbe dereinst mit allen ihren Wundern zu kennen. Seine Seele lieset in dem Gedächtnisse anderer abgeschiedenen Weltbürger ihre Vorstellungen, die diese von ihrem Leben und Wohnplatze haben, und sieht darin die Gegenstände so gut wie durch ein unmittelbares Anschauen.

Ein Hauptbegriff in Schwedenbergs Phantasterei ist dieser: Die körperliche Wesen haben keine eigene Subsistenz, sondern bestehen lediglich durch die Geisterwelt, wiewohl ein jeder Körper nicht durch einen Geist allein, sondern durch alle zusammengenommen. Daher hat die Erkenntniß der materiellen Dinge zweierlei Bedeutung, einen äußerlichen Sinn in Verhältniß der Materie aufeinander und einen innern, in so fern sie als Wirkungen die Kräfte der Geisterwelt bezeichnen, die ihre Ursachen sind. So hat der Körper des Menschen ein Verhältniß der Theile untereinander nach materiellen Gesetzen; aber in so fern er durch den Geist, der in ihm lebt, erhalten wird, haben seine verschiedene Gliedmaßen und ihre Funktionen einen bezeichnenden Werth für diejenige Seelenkräfte, durch deren Wirkung sie ihre Gestalt, Thätigkeit und Beharrlichkeit haben. Dieser innere Sinn ist den Menschen unbekannt, und den hat Schwedenberg, dessen Innerstes aufgethan ist, den Menschen bekannt machen wollen. Mit allen andern Dingen der sichtbaren Welt ist es eben so bewandt, sie haben, wie gesagt, eine Bedeutung als Sachen, welches wenig ist, und eine andere als Zeichen, welches mehr ist. Dieses ist auch der Ursprung der neuen Auslegungen, die er von der Schrift hat machen wollen. Denn der innere Sinn, nämlich die symbolische Beziehung aller darin erzählten Dinge auf die Geisterwelt, ist, wie er schwärmt, der Kern ihres Werths, das übrige ist nur die Schale. Was aber wiederum in dieser symbolischen Verknüpfung körperlicher Dinge als Bilder mit dem innern geistigen Zustande wichtig ist, besteht darin: Alle Geister stellen sich einander jederzeit unter dem Anschein ausgedehnter Gestalten vor, und die Einflüsse aller dieser geistigen Wesen untereinander erregen ihnen zugleich die Apparenz von noch andern ausgedehnten Wesen und gleichsam von einer materialen Welt, deren Bilder doch nur Symbolen ihres inneren Zustandes sind, aber gleichwohl eine so klare und dauerhafte Täuschung des Sinnes verursachen, daß solche der wirklichen Empfindung solcher Gegenstände gleich ist. (Ein künftiger Ausleger wird daraus schließen: daß Schwedenberg ein Idealist sei, weil er der Materie dieser Welt auch die eigne Subsistenz abspricht und sie daher vielleicht nur für eine zusammenhängende Erscheinung halten mag, welche aus der Verknüpfung der Geisterwelt entspringt.) Er redet also von Gärten, weitläuftigen Gegenden, Wohnplätzen, Gallerien und Arcaden der Geister, die er mit eigenen Augen in dem klärsten Lichte sähe, und versichert: daß, da er mit allen seinen Freunden nach ihrem Tode vielfältig gesprochen, er an denen, die nur kürzlich gestorben, fast jederzeit gefunden hätte, daß sie sich kaum hätten überreden können gestorben zu sein, weil sie eine ähnliche Welt um sich sähen; imgleichen, daß Geistergesellschaften von einerlei innerem Zustande einerlei Apparenz der Gegend und anderer daselbst befindlichen Dinge hätten, die Veränderung ihres Zustandes aber sei mit dem Schein der Veränderung des Orts verbunden. Weil nun jederzeit, wenn die Geister den Menschenseelen ihre Gedanken mittheilen, diese mit der Apparenz materieller Dinge verbunden sind, welche im Grunde nur kraft einer Beziehung auf den geistigen Sinn, doch mit allem Schein der Wirklichkeit sich demjenigen vormalen, der solche empfängt, so ist daraus der Vorrath der wilden und unaussprechlich albernen Gestalten herzuleiten, welche unser Schwärmer bei seinem täglichen Geisterumgange in aller Klarheit zu sehen glaubt.

Ich habe schon angeführt, daß nach unserm Verfasser die mancherlei Kräfte und Eigenschaften der Seele mit den ihrer Regierung untergeordneten Organen des Körpers in Sympathie stehen. Der ganze äußerere Mensch correspondirt also dem ganzen innern Menschen, und wenn daher ein merklicher geistiger Einfluß aus der unsichtbaren Welt eine oder andere dieser seiner Seelenkräfte vorzüglich trifft, so empfindet er auch harmonisch die apparente Gegenwart desselben an den Gliedmaßen seines äußeren Menschen, die diesen correspondiren. Dahin bezieht er nun eine große Mannigfaltigkeit von Empfindungen an seinem Körper, die jederzeit mit der geistigen Beschauung verbunden sind, deren Ungereimtheit aber zu groß ist, als daß ich es wagen dürfte nur eine einzige derselben anzuführen.

Hieraus kann man sich nun, wofern man es der Mühe werth hält, einen Begriff von der abenteuerlichsten und seltsamsten Einbildung machen, in welche sich alle seine Träumereien vereinbaren. So wie nämlich verschiedene Kräfte und Fähigkeiten diejenige Einheit ausmachen, welche die Seele oder der innere Mensch ist, so machen auch verschiedene Geister (deren Hauptcharaktere sich eben so auf einander beziehen, wie die mancherlei Fähigkeiten eines Geistes untereinander) eine Societät aus, welche die Apparenz eines großen Menschen an sich zeigt, und in welchem Schattenbilde ein jeder Geist sich an demjenigen Orte und in den scheinbaren Gliedmaßen sieht, die seiner eigenthümlichen Verrichtung in einem solchen geistigen Körper gemäß sind. Alle Geistersocietäten aber zusammen und die ganze Welt aller dieser unsichtbaren Wesen erscheint zuletzt selbst wiederum in der Apparenz des größten Menschen. Eine ungeheure und riesenmäßige Phantasie, zu welcher sich vielleicht eine alte kindische Vorstellung ausgedehnt hat, wenn etwa in Schulen, um dem Gedächtniß zu Hülfe zu kommen, ein ganzer Welttheil unter dem Bilde einer sitzenden Jungfrau u. d. g. den Lehrlingen vorgemalt wird. In diesem unermeßlichen Menschen ist eine durchgängige innigste Gemeinschaft eines Geistes mit allen und aller mit einem, und wie auch immer die Lage der lebenden Wesen gegeneinander in dieser Welt, oder deren Veränderung beschaffen sein mag, so haben sie doch eine ganz andere Stelle im größten Menschen, welche sie niemals verändern und welche nur dem Scheine nach ein Ort in einem unermeßlichen Raume, in der That aber eine bestimmte Art ihrer Verhältnisse und Einflüsse ist.

Ich bin es müde die wilden Hirngespinste des ärgsten Schwärmers unter allen zu copiren, oder solche bis zu seinen Beschreibungen vom Zustande nach dem Tode fortzusetzen. Ich habe auch noch andere Bedenklichkeiten. Denn obgleich ein Natursammler unter den präparirten Stücken thierischer Zeugungen nicht nur solche, die in natürlicher Form gebildet sind, sondern auch Mißgeburten in seinem Schranke aufstellt, so muß er doch behutsam sein, sie nicht jedermann und nicht gar zu deutlich sehen zu lassen. Denn es können unter den Vorwitzigen leichtlich schwangere Personen sein, bei denen es einen schlimmen Eindruck machen dürfte. Und da unter meinen Lesern einige in Ansehung der idealen Empfängniß eben sowohl in andern Umständen sein mögen, so würde es mir leid thun, wenn sie sich hier etwa woran sollten versehen haben. Indessen weil ich sie doch gleich anfangs gewarnt habe, so stehe ich für nichts und hoffe, man werde mir die Mondkälber nicht aufbürden, die bei dieser Veranlassung von ihrer fruchtbaren Einbildung möchten geboren werden.

Übrigens habe ich den Träumereien unseres Verfassers keine eigene unterschoben, sondern solche durch einen getreuen Auszug dem bequemen und wirthschaftlichen Leser (der einem kleinen Vorwitze nicht so leicht 7 Pfund Sterlinge aufopfern möchte) dargeboten. Zwar sind die unmittelbare Anschauungen mehrentheils von mir weggelassen worden, weil dergleichen wilde Hirngespinste nur den Nachtschlaf des Lebens stören würden; auch ist der verworrene Sinn seiner Eröffnungen hin und wieder in eine etwas gangbare Sprache eingekleidet worden; allein die Hauptzüge des Abrisses haben dadurch in ihrer Richtigkeit nicht gelitten. Gleichwohl ist es nur umsonst es verhehlen zu wollen, weil es Jedermann doch so in die Augen fällt, daß alle diese Arbeit am Ende auf nichts herauslaufe. Denn da die vorgegebene Privaterscheinungen des Buchs sich selbst nicht beweisen können, so konnte der Bewegsgrund, sich mit ihnen abzugeben, nur in der Vermuthung liegen, daß der Verfasser zur Beglaubigung derselben sich vielleicht auf Vorfälle von der oben erwähnten Art, die durch lebende Zeugen bestätigt werden können, berufen würde. Dergleichen aber findet man nirgend. Und so ziehen wir uns mit einiger Beschämung von einem thörichten Versuche zurück mit der vernünftigen, obgleich etwas späten Anmerkung: daß das Klugdenken mehrentheils eine leichte Sache sei, aber leider nur, nachdem man sich eine Zeit lang hat hintergehen lassen.

Ich habe einen undankbaren Stoff bearbeitet, den mir die Nachfrage und Zudringlichkeit vorwitziger und müßiger Freunde unterlegte. Indem ich diesem Leichtsinn meine Bemühung unterwarf, so habe ich zugleich dessen Erwartung betrogen und weder dem Neugierigen durch Nachrichten, noch dem Forschenden durch Vernunftgründe etwas zur Befriedigung ausgerichtet. Wenn keine andre Absicht diese Arbeit beseelte, so habe ich meine Zeit verloren: ich habe das Zutrauen des Lesers verloren, dessen Erkundigung und Wißbegierde ich durch einen langweiligen Umweg zu demselben Punkte der Unwissenheit geführt habe, aus welchem er herausgegangen war. Allein ich hatte in der That einen Zweck vor Augen, der mir wichtiger scheint als der, welchen ich vorgab, und diesen meine ich erreicht zu haben. Die Metaphysik, in welche ich das Schicksal habe verliebt zu sein, ob ich mich gleich von ihr nur selten einiger Gunstbezeugungen rühmen kann, leistet zweierlei Vortheile. Der erste ist, den Aufgaben ein Gnüge zu thun, die das forschende Gemüth aufwirft, wenn es verborgenern Eigenschaften der Dinge durch Vernunft nachspäht. Aber hier täuscht der Ausgang nur gar zu oft die Hoffnung und ist diesmal auch unsern begierigen Händen entgangen.

Ter frustra comprensa manus effugit imago
Par levibus ventis volucrique simillima somno.

VIRG.

Der andre Vortheil ist der Natur des menschlichen Verstandes mehr angemessen und besteht darin: einzusehen, ob die Aufgabe aus demjenigen, was man wissen kann, auch bestimmt sei und welches Verhältniß die Frage zu den Erfahrungsbegriffen habe, darauf sich alle unsre Urtheile jederzeit stützen müssen. In so fern ist die Metaphysik eine Wissenschaft von den Grenzen der menschlichen Vernunft, und da ein kleines Land jederzeit viel Grenze hat, überhaupt auch mehr daran liegt seine Besitzungen wohl zu kennen und zu behaupten, als blindlings auf Eroberungen auszugehen, so ist dieser Nutzen der erwähnten Wissenschaft der unbekannteste und zugleich der wichtigste, wie er denn auch nur ziemlich spät und nach langer Erfahrung erreicht wird. Ich habe diese Grenze hier zwar nicht genau bestimmt, aber doch in so weit angezeigt, daß der Leser bei weiterem Nachdenken finden wird, er könne sich aller vergeblichen Nachforschung überheben in Ansehung einer Frage, wozu die *data* in einer andern Welt, als in welcher er empfindet, anzutreffen sind. Ich habe also meine Zeit verloren, damit ich sie gewönne. Ich habe meinen Leser hintergangen, damit ich ihm nützte, und wenn ich ihm gleich keine neue Einsicht darbot, so vertilgte ich doch den Wahn und das eitele Wissen, welches den Verstand aufbläht und in seinem engen Raume den Platz ausfüllt, den die Lehren der Weisheit und der nützlichen Unterweisung einnehmen könnten.

Wen die bisherigen Betrachtungen ermüdet haben, ohne ihn zu belehren, dessen Ungeduld kann sich nunmehr damit aufrichten, was Diogenes wie man sagt, seinen gähnenden Zuhörern zusprach, als er das letzte Blatt eines langweiligen Buchs sah: Courage meine Herren, ich sehe Land. Vorher wandelten wir wie Demokrit im leeren Raume, wohin uns die

Schmetterlingsflügel der Metaphysik gehoben hatten, und unterhielten uns daselbst mit geistigen Gestalten. Jetzt, da die stiptische Kraft der Selbsterkenntniß die seidene Schwingen zusammengezogen hat, sehen wir uns wieder auf dem niedrigen Boden der Erfahrung und des gemeinen Verstandes; glücklich! wenn wir denselben als unseren angewiesenen Platz betrachten, aus welchem wir niemals ungestraft hinausgehen, und der auch alles enthält, was uns befriedigen kann, so lange wir uns am Nützlichen halten.

Drittes Hauptstück.
Praktischer Schluß aus der ganzen Abhandlung.

Einem jeden Vorwitze nachzuhängen und der Erkenntnißsucht keine andre Grenzen zu verstatten als das Unvermögen, ist ein Eifer, welcher der Gelehrsamkeit nicht übel ansteht. Allein unter unzähligen Aufgaben, die sich selbst darbieten, diejenige auswählen, deren Auflösung dem Menschen angelegen ist, ist das Verdienst der Weisheit. Wenn die Wissenschaft ihren Kreis durchlaufen hat, so gelangt sie natürlicher Weise zu dem Punkte eines bescheidenen Mißtrauens und sagt, unwillig über sich selbst: Wie viel Dinge giebt es doch, die ich nicht einsehe! Aber die durch Erfahrung gereifte Vernunft, welche zur Weisheit wird, spricht in dem Munde des Sokrates mitten unter den Waaren eines Jahrmarkts mit heiterer Seele: Wie viel Dinge gibt es doch, die ich alle nicht brauche! Auf solche Art fließen endlich zwei Bestrebungen von so unähnlicher Natur in eine zusammen, ob sie gleich anfangs nach sehr verschiedenen Richtungen ausgingen, indem die erste eitel und unzufrieden, die zweite aber gesetzt und gnügsam ist. Denn um vernünftig zu wählen, muß man vorher selbst das Entbehrliche, ja das Unmögliche kennen; aber endlich gelangt die Wissenschaft zu der Bestimmung der ihr durch die Natur der menschlichen Vernunft gesetzten Grenzen; alle bodenlose Entwürfe aber, die vielleicht an sich selbst nicht unwürdig sein mögen, nur daß sie außer der Sphäre des Menschen liegen, fliehen auf den Limbus der Eitelkeit. Alsdann wird selbst die Metaphysik dasjenige, wovon sie jetzt noch ziemlich weit entfernt ist, und was man von ihr am wenigsten vermuthen sollte, die Begleiterin der Weisheit. Denn so lange die Meinung einer Möglichkeit, zu so entfernten Einsichten zu gelangen, übrig bleibt, so ruft die weise Einfalt vergeblich, daß solche große Bestrebungen entbehrlich seien. Die Annehmlichkeit, welche die Erweiterung des Wissens begleitet, wird sehr leicht den Schein der Pflichtmäßigkeit annehmen und aus jener vorsetzlichen und überlegten Gnügsamkeit eine dumme Einfalt machen, die sich der Veredelung unserer Natur entgegensetzen will. Die Fragen von der geistigen Natur, von der Freiheit und Vorherbestimmung, dem künftigen Zustande u. d. g. bringen anfänglich alle Kräfte des Verstandes in Bewegung und ziehen den Menschen durch ihre Vortrefflichkeit in den Wetteifer der Speculation, welche ohne Unterschied klügelt und entscheidet, lehrt oder widerlegt, wie es die Scheineinsicht jedesmal mit sich bringt. Wenn diese Nachforschung aber in Philosophie ausschlägt, die über ihr eigen Verfahren urtheilt, und die nicht die Gegenstände allein, sondern deren Verhältniß zu dem Verstande des Menschen kennt, so ziehen sich die Grenzen enger zusammen, und die Marksteine werden gelegt, welche die Nachforschung aus ihrem eigenthümlichen Bezirke niemals mehr ausschweifen lassen. Wir haben einige Philosophie nöthig gehabt, um die Schwierigkeiten zu kennen, welche einen Begriff umgeben, den man gemeiniglich als sehr bequem und alltäglich behandelt. Etwas mehr Philosophie entfernt dieses Schattenbild der Einsicht noch mehr und überzeugt uns, daß es gänzlich außer dem Gesichtskreise der Menschen liege. Denn in den Verhältnissen der Ursache und Wirkung, der Substanz und der Handlung dient anfänglich die Philosophie dazu, die verwickelte Erscheinungen aufzulösen und solche auf einfachere Vorstellungen zu bringen. Ist man aber endlich zu den Grundverhältnissen gelangt, so hat das Geschäfte der Philosophie sein Ende, und wie etwas könne eine Ursache sein oder eine Kraft haben, ist unmöglich jemals durch Vernunft einzusehen, sondern diese Verhältnisse müssen lediglich aus der Erfahrung genommen werden. Denn unsere Vernunftregel geht nur auf die Vergleichung der Identität und dem Widerspruche. So fern aber etwas eine Ursache ist, so wird durch Etwas etwas Anders gesetzt, und es ist also kein Zusammenhang vermöge der Einstimmung anzutreffen; wie denn auch, wenn ich eben dasselbe nicht als eine Ursache ansehen will, niemals ein Widerspruch entspringt, weil es sich nicht contradicirt, wenn etwas gesetzt ist, etwas anderes aufzuheben. Daher die Grundbegriffe der Dinge als Ursachen, die der Kräfte und Handlungen, wenn sie nicht aus der Erfahrung hergenommen sind, gänzlich willkürlich sind und weder bewiesen noch widerlegt werden können. Ich weiß wohl, daß das Denken und Wollen meinen Körper bewege, aber ich kann diese Erscheinung als eine einfache Erfahrung niemals durch Zergliederung auf eine andere bringen und sie daher wohl erkennen, aber nicht einsehen. Daß mein Wille meinen Arm bewegt, ist mir nicht verständlicher, als wenn jemand sagte, daß derselbe auch den Mond in seinem Kreise zurückhalten könnte; der Unterschied ist nur dieser: daß ich jenes erfahre, dieses aber niemals in meine Sinne gekommen ist. Ich erkenne in mir Veränderungen als in einem Subjecte, was lebt, nämlich Gedanken, Willkür u. u., und weil diese Bestimmungen von anderer Art sind als alles, was zusammengenommen meinen Begriff vom Körper macht, so denke ich mir billigermaßen ein unkörperliches und beharrliches Wesen. Ob dieses auch ohne Verbindung mit dem Körper denken werde, kann vermittelst dieser aus Erfahrung erkannten Natur niemals geschlossen werden. Ich bin mit meiner Art Wesen durch Vermittelung körperlicher Gesetze in Verknüpfung, ob ich aber auch sonst nach andern Gesetzen, welche ich pneumatisch nennen will, ohne die Vermittelung der Materie in Verbindung stehe, oder jemals stehen werde, kann ich auf keinerlei Weise aus demjenigen schließen, was mir gegeben ist. Alle solche Urtheile, wie diejenige von der Art, wie meine Seele den Körper bewegt, oder mit andern Wesen ihrer Art jetzt oder künftig in Verhältniß steht, können niemals etwas mehr als Erdichtungen sein und zwar bei weitem nicht einmal von demjenigen Werthe, als die in der Naturwissenschaft, welche man Hypothesen nennt, bei welchen man keine Grundkräfte ersinnt, sondern diejenige, welche man durch Erfahrung schon kennt, nur auf eine den Erscheinungen angemessene Art verbindet, und deren Möglichkeit sich also jederzeit muß können beweisen lassen; dagegen im ersten Falle selbst neue Fundamentalverhältnisse von Ursache und Wirkung angenommen werden, in welchen man niemals den mindesten Begriff ihrer Möglichkeit haben kann und also nur schöpferisch oder chimärisch, wie man es nennen will, dichtet. Die Begreiflichkeit verschiedener wahren, oder angeblichen Erscheinungen aus dergleichen angenommenen Grundideen dient diesen zu gar keinem Vortheile. Denn man kann leicht von allem Grund angeben, wenn man berechtigt ist, Thätigkeiten und Wirkungsgesetze zu ersinnen, wie man will. Wir müssen also warten, bis wir vielleicht in der künftigen Welt durch neue Erfahrungen und neue Begriffe von den uns noch verborgenen Kräften in unserm denkenden Selbst werden belehrt werden. So haben uns die Beobachtungen späterer Zeiten, nachdem sie durch Mathematik aufgelöset worden, die Kraft der Anziehung an der Materie offenbart, von deren Möglichkeit (weil sie eine Grundkraft zu sein scheint) man sich niemals einigen ferneren Begriff wird machen können. Diejenige, welche, ohne den Beweis aus der Erfahrung in

Händen zu haben, vorher sich eine solche Eigenschaft hätten ersinnen wollen, würden als Thoren mit Recht verdient haben ausgelacht zu werden. Da nun die Vernunftgründe in dergleichen Fällen weder zur Erfindung noch zur Bestätigung der Möglichkeit oder Unmöglichkeit von der mindesten Erheblichkeit sind: so kann man nur den Erfahrungen das Recht der Entscheidung einräumen, so wie ich es auch der Zeit, welche Erfahrung bringt, überlasse, etwas über die gepriesene Heilkräfte des Magnets in Zahnkrankheiten auszumachen, wenn sie eben so viel Beobachtungen wird vorzeigen können, daß magnetische Stäbe auf Fleisch und Knochen wirken, als wir schon vor uns haben, daß es auf Eisen und Stahl geschehe. Wenn aber gewisse angebliche Erfahrungen sich in kein unter den meisten Menschen einstimmiges Gesetz der Empfindung bringen lassen und also nur eine Regellosigkeit in den Zeugnissen der Sinne beweisen würden (wie es in der That mit den herumgehenden Geistererzählungen bewandt ist), so ist rathsam sie nur abzubrechen: weil der Mangel der Einstimmung und Gleichförmigkeit alsdann der historischen Erkenntniß alle Beweiskraft nimmt und sie untauglich macht, als ein Fundament zu irgend einem Gesetze der Erfahrung zu dienen, worüber der Verstand urtheilen könnte.

So wie man einerseits durch etwas tiefere Nachforschung einsehen lernt, daß die überzeugende und philosophische Einsicht in dem Falle, wovon wir reden, un m ö g l i c h sei, so wird man auch andererseits bei einem ruhigen und vorurtheilsfreien Gemüthe gestehen müssen, daß sie entbehrlich und u n n ö t h i g sei. Die Eitelkeit der Wissenschaft entschuldigt gerne ihre Beschäftigung mit dem Vorwande der Wichtigkeit, und so giebt man auch hier gemeiniglich vor, daß die Vernunfteinsicht von der geistigen Natur der Seele zu der Überzeugung von dem Dasein nach dem Tode, diese aber zum Bewegungsgrunde eines tugendhaften Lebens sehr nöthig sei; die müßige Neubegierde aber setzt hinzu, daß die Wahrhaftigkeit der Erscheinungen abgeschiedener Seelen von allem diesem sogar einen Beweis aus der Erfahrung abgeben könne. Allein die wahre Weisheit ist die Begleiterin der Einfalt, und da bei ihr das Herz dem Verstande die Vorschrift giebt, so macht sie gemeiniglich die große Zurüstungen der Gelehrsamkeit entbehrlich, und ihre Zwecke bedürfen nicht solcher Mittel, die nimmermehr in aller Menschen Gewalt sein können. Wie? ist es denn nur darum gut tugendhaft zu sein, weil es eine andre Welt giebt, oder werden die Handlungen nicht vielmehr dereinst belohnt werden, weil sie an sich selbst gut und tugendhaft waren? Enthält das Herz des Menschen nicht unmittelbare sittliche Vorschriften, und muß man, um ihn allhier seiner Bestimmung gemäß zu bewegen, durchaus die Maschinen an eine andere Welt ansetzen? Kann derjenige wohl redlich, kann er wohl tugendhaft heißen, welcher sich gern seinen Lieblingslastern ergeben würde, wenn ihn nur keine künftige Strafe schreckte, und wird man nicht vielmehr sagen müssen, daß er zwar die Ausübung der Bosheit scheue, die lasterhafte Gesinnung aber in seiner Seele nähre, daß er den Vortheil der tugendähnlichen Handlungen liebe, die Tugend selbst aber hasse? Und in der That lehrt die Erfahrung auch: daß so viele, welche von der künftigen Welt belehrt und überzeugt sind, gleichwohl dem Laster und der Niederträchtigkeit ergeben, nur auf Mittel sinnen, den drohenden Folgen der Zukunft arglistig auszuweichen; aber es hat wohl niemals eine rechtschaffene Seele gelebt, welche den Gedanken hätte ertragen können, daß mit dem Tode alles zu Ende sei, und deren edle Gesinnung sich nicht zur Hoffnung der Zukunft erhoben hätte. Daher scheint es der menschlichen Natur und der Reinigkeit der Sitten gemäßer zu sein: die Erwartung der künftigen Welt auf die Empfindungen einer wohlgearteten Seele, als umgekehrt ihr Wohlverhalten auf die Hoffnung der andern Welt zu gründen. So ist auch der moralische Glaube bewandt, dessen Einfalt mancher Spitzfindigkeit des Vernünftelns überhoben sein kann, und welcher einzig und allein dem Menschen in jeglichem Zustande angemessen ist, indem er ihn ohne Umschweif zu seinen wahren Zwecken führt. Laß uns demnach alle lärmende Lehrverfassungen von so entfernten Gegenständen der Speculation und der Sorge müßiger Köpfe überlassen. Sie sind uns in der That gleichgültig, und der augenblickliche Schein der Gründe für oder dawider mag vielleicht über den Beifall der Schulen, schwerlich aber etwas über das künftige Schicksal der Redlichen entscheiden. Es war auch die menschliche Vernunft nicht gnugsam dazu beflügelt, daß sie so hohe Wolken theilen sollte, die uns die Geheimnisse der andern Welt aus den Augen ziehen, und den Wißbegierigen, die sich nach derselben so angelegentlich erkundigen, kann man den einfältigen, aber sehr natürlichen Bescheid geben: daß es wohl an rathsamsten sei, **wenn sie sich zu gedulden beliebten, bis sie werden dahin kommen**. Da aber unser Schicksal in der künftigen Welt vermuthlich sehr darauf ankommen mag, wie wir unsern Posten in der gegenwärtigen verwaltet haben, so schließe ich mit demjenigen, was Voltaire seinen ehrlichen Candide nach so viel unnützen Schulstreitigkeiten zum Beschlusse sagen läßt: **Laßt uns unser Glück besorgen, in den Garten gehen und arbeiten!**

Editorisches Nachwort

Über diese Ausgabe

Der Text der vorliegenden sechsbändigen Ausgabe der Werke Kants folgt der Ausgabe von Kants gesammelten Schriften, herausgegeben von der Königlich Preußischen Akademie der Wissenschaften, Berlin 1902/10. Auch die Seitenzählung am Textrand dieser Ausgabe bezieht sich auf die Akademie-Ausgabe. Die Auswahl der Schriften für diese Ausgabe erfolgte nach der von August Messer in den zwanziger Jahren herausgegebenen und eingeleiteten dreibändigen Werkausgabe Kants. Die Schriften sind hier wie dort nach der Chronologie ihrer Ersterscheinung geordnet. Eine Ausnahme hiervon bilden die kleineren Abhandlungen, die im sechsten Band dieser Ausgabe, selbst wiederum in chronologischer Folge, zusammengefaßt wurden.

Über diesen Band

Die Anregung zur Abfassung der Schrift »Allgemeine Naturgeschichte und Theorie des Himmels« empfing Kant durch das 1750 in London erschienene Buch »An original theory and new hypothesis of the Universe« von Thomas Wright, das Kant durch eine ausführliche Inhaltsangabe in den Hamburger »Freyen Urtheilen und Nachrichten usw.« vom Jahre 1751 kennenlernte. Kant hat seine Schrift 1755 anonym erscheinen lassen, doch blieb er als Autor derselben nicht lange unerkannt. Sein kosmologischer Entwurf fand nur wenig Verbreitung. Es ist davon auszugehen, daß auch Laplace seine Schrift »Exposition du système du monde« von 1796 ohne Kenntnis der Kantschen Schrift verfaßt hat. Die Rede von der sog. »Kant-Laplaceschen Theorie«, so betonen heute die Historiker der Kosmologie, täuscht eine zu große Gemeinsamkeit der beiden Konzeptionen vor.

Die Schrift »Beobachtungen über das Gefühl des Schönen und Erhabenen« (1764) entstand im Forsthaus von Moditten bei Königsberg, wo sich Kant in den Ferien bei seinem Freund,

Oberförster Wobster, manchmal wochenlang aufhielt. Sie läßt den Einfluß Rousseaus erkennen. Diesem dankte Kant die Befreiung von einseitiger intellektualistischer Schätzung des Menschen. Rousseau hatte ihn »zurechtgebracht«, durch ihn lernte er den ganzen Menschen schätzen.

Mit seinen »Untersuchungen über die Deutlichkeit der Grundsätze der natürlichen Theologie und Moral« lieferte Kant seine Antwort auf die Preisfrage der Berliner Akademie der Wissenschaften im Juni 1761, die wie folgt lautete: »Man will wissen: ob die metaphysischen Wahrheiten überhaupt, und besonders die ersten Grundsätze der Theologiae naturalis und der Moral, eben der deutlichen Beweise fähig sind, als die geometrischen Wahrheiten ...« Kant belegte mit seiner Schrift den zweiten Platz – hinter Moses Mendelssohn –, die mit drei weiteren Arbeiten 1764 von der Akademie veröffentlicht wurde.

Die kleine Einladungsschrift »Nachricht von der Einrichtung seiner Vorlesungen in dem Winterhalbenjahre von 1765-1766« ist außerordentlich belehrend für Kants hochschulpädagogische Absichten, seine Lehrmethode und seinen damaligen philosophischen Standpunkt.

Mit dem »Geisterseher« der Schrift »Träume eines Geistersehers, erläutert durch Träume der Metaphysik« (1766) ist der schwedische Spiritist Emanuel von Swedenborg gemeint. Dieser hatte neben einer Reihe mathematisch-naturwissenschaftlicher Schriften auch Berichte über seine Geisterseherei herausgegeben, wodurch er besonders bekannt wurde. Es ist ein Beweis für die Vorurteilslosigkeit des Aufklärers Kant, daß er sich dieser Materie überhaupt zuwandte. Sie bot ihm jedoch zugleich Gelegenheit zu einer Auseinandersetzung mit der damaligen Metaphysik. Mit Blick auf die Geisterseherei wie auf die Metaphysik lehnt Kant eine »Berufung auf immaterielle Prinzipien«, also geistartige Kräfte, ab und nähert sich bereits seinem kritischen Standpunkt, insofern er der Metaphysik »als Wissenschaft von den Grenzen der Vernunft« eine neue Aufgabe stellt.

Inhalt der vorliegenden Ausgabe

Band 1
- Allgemeine Naturgeschichte und Theorie des Himmels
- Beobachtungen über das Gefühl des Schönen und Erhabenen
- Untersuchung über die Grundsätze der natürlichen Theologie und der Moral
- Nachricht von der Einrichtung seiner Vorlesungen in dem Winterhalbenjahre von 1765-1766

Band 2
- Kritik der reinen Vernunft

Band 3
- Prolegomena zu einer jeden künftigen Metaphysik, die als Wissenschaft wird auftreten können
- Grundlegung zur Metaphysik der Sitten
- Kritik der praktischen Vernunft

Band 4
- Kritik der Urtheilskraft

Band 5
- Die Religion innerhalb der Grenzen der bloßen Vernunft
- Die Metaphysik der Sitten

Band 6
- Der Streit der Facultäten
- Idee zu einer allgemeinen Geschichte in weltbürgerlicher Absicht
- Beantwortung der Frage: Was ist Aufklärung?
- Muthmaßlicher Anfang der Menschengeschichte
- Was heißt: Sich im Denken orientiren?
- Über den Gebrauch teleologischer Principien in der Philosophie
- Über das Mißlingen aller philosophischen Versuche in der Theodicee
- Das Ende aller Dinge
- Zum ewigen Frieden
- Von einem neuerdings erhobenen vornehmen Ton in der Philosophie
- Verkündigung des nahen Abschlusses eines Tractats zum ewigen Frieden in der Philosophie